ALEXANDRA SENFFT

Schweigen tut weh

ALEXANDRA SENFFT

Schweigen tut weh

Eine deutsche Familiengeschichte

claassen

Aus persönlichkeitsrechtlichen Gründen
sind einige Namen verändert

claassen ist ein Verlag der Ullstein Buchverlage GmbH

ISBN 978-3-546-00400-8

Gesetzt aus der Veljovic bei LVD GmbH, Berlin
Druck und Bindung: Bercker, Kevelaer
Printed in Germany

Für meine Kinder

Inhalt

PROLOG

Die Nacht, in der meine Mutter starb, erscheint mir bis heute wie ein übler Traum. Er haftet an meiner Seele und gibt mir Rätsel auf. Die Ärzte haben die Beatmungsmaschine abgestellt. Den Bruder an meiner Seite, sitze ich noch lange bei ihr, wir betrachten sie, fassen sie an und streicheln sie, weinen. Hat sie nun endlich ihre Ruhe? Nach Stunden beschließen wir erschöpft, uns von ihr zu trennen. Wir verlassen die Intensivstation, hinaus in die Dunkelheit. Es kommt mir wie Verrat vor, meine Mutter in diesem fremden Zimmer allein zurückzulassen. Ich möchte sie beschützen, aber es ist zu spät. Ich werde sie nie wiedersehen, es fällt mir sehr schwer loszulassen. In meinem Kopf ist ein Durcheinander. Ich rufe Melodien zu Hilfe, doch die sonst so geliebte Musik tönt in der Erinnerung schrill und schräg, es gibt jetzt keinen Trost, orientierungslos stolpere ich aus dem Krankenhausgebäude.

Schweigend steigen wir in den Wagen auf dem Parkplatz und fahren los, vorbei an ihrem Krankenhauszimmer. Ein letzter Blick auf den Flachbau, in dem meine tote Mutter hinter Jalousien liegt – sie oder das, was von ihr übrig geblieben ist. Johann Heinrich drückt aufs Gas, das Krankenhaus verschwindet hinter uns. Ich hasse diese Nacht, ich hasse den verheißungsvollen Frühling, der sich um ihren Tod nicht schert. Wenigstens das Wetter ist rücksichtsvoll und hat sich unserer Trauer angepasst, denn es ist kalt und gießt in Strömen. Völlig benommen fahren wir durch die schlafende Stadt und durch spritzende Pfützen zum Hotel. Mein Bruder und ich legen uns ins Bett und sprechen noch lange miteinander, über unsere Mutter, ihr Leben, ihr viel zu frühes Ende. Schlafen können wir beide nicht.

Sie war zu Hause in die Badewanne gerutscht. Darin war nichts als brühend heißes Wasser aus dem Boiler. Wahrscheinlich war sie nicht nüchtern gewesen und hatte vergessen, rechtzeitig kaltes Wasser einlaufen zu lassen, vielleicht hat sie auch das Gleichgewicht verloren, war ausgerutscht, kann sein, dass ihr in dem Moment alles egal war, sie mit der Gefahr geliebäugelt hat, was weiß ich. Hier mit Johann Heinrich, in diesem mickrigen Hotelzimmer, an dessen Fenster der Regen prasselt, kann ich die Bilder aus meinem Kopf nicht verbannen – nie mehr werde ich sie verbannen können. Ich habe meine Mutter noch lebend gesehen. Sie war an ein Atemgerät angeschlossen, gänzlich verkabelt und bandagiert. Um ihre unerträglichen Verbrennungsschmerzen zu lindern, hatten die Ärzte ihr Morphium gegeben. Die einzige Möglichkeit, wie diese einst so ausdrucksstarke Frau mit mir kommunizieren konnte, war, die Augenlider oder die Finger zu bewegen. Jedes Mal, wenn sie aus den Tiefen des Rausches erwachte und mich erkannte, weinte sie. Mammele, halte durch!, flehte ich sie in Gedanken an und konnte nicht einmal ihre verkabelte Hand drücken.

Doch sie hat nicht durchgehalten. Immer hatte ich mich vor dem schlimmsten aller Fälle gefürchtet, denn der Tod war bei uns stets gegenwärtig. Er hauste im Schlafzimmer meiner Mutter, wohin sie sich verkroch, wenn es ihr schlecht ging. Das Phantom, das mich jahrzehntelang bedrohlich begleitet hatte, mein Albtraum, war Wirklichkeit geworden: Sie war tot. Vierundsechzig Jahre alt. Am meisten tat diese Endgültigkeit weh, wo es doch noch so viel zu klären und zu verstehen gegeben hätte. Und so viel zu fragen. Ich tröstete mich mit dem Gedanken, sie habe mit dem Sterben auf uns gewartet, bis wir sie in den Armen hielten und sie endlich gehen konnte. An mir nagte trotz aller rationalen Erklärungen das schlechte Gewissen, nicht schon eher zu ihr ins Krankenhaus gekommen zu sein, sodass sie sich, das berichtete eine Krankenschwester, an den Fotografien ihrer beiden Kinder festhalten musste; sie soll sich sogar geweigert haben, diese Fotos loszulassen, sah sie immer wieder an, schlief mit ihnen ein. Wie einsam sie gewesen sein muss.

Als mein Bruder und ich nach ihrem Tod in ihre Wohnung fuhren, brach die Vergangenheit über uns herein. Es war peinlich genug, in ihren eleganten Dessous und teuren Designerkleidern wühlen zu müssen, aber noch unangenehmer war es, die Berge ihrer ungeordneten Briefe und Fotos zu sichten. Es war wie ein Tabubruch. Unter den Briefen fanden sich Liebesbriefe; Briefe von ihrer Mutter und ihren fünf Geschwistern, von meinem Bruder und von mir, Anwaltsbriefe. Vieles konnte und wollte ich damals noch nicht lesen. Die Fotos dokumentierten ihr Leben, überwiegend aus ihrer Jugendzeit und später als verheiratete Frau, vor allem aus den Zeiten, in denen sie bildschön und aufregend attraktiv war. Lange bevor ihre Depression und die Sucht sie veränderten.

Einige Fotos zeigten ihren Vater Hanns Ludin. Mein Großvater Hanns war Hitlers Gesandter in der Slowakei und ist dort 1947 als Kriegsverbrecher verurteilt und gehenkt worden. Neun Minuten soll er am Galgen gehangen haben, bis er qualvoll erstickte. Meine Mutter war zu jenem Zeitpunkt vierzehn Jahre alt und die Älteste von sechs Geschwistern. Als Erstgeborene war sie sein Lieblingskind, eine Vatertochter. Die Möglichkeit zu trauern hatte sie damals und auch später nicht. Da nahm das Elend seinen Lauf, erst heimlich, schleichend, später dann brüllend und immer rasender.

Mein Vater sagt, meine Mutter habe sich, schon kurz nachdem ich und dann mein Bruder zur Welt gekommen waren, viel ins Bett zurückgezogen und Menschen um sich geschart, die ihr gut, aber vergeblich zuredeten. Ich habe daran keinerlei Erinnerung. Sowieso kann ich mich meiner frühen Kindheit kaum entsinnen, ich verbinde damit lediglich unbestimmte Gefühle und einige vertraute Gerüche, kann mir heute nur vorstellen, wie sich diese Zeit angefühlt haben könnte – meine Mutter in sich verschlossen im Bett, ich zupfe an ihrem Nachthemd und ernte Tränen. Mein Leben kann ich erst nahtlos zurückverfolgen, seit ich mit fünfzehn Jahren in eine englische Schule ging – fern der Mutter, was mich vor dem häuslichen Chaos gerettet hat. Für sie war mein Weggang ein weiterer Angriff auf ihre wunde Seele.

Natürlich weiß ich noch gut, wie sie mich eines Tages, fast »nüchtern«, sachlich informierte: »Ich habe mich letzte Nacht betrunken.« Es klang wie eine Ankündigung oder vielleicht sogar wie eine Drohung. Ich war gerade vierzehn Jahre alt – genauso alt wie sie, als sie ihren Vater verlor. Und ebenso wie sie sich damals nach dem Tod ihres Nazi-Vaters für ihre verzweifelte Mutter und ihre jüngeren Geschwister verantwortlich gefühlt hatte, übernahm nun ich zu Hause die Rolle der vermeintlich Starken, vernünftig und verständig, viel zu schnell »erwachsen«. Oft schien mir unsere Beziehung umgekehrt: Ich sorgte mich um meine Mutter, als wäre sie mein Kind. Heute denke ich, dass meine Mutter zu der ihren ein ähnlich verkehrtes Verhältnis hatte, denn sie behandelte sie oft wie ein unmündiges Geschöpf. Dabei verhielt sie sich einerseits herrisch, andererseits aber auch wie ein trotziges Kind, dem endlich einmal die Grenzen gezeigt werden müssten.

In ihrer Wohnung hatte meine Mutter fast ihre gesamte bewegte Vergangenheit aufbewahrt, und es war nach ihrem Tod die Aufgabe ihrer Kinder, sie zu ordnen. Sie hatte diese Aufarbeitung unbewusst uns überlassen. Im Schlafzimmer stand noch immer der Koffer, den sie vier Monate zuvor mitgenommen hatte, als sie mich und meine Familie an Weihnachten besuchte. Sie hat ihn nach ihrer Rückkehr nie ausgepackt. Auch ich habe ihn jahrelang so belassen, wie er war, weil er so etwas wie die letzte Reise meiner Mutter zu mir symbolisierte. Manchmal habe ich mir ein Kleidungsstück herausgeholt und meine Nase darin vergraben, um mich an ihren Geruch zu erinnern, den die Wolle bewahrt hatte. Wie hatte sie sich bei diesem letzten Besuch bei mir und meinen Kindern bemüht, alles richtig zu machen! Ich blieb jedoch verschlossen, ich konnte ihr nicht ins Gesicht sehen, aus Angst, ihr wieder zu erliegen und neue Enttäuschungen zu erleben. Sie wird mein Verhalten als Ablehnung wahrgenommen haben; manchmal konnte ich den Schmerz in ihrem Gesicht sehen. Dabei hatte ich so eine Sehnsucht nach ihr, Sehnsucht danach, dass alles gut werden würde.

Ich habe die Wohnung meiner toten Mutter zwar geräumt und ihre Briefe und Fotos in Kisten verpackt, aber erst jetzt, sieben Jahre nach ihrem Tod, habe ich begonnen, mich mit den Inhalten auseinanderzusetzen. Ich musste eine innere Hürde überwinden. Freilich hatte ich vor der Beerdigung schon viele Briefe gelesen und einige dazu verwendet, um eine Totenrede für meine Mutter zu schreiben. Erst allmählich komme ich aber dazu, die einzelnen Stränge unseres familiären Beziehungsgeflechts zu entwirren und Zusammenhänge zu verstehen. Die Briefe entwickeln ein Eigenleben und entfalten vor mir eine aufregende Geschichte. Es ist die Geschichte meiner Mutter, einer Nachkriegsfrau, deren Leben mit dem ihrer Eltern eng verknüpft ist – und meines mit ihrem. Einige Verwandte haben mich während des Schreibens gefragt, warum ich über meine Mutter nicht unabhängig von meinen Großeltern erzählen könne, die hätten mit ihrer traurigen Entwicklung doch kaum etwas zu tun? Ich kann ihnen bei aller Liebe und allem Respekt für ihre Gefühle diesen Gefallen nicht tun, weil es bedeuten würde, zu ignorieren, woher wir kommen, wo wir heute stehen und wohin wir gehen.

In unserer Familie herrschte stets eine immense Abwehr gegen alles »Böse«: Der Vater, mein Großvater, galt als »guter Nazi«, als einer, der angeblich nicht wusste, welche Folgen seine politischen Positionen und seine Taten hatten. Einer, der zwar Deportationsanordnungen für slowakische Juden unterzeichnet hatte, aber doch angeblich nicht ahnen konnte, dass diese Juden keineswegs in Arbeitslager kamen, sondern ermordet wurden. Einer dieser vielen »unschuldigen« Nationalsozialisten. Oder selbst ein Opfer seiner Zeit, wie es bei uns auch heißt. Mein Großvater – Täter, Opfer, ja was denn nun? Seine Frau, meine geliebte Großmutter, haben wir alle angehimmelt: Sie verkörperte das Gute, ja sie war fast unsere Königin der Gerechten. Dabei waren auch dieses immerzu Gute, diese Toleranz, diese Güte und diese Besonnenheit eine Form der Abwehr. Meine Großmutter hat ihre sechs Kinder im Glauben an den guten Nationalsozialisten erzogen; sie hat ihnen beigebracht, nur seine guten Seiten zu sehen, und ein guter Mensch kann keine Verbrechen begehen. Alles, was in das makellose Bild nicht passte, durfte nicht sein, wurde verschwiegen, wegdiskutiert, schöngeredet. Die Täter, das waren die vulgären Nazis, nicht wir, das können wir gar nicht sein, denn wir sind gebildet und kultiviert. Nur meine Mutter war mitunter »böse« – wenn sie alkoholisiert war, wütete, schimpfte, verurteilte sie. Selbst ihr Vater war dann nicht mehr der holde Judenretter, sondern ganz ordinär: ein Schwein. Als Einzige in der Großfamilie ging sie gelegentlich ziemlich respektlos mit ihrer Mutter um, der von uns verehrten, schönen alten Dame. Ich habe nie verstanden, warum sie meine Großmutter so hässlich behandelt hat.

Meine Mutter, so heißt es in meiner Familie, sei psychisch erkrankt, weil sie in der Kindheit unter plötzlicher Gewichtszunahme gelitten hatte, die durch eine Hormonstörung entstanden sei. Außerdem habe sie nie verwinden können, dass sie wegen ihrer schwachen Schulleistungen früher als ihre Geschwister das Internat verlassen musste und das Abitur nicht machen konnte. Zur Familienlegende gehört auch, dass ihr Ehemann, mein Vater, sie zum Trinken animiert, ja sie zum Trinken schon fast genötigt habe und sie später die Trennung von ihm nicht verkraftete, weshalb sie depressiv und Quartalstrinkerin geworden sei. In der Familie habe es zudem mehrere

Schwermütige gegeben, bei meiner Mutter sei das also schon genetisch angelegt gewesen. Viele Jahre habe ich all das irgendwie auch geglaubt. Einen Grund oder einen Namen brauchte auch ich für ihre Leiden. Lange habe ich nicht verstanden, unter welchem Dilemma sie litt, habe sie moralisch unter Druck gesetzt, ihre Pflichten als Mutter eingefordert, versucht, sie von meiner Sicht der Dinge zu überzeugen. Dabei war sie auf ihrem Weg des schleichenden Selbstmords völlig unerreichbar und ich habe ihr mit meinen hilflosen Predigten nur noch mehr wehgetan. Sie hat mir oft erwidert: »Warte nur ab, bis du mal in meine Lage kommst!«, was ich als boshafte Drohung empfand, denn ich war doch nicht sie und was hatte ich schon mit ihrem Leid zu tun. Genauso entsetzlich fand ich es, dass sie am Frühstückstisch einmal das Messer an den Hals setzte und mit düsterer Stimme sagte, es sei wohl gescheiter, sie brächte sich um. Mein Bruder war da noch keine elf Jahre alt. Ihre Schreie aus dem Schlafzimmer gehen mir noch heute durch Mark und Bein, und wenn mitten in der Nacht plötzlich das Telefon klingelt, schrecke ich hoch und denke panisch, sie sei dran, um in ihrer höchsten Not, ohne Rücksicht auf die Uhrzeit, meine Aufmerksamkeit einzufordern. Meine Mutter hat meine Liebe zu ihr stark strapaziert.

Ich wünschte, ich könnte ihr heute vermitteln, dass ich sie endlich verstanden habe und ihr vergeben kann für das, was sie meinem Bruder und mir angetan hat. Denn spätestens seit ihrem Tod glaube ich nicht mehr an alle diese Erklärungen. Natürlich gab es in ihrer Entwicklung diverse prägende Faktoren, sie sind jedoch nicht die Ursache für ihren Hang zur Selbstzerstörung gewesen. Sie selbst hat mir immer erzählt, wie hart die Jahre nach dem Krieg gewesen seien, dass sie daheim gewissermaßen die Hosen angehabt und auf dem Hof, wo die Familie nach dem Krieg zeitweilig ein Zuhause gefunden hatte, schwer gearbeitet habe, während sie sich gleichzeitig um die fünf jüngeren Geschwister kümmern musste – so hat sie das gesehen und das muss nicht die Wahrheit sein. Ich sehe den Auslöser ihres Leidens bei ihrem Vater. Er mag ein charmanter, gebildeter, erotischer und witziger Mann gewesen sein, aber er war ein Schreibtischtäter und trug in der Slowakei die politisch-diplomatische Verantwortung für den Tod von nahezu 70 000 Juden. Das halte ich für genauso schlimm, wie eigenhändig gehandelt zu haben, in gewisser Weise finde ich es sogar noch perfider. Diese Schuld ist in meiner Familie nie ohne Wenn und Aber anerkannt worden, vielmehr hat man sie bestritten und bestreitet sie zum Teil noch heute. Mein Großvater hat indirekt auch meine Mutter auf dem Gewissen, denn sie hat seine Schuld unbewusst übernommen, ja fast internalisiert und damit nicht leben können. Fehler hat ebenfalls meine Großmutter gemacht, denn sie hat nicht nur ihren Mann Zeit seines Lebens in allem, was er tat, unterstützt und bestärkt, sondern sogar ihre älteste Tochter einem Mythos geopfert, dem Mythos des schuldfreien, wahrhaftigen und stets anständigen Ehemanns: Hitlers Gesandten in der Slowakei. Sie hat sich selbst betrogen und alle anderen damit auch. Natürlich war das Selbstschutz, aber es war ein Selbstschutz, der meine Mutter seelisch geschädigt hat. Bis heute bewerten wir die damaligen Entwicklungen innerhalb unserer Familie konträr. Die Ansichten sind weitaus differenzierter, als ich das hier im Detail wiedergeben könnte. Fakt ist, dass wir mit der seelischen Aufarbeitung unserer Familiengeschichte, wenn überhaupt, erst zaghaft begonnen haben. 2007 sind sechzig Jahre vergangen, seit mein Großvater gehenkt wurde – fast ein Menschenleben. Wenn ich bedenke, wie sehr die Schuld von damals noch heute in uns, den Nachkommen, weiterwirkt – unbemerkt, versteckt, verdeckt, verschwiegen –, dann sind diese Jahre keine Zeit. Keine Zeit oder nicht genutzte Zeit.

Nach meiner Großmutter und meiner Mutter, die kurz hintereinander starben, bin nun ich die Nächste in der weiblichen Linie. Ich fühle mich verantwortlich, meinen Kindern meine Perspektive zu vermitteln, auch wenn sie vom Familiendiktat abweicht. Ich möchte, dass meine Kinder frei von der überlieferten Schuld, der Scham und ohne die Last der Rätsel der Vergangenheit aufwachsen können. Sie sollen nicht im Zweifel leben und die Welt in Gut und Böse spalten, sondern lernen, beides als Teil des Lebens zu verstehen. Ich bin noch mit dieser Spaltung groß geworden und musste mir hart erarbeiten, diese vermeintlich gegensätzlichen Pole zusammenzubringen und die Ambivalenzen zu ertragen. Meine Kinder sollen ein gesundes Bewusstsein für Unrecht entwickeln, ohne Projektionen und ohne alles über einen Kamm zu scheren und die Welt abermals in zwei Lager zu teilen, die vermeintlich nichts miteinander zu tun haben.

Die Geschichte lässt uns nicht los. Alles kehrt zurück, wenn wir uns mit ihr und mit dem, was wir mit ihr zu tun haben, nicht konfrontieren und uns der Vergangenheit nicht stellen. Ich habe nie verschwiegen, dass mein Großvater ein Nationalsozialist war, und habe auch nie daran geglaubt, dass man als ranghoher Vertreter des Dritten Reichs unschuldig geblieben sein konnte. Ich habe aber, wenn ich Freunden von diesem Großvater erzählte, am Ende immer gemurmelt, angeblich habe der auch Juden gerettet. Das stimmt sogar in einigen wenigen Fällen, ist aber keine Rechtfertigung für die Tatsache, dass er in den Nationalsozialismus tief verstrickt war und Juden in erster Linie nicht gerettet, sondern in den sicheren Tod geschickt hat. Dass er Deportationen – und sei es auf höhere Anordnung – veranlasst hat, ist in meiner Familie nie erwähnt worden und ich habe auch nicht genauer nachgefragt, denn es hätte meine Mutter weiter gepeinigt. Also habe ich die häufig berichtete »Judenrettung« aufgegriffen, denn auch ich konnte damals nicht umhin, diese kleine Tür des Zweifels offen zu lassen. Wer will schon einen Verbrecher zum Großvater haben? Es wäre schön gewesen, sagen zu können: *Mein Opa war kein Nazi*. Mein Großvater war aber einer und zwar einer, der sich aktiv schuldig gemacht hat. Deshalb sind weder seine Kinder noch die meinen und ich Schuldige. Schuld ist nicht vererbbar – Schuldgefühle und Leid sind es schon. Das hat mein Onkel Malte in seinem Film »2 oder 3 Dinge, die ich von ihm weiß« über das Verdrängen in unserer Familie beklemmend dargestellt, ein Film, der für mich der letzte Anstoß war, dieses Buch zu schreiben.

Die Traumata, die die politischen Verstrickungen meines Großvaters und sein erschreckender Tod bei uns Nachkommen direkt oder indirekt erzeugt haben, sind nicht zu bestreiten. Doch was uns widerfuhr, ist mit dem Leid, den Schmerzen und den Erfahrungen der Opfer der Nationalsozialisten und deren Nachkommen nicht vergleichbar und schon gar nicht gleichzusetzen. Leid muss erkannt und anerkannt werden, aber es kann nur in seinem jeweiligen Zusammenhang angemessen betrachtet und gewürdigt werden. Vor allem ist es kein Freibrief für Rechtfertigungen oder Beschönigungen von Unrecht und kein Grund, jene zu schonen, die anderen ein Leid zufügen. Auch Opfer können Täter sein und Täter gleichzeitig Opfer, es gibt hier kein Ausschlussverfahren. Ab wann jedoch überschreitet man persönlich die Grenze zum Schuldigsein, wenn man schweigt, verdrängt und wegsieht? Hat sich auch meine Großmutter gegenüber ihrer ältesten Tochter schuldig gefühlt, weil sie die Ursachen ihrer Depressionen spürte, ohne sie benennen zu können, oder hat sie sich gar schuldig gemacht, weil sie wusste, dass ihre Tochter »die Wahrheit« wissen wollte, sie aus Treue zu ihrem Mann dieses Opfer für sie aber nicht bringen konnte? Haben meine Verwandten sich gegenüber meiner Mutter schuldig gemacht, weil sie sie nicht ausreichend unterstützt haben? Bin auch ich schuldig geworden, weil ich sie nicht als Kranke, sondern als meine mir gegenüber versagende Mutter – keineswegs immer gut – behandelt habe? Diese Form von Schuld beruht auf menschlichen Schwächen und Verdrängungsmechanismen – auch wenn sie Schaden anrichtet, gibt es Chancen auf Versöhnung. Doch Massenmorde, wie sie die Deutschen in der NS-Zeit begangen haben, sind nicht zu verzeihen – der Tod von Millionen Juden, Sinti und Roma, Homosexuellen, Kommunisten und Menschen im Widerstand ist eine unverzeihliche historische Schuld. Es gilt zu verstehen, wie solche Verbrechen zustande kommen und wie Menschen zu Mördern werden können, ja zu begreifen, dass wir alle zu Mördern werden können. Es heißt nicht, dass die Kinder und Enkel die Schuld für die Taten ihrer Großeltern abtragen müssen, es heißt: die historischen Fakten anzuerkennen. Hannah Arendt hat das »Tatsachenwahrheiten« genannt, denn was Meinungen betrifft, so gibt es keine einzige »Wahrheit«.

Ich versuche den Weg meines Großvaters nachzuvollziehen und zu begreifen, was er getan hat, angefangen von seinem Elternhaus, über seine NS-Karriere bis hin zu der Tatsache, dass er sich nach dem Krieg freiwillig ausgeliefert hat und am Galgen endete. Vielleicht gibt mir diese Vergangenheit Aufschluss über das Leben meiner Mutter und über meine eigene Gegenwart? Auf dieser Suche werde ich Dinge wahrnehmen, die andere Familienmitglieder so nicht sehen oder so nicht empfinden; sie haben jeweils ihre eigene Sicht auf unsere gemeinsame Geschichte. Was ich finde und aufschreibe, ist mein subjektiver Blick auf die historisch objektive »Wahrheit«. Das Subjektive steht zweifellos in einem spannungsreichen Verhältnis zum Objektiven und es ist gewiss nicht immer deckungsgleich – weder bei mir noch bei anderen Mitgliedern in meiner Familie.

Inzwischen glaube ich kaum noch an Zufälle. Es ist vermutlich auch kein Zufall, dass ich genau sieben Jahre nach dem Tod meiner Mutter begonnen habe, über ihr Leben und was es für mich bedeutet hat, zu schreiben. Nein, ich bin nicht abergläubisch, aber die Zahl sieben sticht mir dennoch ins Auge. Mussten erst genügend Jahre vergehen, bis ich ihr Leid verstehen konnte, um dann das Leid der eigentlichen Opfer als etwas wahrzunehmen, was nicht nur historisch-politisch, sondern auch persönlich direkt mit mir zu tun hat? Zu viele Ereignisse in meinem Leben, die ich viele Jahre für Zufall hielt, haben sich in der letzten Zeit zu einem Koordinatennetz zusammengefügt. Alles passt irgendwie zusammen. Jahrelang schon plagt mich diese schwarze bedrohliche Wolke in meinem Empfinden – ist es das Grauen vor dem ungreifbaren Unerklärlichen, sind es die Familientabus oder ist es Trauer? Waren es vielleicht die Furcht erregenden Depressionen meiner Mutter, deren eigentliche Ursache ich so lange nicht erkannt hatte? Dieser unüberwundene, gewaltsame Tod ihres Vaters, eines Vaters, der indirekt Gewalt ausgeübt und uns damit alle geprägt hat?

In einer Therapiesitzung einmal aufgefordert, an eine alte Holzkiste auf einem Dachboden zu denken und was wohl darin sein könnte, hatte ich sofort unbestimmte Erinnerungen an die Kindheit. Ich dachte an eine Kiste bei meiner Großmutter. Eine solche Kiste habe ich nie gesehen, tatsächlich aber gibt es sie, wie ich erst kürzlich erfuhr – eine Kiste im Keller, voller Nazizeugs, Ehrendolche, Abzeichen, Dokumente. Auf meiner Phantasiereise zu dieser Kiste erinnerte ich mich auch sofort, wie herrlich es war, als kleines Mädchen morgens bei Großmama unter die Bettdecke zu schlüpfen. Meine geliebte Großmutter, die, das kann ich inzwischen schonungslos sagen, die Witwe eines Verbrechers war. Eine Komplizin, weil sie ihren Mann bedingungslos unterstützt und weggesehen hat. Und ich, die Enkelin, steckte selig mit ihr »unter einer Decke«.

Ich will hinsehen, ich will jetzt alles sehen. Allmählich dringe ich durch das Schwarz hindurch. Ich wage mich endlich an den Inhalt der Kiste – diesmal ist es meine eigene Kiste. Noch kann ich den Boden nicht erkennen, aber was oben lag, habe ich bereits sortiert. Viele Szenen aus meinem Leben, dem meiner Mutter, meiner Familie und meiner Vorfahren fügen sich nach und nach zu einem Ganzen zusammen. Alles ergibt allmählich einen Sinn – meinen Sinn. Täglich bin ich mit dem ängstlichen Gedanken erwacht, ob ich das durchstehen werde. Der Prozess des Verstehens ist kein rein intellektueller, er erfasst die tiefsten Schichten meines bisherigen Daseins, meiner Identität. Oft bin ich geplagt von Kopfschmerzen und erschöpft von der Anstrengung, meine Standpunkte durchzuhalten, mich vor familiären »Übergriffen« zu schützen, mich abzugrenzen.

Ich will meine Familie auf dieser Suche nicht verlieren und habe Angst vor den menschlichen Abgründen, die ich bei meiner Mutter so intensiv kennengelernt habe. Ich will aber nicht mehr zurück. Einmal angefangen, in der Kiste zu graben, kann ich die Dokumente nicht wieder schließen und sagen, ich habe nichts gesehen. Es würde mich weiter verfolgen und mir keine Ruhe lassen. Der Zweifel würde mich zermürben, so wie er meine Mutter zwischen widerstreitenden Gedanken, Gefühlen, Mutmaßungen und unerträglichen Tatsachen zerrieben hat. Die Vergangenheit ist lebendig, ja selbst der ominöse Großvater ist plötzlich zu einer greifbaren Person geworden, mit der ich mich auseinandersetzen und streiten kann. Darüber habe ich ihn, einst einfach als Nazi verteufelt, als Person lieb gewonnen. Und meine Großmutter, die ich früher abgöttisch geliebt und nichts als idealisiert habe, hat Ecken und Kanten bekommen, sie ist für mich nun ein normaler Mensch mit Stärken und Schwächen. Die Liebe zu ihr ist indes geblieben.

Das Kind unter ihrer Decke will ich aber nicht mehr sein. Ich will die Erwachsene sein, die sich die Familie von außen ansehen, ja auch andere Standpunkte vertreten und sich schützen kann. Die Kiste im Keller, in der meine Familie ihre Vergangenheit aufgehoben hat, verliert ihr erdrückendes Gewicht, je tiefer ich hineingreife und all die verstaubten Briefe hervorhole. Allmählich fällt eine große Last von meinen Schultern.

Hanns und Hunger

Der Winter ist bitterkalt und die düsteren Tage schleppen sich dahin. Die Internatsschule Schloss Salem am Bodensee hat aus Mangel an Brennmaterial die Pforten geschlossen und Erika ist schon wieder zwei Monate daheim bei ihrer Familie. Die Stimmung zu Hause auf dem »Schlösslehof« ist alles andere als gut, aber man versucht, das heikle Thema – das Verschwinden des Familienoberhaupts – zu meiden, um den schweren Alltag im landwirtschaftlichen Betrieb zu bewältigen und zu überleben. Mein Großvater Hanns Ludin hat sich nach der deutschen Kapitulation den Amerikanern gestellt und diese haben ihn im Oktober 1946 an die Tschechoslowakei ausgeliefert, wo ihm jetzt der Prozess gemacht werden soll. Seit seiner Auslieferung haben seine Frau und seine Kinder keinerlei Kontakt zu ihm – kein liebes Wort zu Weihnachten, keine Wünsche fürs neue Jahr. Alle leben in banger Sorge um sein Verbleiben und sein Wohlergehen.

Ende Februar 1947 gibt es endlich Anlass zur Freude: der erste Brief von Hanns. Wegen der Zensur und der langen Transportwege war sein heiß ersehntes, schriftliches Lebenszeichen aus der Haft in Bratislava fünf Wochen auf Reisen. »Endlich, endlich können wir dir schreiben«, antwortet ihm postwendend noch am selben Tag Erika, seine Älteste, genannt Eri. Sie schildert ihm pflichtbewusst den reibungslosen Ablauf auf dem Hof. Offensichtlich will sie ihn beruhigen und seine Sorgen dämpfen. Alle seien gesund und munter, schreibt sie, und schön sei es auch, die Viehzucht gedeihe gar »herrlich«. »Herrlich« ist ein Wort, dass auch Hanns gern benutzt. »Wie geht's dir denn?«,* fragt sie, wie Kinder eben so fragen. Eine kindgerechte Antwort oder überhaupt eine Antwort auf diese Frage wird sie nie bekommen – ihr inhaftierter Vater denkt schon lange nicht mehr an seinen eigenen Zustand, sondern zerbricht sich den Kopf über den höheren Sinn des Lebens.

Nach den Monaten im Internat genießt Eri es, wieder in vertrauter Umgebung zu sein und sich an den hofeigenen Kartoffeln satt essen zu können: Kartoffeln, in diesen Tagen der reine Luxus! Samstags darf sie mit dem Personal in die brandneue Attraktion des nahe gelegenen Dorfes Ostrach: ins Kino. Während Salem seinen Winterschlaf hält, herrscht auf dem Schlösslehof in der Region Hohenzollern, später Baden-Württemberg, reger Betrieb. Unter der straffen Leitung meiner Großmutter Erla, die in der Küche täglich mehrmals für nunmehr rund zwanzig Personen kocht, läuft fast alles wie am Schnürchen. Die Atmosphäre im Haus ist freundschaftlich, aber geprägt von Sorge und Anspannung. Jakob, der neue Verwalter, macht sich gut, das Verhältnis zu ihm ist herzlich. Welch ein Segen nach seinem tyrannischen Vorgänger! Jakob hat sich in Dorle, das Kindermädchen, verguckt und sie sich wohl auch in ihn, denn es wird bereits von Heirat gemunkelt. Die angehende Braut ist derzeit jedoch zu Hause in Biberach an der Riss, um ihrer Mutter beizustehen, deren Mann im Internierungslager einsitzt; sie hat den kleinen Malte, Eris jüngsten Bruder, mitgenommen, um Erla zu entlasten. Die Strohwitwe weiß bei all der Arbeit und mit sechs Kindern allein auf sich gestellt kaum, wo ihr der Kopf steht.

Ohne fließend Wasser und sanitäre Anlagen ist das Leben im Winter sehr beschwerlich. Auf dem Hof werden im Früh-

* Zitate in neuer Rechtschreibung und Schreibfehler entfernt.

jahr drei Kälbchen erwartet, die den Viehbestand auf sechsundzwanzig Rinder aufrunden werden, und wenn die Stuten fohlen, gibt es elf Pferde. Die Pflichten im Pferde-, Rinder-, Schweine- und Hühnerstall sind unter dem Personal genau aufgeteilt. Eri muss morgens und abends melken, was ihr anfangs sehr schwerfällt. Als privilegiertes Diplomatenkind ist sie mit körperlicher Arbeit nicht vertraut, doch die Not spornt sie an und allmählich findet sie ihren Rhythmus an den Zitzen der geduldigen Kühe. Bei jeder Handbewegung wippen ihre Zöpfe. Mit ihren wachen braunen Augen beobachtet sie aufmerksam die Bewegungen der Kuh, unter der sie angesichts ihrer kleinen Körpergröße fast verschwindet. Sie ist ein ausgesprochen hübsches Mädchen, mit einem ebenmäßigen Gesicht und feinen Zügen. Mitunter fährt die Dreizehnjährige allein mit der Kutsche ins vier Kilometer entfernte Ostrach, um die Milch bei der Molkerei abzuliefern. Vor den Kutschfahrten graut ihr, denn das Kleinpferd Kaschtan ist scheu und geht gelegentlich durch. Später hat meine Mutter mir von ihrer Angst erzählt, die sie bei diesen Fahrten ausstand, insbesondere nachdem die Kutsche einmal umgekippt und die gesamte Ladung ausgelaufen war.

Ihr Bruder Tilman, der Viertgeborene, pumpt täglich mit dem Pony eine Stunde Wasser, es sei denn, es friert zu sehr, dann müssen die Männer ran. Der Siebenjährige galoppiert ohne Sattel rasant über Stock und Stein, ein schnittiger Bub und großer Rabauke. Er ist »ein süßer Kerl«, berichtet Eri ihrem Vater postalisch, »nur zurzeit schrecklich bös«. Dass sie selbst nicht gerade artig ist und ihrer Mutter Erla mit ihrer Willensstärke und ihrer Trotzigkeit Sorgen macht, verschweigt sie ihm. Es gibt ja noch allerhand von den anderen Geschwistern zu erzählen, die sich still und freundlich ihrem Schicksal fügen – und Eris Schikane über sich ergehen lassen. Zum Entsetzen der Erwachsenen schneidet sie ihrer hilflos protestierenden Schwester Barbel eines Tages ungefragt die Zöpfe ab. Das gab ein Theater! Zu ihren Gags gehört auch, sich im

Schrank zu verstecken und die kleine Andrea fürchterlich zu erschrecken. Ihre schauspielerischen Leistungen sind stets überzeugend – mal weint sie heftig, um im nächsten Moment verschlagen in das mitleidsvolle Gesicht ihres Gegenübers zu grinsen. »Man wusste nie, woran man mit ihr war«, sagt ihre zehn Jahre jüngere Schwester Andrea heute. Auch ihre andere Schwester Ellen, Erlas drittes Kind, muss für die Friseurexperimente ihre Haare lassen. »Lieber Gott, mach doch, dass die Eri besser wird«, betet sie nachts im Bett. Täglich hat sie ihrer ältesten Schwester den Rücken zu kraulen. »Kritze-kratze« nennt sich diese verhasste Pflichtübung. Rückeneincremen hieß das später zu meinen Zeiten und das Opfer für diesen Dienst war dann ich.

Gleichwohl ist es nicht die bloße Tyrannei, unterhaltsam ist es auch. Die peppige Erika gibt den Ton an und den Rhythmus vor. Sie inszeniert ihre eigenen Theaterstücke, jedes Kind bekommt eine Rolle zugeteilt und muss spielen, ob es Lust hat oder nicht. Und sobald Eri auf ihrer Ziehharmonika spielt, tanzen in der Küche die Puppen – und die Knechte staunen. Unvergesslich sind auch die wilden Schlittenfahrten im Schnee, das Kommando zur Abfahrt hat natürlich sie.

Alle atmen auf, als die forsche kleine Ludin im März 1947 wieder ins Internat zurückmuss. Es geht auf dem Einödhof am Waldrand jetzt zwar nicht mehr so lebhaft zu, aber wenigstens hat man seine Ruh'. Für Eri ist die Rückkehr allerdings weniger schön. Nach der Grundschule auf dem Hohenfels ist sie nun in die weitergehende Stufe nach Salem gekommen, frühzeitig, denn ihre schulischen Leistungen waren so gut, dass sie eine Klasse überspringen konnte. Es gefällt ihr hier bei den Großen. In ihrem neuen Zimmer mit eigenem Ofen geht es, wie sie findet, »familiär« zu. Aber ihre beste Freundin Marianne, Spitzname Nanne, ist in der alten Klasse im Hohenfels geblieben und hier hat sie noch keine Freunde. Die Kinder müssen selbst heizen, jeden Tag hat eines der Mädchen die genau abgezählten Holzscheite von draußen herbeizuschaffen. Sonntags dürfen sich die Schüler in der Küche von ihren eigenen Lebensmitteln etwas kochen, was angesichts des Nachkriegs-Schmalhans in der Schulküche eine Bereicherung ist. Eri fühlt sich trotz dieser neuen Vorteile grässlich allein. Ihr fehlt nicht nur die Busenfreundin, sie hat auch Angst vor den schulischen Anforderungen, vor allem vor der »doofen Algebra«. Außerdem vermisst sie ihre Hasen. Die darf Ellen jetzt versorgen: »Denk dir, ich darf jetzt immer die Häsle füttern, das wirst du mir wohl nicht übelnehmen«, schreibt ihr die jüngere Schwester begeistert. Vermutlich wird Eri es ihr sehr übelgenommen haben.

Eri sorgt sich um ihre überlastete Mutter, sie ist jedoch viel zu sehr mit sich selbst beschäftigt, als dass sie sich damit auch noch befassen könnte. Jede noch so winzige Neuigkeit über den »Vati« will sie indes hören, »gell, ihr schreibt mir alles?« Derweil macht ihr der Hunger arg zu schaffen. Immerzu knurrt der Magen und kaum hat sie gegessen, will sie »schon wieder was zwischen die Zähne kriegen«. Dabei sei das Schulessen nicht so schlecht, der Koch koche den Umständen entsprechend sogar prima. Er zaubert aus den knappen Grundnahrungsmitteln fast täglich Eintöpfe auf den Tisch. Die Qualität der Linsen ist jedoch so minderwertig, dass allerhand Steinchen auf dem Grund des Suppentellers liegen. Zum Frühstück bekommen die Kinder Wassermehlsuppe, mittags meist eine Suppe mit Salat und abends Rhabarber. Kartoffeln gibt es fast nie, stattdessen Steckrüben und das manchmal jeden Tag. Auch das Brot ist stark rationiert, Butter gibt es höchstens einmal pro Woche. Äpfel hingegen sind reichlich vorhanden, denn die umliegenden Landwirte haben die Schule im Herbst mit ihrem Fallobst versorgt. 700 Kalorien sind jedem Kind pro Tag zugeteilt, viele der Lebensmittel aber, die von Alt-Salemern, der Kirche und anderen Spendern gestiftet werden, kommen in der Schule verdorben an.

Schon wenige Tage nach ihrer Rückkehr ins Internat kritzelt Eri ein Briefchen an ihre Mutter, in dem sie über die neuen

Umstände berichtet – und Lebensmittel bestellt: »Ich bin bitte noch mal unbescheiden«, leitet sie ihre Wunschliste ein und zählt dann auf, was sie gerne hätte. Wie üblich kommt Erla den Bestellungen ihrer Tochter nach und schickt Tee, Kaffee, Zucker, Kuchen und andere Raritäten. Als landwirtschaftlichen Selbstversorgern geht es den Ludins vergleichsweise gut, dank Hanns' vorausschauender Fürsorge, die ihn mit einem großzügigen Zuschuss seiner Mutter Johanna aus Freiburg noch zu Kriegszeiten den Hof erstehen ließ, auf dass seine Familie für alle Fälle eine Zuflucht habe. Auch Selbstgenähtes kommt in das Paket für Eri, damit das Kindle gut versorgt ist. Materiell zumindest. Johanna schickt ihrer Enkelin hin und wieder etwas Geld, Briefpapier und Brotmarken, welche Eri aber nicht eintauschen kann. Die Kinder frieren und können vor Kälte mitunter kaum den Stift in der Hand halten. Morgens ist der Boden im Waschraum von einer dünnen Eisschicht überzogen. Warmes Wasser gibt es nur einmal pro Woche, die Kinder müssen kalt duschen, das, so die Devise, hält gesund.

Doch zum Glück ist der Frühling greifbar, man riecht, sieht, fühlt und hört ihn mit jedem Tag mehr. »Du fehlst sehr«, schreibt die Mutter Eri nach Salem und berichtet von den wachsenden Pflichten auf dem Hof. Inzwischen hat die Sau geferkelt und die Geburt des ersten Fohlens steht bevor. Die Kühe bringen bis zu vierzig Liter, täglich muss die Milch in den Ort gefahren werden. Die jungen Stiere seien so mager, dass keiner sie kaufen wolle, klagt Erla, und die Ente habe der Fuchs geholt. Im Wohnhaus herrsche große Unordnung, weil die Zeit zum Aufräumen fehle.

Während alle anderen Kinder in der Schule stark abnehmen, wird die zierliche Eri immer rundlicher. Im Trimesterbericht steht: »Erika war nicht krank. Ihre Periode ist ausgeblieben. Sie hat erheblich an Gewicht zugenommen.« Erika, da gibt es keine Frage, ist sehr niedergedrückt: Wie soll sie bis zum Sommer die Versetzung schaffen? Besonders traurig macht sie, dass Nachrichten vom Vater scheinbar ewig auf sich warten lassen. Und die arme Erla, nun sind auf dem Hof auch noch die jüngeren Geschwister krank geworden, die Grippe grassiert! Nachts liegt Eri oft wach im Bett und kann wegen all der Gedanken keine Ruhe finden.

Hanns und Hunger sind bald ihre Dauerthemen: »Es ist ein immerfortes Warten auf die Mahlzeiten und man ist irgendwie so unbefriedigt«, schreibt sie nach Hause. Schließlich verdirbt sie sich noch den Magen, das, so meint sie, liege wohl an den unzähligen Apfelschalen, die sie während des praktischen Unterrichts in der Küche verzehrt habe. In Wirklichkeit ist es ein Virus, der die halbe Schule überfallen hat. Eri versteht nicht, warum die Lehrer so viel Aufhebens um sie machen, es ist doch nur eine Magenverstimmung. Sie hält sich mit Gedanken an Leberwurst über Wasser und ermahnt ihr Muttilein (später wird sie die Anrede Mutti furchtbar spießig finden), ihr ja vom Geschlachteten aufzuheben, denn an Ostern werde sie nach Hause kommen. Eri nimmt es sehr mit, dass aus unerfindlichen Gründen das neugeborene Fohlen gestorben und dann auch noch eine Seuche ausgebrochen ist, der schon einige Ferkel zum Opfer gefallen sind. Könnte die Mutter denn nicht zum Arbeitsamt gehen, um weitere Hilfskräfte für die Landwirtschaft anzufordern? Sie fühlt sich hin- und hergerissen zwischen ihrem neuen Leben auf dem Internat und dem Schlösslehof und ist in Gedanken zugleich bei ihrem Vater im Gefängnis.

Kurt Hahn, der Gründer der Erlebnispädagogik und Salems, kommt für einige Wochen aus England zu Besuch und die Kinder singen ihm zur Begrüßung im Betsaal vor. Hahn hatte 1920 gemeinsam mit dem Prinzen Max von Baden das Internat Salem, dessen Leiter er dann zwölf Jahre lang war, und später weitere Zweigschulen im Ausland gegründet. 1932 hatte er in einem Rundschreiben an die ehemaligen Schüler im »Salemer Bund« dagegen protestiert, dass Hitler die Ermordung eines kommunistischen Arbeiters beschönigte, den sechs SA-Leute vor den Augen der Mutter zu Tode getrampelt hatten. Er forderte die Mitglieder des Bundes auf, sich zu entscheiden: Hitler oder Salem. Denn obgleich Hahn und seine Kollegen national-konservativ eingestellt waren, so vertrugen sich die pädagogischen Ziele der Internatsgründer mit dem Totalitarismus und Rassismus der NSDAP ganz und gar nicht. Hahns Protest war der Wendepunkt. Fortan betrachteten die Nationalsozialisten das Internat als Feind und bis zum Ende des Krieges strebten sie danach, dessen Lehrplan ideologisch auf Kurs zu bringen. Hahn, Sohn jüdischer Industrieller, kam nach seiner Rundbriefaktion 1933 fünf Tage in Schutzhaft und wurde schließlich aus Baden verbannt. Bald darauf emigrierte er nach England, wo er in Schottland die bekannte Gordonstoun-Schule gründete.

Bei seinem Besuch in Salem führen die Kinder und Jugendlichen ihm ihre Hobbys und Sportarten vor. Eri erfährt, Hahn spiele besonders gut Hockey. Das tat ihr Vater auch: »Hockey war mein Lieblingssport. Es ist, gut gespielt, sehr schön«, schreibt er ihr aus der Haft. Es ist möglich, dass Hanns und Hahn sich über diese Sportart kennengelernt haben, denn mein Großvater spielte als Jugendlicher öfter in Salem. In dieser Zeit mag auch sein Vorhaben entstanden sein, später seine Kinder an dieser Schule ausbilden zu lassen. Diesen Wunsch hat Erla ihm mit Eri ja nun erfüllt – Ellen, Tilman und Malte werden bald folgen. Anlässlich des Ehrenbesuchs aus England will die Internatsleitung den Schülern etwas bieten. Zwei akademische Gastredner referieren über Griechenland und die Eiszeitmenschen, das ist wirklich mal etwas anderes. Noch interessanter findet die allmählich pubertierende Eri allerdings den Klassentee und -tanz, denn mit den Jungs ist es besonders nett. Endlich blühen auch die Kirsch- und Apfelbäume, die Vögel zwitschern und die Luft riecht erdig. »Herrlich!«, schreibt sie überschwänglich nach Hause. Die Kinder sammeln Brennnesseln, aus denen der Koch eine spinatartige Beilage fürs Mittagessen kreiert.

In der Schule kommt Eri jetzt ein bisschen besser mit, Französisch klappt sogar ganz gut und in Englisch hat sie immerhin eine Zwei geschrieben. Außerdem hat sie ein Kilogramm abgenommen, wie sie ihrer Mutter stolz schreibt, viele andere Kinder allerdings bis zu fünfzehn Kilo. »Die schrecklichen Zuckerrüben gibt's schon lang nimmer, weil sie keine mehr haben. Stattdessen ist jetzt regelrecht das Hühnerfutter in Kraft getreten, in unserem Eintopf wimmelt's von Hafer und Gerste, mit Spelzen und allem, wie's bei uns die Hühner kriegen.« In jedem Brief an die Mutter – und sie schreibt mindestens einmal pro Woche – berichtet sie vom Speiseplan. Und fragt nach dem Vater.

Ihre Lehrer sind zu diesem Zeitpunkt einigermaßen zufrieden mit ihr. Im Unterricht und bei der praktischen Arbeit sei sie immer bescheiden, aufmerksam und fleißig. Den Übergang von der Grundschule zum Salemer Gymnasium habe sie als entscheidenden Schritt zur Selbständigkeit empfunden, heißt es im vertraulichen Bericht »an die Eltern« – den freilich nur die Mutter zu lesen bekommt. Allerdings habe Erika diese Selbständigkeit »gelegentlich etwas zu sehr betont und manchmal hartnäckig versucht, ihre eigenen Absichten durchzusetzen«, so ihre Mentorin. Mittlerweile gelinge es ihr jedoch, »sich bereitwillig und freundlich einzufügen, und sie ist ernsthaft bemüht, was sie als richtig begreift, auch gegen ihre privaten Wünsche auszuführen«. Wie eigenwillig Eri in jener Zeit war, daran erinnert sich auch ihre Freundin Nanne, deren Eltern sie gelegentlich auf Ausflüge mitnahmen. Meist hätte sie etwas Verbocktes gehabt, sei unzugänglich und verschlossen gewesen, sagt sie. Sie habe zugleich sehr einsam gewirkt und immer war da dieser traurige Blick.

Zum Glück erreichen Eri nun doch ab und zu Briefe vom »Vatchen«. Hanns darf wöchentlich nur jeweils zwei Seiten schreiben und alles wird scharf zensiert. Danach ist seine Post meist wochenlang unterwegs. Andersherum dauert es genauso lange. »Schreib nur oft ans Vatile, denn es scheinen doch viele Briefe verloren zu gehen, je mehr du schreibst, desto eher ist Aussicht, dass er einen Brief bekommt«, schreibt Erla an ihr »Herzenskind«. Eri schreibt geflissentlich und liebevoll und klärt ihren Vater detailliert über ihre schulischen Entwicklungen auf: Sie sei in Sport und Mathe eine Flasche. In der Antwort lobt er sein Kind wegen der verbesserten Schulleistungen – »Ich habe mich herzlich gefreut, von dir zu hören, insbesondere, dass du nun in der Schule schon besser mitkommst«; und er gesteht ein, Mathematik sei auch seine schwache Seite gewesen. »Wenn man sich aber einmal eingearbeitet hat, ist es ein sehr schönes Fach. Willst du mir nicht mal einen französischen Brief schreiben oder bist du noch nicht so weit?«, fragt er sie. Meist ist sein Ton merkwürdig streng, ja fast kühl, jedenfalls sehr moralisch: »Weniger gefreut hat mich der takt- und lieblose Ton, mit dem du von Fräulein E. schreibst. Mein liebes Kind, so etwas sagt man nicht, noch weniger schreibt man so etwas«, ermahnt er sie. »Ich weiß, dass du es nicht bös gemeint hast, aber du erinnerst dich, dass ich dir einmal schrieb, man solle nie ohne Not über einen andern Menschen – und vor allem nicht hinter seinem Rücken – etwas Nachteiliges sagen.« Freilich sorgt er sich um seine schwierige älteste Tochter und vielleicht ist seine Ansprache mitunter deshalb so distanziert, weil er, der es seit Jahren gewohnt ist, zu gebieten, in der Haft keinerlei Kontrolle über die Entwicklung seiner Kinder hat. Er hat überhaupt keine Kontrolle mehr über irgendetwas, außer über seinen Geist. Sein langjähriger Vertrauter und Attaché in der ehemaligen Gesandtschaft in der Slowakei, Hans S., bietet ihm derweil an, den gerade acht Jahre alt gewordenen Tilman zu sich zu nehmen, denn der brauche jetzt eine liebevolle und feste »männliche Führung«. Es wird jedoch später zunächst Eri sein, die zu ihm und seiner Familie in den Hamburger Raum ziehen wird.

»Gib dir im Sport recht Mühe, auch da macht Übung den Meister, sei immer fleißig, gewissenhaft, pünktlich und kameradschaftlich«, gibt der Vater seiner großen Tochter »mit 1000 guten Wünschen und Grüßen« mit auf den Weg. Kein Kuss, keine Umarmung, kein »Ich vermisse dich«. Gerade das hätte sie jetzt gebraucht. Die Jungs hänseln sie und ziehen sie wegen ihres leichten Watschelgangs auf, den sie sich durch die Pfunde um die Hüften herum erworben hat. »Eri Lederfett« nennen die Buben ihre Mitschülerin nach einer gleichnamigen Schuhcreme. Weil »Lederfett« an Pfingsten nicht nach Hause darf, bestellt sie sofort ein Esspaket bei ihrer Mama: »Also gell, du bist nicht böse, weil du doch immer sagst, ich wäre unbescheiden«, umgarnt sie ihre Mutter, wohl wissend, dass diese alles, was möglich ist, schicken wird und dieses Mal wahrscheinlich sogar noch mehr, weil sie ihr Kind wegen der Pflichten auf dem Hof an den Feiertagen nicht in der Schule besuchen kann. Dieser Absage an die Tochter werden noch viele folgen. Derweil ermahnt Erla ihr Kind, nicht zu oft zu telefonieren, denn das sei zu teuer. Außerdem solle sie sparsamer mit den Lebensmitteln umgehen, die sie ihr schicke: »Dass du die ganze Dose Trockenmilch, die für lange reichen sollte, in zwei Tagen leer hattest, entsetzt mich noch nachträglich.« Das Geld ist knapp und Erla muss penibel haushalten, aber sie bringt es dennoch fertig, ihrer Ältesten regelmäßig Versorgungspakete zu senden. Ihrem Vater berichtet Eri an Pfingstmontag – wie sooft in leicht dahin plätscherndem Erzählton – von den ungewöhnlich heißen Maitagen, vom Chorgesang für die Konfirmanden und vom Hockeyspiel gegen die Konstanzer, das die Salemer 2:3 verloren. »Unsere haben halt zu wenig Kalorien für so gute Spieler wie die Konstanzer«, erklärt sie die Niederlage. »Wegen unnötigen Kalorienverbrauchs« dürfen die Schüler auch nur einmal am Tag sehr kurz im Martinsweiher baden, um sich abzukühlen.

Herr Kern, der Schulkoch, bringt jetzt mitunter zweimal täglich Salat auf den Tisch, aber die Suppe ist ungenießbar, sie schmeckt fast wie Wasser. Allerdings hat es schon einige Male Blumenkohl gegeben, das erinnert Eri an die herrlichen Essen aus der Zeit in Pressburg. Dort, im Haus des Gesandten, gab es selbst während des Krieges stets gute Lebensmittel, köstlich zubereitet, sogar Wildbret von Hanns' Jagdbeute gehörte oft zum Menü. Erla kommt nur selten zum Schreiben, denn Zeit und Ruhe sind zu knapp. Mit Eri tauscht sie regelmäßig Informationen über Hanns aus, natürlich dürstet beiden, Ehefrau und Tochter, danach zu wissen, was er erzählt. »Wir müssen ihm halt so viel schreiben, wie's geht«, das sei das Einzige, was man jetzt für ihn tun könne, meint das Kind. Es ist beunruhigt, dass viele der Briefe Hanns nicht zu erreichen scheinen, weil sie keine Antwort von ihm bekommt. Eri übergibt ihrer Mutter alle Briefe, die er geschickt hat, und Erla lagert sie daheim. Obwohl das Mädchen sich auch nach Neuigkeiten über das Leben auf dem Hof sehnt, ermahnt sie ihre Mutter, ihr nicht zu schreiben und stattdessen lieber ihre Kräfte zu schonen und früh ins Bett zu gehen, sie komme ja nun in den Ferien bald heim. Eine Zimmergenossin, fügt sie noch an, sehe mittlerweile aus wie ein Knochengerippe. »Alle sehen ja schlecht aus. Meine Röcke sind wieder weiter geworden, mein Gürtel geht ins fünfte Loch, während vorher ins zweite. Aber das ist ja nebensächlich«, tut sie die Sache mit dem Übergewicht ab. Keiner versteht, dass sich im Gewicht ihres Körpers ihre belastete Seele spiegelt: Die Sehnsucht nach dem Vater und die Ohnmacht angesichts einer Situation, die sie nicht einzuschätzen weiß und deren politische Umstände sie nicht versteht, bedrücken sie und behindern eine natürliche, kindgerechte Entwicklung.

Im Sommer ist die vaterlose Familie eine Weile wieder zusammen. Eri und ihre Schwester Barbel verbringen einige Zeit beim ehemaligen Kindermädchen Margarete, die die beiden, so gut es geht, verwöhnt. »Das gute Gretele« tischt Eri sogar ihre Lieblingsspeise auf, die sie seit den Jahren nicht mehr gegessen hat, als ihr Vater SA-Obergruppenführer Südwest war und sie alle in Stuttgart lebten: Milchreis mit Zucker, Zimt und Apfelmus. Oh, welche Wonne! Eri schreibt ihrem Vater, Barbel sehe ihm frappierend ähnlich, wobei sie eigentlich findet, dass sie selbst so ganz nach ihm geraten sei. In diesen Ferien muss sie in die Frauenklinik nach Tübingen, um sich wegen »hormoneller Störungen« und wegen ihrer Gewichtszunahme untersuchen zu lassen. Ihre inneren Organe seien nicht in Ordnung, schreibt sie dem Papa unbestimmt, sie nehme jetzt zwei verschiedene Sorten Pillen ein. Auf dem Schlösslehof geht es derweil mit häufig wechselndem Personal schlecht und recht weiter. Eri übernimmt die Pflichten, die Schlafzimmer aufzuräumen und zu melken, was sie inzwischen gut meistert, auch wenn sie sich jedes Mal ziemlich aufraffen muss.

»Wie melkt man eine Kuh« macht sie nach den Sommerferien zurück in Salem auch gleich zum Thema eines Klassenaufsatzes. Die anderen Schüler haben sich fast alle damit beschäftigt, wie man Pudding zubereitet oder ein Buch bindet. Eri findet ihren Einfall gut, ihre Mutter allerdings ist der Ansicht, Lehrer würden sich für landwirtschaftliche Belange eher weniger interessieren. Das junge Mädchen ist im Augenblick guter Dinge. Es zeigt eine große Begabung beim Zeichnen, Singen und Klavierspielen. Endlich ist auch ihre liebste Freundin Nanne aus dem Hohenfels nach Salem gekommen und sie dürfen im selben Zimmer wohnen. Die beiden nennen sich gegenseitig »Butschebambele« und »Bambebutschele« und sind zwei alberne Backfische. Ein Junge hat Eri einen ersten Antrag gemacht, doch sie schlägt ihn aus, denn er bedeutet ihr nichts, wie sie sagt. Nanne ist eine ausgesprochen hübsche Person, blaue Augen, dickes blondes Haar und dazu schlank und modisch. An ihrer Seite muss Eri sich wie ihr Gegenteil vorkommen: pummelig, braune Augen und Haare, die Kleidung etwas altbacken. Besonders selbstbewusst kann sie wegen ihres Aussehens und ihrer sichtlich schlechter werdenden schulischen Leistungen kaum sein. Schämt sich die ehemalige Diplomatentochter vielleicht auch ihres neuen Daseins als Bauernkind? Ihre Schwester Ellen, die ihr später ins Internat folgen wird, hatte in Salem jedenfalls immer die Befürchtung, nach Kuhdung zu stinken.

Eri ist beeindruckt von einem neuen Schüler: »Hier ist als Neuer auch der Berthold von Stauffenberg, der Sohn dieses!«, schreibt sie ihrem Vati bedeutungsschwanger. Gemeint ist natürlich der Sohn von Oberst Claus Graf Schenk von Stauffenberg, der am 20. Juli 1944 vergeblich versucht hatte, Adolf Hitler zu ermorden und daraufhin erschossen wurde. Eri findet Berthold nett. »Ich denk mir, dass der schon viel durchgemacht hat«, notiert sie an ihren auf seinen Prozess wartenden Vater. Vielleicht hofft sie, er werde dabei auch an ihr Los denken. Gewiss hat sie Berthold nicht gefragt, was er durchgestanden hat, denn über so etwas sprach man damals nach dem Krieg nicht. Auch Gespräche über ihren Vater vermeidet man ihr gegenüber, denn wer wollte sie mit dessen ungewisser Situation noch weiter belasten? Über den Krieg sprechen die älteren Jugendlichen an der Schule allerdings schon gelegentlich. Einige von ihnen haben ihre Eltern im Widerstand verloren. Bruchstückhaft und sehr langsam kommt heraus, was die Nationalsozialisten verbrochen haben. Der Nanne erzählt Eri, ihr Vater habe es »gelegentlich wohl etwas übertrieben«.

So richtig zum Nachdenken kommt sie bei all den schulischen Anforderungen erst, als sie im Oktober mit einer Grippe daniederliegt. Im Krankenbett fällt ihr auf, dass ihre Mutter ihr seit neun Wochen nur einen einzigen Brief geschrieben hat, »wo was drin stand, sonst immer nur Zettel mit 'nem Gruß. Sie hat halt überhaupt keine Zeit, die Arme, d. h. die Zeit, die sie hat, braucht sie für so viele andere Briefe. Aber ich war ja auch mal 'nen Tag zu Hause«, klagt sie ihrem Vater postalisch vor. An diesen einen Tag kann sich Nanne noch gut erinnern: Da hat Eri die verantwortliche Lehrerin überzeugt, den beiden Schülerinnen Ausgang für einen Besuch auf dem Schlösslehof zu geben. Die Erzieherin ahnte nicht, dass die Mädchen nur bis Wilhelmsdorf eine Mitfahrgelegenheit hatten und die restlichen dreizehn Kilometer zu Fuß laufen mussten. Eri hat's ihr natürlich auch nicht so deutlich erklärt. Die zwei waren mehrere Stunden unterwegs und Nanne war die ganze Unternehmung ziemlich unheimlich, umso mehr nachdem sie im Wald einer Gruppe von Sinti oder Roma begegnet waren. Doch Eri ließ sich nicht schrecken und ging zielstrebig in Richtung Hof weiter. Mutig und abenteuerlustig war sie schon damals. Es hat ihr auch nichts ausgemacht, gleich in der übernächsten Nacht um drei Uhr morgens aufstehen zu müssen, um sich von Tante Anne mit der Kutsche rechtzeitig wieder in die Schule zurückfahren zu lassen. Anne ist eine von Erlas drei Schwestern und wohnt mit auf dem Hof. Für Erla war dieser Überraschungsbesuch, den die jüngeren Geschwister Ellen und Tilman später nachmachen werden, nicht nur erfreulich: Jeder weitere Mensch im Haus macht zusätzliche Arbeit.

Auf ihrem Krankenzimmer beschreibt Eri diesen Ausflug ausschweifend in einem der vielen Briefe an Hanns. Ihr fallen jetzt noch andere, persönliche Dinge ein, die sie ihrem geliebten Vater mitteilt: »Ich muss dich doch auch mal wieder an ›Oh, yes, my boy‹ erinnern. Einmal hast du mich damit beinah auf die Palme gebracht, da durfte ich mit auf den Tennisplatz fahren und du hast es während dem Fahren die ganze Zeit vor dich hingesummt, jedes Mal, wenn ich dich was gefragt habe, kam bloß die Antwort: ›Oh, yes, my boy!‹« Sie vermisst diese Unternehmungen mit Hanns und die Nähe, die sie zu ihm hatte.

Zwei Tage später kommt ein etwas verzweifelt klingender Brief vom »Muttile«. »Mein liebes Erilein«, schreibt sie, »nun habe ich gar keine Aussicht, dich zum Geburtstag noch besuchen zu können, das tut mir ganz arg leid.« Erla ist selbst krank und kann noch nicht einmal rechtzeitig einen Geburtstagskuchen für ihre Tochter backen. Das Herz macht ihr schon seit einiger Zeit wieder Beschwerden und im Augenblick weiß sie nicht, wie sie all ihre Probleme bewältigen soll. Unter welchem seelischen Druck die alleinerziehende Zweiundvierzigjährige wohl gestanden hat? Seit den Nürnberger Kriegsverbrecherprozessen und der Vollstreckung der Urteile am 16. Oktober 1946, spätestens aber seit der Hinrichtung des slowakischen Staatspräsidenten Tiso im April, muss ihre Hoffnung auf einen glimpflichen Ausgang für ihren Mann gesunken sein. Hanns' Briefe aus der Haft sind seit Monaten von nahezu transzendentalen Inhalten geprägt. Er sucht nach einem höheren Sinn, nach dem, was Leben, Wahrhaftigkeit oder Glück bedeutet. »Man muss das Leben so nehmen, wie es sich uns gibt«, schreibt er seiner Frau: »Es ist nicht gut, noch schlecht, es ist so, wie wir selbst sind. Die innere Freiheit ist das Entscheidende. Nur wer sie besitzt, ist wahrhaft glücklich und ist es auch noch in einem gewissen Sinne in der größten äußeren Not.«

Erla hält tapfer durch und lässt sich von ihrer eigenen Not so wenig wie möglich anmerken, jedenfalls fallen den Kindern ihre Ängste nicht auf, unterschwellig können sie sie allerdings gewiss spüren. Die Frau des Angeklagten schildert ihrer ältesten Tochter ausführlich, was auf dem landwirtschaftlichen Anwesen vor sich geht, und berichtet über die Ernte. Als Eri kurz darauf Geburtstag hat, verbringt sie ihn allein im Krankenbett. Sie ist zutiefst enttäuscht, dass ihre Mutter sie schon wieder nicht besuchen kann, und sie, so temperamentvoll wie sie ist, langweilt sich ungeheuerlich. Oft kuschelt sie sich in die weiche Decke, um Berührung zu fühlen, und blickt melancholisch aus dem Fenster hinaus in die herbstlichen Bäume, deren gelbe und rötliche Blätter kräftige Winde über die Felder treiben. Das Bett ist ein Ort der Geborgenheit, der Wärme spendet; auch als Erwachsene wird sie hier später oft Zuflucht suchen. Unterdessen serviert Herr Kern aus der Küche dem Geburtstagskind heiße Bratäpfel, in denen ein papierenes Fähnchen mit einem Glückwunsch steckt. Dankbar verschlingt sie die Köstlichkeit und ein Buch nach dem anderen. Außerdem beschäftigt sie sich damit, in Erinnerungen und Phantasien zu schwelgen, sie klebt Fotos vom Familienleben in der Slowakei in ein Album. Es sind Dokumente aus unbeschwerten Tagen: Kinderszenen im Haus in Pressburg, Urlaub in der Niederen Tatra, rasante Ski- und besinnliche Schlittenfahrten in der Hohen Tatra, Besuch vom Großpapa Gustav von Jordan, Erlas Vater aus Schwerin, eine lustige Faschingsfeier, Zirkusspiele, Bilder von Ellens sechstem Geburtstag. Es gibt viele heitere Fotomotive von der bildhübschen Eri, entweder mit ihrer Ziehharmonika oder mit einem der jüngeren Geschwisterchen im Arm. Sie strahlt mit ihrer Zahnlücke in die Kamera und wirkt glücklich. Jeder Urlaub zwischen 1941 und 1944 ist dokumentiert, Čertovica, Duchonka, Štrbské Pléso oder Ivanov Salaš heißen die fremd klingenden Orte, für Eri alles vertraute Plätze, die von wärmenden Erinnerungen erfüllt sind. Meist ist das Kindermädchen Dorle auf den Abbildungen zu sehen, die Eltern nicht. Doch, da sind Bilder von einem Pfeife rauchenden Hanns in der Tatra; er blickt nachdenklich und ernst in die Berge hinauf. Auch ein Foto von seinem Arbeitszimmer in Pressburg kommt ins Album. Und dort steigt Erla 1941 als hochelegante Diplomatenfrau in einem perfekt sitzenden, schicken weißen Kostüm in eine schwarze Limousine mit Hakenkreuz. Glückliche Kinderzeit, »oh, yes, my boy«. 1944 endet das familiäre Idyll.

Eri klebt jetzt prunkvolle Bilder von Salem in ihr Album – das Münster, der Betsaal, der Prinzengarten, Prinz Max von Baden mit seiner Familie und die vielen großen Tore des beeindruckenden Schlossgemäuers. Ihr fällt dabei ein, wie schön es als kleineres Mädchen gewesen ist, mit ihrem Vater in der Bibliothek den »Fidelio« zu hören – eine Oper, die sie ihr Leben lang besonders lieben wird. Die kränkelnde Erla hat derweil offenbar ein schlechtes Gewissen und verkündet im nächsten Brief, das Paket mit einem Kuchen, einem Pullover und einer umgeschneiderten Jacke sei dank der Hilfe ihrer Schwester endlich auf dem Weg. Freilich schreibt Eri sofort zurück, als die Sendung mit dem »wahnsinnig tollen Zucker« und den anderen angekündigten Dingen eintrifft. Schon seit zwei Wochen macht ihr diese Bronchitis zu schaffen und sie wird allmählich ungeduldig; außerdem hat sie schulisch viel verpasst. Sie denkt an Weihnachten und überlegt, was sie ihren Eltern und ihren Geschwistern schenken könnte. Abends kann sie jetzt noch schlechter einschlafen, ihre Mutter gibt ihr den Rat, ihre Gedanken aufzuschreiben. Eine gute Idee, findet Eri, doch sie setzt sie nicht um.

Ihre Schwester Barbel ist mittlerweile in die Heimschule Kloster Wald gekommen, die monatliche Gebühr von siebzig Deutschmark übernimmt Hanns' Onkel Adolf, der sich gemeinsam mit seiner Schwägerin Johanna in Freiburg um dessen Nachwuchs kümmert. Erlas Zweitgeborene wollte nicht zu ihrer Schwester in das koedukative Salem, weil sie schüchtern ist. Bei den Nonnen, die sich rührend um das unsichere Kind kümmern und es wegen seiner häufigen Kopfschmerzen ärztlich untersuchen lassen, ist die Zwölfjährige zwar gut aufgehoben; aber das Heimweh plagt sie gar sehr. »Jetzt sind nur noch vier Kinder zu Hause«, schreibt Eri ihrem Vater nüchtern, »ist doch eigentlich arg wenig.« Hanns, der einem Freund von seinem »Übermaß von Leid und Sorge« wegen seiner Frau und Kinder geschrieben hat, bleibt in der Haft scheinbar ungebrochen. »Wenn mich der Intellekt auch immer wieder zu einer stark materialistischen Geschichtsbetrachtung zwingt, so sagt mir doch ein unbestimmbares, aber deutliches Gefühl, dass es damit nicht abgetan ist, sondern dass hinter der äußeren Erscheinung der Dinge eine immanente Gerechtigkeit am Werk ist. Wir Menschen begehen nur den Fehler, diese Kraft nach unseren eigenen moralischen Wertungen zu messen und sind dann enttäuscht, wenn die Rechnung nicht stimmt.«

Um Gerechtigkeit und Wertungen geht es auch in dem Prozess, der Anfang November 1947 in Bratislava gegen meinen Großvater und Hermann Höfle eröffnet wird. Der SS-General Höfle war Höherer SS- und Polizeiführer und hatte im Oktober 1944 den slowakischen Aufstand militärisch niedergeschlagen. Die auf achtundzwanzig Seiten dargelegten siebenundzwanzig Anklagepunkte gegen die beiden Deutschen wiegen schwer: Ludin wird unter anderem vorgeworfen, vom 13. Januar 1941 bis Ende März 1945 »als Gesandter des nazistischen Deutschlands und höchster politischer Repräsentant und Vertreter seines Führers Adolf Hitler die politischen, militärischen und wirtschaftlichen Forderungen des Reiches gegenüber dem slowakischen Staat« durchgesetzt zu haben. Er habe am Abschluss einer Rahmenvereinbarung mitgewirkt, »mit welcher sodann die slowakischen Ämter mit Hilfe der nazistischen Organe die Aussiedlung von 57037 Juden nach Polen durchführten, woselbst diese bis auf eine geringe Anzahl in den Gaskammern, durch schlechtes Verfahren mit ihnen oder auf eine andere gewaltsame Art getötet wurden«. Die slowakische Regierung habe auf Betreiben der Deutschen den Juden die slowakische Staatsbürgerschaft entzogen und dem Reich für jeden deportierten Juden 500 Reichsmark bezahlt, um sicherzugehen, dass man sich ihres Eigentums bemächtigen könne und sie nie zurückkehren würden. Ludin habe ferner die Slowakei wirtschaftlich mit ausgebeutet und sie genötigt, in den Krieg gegen die UdSSR einzutreten, sodass man über 50 000 slowakische Soldaten »in diesen brudermörderischen Krieg« gegen die Sowjetunion schickte, »in dem viele umkamen oder dauernd invalid wurden«. Außerdem sei er an der Unterdrückung des slowakischen Aufstands beteiligt gewesen. Hanns verteidigt sich damit, stets das Beste für das slowakische Volk angestrebt zu haben, ja, dass nicht einmal diplomatischer Druck nötig gewesen sei, um mit der slowakischen Regierung zu kooperieren. Er beruft sich auf seinen diplomatischen Stand und auf die Befehlskette aus Berlin. Eri schreibt ihrem Vater, jede zweite oder dritte Nacht träume sie schöne Dinge von ihm.

Seiner Frau vermittelt der Angeklagte, wie eintönig die Tage sich dahinschleppen. »Mehr denn je fühle ich mich davor bewahrt, in den dunklen und trüben Wassern einer negativen Lebensbetrachtung zu versinken. [...] Nun geht es wieder auf Weihnachten zu. Möge der Advent in euren Herzen das warme Licht der Liebe und Güte hell erneuern, als der ewig und unter allen Umständen gültigen Menschenwerte.« In Salem bereitet sich alles auf die Festlichkeiten vor und die Kinder freuen sich schon ungeheuer auf die Weihnachtsferien. Sie schmücken ihre Zimmer mit allem, was sich basteln lässt. Eri, wissend um die langen Postwege, schickt ihrem Vater schon Ende November einen Weihnachtsgruß. Sie schenkt ihm *Das Testament* des französischen Bildhauers Auguste Rodin und zwei eigene Zeichnungen. Ihrer ordentlich verpackten Sendung fügt sie auch ein paar selbstgebastelte Sterne bei, »die du vielleicht aufhängen kannst, du musst auf der linken Seite die Ecken ein bissle ausstoßen, sodass es ein bissle plastisch aussieht«.

Kurt Hahn schreibt Anfang Dezember aus Gordonstoun an das tschechoslowakische Gericht ein Affidavit für Hanns Ludin. Er sei Ludin nur einmal begegnet, als er bereits zu den prominenten Nationalsozialisten zählte, heißt es in diesem Schreiben, doch man habe ihm nachgesagt, keinerlei Sympathie für deren Grausamkeiten zu hegen. Er, Hahn, habe Grund zu der Annahme, es unter anderem Ludin zu verdanken, dass er 1932 nach seinem Protest gegen Hitlers Verherrlichung des Kommunistenmordes mit dem Leben davongekommen sei. Ludin habe seinerzeit mehrmals, »also nahezu öffentlich«, gesagt, Tausende Nazis unterstützten seinen, Hahns, moralischen Protest. Doch Hahn lässt in seiner Aussage Zweifel offen: »Ob ich damit recht habe oder nicht, wird sich daran zeigen, wie Ludin sich anschließend benommen hat. Hat er je seine Menschlichkeit unter Beweis gestellt, obwohl es in seiner Stellung gefährlich für ihn war?«

Diesen Beweis konnte mein Großvater offenbar nicht erbringen. Kurz vor dem Nikolaustag, am 3. Dezember 1947, wird Hanns Elard Ludin zusammen mit Hermann Höfle vom Gericht in Bratislava mit 4 : 2 Stimmen zum Tode verurteilt. Das Gericht befindet sogar, er habe in einem so großen Umfang gegen die Menschlichkeit verstoßen, dass eine Erschießung eine zu milde Strafe sei. Es entscheidet sich für den Tod durch den Strang. Gleich am folgenden Tag beginnt Hanns, mit wackeliger Schrift Abschiedsbriefe zu verfassen. Er schreibt auch an seinen langjährigen Weggefährten und Freund, den Kommunisten Richard Scheringer: »Auch dir einen letzten Abschiedsgruß. Ich habe deine Haltung mir gegenüber am Schluss (1945/46) nicht mehr ganz verstanden. Aber doch muss ich dir sagen, dass du mein Schicksal warst, dass ich dich liebte aus ganzer Seele und von ganzem Herzen, mehr wie einen Bruder. Ich glaube an dich und an deine Sendung.« Scheringer hatte wie andere versucht, bei den Tschechen ein gutes Wort für seinen Freund einzulegen, schließlich bestand die Hoffnung, dass man auf ihn als Vorsitzenden der Kommunistischen Partei in Bayern eher als auf andere, vorbelastete Deutsche hören würde. Obwohl sein früherer Kamerad sich 1931 nicht wie er für den Sozialismus, sondern für den Nationalsozialismus entschieden hatte, war er von dessen Unschuld überzeugt: »Auf Grund deiner Mitteilungen, die du mir seinerzeit betreffs deiner Einstellung gegenüber den Juden und Zigeunern gemacht hast, kann ich mir trotz unserer entgegengesetzten politischen Orientierung nicht vorstellen, dass du dich einer verbrecherischen Tat schuldig gemacht haben sollst«, übermittelte er ihm ins Gefängnis. Ja, es ist schwer vorstellbar, dass ein Mensch und ein vertrauter zudem eine solche Schuld auf sich geladen haben könnte. Doch was meinte Ludin, als er seinem Freund, dem Kommunisten, schrieb, er glaube an seine Sendung? War es ein indirektes Eingeständnis, dass er den Nationalsozialismus als den falschen Weg erkannt hatte?

Alle Interventionen bleiben erfolglos. Mit Hanns Ludin hat man einen exponierten Vertreter des Dritten Reiches verurteilt, der nicht nur für seine eigenen Vergehen, sondern auch stellvertretend für die aller deutschen Täter zur Rechenschaft gezogen werden kann. Es gilt, ein Exempel zu statuieren.

Die schreckliche Nachricht erreicht Erla übers Hörensagen, vermutlich durch eine Meldung im slowakischen Radio, die

Hanns' früherer Chauffeur aufgeschnappt hat. Ihren Kindern hat sie von diesem Urteil nicht sofort erzählt und sich offenbar auch so gut beherrscht, dass zumindest den Jüngeren – Ellen, Tilman, Malte und Andrea – zunächst nichts aufgefallen ist. Eri darf an diesem Wochenende heim. Man erklärt ihr die Ausgangserlaubnis mit dem Nikolaustag, der in jenem Jahr auf den Samstag fällt. Ich nehme an, Erla hat diesen Besuch zum Anlass genommen, sie über den nahenden Tod des Vaters aufzuklären. Am 6. Dezember spielt die Vierzehnjährige für ihre Geschwister den Nikolaus und kann die Kleinsten damit sogar noch beeindrucken. Dorle, die zu der Zeit wieder in Biberach weilt, schreibt ihrer verehrten Arbeitgeberin: »Ach mein Muttilein, wenn man nur helfen könnte. Ich würde so gerne an Erilein und Barbele schreiben. Ob sie es schon wissen?« Was werde das für ein trauriges Weihnachten geben, bemerkt die treue Seele und rät ihrer Chefin, die »immer so lieb und gut zu mir« ist und zu der sie immer mit allen ihren Sorgen kommen könne, sie müsse jetzt »für die Kinderle da sein, denn sie brauchen auch die Liebe ihrer Mutti, mehr als die Strenge«. Muss man einer Mutter so etwas sagen?

Die beiden Verurteilten konvertieren kurz vor ihrer Hinrichtung zum Katholizismus und legen die Beichte ab. Hanns gibt dem Priester, der ihm das Sakrament reicht, heimlich einen Abschiedsbrief mit, weil er befürchtet, sein letzter Gruß werde die Familie auf offiziellem Wege nie erreichen. Dieser Brief gerät in die Hände der Wächter, woraufhin der Priester mehrere Tage hinter Gitter kommt. Hanns hat an seine Familie offenbar mehrere Abschiedsbriefe entworfen. Einen davon hat meine Großmutter 1993 für meine Mutter abgeschrieben, nicht wie üblich in Sütterlin, sondern in deutscher Schreibschrift – wohl, damit auch andere ihn lesen können. Darin heißt es: »Das Spiel geht nun zu Ende. Ich habe es verloren und muss mir das, wie ich deutlich fühle, selbst zuschreiben.« Er habe kläglich versagt und könne das nur durch einen anständigen Tod begleichen. »Dass ich kein Verbrecher bin, weißt du. Du kennst mein Herz durch und durch. Es ist weder eines unmenschlichen Gefühls, noch einer unmenschlichen Handlung fähig. Meine tragische Schuld liegt wohl darin, dass ich die ganze Hintergründigkeit des Systems, dem ich diente, nicht durchschaute, und dass ich es da, wo ich es durchschauen konnte, nicht mit allen Mitteln, auch unter Einsatz meines Lebens, bekämpfte. Das liegt wohl daran, dass ich praktisch bis zuletzt an die Sendung des Führers glaubte und eben nicht wusste, wie verantwortungslos und mit welchen Mitteln er nicht nur gegen sein Volk, sondern gegen ganz Europa gehandelt hat. Aber trotz allem, wenn ich dem Führer diente, so habe ich fest und ehrlich geglaubt, damit auch Deutschland zu dienen. Die Liebe zu meinem Volk war die Triebhaftigkeit meines Denkens, Fühlens und Handelns. Auch das weißt du und du weißt auch, wie sehr mir das slowakische Volk ans Herz gewachsen war, wie ernst ich meine hiesige Aufgabe genommen habe, wie furchtbar mich persönlich der Aufstand und seine Folgen traf und wie ich mit dem slowakischen Volk gelitten habe.«

Ihre Henkersmahlzeit rühren die beiden Todgeweihten nach Zeugenaussagen nicht an. Meines Großvaters Verteidiger reicht noch ein Gnadengesuch ein, in dem er argumentiert, Ludin sei »dem herrschenden deutschen Regime zum Trotz stets ein Mensch geblieben […], stets zugänglich einer jeden humanitären und anderen Intervention, die er gern und bereitwillig ausführte«, weshalb er es verdiene, dass die Todesstrafe in eine Freiheitsstrafe umgewandelt werde. Das Gnadengesuch wird abgelehnt. Die Hinrichtung ist für den frühen Morgen des 9. Dezember 1947 angesetzt. »Ihr Gatte war vollkommen ruhig und ausgeglichen«, berichtet Ludins Advokat anschließend in einem Brief an meine Großmutter. Angeblich soll er verlangt haben, ohne Augenbinde zu sterben. Der Anwalt sagt, kurz vor seinem Tod habe Hanns ihm noch zugerufen: »Doktor, grüßen Sie mir meine liebe Frau.« Der anwesende Bischof indes will gehört haben, dass seine letzten

Worte lauteten: »Es lebe Deutschland.« Wahrscheinlich hat er beides gesagt.

Das Urteil wird um 7:35 Uhr vollstreckt. Mein Großvater hängt neun Minuten am Galgen, bis er stirbt – für sein Deutschland. Die Adventssterne mit Rodins *Testament,* die seine ahnungslose Tochter Eri ihm geschickt hat, haben ihn nicht mehr rechtzeitig erreicht.

Kameradschaft und Männerbünde

Als Kleinkind ins Zimmer gesperrt, habe ich einmal aus Langeweile neugierig meine Windel geöffnet und den Inhalt sorgfältig in die Heizung einmassiert. Es war Winter und meine selbst geschaffene Fingerfarbe trocknete im Nu am Heizkörper fest. Meine Mutter ist bei diesem Anblick mit Duftnote fast in Ohnmacht gefallen. Sie hat Stunden gebraucht, das Kunstwerk meiner analen Entwicklungsphase wieder zu beseitigen – und ich hatte erreicht, was ich wollte: ihre volle Aufmerksamkeit. Ein anderes Mal habe ich durch ununterbrochenes Schreien ihre Nerven so gereizt, dass ihr die Hand ausgerutscht ist. Darüber war sie erschrockener als ich, sie weinte und rief sofort den Hausarzt an, um sich beraten zu lassen, ob mir das nachhaltig geschadet haben könnte. Das hat es wohl nicht, denn nach dem Klaps war sie ob der eigenen Unbeherrschtheit voller Schuldgefühle und hat mich den Rest des Tages wunderbar verhätschelt. Kinder stellen einiges an, damit man sich ihnen widmet. Ich weiß nicht, was meine Mutter früher inszeniert hat, damit ihre Eltern ihre Anwesenheit zur Kenntnis nahmen, festzuhalten ist jedoch, dass sie ihr Leben lang »in der Scheiße gesteckt« und geschrien hat.

Als meine Großmutter Erla mit meiner Mutter schwanger war, betrübte sie, dass ihr Mann sie betrog. Sie konnte sich auf ihr erstes Kind nicht recht freuen, obwohl sie es sich doch so gewünscht hatte. Die Geliebte ihres Gemahls hieß Fee, er kannte sie aus der Schulzeit. Fee war auch nicht glücklich und soll sich später im Bodensee ertränkt haben, ob aus Liebeskummer oder aus politischen Gründen, weil sie vehement gegen die Nazis war, ist nicht bekannt. So ungefähr lautet eine der vielen wahren, halbwahren und erfundenen Geschichten, die in unserer Familie im Umlauf sind und deren Richtigkeit sich heute nicht mehr überprüfen lässt, weil alle die, die es wissen müssten, bereits gestorben sind. Was die Geburt meiner Mutter betrifft, so scheint allein Konsens darüber zu herrschen, dass meine Großmutter von Anfang an mit ihr überfordert war und das Gefühl hatte, ein schwieriges Kind auf dem Arm zu halten.

Meine Mutter kam im Jahr der Machtergreifung Hitlers zur Welt. Drei Tage zuvor hat Propagandaminister Joseph Goebbels verlautbaren lassen, das Deutsche Reich werde aus dem Völkerbund austreten und sei an Abrüstungsgesprächen nicht mehr interessiert. Erla nannte ihre Erstgeborene Erika – zum Andenken an eine Freundin, mit der sie gemeinsam die Ausbildung zur »Bode-Gymnastik-Pädagogin« gemacht hatte. In der Bode-Schule, 1911 von Rudolf und Elly Bode gegründet, hatte sie noch wenige Jahre zuvor anmutig ihre schönen langen Arme und Beine geschwungen und sich nicht ohne Erfolg bemüht, den Ausdruckstanz im Sinne ihrer Erfinder rhythmisch, musikalisch und gymnastisch umzusetzen. Erlas Eltern waren von dieser neuen Methode, sich frei zu bewegen, zunächst irritiert und ob des Etablissements, in das ihre Jüngste sich da eingeschrieben hatte, stark verunsichert, wie überhaupt vieles nach dem Ersten Weltkrieg sie verunsichert hat. Es war in jeder Hinsicht eine Umbruchzeit. In der Weimarer Republik war die staatsbürgerliche Gleichberechtigung von Mann und Frau in die Verfassung aufgenommen worden, sodass die Bestimmung einer Frau nicht mehr allein die Ehe und der Haushalt war. Die »neue Frau« wollte ihr Leben mit anderen Moralvorstellungen als die der Mutter leben und sich selbst verwirklichen. Gerade in bürgerlichen Kreisen war es also durchaus üblich, jungen Frauen eine Ausbildung zu ermöglichen. Erla kam in den Genuss dieser neuen Freiheiten, die sie geradezu lustvoll und heiter tanzend auskostete. Es gibt Fotos von ihren Körperposen am Schweriner See – *Terpsichore,* Muse des Tanzes. Ihre Freundin Erika von L., die Namensgeberin meiner Mutter, ist irgendwann nach Beendigung der Bode-Schule bei einem Zugunglück ums Leben gekommen.

Meinen Großvater Hanns Elard Ludin kannte Erla schon aus dem Gymnasium in Freiburg im Breisgau. Sie haben dort 1920 die Hauptrollen in Schillers »Wilhelm Tell« gespielt: Erla die Hedwig, Hanns den Tell. Beide waren zum Zeitpunkt der Aufführung vierzehn Jahre alt und Erla war von dem hübschen, schlanken Kerl mit dem wachen Blick sehr angetan, denn er verkörperte den Helden des Stücks vortrefflich und zeigte echte Führungsqualitäten; abgesehen davon, dass er zum Theaterspielen sogar Talent hatte. Erla ahnte nicht, dass Hanns auch im wahren Leben ihr Held werden und bis zu ihrem Tod ihr Maß aller Dinge bleiben würde.

Hanns war im Gegensatz zu ihr ein typisches Einzelkind, in das die Eltern alle unerfüllten Wünsche und Sehnsüchte projizierten. Seine Mutter Johanna hatte einen eher prüden Charakter. Sie konnte gut malen und kopierte Kunstwerke aus dem neunzehnten Jahrhundert. Ihr Mann Fritz war Oberstudienrat an einem Freiburger Gymnasium. Wann immer es seine Zeit zuließ, nahm auch er den Pinsel in die Hand und malte mit großer Leidenschaft naive, fast verspielte Bilder. Seine Schüler animierte er alle Jahre, für das Weihnachtsfest hübsche Holzkrippen zu bauen, in denen Maria und Joseph mit dem Christuskind umringt von vielen Tieren ihren Platz fanden. Fritz war ein verträumter Mensch mit einem starken Hang zur Romantik, vor allem aber war er auf seine sehr eigene unorthodoxe Art und Weise tiefgläubig. Das brockte ihm später unter den Nazis, obwohl Parteimitglied, viele Probleme ein, denn er weigerte sich, den Christus aus seinem Amtszimmer zu entfernen, und galt als »politisch unzuverlässig«. Sehr viel pragmatischer war dagegen sein jüngerer Bruder Adolf, der als erfolgreicher Wasserbauer in der ganzen Welt gefragt war. Beide, Fritz und Adolf, waren introvertierte Menschen und neigten zu Depressionen. Onkel Adolf war ein schweigsamer Mann und überließ das Sprechen seiner Frau, ebenso wie Johanna sich für Fritz um die praktischen Dinge des Lebens kümmerte. Erwartungsgemäß hütete Johanna ihr einziges, ihr »Sonnenkind« wie ihren Augapfel und achtete, vielleicht ein wenig zu kontrollierend, auf jeden seiner Schritte. Hanns' Eltern waren Patrioten, deutsch-national und kaisertreu. Sie schwärmten von den preußischen Tugenden und glaubten an die höheren Werte im Leben eines gebildeten Menschen.

Dieses Milieu von Vaterlandstreue, Romantik und Religion, gepaart mit einem starken Hang zur Melancholie, prägte den jungen Ludin entscheidend. Die gegen den Versailler Vertrag wetternde Umwelt tat ihr Übriges. Albert Leo Schlageter war wie Hanns ein Schüler des humanistischen Berthold-Gymnasiums in Freiburg und schon 1920 an der Zerschlagung des linken »Märzaufstands« beteiligt gewesen. Er kämpfte gegen die polnischen Freischärler und schloss sich 1922 der Nationalsozialistischen Deutschen Arbeiterpartei NSDAP an. Sein militärischer Widerstand gegen die französische und belgische Besetzung der Ruhr kostete ihn 1923 das Leben: Ein französisches Militärgericht verurteilte ihn zum Tode und ließ ihn in Düsseldorf hinrichten. Für Hanns war das angeblich der Auslöser, endlich etwas gegen die politischen Verhältnisse zu tun. Denn er wollte, so seine Mutter Johanna, »seinem Vaterland dienen, das ihm als Jüngling schon über alles ging«.

Die Tradition seiner Eltern brechend, wird Hanns gleich nach dem Abitur 1924 Soldat bei der Reichswehr und tritt als Fahnenjunker einem Regiment in Ulm an der Donau bei. Dort im Fort »Unterer Kuhberg« trifft er auf Richard Scheringer, der seine Begegnung mit Ludin in seinen Memoiren »Das große Los« schildert: »Darunter ist einer mit gelbem Trenchcoat, mit roten Backen und auffallend lebhaften braunen Augen. Er trägt einen flachen Hut, unter dem eine braune Haarsträhne herausschaut. Wir sehen uns an, lächeln uns zu und grüßen.« Die beiden Männer, beides Einzelkinder mit starken Müttern, schließen sofort Freundschaft. Sie teilen die Abneigung gegen die Republik und das Ziel, die nationale Revolution vorzubereiten, durchdrungen von dem Gedanken, Deutschland auf den nach ihrer Ansicht einzig richtigen Weg, den Weg des sozialen Nationalismus, zu bringen. Sie sind davon überzeugt, dass dieser »Freiheitskampf nur von der Masse des deutschen Volkes durchgeführt werden kann, also in erster Linie vom deutschen Arbeiter und vom deutschen Bauern. Nur dann, wenn diese Schichten die Führer im Staate geworden sind, haben sie auch ein inneres Interesse am Staate und werden für ihn den Freiheitskampf durchführen«. So wird Ludin sein und Richards Anliegen in jenen Jahren später dem Reichsjustizkommissar in einem Gnadengesuch für seinen inhaftierten Freund formulieren.

Nach viel Drill, unter anderem auch auf dem Pferd, wird Hanns 1927 als Leutnant vereidigt. »Ich schwöre Treue der Reichsverfassung und gelobe, dass ich als tapferer Soldat das Deutsche Reich und seine gesetzmäßigen Einrichtungen jederzeit schützen, dem Reichspräsidenten und meinen Vorgesetzten Gehorsam leisten will.« Diese Eidesformel geht ihm nicht leicht von den Lippen, denn hinter der Verfassung der Weimarer Republik steht er nur unwillig. Während der vielen Saufgelage mit den Kameraden diskutieren die jungen Männer hitzig über revolutionären Eifer und den nationalen, den sozialen Aufstand. Sie propagieren grundsätzliche Umwälzungen, alles wollen sie auf den Kopf stellen und zur »richtigen« Revolution gehört Blut als Beweis. Eines Tages reitet Hanns im Vollsuff in ein Lokal hinein und zerschießt die Lampen – eine Geschichte, die im Umfeld der Familie Ludin noch öfter erzählt werden wird.

1929, im Jahr der Weltwirtschaftskrise, nimmt Ludin mit Scheringer und dem gemeinsamen Offiziersfreund Hans Friedrich Wendt erste Kontakte zur NSDAP in München auf. Die drei planen, die Reichswehr durch die Bildung nationalsozialistischer Zellen zu politisieren. Die Reichswehr, so ihr Ziel, soll im Fall eines nationalsozialistischen Umsturzes nicht einschreiten. Dafür werben sie heimlich im Kreis der Kameraden. Einem General erklärt Scheringer: »Uns junge Offiziere beschäftigt die Frage, wie wir uns verhalten sollen, wenn eine große nationale Bewegungspolitik entsteht, gegen das Versailler Diktat, gegen die Erfüllungspolitik und zum Sturz der derzeitigen Regierung. Sollen wir dann schießen oder nicht? Wir sind der Meinung, dass auf keinen Fall von der Reichswehr geschossen werden darf wie 1923. Viele denken so wie wir. Sie wollen nicht einfach Soldaten einer Polizeitruppe sein, sondern Soldaten der zukünftigen Volks- und Befreiungsarmee.« Während die drei versuchen, Gleichgesinnte für ihre Sache zu mobilisieren, sind ihnen die Risiken durchaus bewusst: »Eine Organisation innerhalb der Organisation der Reichswehr«, sagt Scheringer, »war fast eine Verschwörung, das wussten wir schon. Doch wir waren ja zur Reichswehr gegangen, um auf diese Weise die nationale Revolution zu unterstützen.«

Es gibt undichte Stellen, jemand plaudert. Der Versuch »einer nationalsozialistischen Zellenbildung innerhalb der Reichswehr« fliegt auf und die drei werden im März 1930 auf dem Exerzierplatz verhaftet. Es folgen angsterfüllte Monate für die Eltern. Fritz und Johanna Ludin freunden sich mit Richards Mutter an, einer Offizierswitwe, die ihren Mann im Ersten Weltkrieg verloren hat. Postalisch sprechen sie sich gegenseitig Mut zu, beraten sich über die passenden Anwälte zur Verteidigung ihrer Söhne und rätseln über die wahren Vorgänge, die zur Verhaftung führten: »Sollten sich die beiden gegen die Gesetze vergangen haben«, schreibt Hanns' Mutter an Richards, »so geschah dies nur aus dem einen Willen heraus, dem armen Vaterland helfen zu wollen. Es sind qualvolle Stunden für uns Eltern, bis wir die Gewissheit haben, ob die Anschuldigungen auf Wahrheit beruhen.« Es breche ihr fast das Herz, gesteht sie, obwohl Hanns ihr versichert habe, dass die Verpflegung und die Behandlung in der Untersuchungshaft durchaus erträglich seien. Die besorgten Eltern beschließen, einen nationalsozialistisch gesinnten Rechtsanwalt zu engagieren, weil sie der Ansicht sind, dieser könne die Interessen ihrer Söhne erfolgreicher vertreten.

Am 4. Oktober verurteilt das Reichsgericht in Leipzig die drei Offiziere wegen Hochverrats zu achtzehn Monaten Festungshaft. Der Prozess wird Geschichte, weil Adolf Hitler als Zeuge auftreten darf und unter Eid beteuert, die NSDAP strebe die Macht ausschließlich mit »legalen Mitteln« an. Die Verfassung, so Hitler, schreibt »nur den Boden des Kampfes vor, nicht das Ziel«. Er ist siegesgewiss, denn die NSDAP ist nach den Wahlen mit 107 Mandaten gerade zweitstärkste Fraktion im Reichstag geworden. Die von ihm gegründete Sturmabteilung SA wächst täglich und zählt inzwischen rund 60 000 Mann. Sie grölen »Deutschland erwache!«, machen die Straßen unsicher, gehen gegen Republikaner, Juden und Kommunisten vor und liefern sich Schlachten mit den Gegnern. Der Prozess bietet Hitler ein hervorragendes Forum, weiter öffentlich für sich zu werben. Die Beschwörung der Legalität seines Vorhabens, ja, seiner demokratischen Absichten beruhigt gerade jene Skeptiker aus den konservativen Reihen, die mit einer Revolution nicht einverstanden gewesen wären. Sie überhören offenbar, dass Hitler auch prophezeit, bald werde die NSDAP den Staat so gestalten können, »wie wir ihn haben wollen« – und dann würden »Köpfe rollen«. Der »Ulmer Reichswehrprozess« steigert Hitlers Popularität und ist ein entscheidender Schritt auf seinem Weg zur »totalen Macht«. Auch Hanns Elard Ludin ist nun ein bekannter Mann.

Erla, die ihren Jugendschwarm einige Male in der Haft besuchen durfte, ist begeistert: »Der Prozess hat ja durch seine Verbreitung in der Öffentlichkeit so viel Nutzen für die nationale Idee gebracht und so vielen die Augen geöffnet, dass wir auf die Verurteilten stolz sein können. Ich war's ja von Anfang an, aber jetzt noch viel mehr. Sie sind Helden jetzt auch in den Augen aller Gutgesinnten.« Allein die lange Haftstrafe kann sie nicht ganz verkraften, »aber wenn's sein muss, dann wird ja auch das zu tragen sein«. Für die richtige Sache nimmt man eben auch einige Opfer in Kauf. Hanns, der Hochverräter, der seinen Eid gebrochen hat, wird umgehend aus der Reichswehr entlassen und kommt in Rastatt ins Gefängnis, Richard verbüßt seine Strafe in Gollnow bei Stettin. Es gehört zu den Zufällen des Lebens, dass im Rastatter Gefängnis viele Nationalsozialisten einsitzen – und in Gollnow eine Gruppe Kommunisten. In der Zelle haben die Männer viel Zeit zum Nachdenken und zum Diskutieren mit den Mitinsassen, was sie für die Zukunft entscheidend prägt. Es ist nicht anzunehmen, dass Hanns ein besonders politischer Kopf ist, ihn treiben vermutlich die romantischen Ideale und tugendhaften Vorbilder um, die ihm das Elternhaus vermittelt hat. Jedenfalls gibt er später dem Nationalgericht in Bratislava zu Protokoll: »Klare politische Absichten und Ziele hatten wir damals wohl kaum, sondern nur – wie damals wohl die meisten Menschen in Deutschland – das Gefühl, dass es ›so‹ nicht weitergehen könne. Ich kann daher rückschauend und völlig entfernt von der Absicht, meine damalige nationalistische Grundeinstellung verleugnen zu wollen, die ganze Aktion nur noch als eine politische Jugendeselei bezeichnen. Sie wurde jedoch für meinen weiteren Lebensweg bestimmend, da sie mich aus meiner bürgerlichen Laufbahn herausriss und in das politische Leben stellte.« Nach seiner Ansicht habe die geistige Elite des Landes versagt und er sieht seine Aufgabe darin, die althergebrachte Tradition in ein radikal erneuertes soziales System zu integrieren. Zwischenzeitlich spielt er mit dem Gedanken, nach Amerika auszuwandern, doch diesen Plan verwirft er bald. Es gibt ein Foto von Hanns aus der Rastatter Zelle. Das hat Erla aufgenommen, als sie ihn besuchte. Die beiden Klassenkameraden waren in Verbindung geblieben, nachdem sie sich 1925 wiederbegegnet waren. Auf dem Foto sieht Hanns hervorragend aus, er sitzt in einem weißen Hemd an seinem kleinen Schreibtisch in der Zelle und strahlt über das ganze Gesicht; es ist ein inneres, fast naives Leuchten, das sehr ansprechend ist. Kein Wunder, dass Erla, von seiner Ausstrahlung und seinem Drang nach Veränderung betört, in ihn verliebt ist. Ihre Treue wird sie bald in einer Ehe mit ihm verbinden. Fotos zeigen ein aufrechtes und schönes Paar, das bei der Trauung in Schwerin vor dem Pastor steht. Hanns wirkt mit seinen einsfünfundsiebzig Metern neben der großen Erla ein bisschen schmächtig und er macht einen fast zu nachdenklichen Eindruck. Die Ehe gehört zur Karriere, der Hanns nun zielstrebig folgen wird. Der Ernst des Lebens hat begonnen.

Seine »politische Jugendeselei« hat ihn während der Gefängnisstrafe noch entschiedener in die Richtung Hitlers getrieben. Nach seiner frühzeitigen Entlassung im Juni 1931 beginnt er sich sofort bei der NSDAP zu engagieren und keinen Monat später übernimmt er den SA-Gausturm Baden. Sein Freund Scheringer hat sich in der Haft den Kommunisten angeschlossen; er glaubt nicht mehr daran, dass die Nationalsozialisten sozialistische Ziele verfolgen, vielmehr, so Scheringer in seiner Erklärung, hätten sie »das Privateigentum heiliggesprochen« und verträten nunmehr »die Interessen der Kapitalisten gegen die Interessen des Proletariats«. Der Wechsel seiner politischen Grundhaltung wird am 19. März 1931 im Reichstag bekannt gegeben und sorgt im In- und Ausland für Schlagzeilen. Das bringt die beiden Männer Ludin und Scheringer aber nicht auseinander, sie bleiben in engem Kontakt, denn es verbindet sie über ihre tiefe Freundschaft hinaus weiterhin der Gedanke des Sozialismus ebenso wie Ideale von Kameradschaft, Männlichkeit und wohl auch Militarismus. Dass das hehre Ziel der Befreiung vom Joch des Kapitals nur auf militärische Weise zu erreichen ist, gehört in jenen Tagen zur festen Überzeugung der beiden Männer. Hanns wird in den kommenden Jahren seine schützende Hand über Richard halten und ihm einige Male das Leben retten. Der Dritte, Wendt, schließt sich einer dritten Bewegung, der »Schwarzen Front« von Otto Strasser, an, der einen nationalen Sozialismus auf marxistischer Basis verfolgt.

Hanns' Vater Fritz ist über den Wandel des siebenundzwanzigjährigen Richard erschrocken, doch er versichert dessen Mutter, dass er ihn als Menschen ungemindert liebe und verehre. Gewiss habe er nur aus uneigennützigen Motiven so gehandelt. Es schmerze ihn zutiefst, dass die jungen Männer sich vom Christentum abgewandt hätten, denn er sei felsenfest davon überzeugt, »dass die Entwicklung der Menschheit und insbesondere unseres Volkes nur auf dem Weg christlicher Logik weitergehen und zu Freiheit und Erfolg führen wird«. Der Mutter Scheringers wünscht er von Herzen, dass »ein gütiges Geschick Richard zu dieser Logik zurückführen und ihm einen Ausweg zeigen [wird], ehe es für ihn und für uns zu spät ist!« Fritz ahnt nicht, dass es nicht Richard, sondern sein eigener Sohn sein wird, der bis zum Äußersten gehen und sich in einer Sackgasse verrennen wird, aus der es kein Entrinnen mehr gibt.

Der Entwicklung meines Großvaters ist trotz aller Irrtümer, Verfehlungen und falschen Überzeugungen eine gewisse Tragik nicht abzusprechen. Auch seine Nachwelt und seine Nachkommen sollten davon langfristig belastet sein. Damals war das in aller Konsequenz aber noch nicht vorauszusehen. Siebzig Jahre später wird eines von Ludins Kindern sagen: »Ich wünschte wirklich, er wäre nicht da gewesen und hätte eine andere Laufbahn eingeschlagen.«

Zum Leben verurteilt

Meine Mutter Erika wird im Herbst 1933 in der schwäbischen Landeshauptstadt geboren. Hanns hat sich als Erstgeborenes lieber einen Sohn gewünscht, doch er freut sich über das kleine Mädchen. Ein halbes Jahr zuvor, am 21. März, hatte er die Leitung der SA-Gruppe Südwest übernommen und war mit seiner Frau nach Stuttgart umgesiedelt. Zu seinen Untergebenen gehören Hans G. und Hans S., mit denen sich eine freundschaftliche Beziehung entwickelt. Mittlerweile ist Ludin auch Abgeordneter des Reichstags. Bevor er nach Stuttgart kam, war er noch kurze Zeit kommissarischer Polizeipräsident in Karlsruhe. Im Schwabenländle studiert er unterdessen Geschichte und Volkswirtschaft, weil er mit der Idee kokettiert, später einmal im Auswärtigen Dienst tätig zu werden.

Die Ernennung Hitlers zum Reichskanzler am 30. Januar und die Machtübernahme der Nationalsozialisten haben ihn in seinen Ansichten bestärkt und ihn in raschem Tempo zu einem Mitgestalter der neuen Politik befördert. Nutznießer seiner gehobenen Stellung ist auch sein Vater Fritz: Nach neunundzwanzig Jahren im Schuldienst am Rotteck-Gymnasium von Freiburg wird er zum Direktor ernannt und ersetzt seinen sozialdemokratischen Vorgänger, der im Zuge des »Ermächtigungsgesetzes« in den einstweiligen Ruhestand versetzt worden ist. »Es wird stets mein Bestreben sein, nationale Gesinnung an unserer Anstalt zu pflegen, wie ich es allezeit, auch unter marxistischem Druck getan – heute freilich mit dem beglückenden Gefühl, dem verehrten Führer zu dienen und seine Sache zu unterstützen«, erklärt der neue Direktor mit Nachdruck. Er trägt einen langen weißen Bart und einen eleganten breiten Hut, der ihn mehr nach einem Philosophen als einem Lehrer im Nazi-Deutschland aussehen lässt. Für sein erstes Enkelkind Erika malt er phantasievolle, farbenfrohe Bilder und einen ganzen Bilderband, dazu schreibt er selbst verfasste, scherzhafte Verse.

»In Schwerin an blauen See'n
Kann man weiße Segel seh'n –
Enten im Parademarsch
zieh'n vorbei mit munt'rem Gackern;
zeigen manchmal bloß den … (aber, aber!),
wenn sie Beut' im Wasser schnappern.«

Erla, gerade achtundzwanzig Jahre alt, müht sich, eine gute Mutter zu sein, doch ihr Kind schreit oft. Hanns trifft sich mit Kameraden und genießt das Ansehen, das er durch die neue Führungsrolle hat. Erla wartet derweil geduldig zu Hause. Duldsam zu sein und sich mit dem zu begnügen, was da ist, hat sie von Haus aus gelernt. Ihre Familie stammt von französischen Hugenotten ab, Protestanten, die, von der Lehre Calvins beeinflusst, im 16. und 17. Jahrhundert wegen ihres Glaubens verfolgt wurden. Ein bisschen Migration hat auch Erla noch erlebt, denn ihr Vater Gustav von Jordan war ein preußischer Beamter in Straßburg, das die Familie, als die Franzosen nach dem Ersten Weltkrieg das Elsass wieder übernahmen, verlassen musste. Erla war dreizehn, als sie mit ihren vier Geschwistern und ihren Eltern nach Freiburg umzog. Das Ehepaar Jordan pflegte zu Hause einen höflich distanzierten, aber stets freundlichen Umgangston. Marie tat ihrem Gemahl den Gefallen, sein Cellospiel auf der Geige zu begleiten. Bescheidenheit und Bildung waren in diesem protestantisch-preußisch geprägten Haushalt oberstes Gebot.

Bald fand Gustav ein großes Haus mit Garten in Schwerin und die ganze Familie siedelte abermals um. Auf Anraten eines Arztes verließ Erla die Schule, weil sie häufig Kopfschmerzen hatte und einen Beruf finden sollte, der ihr viel Bewegung verschafft. Die Bode-Gymnastik war da genau das Richtige. Vater Gustav arbeitete im Schweriner Finanzamt. Er soll ein introvertierter, bisweilen recht zerstreuter Mann gewesen sein; offenbar war er in Gesellschaft mit den Gedanken oft anderswo, denn am liebsten saß er am Schreibtisch. Auf Fotos wirkt er korrekt, fast ein bisschen streng und so, als sei er nicht sehr zugänglich gewesen. Er wird auch patriarchalische Züge gehabt haben. Er hatte vier Töchter und nur einen Sohn, der es in diesem Frauenhaushalt vermutlich nicht ganz leicht gehabt haben wird. Trotz seiner bürgerlichen Zurückhaltung war Gustav für Scherze und Wortverdrehungen gut zu haben, damit hielt er seine Familie bei Laune, wenn er ihr nach erledigter Arbeit kurzzeitig mit seiner Anwesenheit die Ehre erwies. Erla hatte keine besonders innige Beziehung zu ihrem Vater, ihre Bezugsperson war ihre Mutter Marie, mit der sie sich über alle Dinge des Lebens intensiv austauschte. Marie kam aus gutem Hause und war eine hübsche, sehr liebenswürdige Frau, die stets milde in die Kamera lächelte, während ihr Mann auf Fotos meist distanziert dreinschaut. Zu Maries Vorfahren zählt Johann Heinrich Jung, genannt Jung-Stilling, der Arzt, Agrar- und Kunstwissenschaftler, dessen Jugenderinnerungen Goethe herausgegeben hat.

Im Februar 1934 wird Eri getauft. Zu ihren Paten gehört Richard Scheringer. Dieser hatte in seiner Zelle in Gollnow Schriften und Briefe verfasst, in denen er die Rote Front und die ehemaligen Kameraden in der Reichswehr zum Umsturz aufforderte, und war daher im April 1932 ein weiteres Mal wegen Hochverrats zu Festungshaft verurteilt worden. Im Mai 1933 hatte Hanns beim Reichsjustizkommissar interveniert und für die Lauterkeit seines Freundes gebürgt – er kenne Scheringer in- und auswendig, »der mit allen Fasern seines

Herzens an seinem deutschen Volke hängt«, es sei geradezu ein Hohn, dass er nicht unter die kürzlich erlassene Amnestie gefallen sei. »Denn dass man auch als Kommunist national denken kann, vielleicht mit umgekehrten Vorzeichen, jawohl, aber dafür umso intensiver und umso rücksichtsloser, das scheint der bürgerliche Mensch bisher noch nicht verstehen zu können«, so heißt es in seiner langen Begründung. Im Hause der Familie Hans Gmelin wird man wegen dieses Engagements später die Ansicht vertreten, dass aus Hanns auch etwas anderes als ein Nationalsozialist hätte werden können, doch der »Zufall« hatte es nicht gewollt. Scheringer ist auf die Intervention seines Freundes hin endlich entlassen worden. Nach so langer Abstinenz verträgt er den zu diesem freudigen Taufanlass reichlich ausgeschenkten Alkohol nicht und erbricht sich neben einem weißen Mercedes, den er für Ludins hält. Tatsächlich ist es der Wagen des Reichsstatthalters. Das führt zur abermaligen, sofortigen Verhaftung, weil man zunächst annimmt, es sei ein mutwilliger Akt gewesen. Hanns sorgt aufs Neue dafür, dass sein Freund umgehend wieder freikommt. Er lässt sich auf dem Dürrnhof bei Kösching als Landwirt nieder und bekommt mit seiner Frau Marianne elf Kinder.

Die SA ist unterdessen auf über vier Millionen Mann angewachsen und ihr Stabschef Ernst Röhm will aus ihr eine neue Volksmiliz machen, in der die nun viel kleinere Reichswehr aufgehen soll. Die Angehörigen der Reichswehr sind von dieser Idee alles andere als begeistert, zumal Röhm, den man mit dem Vorwurf der Homosexualität zu diffamieren versucht, weiterhin von revolutionären Ideen getragen ist und eine radikale soziale Umgestaltung anstrebt. Hitler setzt ohnehin schon länger auf die Schutzstaffel SS und entscheidet den Machtkampf, indem er seine SS-Leute am 30. Juni 1934 auf die SA loslässt. Sie ermorden Röhm und die gesamte Führung der SA sowie diverse andere Gegner, darunter den letzten Reichskanzler General Kurt von Schleicher. Es sterben schätzungsweise hundert Männer, die SA wird politisch bedeutungslos und die SS zu Hitlers übelstem Machtinstrument. Hitler lässt sich die Mordaktion im Nachhinein als »Staatsnotwehr« vom Kabinett rechtlich absichern. Hanns Ludin hatte zu jenem Zeitpunkt seine SA-Führer zu einer Fortbildung eingeladen, auf der sie über Planwirtschaft und Sozialismus unterrichtet werden sollten. Er und seine Leute wollen die Macht von Krupp, Stinnes und Thyssen – den Einfluss der Industrie und der Banken – zurückdrängen, freilich ohne sich dabei auf die Kommunisten oder gar die Demokraten einzulassen. Hanns hat seinen Freund Richard zu diesen Vorträgen eingeladen, doch dank dessen kaputten Motorrads und der Schutzhaft, in die die Reichswehr ihren früheren Kameraden schließlich nimmt, trifft der Landwirt dort nie ein. Die Veranstaltung musste sowieso abgesagt werden, weil Hitler alle höheren SA-Männer in das Stabsquartier des Stabschefs Röhm in Wiessee einberufen hat: »Ich war als hoher SA-Führer nach Bad Wiessee befohlen worden«, berichtet mein Großvater später seinem Freund, dem Schriftsteller Ernst von Salomon, vom Tag des »Röhm-Putsches«. »Ich hatte gerade vorher auf einem großen Aufmarsch meiner Gruppe sehr offen von den Hoffnungen gesprochen, welche die SA in ihren Stabschef Röhm setzte und in seinen Willen, die Zielsetzung der SA gegen alle Strömungen zu verteidigen, die mit ihr nicht einverstanden waren. Ich hatte [...] erwartet, dass durch das Wort des Führers die Differenzen zwischen uns und der Wehrmacht, der ich doch auch kameradschaftlich verbunden war, beigelegt würden. Ich wurde mit einer Reihe anderer SA-Führer auf offener Straße durch die entgegenkommende Kolonne des Führers angehalten. Wir waren völlig überrascht, als wir erfuhren, was geschehen war. Wir mussten in einer Reihe antreten und der Führer ging von einem zum andern, jeden betrachtend, mit einem Blick, den ich zum ersten Male so empfand, wie er mir immer geschildert wurde, ohne dass ich beistimmen konnte, mit einem Blick, den ich nun auch als

›magisch‹ empfand. Hitler sagte kein Wort. Nur, als er bei mir angekommen war, sagte er, ohne Betonung und gleichsam in Gedanken verloren: ›Ludin‹ – und ich wusste nicht, ob ich damit zum Tode oder zum Leben verurteilt war. Ich war der Rangälteste unter den SA-Führern, die da standen. Ich war zum Leben verurteilt.«

Hanns Ludin ist davongekommen. Er gehört zu den Auserwählten, die der Allmacht Hitlers entronnen sind, physisch zumindest. Warum er am Leben bleiben darf, ist unklar. Mit der Gruppe Südwest sitzt er an einem eher ruhigen Posten, wo die SA ihren Anspruch auf die Führung nicht deutlich gemacht und nicht mit dem Ziel einer zweiten Revolution intrigiert hat. Außerdem ist er noch nicht lange bei der SA und kannte Röhm nicht gut. Hitler wird ihm auch zugutehalten, dass er ihm durch den Ulmer Reichswehrprozess zum Legalitätseid verholfen hat. Möglich ist aber auch, dass er den aufstrebenden jungen Ludin einfach nur gut leiden kann, vielleicht ist es aber auch nichts als ein Zufall oder einer spontanen Laune Hitlers geschuldet, dass mein Großvater »die Nacht der langen Messer« überlebt. Sofort nach dem Putsch lässt Hanns klären, ob sein Freund Richard noch am Leben ist, und entsendet einen Boten zum Dürrnhof. Er lebt. Richard hat seinerseits Hanns für tot gehalten und ist erleichtert, als er erfährt, dass er verschont blieb. Die SA-Spitze aber mutmaßt, dass er, die Gunst der Stunde nutzend, mit den Kommunisten konspiriert haben könnte. Hanns schützt Richard, indem er beteuert, sein Freund habe mit Gewissheit keinerlei Kontakt zu kommunistischen Funktionären gehabt und von dem Putsch nicht das Geringste gewusst. Der Kontakt ihres Obergruppenführers Südwest zu dem »Abtrünnigen« Scheringer wird von der SA-Leitung als parteischädigend angesehen, und gegen Ludin beginnt ein Disziplinarverfahren, das man erst im September 1934 einstellt. Die Sache gilt als erledigt, Hanns wird unzweideutig nahegelegt, »das Kapitel Scheringer« nun endgültig zu beenden. Obwohl sie sich ideologisch immer stärker entfremden, bleiben die beiden Männer eng befreundet. Dass Richard nicht im Konzentrationslager landet, ist zu keinem geringen Anteil Hanns zu verdanken, der sich kraft seiner Position einen Kommunisten »leisten« kann, zumal dieser nicht durch spektakuläre Widerstandsaktionen auffällt und schließlich seine wachsende Zahl von Kindern durchzubringen hat.

Für Hanns ist die dramatische Begegnung mit Hitler auf offener Straße wegbestimmend. Er tritt nun noch überzeugter als zuvor für die Werte ein, die die SA seiner Meinung nach vertritt: »Kameradschaft, Treue, Anständigkeit«. Von Sozialismus ist jetzt nicht mehr viel die Rede, übriggeblieben ist der Nationalismus – Hitler, die SS und die Industrie haben gesiegt. Hanns fühlt sich dem Diktator schicksalsergeben verpflichtet – schuldet er ihm nicht sein Leben? Der große »Führer« mit dem magischen Blick hat Gnade walten lassen, das schafft Bindung. Am 2. August 1934 findet diese Haltung ihre Entsprechung in der veränderten Vereidigungsformel, die nun nicht mehr auf der Verfassung, sondern auf der Person des »Führers und Reichskanzlers« beruht: »Ich schwöre bei Gott diesen heiligen Eid, dass ich dem Führer des deutschen Reiches und Volkes, Adolf Hitler, dem Obersten Befehlshaber der Wehrmacht unbedingten Gehorsam leisten und als tapferer Soldat bereit sein will, jederzeit für diesen Eid mein Leben einzusetzen.« Ludin schwört diesen Eid, sein zweiter Eid, der ihm zum Verhängnis werden wird.

Meine Großmutter Erla muss in jenen Tagen furchtbare Ängste ausgestanden haben. Erika ist gerade acht Monate alt, als sie ihren Vater fast verliert, sie spürt die niedergedrückte Stimmung ihrer Mutter zweifellos deutlich. Hanns, der sein Leben gerade wiedergewonnen hat, zeugt neues. Und schon ist er wieder unterwegs, beruflich und privat. Mit seiner Freundin Fee besucht er die Scheringers auf deren Hof; Fee meint, das Bauernehepaar habe das große Los gezogen. »Das Große Los« nennt Scheringer deshalb auch seine Autobiografie, die 1959 erstmals erscheinen wird. Hanns schlägt seinem Freund vor, gemeinsam in die Schweiz zu gehen, um dort nationalrevolutionäre Zellen aufzubauen und die »zweite Revolution« aus dem Exil vorzubereiten. (Ich frage mich, hätte er seine Frau und seine Tochter mitgenommen? Oder wäre er mit Fee gegangen, die die Nationalsozialisten sehr kritisch betrachtete?) Scheringer lehnt ab: kein Widerstand aus dem Exil, sondern »mit dem Volk den Weg seines Schicksals gehen«. Wäre Hanns damals mit ihm ins Ausland geflohen, resümiert er viele Jahre später, »dann wäre er nicht noch einmal auf den Hitler hereingefallen«. Ach ja, denke ich, wären sie doch gegangen! Nichts hätte ich mir lieber gewünscht als einen Großvater, der gegen die Nazis opponierte. Doch den Zeitpunkt auszusteigen, hat Hanns Elard Ludin im Jahr 1934 verpasst und die Dinge nahmen ihren dramatischen Lauf.

Fritz Ludin bekommt derweil an seiner Schule Ärger mit der Hitlerjugend (HJ). Er hat drei Schüler wegen mangelnder Leistungen bei der Reifeprüfung durchfallen lassen. Ihm ist deren Parteibuch egal, sie sind miserable Schüler, fertig, aus! Die drei beklagen sich bei ihrem HJ-Gebietsführer in Karlsruhe über den Direktor – er sei ein Feind des Nationalsozialismus, weil er sich ihnen gegenüber für das Christentum und gegen die Jugendorganisation eingesetzt habe, um die »Qualität der badischen Schulen« zu erhalten. Außerdem habe er für den Liberalismus eine Lanze gebrochen, der, wie er behauptet habe, die besten Schulen hervorbringe. Fritz, vielleicht nicht zuletzt auch unter dem Einfluss seines eigenen Sohnes, gibt klein bei und kann sich der Anschuldigungen entledigen; die drei Schüler bestehen die Reifeprüfung anschließend ohne weiteren Widerspruch. Fritz wird bald überhaupt nicht mehr widersprechen, doch sein innerer Widerstand beginnt, ihn allmählich zu zermürben und krank zu machen. Krank macht ihn vielleicht auch, sein einziges Kind im Mittelpunkt dieser Fehlentwicklungen zu sehen und sich völlig ohnmächtig zu fühlen.

Im Sommer 1935, kurz vor der Geburt des zweiten Kindes, schreibt Erla wieder einen ihrer fast täglichen Briefe an ihre Mutter Marie. Sie beschwichtigt sie, sich nicht zu sorgen, dass sie sich zu sehr auf ein Mädchen einstelle: »Ich stelle mich auf gar nichts fest ein, denn ich hoffe und wünsche mir sehnlichst einen Sohn, weiß aber, dass das nichts nützt, und nehme mir vor, keinen Augenblick enttäuscht zu sein, wenn es ein Mädchen wird. Für Erilein wäre ja ein Schwesterchen auch ganz reizend.« Doch was ist mit Hanns, wird er enttäuscht sein? Auch wenn Erla das befürchtet, sie sagt es ihrer Mutter nicht. Dafür schwärmt sie von ihrer Ältesten. Das Schönste an Eri seien neben ihren klugen Äugelein, »der liebe und fröhliche Ausdruck und das ganze strahlende Wesen, dafür kann ich nicht dankbar genug sein«. Es täte ihr nur sehr leid, dass ihr Mann das heitere Kind, sommerlich gebräunt, blond gelockt und bildhübsch, weil abermals auf Reisen, jetzt nicht sehen könne. Einen Monat später bringt Erla ihr zweites Kind zur Welt. Es ist wieder ein Mädchen. Erla nennt es Barbara. Von nun an muss Erika, jetzt fast zwei Jahre alt, sich mit ihrer Schwester die Aufmerksamkeit ihrer Mutter teilen. Wenn ihr Vater mal zu Hause weilt, ist er liebevoll zu ihr und es kommt häufig vor, dass er sie nachts aufweckt und aus dem Bettchen holt, um sie zu bewundern oder seinen Freunden vorzuführen. Seine beiden heranwachsenden Töchter werden noch oft abgelichtet werden, adrett in hellen Kleidchen, ordentlich frisiert, daneben die stolz dreinblickende, glückliche Mutter: Welch Mutterglück, oh Kindersegen, »geliebter Führer«.

Als Dreieinhalbjährige ist Erika eine mäkelige Esserin und sie findet stets neue Ausflüchte, wenn es um die Nachtruhe geht. Sie ist ein aufgewecktes, unruhiges Kind und fordert ihre Mutter täglich aufs Neue heraus. »Sie schlägt einen alle Augenblicke mit ihrer Schlauheit und ich weiß oft nicht, was antworten«, so Erla. Ratlos beichtet sie ihrer Mutter, sie sei vor allem Eri gegenüber viel zu nachgiebig, »drum denkt sie gar nicht dran zu gehorchen, und als ich ihr gestern ernst auseinandersetzen wollte, dass sie tun müsse, was ich will, sagte sie nur, sie wolle das aber nicht. Da nützt keinerlei Drohen. Ich eigne mich ganz und gar nicht zur Kindererziehung, das merke ich immer mehr, ich bin viel zu weich und unentschlossen.« Zaghaft und nicht ganz gesund ist Erla leider auch, ihre Beine machen ihr zu schaffen, manchmal das Herz und sie fühlt sich energielos. Ihre Eltern sagen, Hanns sei egoistisch, weil er sich um seine Frau nicht genügend kümmere und nicht dafür sorge, dass sie abends rechtzeitig zu Bett komme. Erla weist diesen Vorwurf entrüstet zurück, Hanns habe meist Schwierigkeiten einzuschlafen und bette sich nur deshalb so arg spät: »Außerdem hat er doch wirklich an anderes zu denken als dauernd an meine Nicht-Gesundheit, die sowieso oft störend wirkt, vor allem durch meine Stimmung.« Manchmal begleitet sie ihn, artig Haltung wahrend, zu offiziellen Anlässen, aber in der Regel ist er allein unterwegs. Das Paar ist auf ein Fest der Wehrmacht eingeladen, doch sie zögert noch zuzusagen, denn es kostet Eintritt und ist »sicher mordssteif, außerdem sind wir schließlich knapp mit Geld«, so Erla an ihre Mutter. Gelegentlich reist Hanns auch nach Berlin. Einmal ist er sehr zufrieden zurückgekommen, »denn Göring hatte sehr wichtig zu ihnen gesprochen«, bemerkt die stolze Gattin. Sie führt nicht aus, was so wichtig war oder was der Innenminister Hermann Göring, nun auch zum Oberbefehlshaber der neuen Luftwaffe ernannt, gesagt hat. Auf einem Reichsparteitag darf Hanns gemeinsam mit Göring und dem Judenverfolger Rudolf Hess neben dem Wagen des Führers stehen. Er fühlt sich sehr geehrt.

Im Mai 1938 kommt das dritte Kind zur Welt: schon wieder ein Mädchen! Es heißt Ellen. Barbel haut ihre Schwester Eri öfter mit den Patschepfötchen ins Gesicht, da steckt Kraft dahinter, obwohl sie ein eher kränkelndes Kind ist. Erla macht sich um sie Sorgen und sucht Antworten in der Ernährung. Sie schiebt es auf die »unglückselige Mandelmilch«, die sie ihr vorübergehend gefüttert hat, und auf zu viel Rohkost. Sie ist sich ferner nicht ganz sicher, wie hübsch das Kind wirklich ist, Hanns hat da wohl so eine Bemerkung gemacht. Sie ahnt nicht, welche Schönheit aus dieser Tochter werden wird! Im Kindergarten rät ein Bub Eri, sie solle ihre Mutter in die Ecke stellen und verhauen. Eri reagiert empört und erwidert: »Meine Mutter verhau ich auch im Spaß nicht, die ist viel zu lieb.« Im Alter von fünf Jahren hat man noch kein Verständnis für die politischen und gesellschaftlichen Entwicklungen um sich herum, aber natürlich bekommt Eri unbewusst die veränderte Stimmung zu Hause mit, die die Entwicklungen draußen spiegelt. Sie erlebt ihren Vater und seine Kameraden meist in Uniform; wenn sie daheim konferieren, unterhalten sie sich eifrig und mit dem Ton großer Wichtigkeit. Erla sitzt gelegentlich dabei und hört aufmerksam zu, ohne sich in die Gespräche einzumischen. Im November 1938 brennen in Deutschland die Synagogen, Tausende jüdische Geschäfte werden demoliert und 30 000 jüdische Männer in Konzentrationslager verfrachtet. Die SA und die SS haben in der »Reichspogromnacht« ganze Arbeit geleistet.

Obwohl es Erla gesundheitlich und auch seelisch nicht besonders gut geht, ist sie abermals schwanger: Hanns und Hitler ein neues deutsches Kind! Sie fühlt sich überfordert und nicht in der Lage, so kurz nach der Geburt des letzten ein weiteres Baby auszutragen. Hanns ist mit allem anderen als mit ihr beschäftigt, und wenn er zu Hause ist, schreibt er an seiner Promotion über Sir Edward Goschen, den britischen Diplomaten deutscher Herkunft. Um sich zu erholen, spannt er manchmal auch ohne seine Frau und Kinder auf dem Lande aus und es ist anzunehmen, dass er sich dazu mitunter weibliche Gesellschaft holt. Erla trinkt fünf Tage lang einen übel schmeckenden, bitteren Tee, doch ohne Erfolg. Eine weitere Schwangerschaft wäre, so schreibt sie ihrer Schwester Jula Anfang 1939, eine Quälerei und für ihre Ehe ein Ruin. Wie solle sie denn je wieder zu Kräften kommen? Sie ist inzwischen dreiunddreißig Jahre alt und leidet unter ihrem Alter. Sie fühlt sich an der Seite ihres Mannes alt, denn sie weiß, dass er schöne junge Frauen gern hat, was sie ihm noch nicht einmal verdenken kann: Schließlich gilt es, ihn in jeder Beziehung zu unterstützen und dafür zu sorgen, dass es ihm gut geht. In ihrer Not schreibt die Schwangere ihrer Schwester verzweifelt über das neue Leben in ihrem Bauch: »Dieses Kind kann ja gar nicht gesund und fröhlich werden, weil ich's nicht sein kann.«

Erla besucht einen Amtsarzt. Sie klagt über Schmerzen in der Brust und drückt ihre Befürchtung aus, herzkrank zu sein. Dem Arzt berichtet sie über ihre Tätigkeit als Gymnastiklehrerin und darüber, wie schwer ihr dieser Beruf gefallen sei; dass sie sich sorge, ob sie ihre Verpflichtungen gegenüber den Kindern und dem noch Ungeborenen überhaupt erfüllen könne. Ihrem Mann, so Erla, habe sie diese Ängste verheimlicht, um ihn nicht zu belasten. Bei der Untersuchung stellt sich heraus, dass ihr Herz und ihr Kreislauf ganz gesund sind, allerdings hat sie einen viel zu niedrigen Blutdruck und geburtsbedingt Krampfadern. Der Arzt diagnostiziert einen Erschöpfungszustand. In seinem amtlichen Bericht sagt er, er sehe es immer wieder, dass gerade Menschen mit niedrigem Blutdruck charakterlich sehr energisch und hart gegen sich seien, körperlich besonders viel von sich verlangten und dann doch eines Tages mit dem Herzen und der Blutversorgung Schwierigkeiten bekämen. Nach seiner Erfahrung beschimpften sich solche Frauen dann als schwach, so lange, bis die Herzbeschwerden zunähmen und eine leichte Unsicherheit aufkäme, sodass diese Menschen versagten und meinten, sie seien »schwer herzkrank«. Das sei meist die Geschichte »besonders wertvoller und tatkräftiger Frauen und Mütter«. Natürlich bestärkt er sie, das Kind zu bekommen, schließlich sei sie gesund. Er verschreibt ihr eine Maiglöckchen-Tinktur, die sie über längere Zeit einzunehmen hat. Außerdem legt er den Dienststellen ihres Mannes mit diplomatischen Worten nahe, der Frau Ludin eine Entlastung im Haushalt zu bewilligen. Es gehört zu den Aufgaben des Bundes Deutscher Mädel (BDM), ihre Mitglieder zur Unterstützung in die Häuser von Bonzen zu schicken, wo sie den Hausfrauen eine Weile unter die Arme greifen. Erla bekommt nun aber zusätzlich eine ausgebildete Kindergärtnerin, sie heißt Margarete, kurz: Gretele, und Erika liebt sie von ganzem Herzen. Ihre neue Bezugsperson ist handwerklich sehr begabt und wird nach dem Krieg eine Töpferwerkstatt betreiben, in der sie ihren späteren Mann Heinz anlernen und zu einem bekannten Keramikdesigner machen wird. Zwischen ihr und Eri entsteht eine enge Bindung, die bis zu Greteles Tod halten wird.

Das Kind kommt im August 1939 zur Welt. Wie groß ist das Glück, als es endlich, endlich ein Junge ist und ein gesunder dazu! Er wird Tilman genannt und seinem begeisterten Vater sehr ähnlich sehen. Tilman wird zweiundzwanzig Jahre später mein Patenonkel werden und entgegen den Befürchtungen seiner Mutter ein erfülltes Leben führen – bis er plötzlich viel zu früh stirbt.

Eines Tages kommt Hitler zu einer Führerbesprechung nach Stuttgart und sein SA-Obergruppenführer Ludin nutzt den offiziellen Anlass, um ihm seine beiden ältesten Kinder vorzustellen. Eri und Barbel sind ordentlich hergerichtet, Eri hat geflochtene Zöpfe. Hitler und Hanns, beide in Uniform, stehen vor den Mädchen, um sie herum viele Uniformierte. Der »Führer« beugt sich väterlich lächelnd zu Eri hinunter und ihr Vater schiebt sie mit seiner Hand, die in einem dicken, ledernen Handschuh steckt, näher zum Diktator hin. Barbel steht daneben und knetet ängstlich ihre Händchen; das Gedicht, das sie aufsagen soll, ist ihr vor lauter Aufregung entfallen. Hanns wirkt stolz auf seine beiden Kinder, denen diese Situation jedoch sichtlich unheimlich ist. Es werden Fotos gemacht und ein Motiv ist hinterher in einer Zeitschrift abgedruckt: die Kinder des Obergruppenführers Ludin beim Besuch des Führers.

Hanns' Vater Fritz ist derweil schwer krank geworden und kann seine Arbeit als Oberstudiendirektor nicht mehr ausüben. Seit der »Reichspogromnacht« ist seine Schule »judenfrei«, alle verbliebenen Schüler sind gleichgeschaltet. In den Akten »Disziplinarfälle« ist vermerkt, dass Fritz Ludin diese Entwicklung dienstbeflissen mit herbeigeführt habe. So groß sein Unbehagen hinsichtlich der Verrohung der Sitten und des »Wissensverfalls« auch war – seine Angst, sich dagegen aufzulehnen, war größer. Eine Ohnmacht überwältigt ihn und er zieht sich depressiv in die Krankheit zurück. Sein ganzer Trost ist seine Enkelin Erika: »Mein Liebling ist und bleibt nun mal Erilein, dies sinnige, lebendige, kluge und seelisch geradezu reife Wesen. Es ist ganz eigentümlich, wie sie einem ständig Aufmerksamkeiten erweist, an denen manche Erwachsene etwas lernen könnten!« Hat er seinem kleinen Liebling auch seine Schwermütigkeit vererbt?

Hanns hat mit Tilman nun endlich seinen Stammhalter. Das, welch Wunder, macht auch Erla zufrieden. Auf einer Reichstagssitzung trifft Ludin Manfred von Killinger, der im Auswärtigen Amt für Nachwuchsfragen zuständig ist. Killinger ist soeben von seinem Posten als Generalkonsul in San Francisco zurückgekehrt und wird bald als Gesandter in die Slowakei entsendet werden. Es ist der 1. September 1939 und die Deutschen haben in aller Herrgottsfrühe Polen angegriffen, der Zweite Weltkrieg hat begonnen, abermals angestiftet durch die Deutschen. Hanns erzählt Killinger, nach dem Krieg wolle er nicht mehr in der SA dienen, sondern im Auswärtigen Amt eine Stelle finden, er möge doch in dieser Hinsicht bitte an ihn denken.

Zunächst aber muss er die nächste Etappe überwinden: Sein Sohn ist kaum auf der Welt, als er mit der 78. Sturmdivision in den Krieg an die Westfront zieht. Als Hauptmann der Reserve übernimmt er die Verantwortung für eine Batterie. Unter seinen Männern befindet sich sein SA-Freund Hans Gmelin sowie Richard Scheringer – endlich ist man wieder »beim gleichen Haufen«! Im Zuge des Hitler-Stalin-Pakts hofft Richard, gemeinsam mit der Sowjetunion gegen den Kapitalismus und gegen die Niederlage von Versailles ankämpfen und die Revolution gegen Hitler vorbereiten zu können. Hanns ist jetzt wieder Soldat der Wehrmacht und dient ein gutes Jahr in Frankreich. Erla bleibt mit den vier Kindern allein zurück. Sie singt ihnen ein französisches Lied vor, das sie noch aus ihrer Straßburger Kindheit kennt. Die Mädchen drehen zu diesem Singspiel ihre Händchen, als säßen kleine Puppen darauf. Sie strahlen und versuchen die französischen Worte auszusprechen: »Ainsi font font font, les petites marionettes«. Mir klingt die Melodie noch heute im Gedächtnis, denn meine Mutter hat sie mir auch beigebracht.

Wo viel Licht ist, ist starker Schatten

Der nasse Schwamm patscht ihr direkt ins Gesicht. Dorle ist empört und Erika grinst. Die Kleine sitzt mit Barbel in der Badewanne, hat geplanscht, vor sich hingegurrt, mit Wasser gespritzt und ihre Schwester geärgert. Dorle hat sie dann fürchterlich am Fuß gekitzelt, und als es Eri zu bunt wurde, hat sie den Schwamm als Gegenwaffe eingesetzt. Doofes Dorle, die hat ja eh immer mehr Zeit für die jüngeren Geschwister! Dem Kindermädchen trieft das Wasser die Wangen hinab und sie erstattet Bericht bei den Eltern. Hanns Ludin zitiert seine Älteste in sein Arbeitszimmer, aufgeräumter Schreibtisch mit Schreibunterlage, Vasen und Gemälde, viele Bücher. Über den Bücherregalen hängt ein Selbstporträt von Vater Fritz. Vermutlich auch ein Bild von Hitler. Hanns rügt die kleine Erika, sie ist acht Jahre alt. So etwas tue man nicht, erklärt er ihr, es sei unanständig und unter ihrer Würde, einen anderen Menschen so zu beleidigen und tätlich anzugreifen. Er steht vor ihr, seine Hände hinter dem Rücken verschränkt. Nach seiner Schelte mit dem denkbar strengsten Gesicht – Eri ist davon sichtlich beeindruckt – lächelt er verschmitzt und holt eine Hand hervor, in der er ein Bonbon bereithält. Das gibt er ihr: double-bind. Sie nimmt es mit Freuden, gescholten und verhätschelt zugleich. Eri wird diese Geste von Strenge und gleichzeitiger Güte nicht vergessen und viele Jahre später ihrem Partner erzählen. Kurz nach diesem kleinen Zwischenfall beginnt die Deportation der slowakischen Juden.

Die Familie Ludin lebt inzwischen in Pressburg, das eigentlich Bratislava heißt. Hanns' Versetzung ins Ausland war rasch vonstattengegangen. Als er kurz vor Weihnachten 1940 aus dem Krieg auf Heimaturlaub nach Stuttgart zurückgekehrt war, hatte die Adjutantur des Stabschefs in Berlin umgehend nach ihm verlangt. Das Reichsaußenministerium unter Joachim von Ribbentrop fragte an, ob ihn die SA für den Auswärtigen Dienst freigeben würde. Hanns eilte noch vor den Feiertagen nach München, um sich persönlich vorzustellen, und anschließend nach Berlin, um sein Amt formell zu übernehmen. Seine Familie sah ihn nur an den Weihnachtsfeiertagen. Erla hatte ein leidvolles Jahr hinter sich, sie hatte nicht nur oft auf die Anwesenheit ihres Mannes verzichten müssen, sondern auch ihre größte Vertraute verloren, ihre Mutter Marie, die plötzlich an einer Grippe verstorben war. Es fiel ihr sehr schwer, Hanns abermals gehen zu lassen. Wohl wissend, wie wichtig ihm die neue Mission war, bestärkte sie ihn zu tun, was er für richtig halte. Verwirrend war es auch für die Kinder. Kaum hatten sie sich ihrem begehrten, fernen Vater angenähert, war er schon wieder entschwunden: Einarbeitung im Auswärtigen Amt, Abmeldung beim »Führer«! Eri weinte, als er abreiste. Er nahm sie noch einmal in seine Arme, hob sie hoch und drückte sie fest an sich.

Hitler versicherte seinem neuen Gesandten, dass die Slowakei ein souveräner Staat sei, und er gab ihm – so zumindest lautete später Hanns' Aussage vor Gericht – den Rat mit auf den Weg, sich mit allen politischen Köpfen an Ort und Stelle zu arrangieren. Das hatte Ludins Vorgänger Manfred von Killinger nicht getan, er hatte sich im innerslowakischen Machtkampf hinter Vojtech Tuka gestellt, den slowakischen Ministerpräsidenten und Außenminister. Dieser war Faschist und voller Überzeugung im Dienste des »Deutschen Reiches«. Sein Gegenspieler war Staatspräsident Jozef Tiso, dem die Eigenständigkeit der Slowakei wichtig war – das heißt, er kooperierte nur da, wo sich die Interessen des »Deutschen Reiches« mit denen der Slowakei deckten, und leistete subtil Widerstand, wo sie sich widersprachen. Ein weiterer wichtiger Akteur war Innenminister Alexander Mach, der Chef der Hlinka-Garde, das slowakische Pendant der SS. Mach war Nationalist, hatte aber auch Verbindungen zu den Kommunisten.

Mit seiner Politik der Spaltung hatte Killinger die Stabilität des Satellitenstaats gefährdet. Als herauskam, dass er in einen Putsch gegen Tiso verwickelt war, wurde er kurzerhand in die rumänische Gesandtschaft versetzt. Er entsann sich der zufälligen Unterhaltung mit Ludin im Reichstag und schlug ihn als seinen Nachfolger vor.

Die Slowakei war ein staatlicher Neuling, als Ludin dem Staatspräsidenten Tiso am 18. Januar 1941 sein Beglaubigungsschreiben überreichte. Sie wurde am 14. März 1939 auf Hitlers Druck gegründet, begleitet vom Einmarsch deutscher Truppen in die Tschechoslowakei und deren Zerschlagung. Die slowakische Regierung unterzeichnete einen Schutzvertrag, der sie fortan außen-, verteidigungs- und wirtschaftspolitisch an das Deutsche Reich band, ihr innenpolitisch und kulturell aber Selbständigkeit einräumte. Mein Großvater hatte nun die schwierige Aufgabe, zwischen den widerstreitenden Kräften zu vermitteln, auf dass die Slowakei dem »Reich« als zuverlässige Verbündete in Mitteleuropa zur Verfügung stünde.

Im April 1941 stirbt sein Vater in Freiburg an Krebs. Einer seiner engen Freunde, ein Vertreter des Caritasverbandes, wird 1946 in einer Erklärung zugunsten Hanns Ludins aussagen, Fritz' »Ohnmacht, mit der er der Parteibewegung gegenüberstand, hat frühzeitig seine Gesundheit untergraben und in härmelnder [sic] Sorge musste er das Krankenhaus aufsuchen. Diese Zukunft der deutschen Jugend, deren Erziehung sein ganzes Leben galt, brach ihm das Herz und beschleunigte so seinen vorzeitigen Tod.« Sein Sohn indes macht weiter, er, das kann man zu diesem Zeitpunkt konstatieren, hat einen beachtlichen Aufstieg vom Berufssoldaten zum Diplomaten hinter sich. Diesen Umstand verdankt er vor allem den internen Auseinandersetzungen zwischen der SS einerseits sowie der SA und dem Außenministerium andererseits. Das NS-Regime trachtet danach, SA-Leute als mögliche Konkurrenten weiter unter Kontrolle zu behalten, indem es sie durch hohe Funktionen in ihr System einbindet, gleichzeitig ist das Auswärtige Amt bestrebt, den Einfluss der SS zu begrenzen, indem es SA-Männer in Positionen bringt, ideologisch standfeste Personen, die im osteuropäischen Ausland eine Politik nach nationalsozialistischen Vorstellungen durchsetzen – Führungspersönlichkeiten wie Ludin.

Um die slowakische Regierung für die deutschen Interessen zu instrumentalisieren, gibt es in Pressburg einen Beraterstab, der dem Gesandten und dem Auswärtigen Amt unterstellt ist. Ludin nimmt seine Freunde aus der SA-Gruppe Südwest mit, Hans Gmelin wird seine rechte Hand. Alle wichtigen Berater sind bereits am Ort, als der neue Gesandte eintrifft, darunter auch der »Judenberater« Dieter Wisliceny. Das Berliner Außenministerium gewährt Ludin freie Hand und er betreibt – ganz im Gegensatz zu seinem Vorgänger – eine eher traditionelle Außenpolitik. Er verhält sich diplomatisch und ist nach allen Seiten hin gesprächsbereit. Im Oktober 1941 finden unter seiner Ägide die ersten Abtransporte von Juden aus Pressburg in Ghettos oder slowakische Arbeitslager statt.

Im August war Erla ihrem Mann endlich mit den Kindern gefolgt. Die Ludins beziehen eine der »arisierten« Villen in einem noblen Wohnviertel der Stadt. Die Ludins, die in Stuttgart relativ bescheiden gelebt haben, genießen den guten Lebensstandard. »Fressburg ist ihm lieber als Pressburg« lautet eine Redewendung – sie stammt aus dieser Zeit, denn während im restlichen Europa Krieg und Entbehrung herrschen, ist die Versorgungslage in der überwiegend landwirtschaftlich geprägten Slowakei nach wie vor gut. In der schönen Hauptstadt, durch die die Donau fließt, sind sogar Weintrauben im Angebot. Davon können die Menschen auf dem Land allerdings nur träumen: Sie leben in erster Linie von Kartoffeln, Milch, Brot, Butter, Speck und anderer Schlachtware. Bevor die »Reichsdeutschen« kamen, kaufte man in jüdischen und türkischen Läden ein, besonders beliebt war der türkische Honig. Doch irgendwann waren die Besitzer verschwunden, stattdessen verkaufen nun »Volksdeutsche« Spätzle, Kristallzucker, Petroleum für Lampen und was man sonst noch so braucht. Im Pressburger Diplomatenviertel gibt es schon elektrisches Licht und die Straßen sind sogar geteert. Bei den auf dem Lande lebenden »Volksdeutschen« geht es viel einfacher zu. Sie bewundern und beneiden die »Reichsdeutschen«, die sie für kultivierter und privilegierter halten.

Das Ludin'sche Kindermädchen Gretele ist in Hohenzollern geblieben, stattdessen lebt Dorle nun mit im Haus. Sie hütet die Kleinen, die in ihren geräumigen Kinderzimmern und auf dem großen Balkon des Hauses viel Spaß haben. Erika geht ab Herbst 1941 in die deutsch-evangelische Volksschule. Sie hat eine rasche Auffassungsgabe und erledigt ihre Hausaufgaben im Handumdrehen. Ihre Schwester Barbel wird ihrer zarten Konstitution wegen zunächst zu Hause unterrichtet. Sie ist verträumter, sie braucht mehr Zeit und ist vom Tempo der Älteren eingeschüchtert. Manchmal muss Eri mit ihren Klassenkameraden in JM-Kleidung auf öffentlichen Plätzen den Nazi-Bonzen vorsingen. Als Tochter des Gesandten genießt sie besondere Anerkennung. Erla ist nun ganz Diplomatengattin und übernimmt allerhand repräsentative Aufgaben: »Repräsentationspflichten waren etwas ganz Neues für mich«, sagt sie später, »sie haben mich sehr beschäftigt. Ich war mehr gewillt, äußerlich so zu sein, wie es von mir erwartet wurde.« Und innerlich?

Weder von Haus aus noch überhaupt besonders gläubig, besucht sie nun regelmäßig die Kirche zum Sonntagsgottesdienst, was sie meines Wissens später nie wieder getan hat. In diesem von Klerikern regierten Land sieht man die offen zur Schau gestellte Gottesgläubigkeit gern, unter den Nationalsozialisten hingegen ist sie verpönt. Tut sie es, um die diplomatischen Bemühungen ihres Mannes zu unterstützen, oder findet sie in der Kirche wirklich einen Halt? Nach ihrer Mutter stirbt jetzt ihr einziger Bruder Franz als Soldat. Vielleicht betet sie an einem dieser Sonntage für die Toten in ihrer Familie? Der Krieg, der so viele Opfer kostet, ereilt auf diese Weise auch sie.

Hans S. erinnert sich, »dass es bis zum August 1944, von gelegentlichen luftgelandeten Kommandos abgesehen, nirgendwo ruhiger war als in der Slowakei, wo Tiso, Ludin und wir alle hinauf in die Karpaten-Ukraine in Stander-dekoriertem Dienstwagen durch Dörfer und Wälder fuhren, ohne auch nur eine Pistole im Wagen, geschweige denn ein Begleitkommando oder so was dabei zu haben«. Manchmal darf auch Eri auf diese Ausflüge mitkommen und sie genießt diese Anlässe. Natürlich sind die Männer auf ihren »Machotouren« meist allein unterwegs, auch ihre Frauen tun gut daran, zu Hause zu bleiben. Denn ihre Partner lieben die slowakische Musikalität und feiern mit den Zippser »Volksdeutschen«, dass die Balken krachen. Weinselig und ziemlich betrunken fahren sie anschließend die Passstraßen hinunter, lauthals singend und derbe Witze reißend.

Erla hat in Pressburg nicht nur Hanns und ihre Kinder um sich, sondern auch die Gemahlinnen seiner Kollegen. In der Fremde tut man sich eher zusammen als daheim, bei Tee und Kuchen tauscht man Erfahrungen mit der neuen Umgebung und bleibt unter sich. Haben die Frauen über den Krieg gesprochen, haben sie politisch diskutiert?

Hanns ist inzwischen zum Gesandten I. Klasse mit einem Jahresverdienst von 47 500 Reichsmark ernannt worden, ein angenehmes Leben scheint gesichert. Eri liebt es, wenn ihr Vater sie auf der Schaukel anschubst, das sind ganz innige Momente mit ihm, weil sie so selten stattfinden. Erla ist wieder schwanger. Aus ihrer Ohnmacht ist ein Stückchen Macht geworden, schließlich ist sie die Frau des Gesandten. Und sie ist seine Göttin, seine Gebieterin.

Hanns und Erla verbringen mehr Zeit miteinander denn je, es geht ihnen gut. Über Politik sprechen die beiden selten, so zumindest wird Erla es später darstellen, ihre Unterhaltungen drehen sich angeblich vor allem um Alltägliches. In der Beurteilung anderer Menschen sind sie sich fast immer einig. Hanns weiht seine Frau in seine innersten Gedanken nur gelegentlich ein und sie ist zurückhaltend und rücksichtsvoll, fragt ihn nicht weiter, selbst wenn sie hinter seinen Worten mehr vermutet. Was er tut, hält sie für richtig. Nur wenn er zweifelt, wenn er unsicher wird, bestärkt sie ihn: »Wo viel Licht ist, ist starker Schatten.«

Ludin engagiert sich für die Slowaken und ist bemüht, von ihnen anerkannt zu werden. Er nimmt seine Aufgabe als Gesandter sehr ernst. Sein Ehrgeiz ist, die Slowakei zum »Muschterländle« deutscher Führungspolitik zu machen, und er will beweisen, dass das ohne Polizeimaßnahmen geht. Die Berater funktionieren gut und die slowakischen Stellen kooperieren. Es gibt auch keine Einwände, als es darum geht, mit »den Deutschen« den Krieg gegen Russland zu beginnen. Die slowakische Regierung hat schon bald nach der Staatsgründung antijüdische Gesetze und im September 1941 den »Judenkodex« erlassen, um die Juden schrittweise zu diskriminieren, zu enteignen, zu entrechten und zu Zwangsarbeit zu verpflichten. Judenfeindschaft müssen die Nationalsozialisten dem slowakischen Regime nicht erst beibringen, sein Antisemitismus »war fest in religiöser Tradition und unmittelbarem deutschen Einfluss verankert«, sagt der Historiker Saul Friedländer. Erst wird Pressburg »judenrein« gemacht, dann das übrige Land. »Die katholische Slowakei war – nach dem Reich das erste Land, das mit der Deportation seiner Juden begann«, so Friedländer. Als das Reichssicherheitshauptamt den »Judenberater« Wisliceny abberufen will, telegraphiert Ludin, dieser Berater sei »unabkömmlich und unentbehrlich«. Wisliceny darf bleiben.

Die Verbündeten debattieren darüber, wem von beiden –

den Deutschen oder den Slowaken – das Hab und Gut der Deportierten zustehe, und sie einigen sich, das Vermögen der slowakischen Juden in der Slowakei zu belassen. Die slowakische Regierung erklärt sich bereit, für jeden »ausgesiedelten« Juden 500 Reichsmark zu bezahlen, wenn sichergestellt sei, dass sie nicht wieder zurückkämen. Am 6. April 1942 meldet Ludin dem Auswärtigen Amt: »Die Slowakische Regierung hat sich mit dem Abtransport aller Juden aus der Slowakei ohne jeden deutschen Druck einverstanden erklärt. Auch der Staatspräsident persönlich hat dem Abtransport zugestimmt ...«

Hanns' zweiter Sohn Malte ist unterdessen zur Welt gekommen, die Ludins haben nun fünf Kinder und zum Glück hat Erla Angestellte im Haus, um die Kinderschar und die gesellschaftlichen Verpflichtungen miteinander zu vereinbaren. Am 15. Mai, zwölf Tage vor seiner Ermordung durch tschechische Agenten, gibt der Chef der Sicherheitspolizei und des Sicherheitsdienstes, Reinhard Heydrich, dem Auswärtigen Amt bekannt, »dass in der Zeit vom 25. 3. bis 29. 4. 1942 die ersten 20 000 – in der Mehrzahl arbeitsfähige – Juden aus der Slowakei nach Auschwitz und Lublin abgeschoben wurden«. Inzwischen habe die »Abschiebung« weiterer 20 000 Juden nach Lublin begonnen. »Die Deportation war nicht das Ergebnis deutschen Drucks, sondern sie ging auf ein slowakisches Ersuchen zurück«, so Friedländer. Bis Ende Juni sind laut Bericht des »Judenberaters« 52 000 Juden »ausgeführt« worden, Ludin verlangt nun nach »einer 100%-igen Lösung der Judenfrage«. Weitere Abtransporte finden kurz darauf statt. Im Sommer kommen die Judentransporte einstweilen zum Stillstand. Ludin kabelt nach Berlin: »Die Durchführung der Evakuierung der Juden aus der Slowakei ist im Augenblick auf einem toten Punkt angelangt. Bedingt durch kirchliche Einflüsse und durch die Korruption einzelner Beamter haben etwa 35 000 Juden Sonderlegitimationen erhalten, auf Grund derer sie nicht evakuiert zu werden brauchen. Die Judenaussiedlung ist in weiten Kreisen des slowakischen Volkes sehr unpopulär.

Diese Einstellung wird durch die in den letzten Tagen scharf einsetzende englische Propaganda noch verstärkt. Ministerpräsident Tuka wünscht jedoch die Judenaussiedlung fortzusetzen und bittet um Unterstützung durch scharfen diplomatischen Druck des Reiches.« Er erkundigt sich, ob »in dieser Richtung weiterverfahren werden solle«. Ernst von Weizsäcker, der Staatssekretär im Auswärtigen Amt, meldet im Telegrammstil zurück, Ludin solle Staatspräsident Tiso gegenüber gelegentlich zum Ausdruck bringen, die Einstellung der »Judenaussiedlung« und der Ausschluss von 35 000 Juden von der »Abschiebung [...] würde in Deutschland überraschen, umso mehr als [die] bisherige Mitwirkung [der] Slowakei in der Judenfrage hier sehr gewürdigt worden sei«. Insgesamt werden im Jahr 1942 etwa 58 000 slowakische Juden in deutschen Konzentrationslagern ermordet.

Mit »100 %-iger Lösung« meinte mein Großvater gewiss nicht »Aussiedlung« und »Arbeitslager«. All diese Euphemismen wie »Aussiedlung«, »Abschiebung«, »Arbeitsdienst« und »Lösung« dienen lediglich dazu, ein mörderisches Großunternehmen in einer verschlüsselten Sprache minutiös zu dokumentieren – und der Nachwelt, hier meiner Familie, Interpretationsschlupflöcher zu schaffen: »Davon haben wir nichts gewusst!« Schon zu Beginn der Deportationen hat der Vatikan interveniert und über seinen Nachrichtendienst protestiert, dass die Deportierten nicht ausgesiedelt, sondern in Wahrheit vernichtet würden. Ludin, in regelmäßigem Kontakt mit dem Auswärtigen Amt, hat über diese Beschwerde berichtet. Was wirklich mit ihnen geschah, wurde nach außen hin geheim gehalten, das passte in die Strategie der Nationalsozialisten, ihr mörderisches Vorhaben so lange wie möglich in der Öffentlichkeit zu vertuschen. Albrecht von Kessel, der Vertraute von Weizsäcker, sagte 1964 aus, alle höheren Beamten des Auswärtigen Amtes hätten seit 1941 gewusst, »dass die Juden planmäßig auf die eine oder andere Weise physisch ausgerottet werden sollten«, so der Historiker Hans-Jürgen Döscher.

Auch Hanns Ludin weiß Bescheid. Mit den ranghohen Nationalsozialisten, die er in Pressburg empfängt, unterhält er sich gewiss nicht nur über slowakische Nationaltrachten, Jagdtrophäen, schöne Wälder und Burgen. Man redet nicht um den heißen Brei herum; ab einem gewissen Punkt hat man sogar mit Tiso Klartext gesprochen, um ihn dazu zu bewegen, die Deportationen wieder aufzunehmen. Gewiss, mit den Deportationen hatte Ludin direkt nicht viel zu tun, denn Dieter Wisliceny, Hauptansprechpartner der Deutschen in allen »Judenfragen«, stand den slowakischen Behörden in puncto Organisation und Durchführung beratend zur Seite und war somit eine lenkende Kraft. Hanns hatte die Aufgabe, die Vorgänge zwischen dem Auswärtigen Amt und der slowakischen Regierung abzustimmen sowie Unterschriften zu leisten. Als höchster Vertreter des NS-Regimes in der Slowakei trug er am Ort die politische Verantwortung für die Abtransporte. »Als ich nach Bratislava kam«, wird er später aussagen, »habe ich keine Richtlinien bekommen über die Behandlung der Judenfrage in der Slowakei. Bei meiner Ankunft hatte die slowakische Regierung bereits weitgehende Maßnahmen in dieser Frage eingeleitet, unter anderem wurde ein größeres Gesetzeswerk zur Ausschaltung des Judentums vorbereitet.« Offizielle Schritte habe er nicht unternommen, er habe der »Juden-Angelegenheit« indifferent gegenübergestanden.

Ludin ist mit Wislicenys Arbeit zufrieden, denn als der »Judenberater« Ende 1942 ein zweites Mal, dieses Mal nach Saloniki, versetzt werden soll, fordert er abermals vom Auswärtigen Amt, seinen Mitarbeiter in der Slowakei zu belassen, weil dessen Abberufung »nicht nur den ›vollständigen Stillstand in Judenfragen‹ bedeuten würde, sondern [...] dann die Gefahr einer heimlichen Rücknahme der antijüdischen Maßnahmen bestehe« – nachzulesen bei der Historikerin Tatjana Tönsmeyer. 1942 sind die Nationalsozialisten noch so siegesgewiss, dass sie nicht annehmen, sich für ihre Taten jemals rechtfertigen zu müssen. Mein Großvater ist aktiv an einem industriellen Massenmord beteiligt, dem größten aller Menschheitsverbrechen, und das in einem Milieu, das die Judenvernichtung zu jenem Zeitpunkt für selbstverständlich hält. Meine Mutter, noch keine zehn Jahre alt und vollkommen unschuldig, ist durch diese Entwicklungen bereits fürs Leben gezeichnet.

Genie oder Verbrecher?

In der Hohen Tatra haben die Ludins ein Ferienhaus. Hier lernt Eri im Winter Skilaufen, jauchzend rutscht sie noch etwas unsicher im Schneepflug kleinere Anhöhen hinunter. Auch Erlas Vater kommt zu Besuch und es gibt heitere Schlittenfahrten mit Pferden. Seine Gesundheit ist angeschlagen, er stirbt nach seiner Rückkehr nach Deutschland unerwartet rasch: Das Leben ohne seine Marie war ihm wohl doch zu beschwerlich gewesen. Erla ist nun, achtunddreißigjährig, umso mehr auf das Leben mit ihrem Mann angewiesen.

Hanns pflegt seine kameradschaftlichen Beziehungen nicht nur zu seinen deutschen Kollegen, sondern auch zu Jozef Tiso und dessen Mitarbeitern. Wenn Tiso mit ihm etwas Wichtiges besprechen will, so munkelt man, lädt er den Gesandten informell ein und dann kegeln die beiden bei einem entspannten Schwatz. Es lässt sich gut leben in der Slowakei. Draußen herrscht Krieg. Das Trümmerfeld von Stalingrad, das zum Jahreswechsel die Kriegswende einläutet, lässt den »deutschen Endsieg« immer unwahrscheinlicher werden.

Nach Beendigung der Grundschule verbringt Eri die Sommerferien in Ostrach am Bodensee. Von den heftigen Bombardements der deutschen Städte durch die alliierten Kräfte ist hier nichts zu spüren, auch das ist ein Privileg. Eris Vater hat ein landwirtschaftliches Anwesen gekauft, um für alle Fälle in Deutschland eine feste Bleibe zu haben. Tante Anne, Erlas älteste Schwester, ist dort und passt auf die Zehnjährige auf. Sie soll Eri ein wenig auf die Sprünge helfen, der Aufenthalt fern von der Familie in einem fest strukturierten Rahmen, so hoffen die Eltern, möge einen guten pädagogischen Einfluss auf das zunehmend widerspenstige Kind haben. Eri hilft auf dem Hof mit. Sie sagt, es gefalle ihr gut, und wie von der Mutter verlangt, schreibt sie regelmäßig Briefe nach Pressburg. Ihr geliebtes ehemaliges Kindermädchen Gretele hat eine Tochter bekommen und sie zur Patin gemacht, darauf ist sie besonders stolz. Das Kind heißt Barbara und viele Jahre später wird Barbara gelegentlich auch auf meinen Bruder und mich aufpassen.

Erla erwartet ihr sechstes Kind und verbringt die heißen Tage mit der Unterstützung von Dorle auf dem Land in Ivanov Salaš. »Ich hoffe sehr, dass es nun bald kommt, ich freue mich ja schon so und du dich sicher auch«, schreibt sie ihrer Ältesten an den Bodensee. Ob sich Eri gefreut hat, wage ich zu bezweifeln, schließlich bedeutet jedes weitere Kind, dass ihre Mutter noch weniger Zeit für sie hat. Hanns genießt sein Herrenleben. Sein Mitarbeiter Hans S. erinnert sich an eine »fette Vesper« beim Forstmeister, die sie anschließend in der Diele des Ludin'schen Hauses mit berauschenden Getränken zu verdauen versuchten. Hans Gmelin ist auch dabei und Richard Scheringer, der seinen Freund zur Jagd in Pressburg besucht. Die Männer singen ein Kriegslied aus den zwanziger Jahren: »Es klappert der Huf am Stege, wir zieh'n mit dem Fähnlein ins Feld; blut'ger Kampf allerwege, dazu sind auch wir bestellt; wir reiten und reiten und singen, im Herzen die bitterste Not; die Sehnsucht will uns bezwingen, doch wir reiten die Sehnsucht tot.« Und sie sprechen über die Schlacht am Jelna-Bogen, bei der einer ihrer Kameraden gefallen ist. »Ich war sehr wütend auf Gmelin«, schreibt Hans S. viele Jahre später, weil er »Ludin immer wieder zum Trinken nötigte, obgleich der damals nicht mehr viel vertrug und schon am blausten war.«

Als Andrea, das letzte der Ludin-Kinder, im August 1943 geboren wird, ist Eri schon wieder daheim bei der Familie in

Pressburg. Das Gymnasium beginnt. Sie spielt oft auf ihrem Akkordeon, das macht sie gerne. Im Garten sorgt sie für gute Stimmung, wenn sie mit den Geschwistern Zirkus spielt oder Theateraufführungen inszeniert.

Das Familienleben wird jedoch zunehmend getrübt von den Aktionen der slowakischen Partisanen, die unter der deutschen Minderheit von rund 120 000 Personen (andere Quellen sprechen von 160 000) für Unruhe sorgen. Hanns reist im Mai auf den Schlösslehof in Ostrach, um nach dem Rechten zu sehen, er ahnt vermutlich, dass seine Familie bald einen Unterschlupf brauchen wird.

Der Anschlag vom 20. Juli schlägt fehl, Hitler überlebt und die Attentäter werden hingerichtet. »Mein Führer«, telegraphiert Hanns ehrerbietig, »im Namen aller Deutschen in der Slowakei, insbesondere im Namen der in der Slowakei eingesetzten Teile der deutschen Wehrmacht, grüße ich Sie in großer Dankbarkeit gegenüber einer Vorsehung, die Sie uns so gütig erhalten hat.« Er unterzeichnet mit »Ludin, Gesandter und SA-Obergruppenführer«.

Ende August 1944 bricht in der Slowakei der Aufstand aus. Ludin steht in ständigen Verhandlungen mit dem Auswärtigen Amt und Tiso. Man bespricht Evakuierungspläne für den Notfall. Ludin will angeblich vermeiden, dass deutsche Truppen intervenieren und das Land besetzen, er hofft, die Lage auch ohne äußere Einmischung unter Kontrolle bringen zu können. Doch bald muss er einsehen, dass der slowakische Widerstand nicht zu bremsen ist. Mit der Zustimmung Tisos marschieren schließlich deutsche Truppen ein.

Hans Gmelin ist mit einem Stoßtrupp unterwegs, der eine Gruppe Kinder aus der »Kinderlandverschickung« holen soll. Die Kinder sind auf Partisanengebiet eingeschlossen und der Trupp wird um ein Haar aufgerieben. In Pressburg heißt es, alle seien bei dieser Aktion ums Leben gekommen, auch Gmelin. Dessen Frau will es nicht glauben. Erla eilt herbei, um die vermeintliche Witwe zu trösten.

Nun wird SS-Obergruppenführer Gottlob Berger als General in die Slowakei geschickt, denn Heinrich Himmler vertraut dem verbündeten Staat nicht mehr – ebenso wenig wie den Fähigkeiten von Ludin, dem er Fehleinschätzungen der politischen Verhältnisse anlastet. Ludin demonstriert den Bürgern Pressburgs, dass die Situation nicht aus dem Ruder geraten sei, indem er seine Kinder in der offenen Limousine durch die Stadt fahren lässt. Dass es zu keinem Volksaufstand gekommen sei, meinte sein Kulturattaché später, sei das Verdienst seines Freundes gewesen oder besser das Ergebnis seiner »von der üblichen deutschen ›Ostpolitik‹ so stark abweichenden Politik, dass wir oft genug und nicht ohne gelegentliches Vergnügen großen Krach mit der Reichsführung SS, dem SD [Sicherheitsdienst] und was es sonst noch so in Berlin gab, wegen unserer ›Verhätschelungspolitik‹ hatten«.

Berger und sein SS-Obersturmbannführer Josef Witiska mit der Einsatztruppe H greifen entschieden gegen die Widerstandskämpfer durch, unter ihnen sind auch Juden. Die SS-Leute bringen sie um oder deportieren sie – ebenso wie alle anderen im Land verbliebenen Juden, derer sie habhaft werden. Staatspräsident Tiso protestiert am 4. Oktober gegen diese Maßnahmen, doch mein Großvater lässt ihn wissen, dass die »Judenfrage« nun »auf alle Fälle radikal gelöst« werden müsse. Ludin rät dem Staatspräsidenten, falls sich das Ausland über die wiederaufgenommenen Deportationen beschwere, zu erwidern, dass Deutschland bereit sei »für die hier getroffenen Judenmaßnahmen die Verantwortung zu übernehmen«, so zitiert ihn der amerikanische Historiker und Holocaust-Forscher Raul Hilberg.

Ludin ist stark unter Druck – die Verständigung mit den Slowaken will nicht mehr nach seinen Vorstellungen funktionieren – und Berlin ist darauf bedacht, die Situation in der Slowakei unter Kontrolle zu bekommen. Berger und Ludin kennen sich schon aus früheren Zeiten und sind sich alles andere als grün. Berger nutzt die Gunst der Stunde und meldet sarkastisch an Himmler: »Ich wundere mich, Reichsführer, was aus meinem Hanns Ludin geworden ist. Das Hauptprinzip des Auswärtigen Amtes scheint doch das zu sein, unsichere Männer zu erziehen.« Angeblich ist man bestrebt, Ludin durch einen neuen Mann zu ersetzen, der in der Slowakei gesellschaftlich weniger gebunden und bereit ist, härter durchzugreifen. Bei seinem späteren Prozess wird mein Großvater aussagen, er habe die Stellung Bergers so aufgefasst, »dass er keinen offiziellen politischen Auftrag hatte, dass ihn aber Himmler ganz ohne Zweifel persönlich beauftragte, meine Tätigkeit als Vertreter des Amtes auszuschalten und auch die Dinge politisch in seine Hand zu nehmen«. Bei der Niederschlagung des Aufstands habe der deutsche Gesandte nichts mehr mitzureden gehabt, befindet Hans S. rückblickend, »und wenn überhaupt, so war er damit beschäftigt, zwischen Pressburg und Berlin hin- und herzufahren, um ›oben‹ gegen Härten zu plädieren, die Oberkommando oder SD-Befehlshaber gegen seinen Willen angeordnet hatten«.

Was Berger, wegen seiner vielfältigen Tätigkeiten im Rahmen der SS auch »General Wirrwarr« genannt, in der Slowakei nicht bewerkstelligen kann, erledigt alsbald Hermann Höfle, der dem SS-Mann als »Deutscher Befehlshaber in der Slowakei« folgt: Er beendet den Partisanenaufstand am 27. Oktober 1944. Ludins rechte Hand, Hans Gmelin, wird für seine Verdienste bei der Partisanenbekämpfung mit dem Eisernen Kreuz geehrt. Ende Oktober, Anfang November ist Hanns noch einmal auf einem seiner Besuche im Berliner Hotel Adlon. Einer seiner Attachés erinnert sich sechzehn Jahre später daran, »dass wir uns fragten, ob wir von einem Genie oder einem Wahnsinnigen geführt würden (bis zum Verbrecher wagten sich unsere Gedanken noch nicht vor), wobei Ludin schließlich ausbrach, dass er jedenfalls wisse, dass man in seinem Leben einen Eid nur einmal brechen könne, ohne vor sich selbst zum Schwein zu werden, und dass es für ihn nichts anderes mehr geben könne, als bis zum Ende dabeizubleiben«.

Mein Großvater ist an das NS-Regime mit seinen Verbrechen schon viel zu gebunden, um noch aussteigen zu können. Seine Vorgesetzten belassen ihn in seiner Stellung, damit es zu keinen weiteren Störungen mit der Slowakei kommt, der Reichsaußenminister vermittelt ihm, dass nur er die politische Verantwortung gegenüber dem »Deutschen Reich« habe, sich aber in die Kommandogewalt des Polizeiführers nicht einmischen solle. Seiner Frau erklärt Hanns die Sache mit dem Eid ebenfalls, und dass er zu seiner Mission und seinem »Führer« halte, denn es gebe keinen Weg zurück.

Erla sieht, dass ihr Mann verzweifelt ist. Auch sie kann oder will seine Ahnung, einem Verbrecher aufgesessen, ja schlimmer noch, selbst in ein Verbrechen verwickelt zu sein, nicht zu Ende denken. Folglich versucht sie, ihn zu ermuntern: Wo gehobelt werde, fielen eben auch Späne – dieser »verfluchte Leim«, mit dem sie ihr NS-Gedankengebäude zusammengeklebt haben, wie ein ehemaliger Mitarbeiter später erkennen wird. Zwischen September 1944 und März 1945 treffen weitere elf Transporte mit etwa 11 500 Juden in den KZs ein. Historiker sagen, dass in der Slowakei ungefähr 70 000 Menschen im Holocaust umgekommen sind. Aus der »Jugendeselei« ist ein gigantischer Judenmord geworden.

Hitlers Imperium wankt inzwischen an allen Fronten. Das weiß auch die slowakische Regierung. Für die deutsche Minderheit wird die Zukunft unsicher, viele kehren deshalb »heim ins Reich«. Hanns Ludin hat seine Familie bereits während des Aufstands ausreisen lassen. Seine Kinder Barbel, Ellen, Tilman und Malte kommen nach Biberach an der Riss in die Obhut des Kindermädchens. Erika und die kleine Andrea bleiben noch eine Weile bei ihm und seiner Frau. Er will noch immer nicht so recht akzeptieren, dass der Krieg nicht mehr zu gewinnen ist, und so telegraphiert er Göring an Silvester die besten Wünsche »für das entscheidungsvolle Jahr«. Mit Eri, die mittlerweile elf Jahre alt ist, unterhält er sich manchmal liebevoll, wenn er niedergeschlagen zu Hause am Schreibtisch sitzt und das Kind ihn unsicher, aber aufmunternd anlächelt. Sie ist für ihr Alter schon sehr verständnisvoll, ja fast zu reif und sie hört genau hin, wenn ihr Vater spricht. Dieser Mann in Uniform, dessen Augen so schalkhaft blitzten, wenn er mit seinen Kindern einen Schabernack trieb, ist ihr Vater und sie liebt ihn bedingungslos. Jetzt kann sie diesen Schalk bei ihm nicht mehr entdecken. Hanns sieht sehr besorgt aus.

Für das Vergangene geradestehen

»Ich bin jetzt ›War Criminal‹«, sagt er. Hanns Elard Ludin sitzt im Gefangenenlager Natternberg in Niederbayern. Anfang April 1945 war er mit der slowakischen Regierung nach Österreich geflüchtet, wo er sich sechs Wochen lang in einem Schloss bei Kremsmünster versteckt hielt. Während die Amerikaner die KZs befreiten, hat er angeblich noch Hitlers Geburtstag gefeiert. Eine Woche nach Kriegsende und nach einer Irrfahrt auf dem Fahrrad stellte er sich schließlich freiwillig den Amerikanern. Warum er das tat, ist nicht geklärt – aus Resignation, Schuldbewusstsein, Verantwortungsgefühl? Hanns habe sich nicht ausliefern lassen, »um seine Mitschuld an der Vergewaltigung des armen Slowakenvolkes zu sühnen«, urteilte ein Freund 1960 in einem Brief an Richard Scheringer, »sondern erstens, um als Vertreter des Reiches und der NS-Führung geradezustehen für alles, was zu Recht oder zu Unrecht diesem von ihm in der Slowakei vertretenen Reich und der Hitler-Epoche nun vorgeworfen wurde, und zweitens, um für die [...] angeklagten slowakischen ›Kollaborateure‹ Deutschlands, Tiso, Tuka, Mach [...] entlastendes Zeugnis abzulegen und für sie in die Bresche zu springen. Äußerlich sinnlos, innerlich unabdingbar verpflichtend für einen Hanns Ludin, der, wie Sie wissen, für seine Freunde immer den Kopf hinhielt.«

Erla ist bis kurz vor der Flucht ihres Mannes aus der Slowakei bei ihm geblieben. Dorle, die mit den Ludin-Kindern wegen des Fliegeralarms oft stundenlang im Luftschutzkeller sitzt, schreibt ihrer Chefin nach Pressburg: Die großen Mädchen benähmen sich sehr gut, die Kleinen allerdings seien sehr unruhig. Barbel erblasse bei den Bombardierungen, beteuere aber stets tapfer, dass ihr nichts fehle. Die Neunjährige wird mit ihrem Bruder Malte einmal auf der Straße von einem Angriff überrascht und rennt voller Angst und Schrecken mit ihm um ihr Leben. Die Stimmung sei furchtbar, so Dorle an Erla, und die Menschen seien voller Hass und Wut gegen die »Mordsbanditen«; damit meint sie die Alliierten. Sie nennt die Ludins »ihre Kinder« und sorgt sich um sie, als seien es ihre eigenen.

Nur Erika ist nicht dabei, sie ist bereits bei Tante Anne auf dem Schlösslehof. Sie findet die Landwirtschaft zwar »pfundig«, aber sie kommt sich auf dem Anwesen verloren vor. Alles war in Pressburg plötzlich sehr schnell gegangen, die Verabschiedung von ihrem Vater war ihr schwergefallen. Er war so angespannt gewesen, dass sich die Unruhe auch auf sie übertrug, ohne dass sie verstand, welche Dimension dieser Abschied hatte. Eri fehlt der emotionale Halt, den sie jetzt mehr denn je nötig hätte. Endlich, im März, reist auch Erla an und holt die Geschwister in Biberach ab, um mit ihnen aufs Land zu ziehen. Wie erleichtert ist Eri, als alle wieder beisammen sind.

Sie imitiert gekonnt Ungarisch, um die Geschwister zu belustigen, und veranstaltet zur Freude aller gleich einen riesigen Bohei in der Küche, womit sie ihre inneren Spannungen gut überspielen kann. Es fehlt jetzt nur noch der Vater, um sie wieder ins Gleichgewicht zu bringen. Der hat noch bis zur letzten Minute in seinem Amt ausgehalten, bevor er mit Staatspräsident Tiso und anderen das Weite suchte. Seit seiner »Evakuierung« aus der Slowakei weiß die Familie nichts über seinen Verbleib: Ist seine Flucht geglückt? Ist er noch am Leben? Erla bangt hoffnungsvoll.

Im Vergleich zum feinen Diplomatenleben ist hier auf dem Hof alles ziemlich primitiv. Mit Ausnahme der Küche gibt es nirgendwo im Haus fließend Wasser, sanitäre Einrichtungen existieren nicht und die Kinder laufen barfuß herum (Schuhe sind nach dem Krieg Mangelware). Auch gibt es hier keine elegante schwarze Limousine, sondern nur eine Pferdekutsche. Die älteren Kinder gehen täglich vier Kilometer zu Fuß zur Schule.

Es ist der 8. Mai, rundherum blüht schon alles, als Deutschland kapituliert und der Krieg endlich zu Ende ist. Die Zerstörung in den Städten ist entsetzlich, doch die Beseitigung der Trümmer und der Wiederaufbau bieten sich jetzt an, um aktiv zu verdrängen, was nicht sichtbar ist: die zerstörte Moral und die auf den Seelen lastende Schuld. Zwei Weltkriege haben die Deutschen begonnen und verloren, und sie haben den größten Massenmord der Geschichte zu verantworten. Es ist das Land der Verlierer und der Täter, eine doppelt schwere Hypothek.

Auf dem Einödhof gibt es von allem etwas, Getreide, Gemüse, Obst und Tiere. Neben Erla, Anne und der Witwe ihres Bruders weilt noch der Hofverwalter Hermann unter ihnen, ein »Volksdeutscher«, der aus der Slowakei mitgekommen ist. Er ist jähzornig und brutal, schlägt das Vieh und mitunter auch die Kinder, wenn sie nicht nach seinen Vorstellungen spuren. Sie fürchten ihn, aber nicht nur sie. Wahrscheinlich hat er sich auch an die Frauen herangemacht, unter Umständen sogar an Eri, denn sie wird noch jahrzehntelang Angst vor ihm haben.

Der Schlösslehof liegt in der französischen Besatzungszone nahe dem Wald. Die Soldaten sehen auf dem Hof öfter nach dem Rechten und lassen sich von den hübschen Frauen kulinarisch versorgen. Erla und Anne können, weil sie ihre Kindheit in Straßburg verbracht haben, noch etwas Französisch sprechen, das gefällt den Soldaten; die schroffe Ablehnung der stolzen Damen belustigt sie mehr, als dass sie sie abschreckt. Nachts klopfen manchmal deutsche Soldaten, die auf der Flucht sind, an die Hoffenster und betteln um Essen. Das ist gruselig, vor allem wenn man bereits im Tiefschlaf ist. Eri hat oft Albträume und ist fast froh, wenn sie geweckt wird. Sie schläft sowieso erst ein, wenn Körper und Geist völlig erschöpft sind. Sie hat viel Energie und egal, wie aktiv sie am Tag gewesen ist, der Schlaf will sich nachts nicht einstellen. Nicht nur die Soldaten, auch die Ratten suchen nach Nahrung und erschrecken Erika eines Nachts ganz fürchterlich. Sie erscheinen dem Kind gigantisch groß, wie sie da auf dem Fensterbrett lauern – hungrig und entsprechend mutig. Eri muss um Hilfe rufen, um die gierigen Biester mit den dreisten Knopfaugen zu verscheuchen.

Tante Anne fährt manches Mal mit der Kutsche und der kleinen Andrea an ihrer Seite in den Wald. Unter einer Decke hat sie einige der Naturalien verborgen, die der Hof abwirft, damit versorgt sie die flüchtigen Soldaten. Hermann, »der Wendehals«, bekommt Wind davon und fordert, diese Hilfeleistung möge sofort unterbleiben, sonst würde er Meldung machen.

Erlas schönes Gesicht mit der langen Nase, der hohen Stirn, den feinen Lippen und hellblauen Augen kann nicht verbergen, wie müde und angespannt sie ist. Sie muss hart arbeiten, kochen, Wäsche im Bottich waschen, Kleider für die sechs Kinder nähen, sticken und stopfen. Das tut sie, ohne zu jammern, obwohl ihre geschwollenen Beine sie plagen und auch ihr Kreislauf nicht immer so will wie sie. An Richard Scheringer, jetzt ja gewissermaßen ihr Kollege, schreibt sie: »Ich bin Köchin und Hausmädchen für das ganze Haus in einem, habe auch niemanden für die Kinder, die infolgedessen etwas verwildert sind. Was in Zukunft aus uns wird, wissen wir nicht.« Es spricht aus ihren Worten ein klein wenig Stolz, dass sie, die sie als höhere Tochter erzogen wurde und nie körperlich gearbeitet hat, die schwierige Lage so gut meistert. Sie ist eine Frau mit starkem Willen und stiller Durchsetzungskraft. Sie hält sich wacker, um die Kinder und sich durchzubringen. So hat sie es ihrem Mann versprochen.

Eines Tages wird der Schlösslehof beschlagnahmt – ist er Nazigut oder rechtmäßiger Besitz? Die ehemalige Besitzerin nutzt die Gunst der Stunde und behauptet, Hanns Ludin habe ihr das Anwesen gegen ihren Willen abgerungen. Es ist ein

Segen, dass Erla im Besitz eines Briefes ist, der beweist: Hanns hat den Hof zu angemessenen Bedingungen gekauft. Sonst hätte die Familie jetzt mittellos auf der Straße gestanden. Große Erleichterung, die Nerven sind gereizt. Die erste Ernte ist eingefahren und Hanns sitzt nun schon fünf Monate in Untersuchungshaft, ohne dass er zu seiner Familie Kontakt aufnehmen darf. Er hat mehrere Verhöre hinter sich und blickt seinem Prozess scheinbar gelassen entgegen. Der Schriftsteller Ernst von Salomon, mit dem er sich im Lager angefreundet hat, sieht in ihm eine würdige und anständige Persönlichkeit, keinen Verbrecher. Hanns, ausgezehrt in grauem Flanellanzug, hat ihm seine Enttäuschung über seine Schwächen anvertraut: Er habe den Eindruck, sich menschlich geirrt und in der Slowakei den falschen Leuten vertraut zu haben, Männern, die entweder zum Widerstand übergelaufen oder nur auf ihren eigenen Vorteil bedacht gewesen seien. Dabei habe er als Gesandter neben dem »Reich« doch stets auch das Wohl der Slowaken im Auge gehabt! An Erla schreibt er: »Du kennst meine Gesinnung, du weißt um all die schweren Zweifel, die mich in den vergangenen Jahren quälten. Du weißt aber auch, dass ich jetzt, wo es gilt, für das Vergangene geradezustehen, nicht kapitulieren werde, und du erwartest von mir nicht jene nichtige Klugheit, die darauf ausgeht, dieses erbärmliche Leben auf alle Fälle zu erhalten. Aber ich will nicht sagen: dieses erbärmliche Leben; es hat mir unendlich viel Schönes und Großes geboten. Aber ›alle Schuld rächt sich auf Erden‹«. Alle Schuld rächt sich auf Erden, oft über Jahrzehnte hinweg: »Die Götter vererben die Sünden der Väter auf ihre Kinder«, ist von Euripides überliefert.

Im November erfährt Erla endlich, wo ihr Mann steckt. Sie reist umgehend nach Natternberg, was ein überaus heikles Unterfangen ist, weil sie durch verschiedene Besatzungszonen gelangen muss. Der Besuch bei ihrem über alles geliebten Mann ist schmerzlich und frustrierend, denn sie kann ihn nach all dem Warten nur eine halbe Stunde sprechen – ein

Arbeiter hatte ihm seine Kleidung geliehen, sodass Hanns das Lager kurze Zeit verlassen konnte. Sie erzählt ihm, was die Kinder machen, und kann ihn beruhigen, dass es allen den Umständen entsprechend gut gehe. Sorgen mache ihr nur Eri, weil sie sich nicht anpassen wolle und immerzu für Unfrieden unter den Geschwistern sorge, fordernd und launenhaft sei. Erla fällt es schwer, ihr Paroli zu bieten, denn Eri ist schlagfertig und ebenso eigenwillig wie manipulierend. Auf seine rebellische Art und Weise weckt das Mädchen immer wieder Aufmerksamkeit, gleichgültig, ob negative oder positive, Hauptsache Aufmerksamkeit. Dabei ist sie in der Schule sehr gut, ihre Leistungen sind überdurchschnittlich. Hanns denkt an die Internatsschule Schloss Salem. Erla nimmt diesen Auftrag mit auf den Weg, als sie betrübt nach Hause reist. Sie lässt einen Mann zurück, der mit sich und der Welt hadert, getrieben von der Sorge um seine Familie und den Ängsten um eine Zukunft, die von der Vergangenheit überschattet ist. Ihr geht es nicht anders, doch das hat sie ihm verschwiegen, um ihn nicht zusätzlich zu belasten.

Erla hat die Probleme mit Eri bereits öfter mit Dorle besprochen, auch sie nennt die Zwölfjährige ihr »Sorgenkind«. Ob die liebe, liebe Frau Ludin wegen »Erilein« schon etwas unternommen habe? Für sie sei eine »Gemeinschaftserziehung« gewiss am besten, schreibt Dorle, als sei das Leben auf dem Hof mit fünf Geschwistern nicht schon genug Gemeinschaftserziehung. Je mehr Unruhe, umso egoistischer scheint Eri allerdings zu werden. Kurz nach dem Nikolausfest erreicht Erla ein Brief von Hanns, in dem dieser versucht, sie zu ermutigen: »Kapitulieren wollen wir aber nicht, und wenn ich am Leben bleibe, wird auch der Tag kommen, dass ich wieder mal für euch sorgen kann.« Er berichtet Erla vom Trott des Lagerlebens und davon, dass auch der ehemalige slowakische Innenminister Alexander Mach hier eingesessen habe. »Gutter Mensch, aber in Politik ise gutter Mensch niech gutt!«, soll Mach über den ehemaligen Gesandten zu Ernst von Salomon gesagt haben. Mach ist, wie Hanns seiner Frau berichtet, an Bratislava ausgeliefert worden, ebenso wie Staatspräsident Tiso und die restliche slowakische Regierung. »Ich werde wohl auch eines Tages wieder dort landen. Falls ich dann nicht wiederkommen sollte, kannst du den Kindern sagen, dass sie sich mit Stolz ihres Vaters erinnern sollen, was sie sonst auch von anderer Seite hören mögen. Und du bleibst immer tapfer, meine liebste Erla, das weiß ich.« Anne, die ihn als erste besucht hatte, gibt er einen Abschiedsbrief für seine Frau mit: »Falls du ihn schon hast, mach' dir keine unnötigen Gedanken um mich, er ist nur für alle Fälle geschrieben worden.«

Gleich zu Neujahr 1946 bemüht Erla sich, Eri im Internat unterzubringen. Sie schreibt Frau Köppen, die zu jener Zeit zum führenden Schulpersonal von Salem gehört, einen höflichen Brief. Ob sie Eri als Schülerin aufnehmen könne, denn sie habe auf dem Land keinerlei Möglichkeit, ihre Kinder in eine Oberschule zu geben, »was besonders bei der sehr begabten zwölfjährigen Erika bedauerlich ist, aber es war schon lange bevor wir aufs Land kamen, der Wunsch meines Mannes, Erika in eine Salemer Schule zu geben. Abgesehen von der fehlenden Schule ist es auch aus erzieherischen Gründen für Eri notwendig, in ein Internat zu kommen. Sie ist für ihr Alter körperlich und geistig sehr weit und zum Teil infolgedessen sehr eigenwillig, mit übertriebenem Selbständigkeitsdrang und Widerspruchsgeist. Eine Gemeinschaftserziehung und vor allem eine ruhige sichere Leitung würden ihr sehr gut tun.«

Währenddessen macht Verwalter Hermann der Familie das Leben zunehmend schwer. Er hat rasch begriffen, dass es jetzt opportun ist, sich von der NS-Zeit zu distanzieren, obgleich er selbst Dreck am Stecken hat. Bei jeder Gelegenheit diffamiert er die Ludins und beschimpft sie als Nazis. Hie und da macht er gehässige Bemerkungen, die an Drohungen oder gar Erpressung grenzen. Auch Dorles Vater bekommt Ärger mit den Besatzungsbehörden, weil er engen Kontakt zu den Ludins hatte und seine Tochter für einen so hohen Nationalsozialisten gearbeitet hat; das wird ihm vor Gericht angelastet. Dorle ist empört, dass sich nun alle gegenseitig beschuldigen und so tun, als hätten sie mit der Partei nie etwas zu schaffen gehabt. Was nur aus diesem Land geworden sei!? Sie versteht nicht, dass die Nationalsozialisten nun plötzlich als Verbrecher gelten, und ist ihren Arbeitgebern weiterhin loyal verbunden. Es sei doch keine Frage der Politik, sondern der Menschlichkeit, dass sie einer alleinstehenden Frau mit sechs Kindern jetzt selbstverständlich helfe. Erla ist von der Ehrlichkeit und Anständigkeit ihres Mannes überzeugt und tut alles, um die Familie vor Anfeindungen zu schützen. Ihr Mann habe kein Unrecht begangen. Den Ärger über die gewaltigen Vorwürfe gegen ihn schluckt sie herunter, sie bewahrt ihre Contenance und lässt sich auf keine Diskussionen ein. Klar ist, der unangenehme Hermann muss weg, und so sucht sie einen neuen Verwalter.

Im Februar 1946 reist sie abermals nach Natternberg. Sie mietet sich für einige Tage bei Bauern ein und hofft, Hanns zumindest aus der Ferne sehen zu können. An der Pforte hat sie ein Paket mit Brot und anderen Lebensmitteln für ihn abgegeben. Während sie wartet, schreibt sie ihrer Schwester Jula in Schwerin, die wie ihre Schwester Lilli den Krieg überlebt hat. In ihrem Brief schüttet sie ihr Herz über die Kinder aus, vor allem über Eri, die gern wegwolle, was auch ganz in ihrem Sinne sei, »denn bei mir wird sie nichts und die unerfreuliche Stimmung im Haus hat ihr das ganze Jahr sehr zugesetzt«. Die Schwestern stritten sich immerzu, Eri sei tyrannisch, Barbel zänkisch und so wiegelten sie sich gegenseitig auf. Anders als Eri sei Barbel aber sehr lieb und hilfsbereit. Ellen brilliere in der Schule, Tilman und Malte seien arge Lausbuben, aber wenigstens die Jüngste, Andrea, sei pflegeleicht.

Der geplante Besuch bei Hanns schlägt fehl. Nach endloser Warterei am Zaun wird Erla wegen Herumlungerns vor dem Lager verhaftet und drei Tage ins Gefängnis gesteckt. Aus Sicht der Amerikaner gibt es keine Schonung für diese Leute,

1 Anne Erika Nora Ludin, ca. 1946

2 Erla und Hanns Ludin mit Erika, 1934

3 Fritz Ludin mit Enkeltöchtern (Erika links), 1938

4 Erla Ludin mit vier Kindern (Erika rechts), 1939

5 Ehepaar Ludin mit Kindern (Erika links unten), 1940

6 Hanns Elard Ludin als Abiturient, 1924

7 Erika links, 1937

8 Erika in der Hohen Tatra/ Slowakei, 1943

9 Erika, ca. 1939

10 Erika in der Slowakei, 1944

11 Erla Ludin, 1941

12 Hanns Ludin, ca. 1940

13 Erla Ludin mit Erika, 1941

14 Erla mit ihren sechs Kindern (Erika links oben) in Tübingen, ca. 1957, Foto: Erika Ludin

15 Erla mit ihren sechs Kindern (Erika rechts unten) und Großmutter Johanna, ca. 1956, Foto: Erika Ludin

16 Erla, ca. 1959, Foto: Erika Ludin

die für die KZs verantwortlich waren – und das Lager Natternberg ist voll von ihnen. Niedergeschlagen kehrt Erla auf den Hof zurück, wo sich Dorle in der Zwischenzeit allein um die Kinder gekümmert hat, denn auch Tante Anne ist abwesend – im Krankenhaus mit einer Gehirnerschütterung.

Der Frühling naht und die Erde verlangt den Bauern viel ab – die Äcker und Weiden müssen vorbereitet werden, die Tiere bekommen Nachwuchs und gehören bald ausgetrieben. Erla, die nie Landwirtin hatte sein wollen, ist unglücklich, und natürlich merken die Kinder das, insbesondere die sensible Eri, die die depressive Atmosphäre mit übertriebenem Aktionismus zu überdecken versucht.

Eines Tages kommt Antwort aus der Schule Schloss Salem. Erla solle bitte den beigelegten Fragebogen über Eris bisherigen Werdegang ausfüllen. Es besteht also Hoffnung, dass Eri im Herbst ins Internat gehen kann. Ihre Tochter weiß derweil noch nicht, was sie von diesen Plänen halten soll, und kann sich des dumpfen Eindrucks nicht erwehren, »abgeschoben« zu werden, gleichwohl sie ob der möglichen Veränderungen freudig erregt ist. Dorle arbeitet im Sommer als Krankenschwester im Grenzlager Biberach an der Riss; die Krätze grassiert, es ist heiß und stinkt nach Dreck und Medikamenten. Auf dem Schlösslehof in Ostrach genießen die Kinder ihre Ferien. Andrea wird im August drei, die anderen sind zwischen vier und dreizehn Jahre alt.

Hanns sagt seinem Kameraden Salomon, mit der Wahrheit könne man am besten lügen, und dann erzählt er den Beamten der amerikanischen *Counter Intelligence* eine ganze Menge über seine Rolle in der Slowakei. »Ich war des Reiches Gesandter in der Slowakei. Die Slowaken haben dem Reich vertraut. Ich habe die Verantwortung für alles, was in der Slowakei geschah, auf mich genommen«, erklärt er dem Schriftsteller. Er ist ein von der Bedeutung seiner Mission erfüllter Mann. Angeblich ist ihm bewusst, dass seine Aussage sein Todesurteil bedeuten kann. Salomon ist entsetzt, dass Ludin sich derart exponiert, ja aus seiner Sicht nahezu opfert. Als Diplomat, zumal eines »Reiches«, das nicht mehr existiert, dürfe er doch nicht belangt werden! Hanns sagt, er wolle, dass seine Kinder wüssten, er habe für seine Sache geradegestanden. Keine sichtbaren Anzeichen von Reue, kein Schuldeingeständnis. Geradestehen. Kein Bedauern der Opfer, sondern die Rechtfertigung aller Handlungen, die dem einen großen Zweck dienen sollten. Mit dieser Haltung steht mein Großvater in jenen Tagen nicht allein da – keiner will etwas gewusst oder gar veranlasst haben.

Er wird aufgrund seiner Aussage von den Amerikanern als Kriegsverbrecher eingestuft. Kurz darauf verlegen die Besatzer das Gefangenenlager in das nahe gelegene Plattling, wo sich während des Krieges ein Außenlager des Konzentrationslagers Flössenbürg mit rund 100 000 Häftlingen befand. Hanns bleibt nur kurze Zeit dort, dann geht es weiter nach Nürnberg-Langwasser und nach Württemberg – sein ehemaliger Wirkungskreis als SA-Führer – in das Internierungslager Ludwigsburg. Über sein weiteres Schicksal soll bald entschieden werden.

Für Eri beginnt zum gleichen Zeitpunkt ein neuer Lebensabschnitt im Internat Salem, zunächst auf Hohenfels, wo die Zehn- bis Dreizehnjährigen untergebracht sind. Ihrem knappen Geldbeutel entsprechend muss Erla nur den niedrigsten Satz an Schulgebühren entrichten, monatlich 150 Reichsmark; diese Summe übernimmt ihre Schwiegermutter Johanna, die versucht, wo es nur geht, für ihren inhaftierten Sohn einzuspringen. Vor Schulbeginn hat Erika noch eine Woche bei ihr in Freiburg im Breisgau verbracht, das war für sie eine Beschäftigung und für Erla eine Entlastung.

Hohenfels hat erstmals seit dem Krieg mit sechzig Mädchen und Jungen am 1. September seinen Betrieb wieder eröffnet. Die Unterbringung der Kinder ist noch dürftig, Nahrungsmittel und Brennmaterial sind äußerst knapp, Reinigungsmittel zur Pflege der Räume nicht vorhanden. Auch Unterrichtsmaterial fehlt, man behilft sich zunächst ohne Schulbücher und ohne Hefte. Viele Kinder haben wegen der kriegsbedingten Unterrichtsausfälle erhebliche Wissenslücken und zeigen mangelnde Leistungen. Eri, die fast durchgehend zur Schule gehen konnte, kommt im Unterricht fabelhaft mit. Gleich zu Schulbeginn schreibt sie ihrer Mutter, in einer ordentlichen Schrift, die mehr an eine Fünfzehn- als an eine Zwölfjährige erinnert, den ersten von vielen, bald fast täglichen Briefen. Sie bittet Erla, ihr Brot, Apfelmus und Schmalz zu schicken, weil sie immerzu »Kohldampf« habe. Außerdem verlangt sie nach der Adresse ihres Vaters. Es plagt sie das schlechte Gewissen, dass sie ihm nicht schon längst geschrieben hat. In der Quarta ist ein Junge aus Regensburg, der hat ihr erzählt, »das Lager sei nicht besonders, er kennt es, weil er viele Verwandte und Bekannte dort hat. Er sagt, es sei sehr schwer, dort zu übernachten«. Es gibt hier noch zwei andere Kinder ehemaliger Diplomaten, den Sohn des Gesandten in Sofia und den Sprössling des Gesandten in Rom. Eri fühlt sich in guter Gesellschaft, denn man hat gemeinsame Bekannte und Freunde. Außerdem ist hier auch noch ein Sohn von Dietrich von Jagow. Jagow hatte eine ähnliche Laufbahn wie der dreizehn Jahre jüngere Hanns Ludin absolviert – SA-Obergruppenführer in Frankfurt am Main, Kriegsteilnehmer und dann deutscher Gesandter in Budapest. Als Jagow die Verhaftung durch die Alliierten drohte, nahm er sich auf der Flucht das Leben. Er hinterließ eine Frau und sechs Kinder. Was wird Hanns bei dieser traurigen Nachricht empfunden haben? War es für ihn ein weiterer Anstoß, sich ebenfalls dem Richter zu stellen?

Natürlich hat Eri trotzdem Heimweh. Erla möge sie doch bitte am Wochenende mit ihrer Freundin Nanne in der Kutsche nach Hause holen, schreibt sie, in flehendem Ton, der Widerspruch schwierig macht. »Ich bring auch meine ›Ziehmo‹ mit, dass wieder mal Tanz ist.« Die gute alte Ziehharmonika, mit der sie schon in der Slowakei ihre Umgebung und ihren Vater beeindruckt hat! Wichtig ist ihr jetzt vor allem, dass Erla ihr das große Foto von der ganzen Familie in Pressburg schickt, sie will es ihren Zimmergenossinnen zeigen. Auch Zahnpasta und Klopapier brauche sie, und ob die Näherin schon ihren Wintermantel verlängert und ihren JM-Rock gerichtet habe? Die Näherin solle den Rock so verändern, dass ihm nicht mehr anzusehen sei, dass er zur Uniform des Jungmädelbund gehörte, jenem Zweig der Hitler-Jugend, der die Mädchen unter vierzehn Jahren mit nationalsozialistischem Gedankengut ideologisch auf Kurs brachte. Erla kommt den Bitten nach und nicht nur das, zu Eris Begeisterung schickt sie ihr sogar das gute Pressburger Zahnpulver: Das wäre doch nicht nötig gewesen!

Unterdessen hat Erla endlich einen neuen Verwalter gefunden, er heißt Jakob und ist ein stattlicher, freundlicher Kerl. Auch Dorle findet ihn ausgesprochen nett. Wann immer sie es einrichten kann, kommt sie auf den Hof, um Erla zu entlasten. Manchmal nimmt sie auch eines der Kleinen mit nach Biberach, meist ist es ihr Liebling Malte. Eine evangelische Gemeinde bietet der gelernten Erzieherin an, einen Kindergarten zu übernehmen, doch sie kann sich nicht entscheiden, ob sie annehmen soll, weil die Frau Ludin sie ja auch so sehr brauche und es so schwer habe. »Hoffentlich kommt morgen nicht Eri schon auf den Hof«, schreibt sie ihrer Chefin vor dem Wochenende. »Sie müsste noch eine Weile warten, bis ich vielleicht auch gerade dort bin.«

Am Wochenende darf Eri dann aber sowieso nicht heim. Erla ruft an und muss absagen. Eri weint. Große Enttäuschung, das Gefühl der Einsamkeit runterschlucken, dann muss sie am verlängerten Wochenende eben im Internat bleiben. Immerhin kann sie jetzt ihre Briefschulden an die Verwandten tilgen, das bringt vielleicht Erleichterung. »Nachts kann ich manchmal gar nicht einschlafen, weil mir einfällt, wem ich alles schreiben muss. Das drückt mich dann fürchterlich.« Sie kommt mit der Korrespondenz kaum hinterher, denn so manche »Briefschreibstunde« muss sie mit sechs anderen Mädchen bei einem Bauern helfen, Kartoffeln auszubuddeln. Für ihren Einsatz stiftet der Bauer dann einen Teil der Ernte an die Schulküche. Morgens gibt es »Kriegsmüslipamps«, wie Eri es nennt; mit einem Becher Kaffee! In der Stille des Wochenendes, an dem viele der Kinder nach Hause gefahren sind, nimmt sie sich endlich mal wieder die Zeit, ihrem Vater einen langen Brief zu schreiben. Sie berichtet überschwänglich, wie schön es auf dem Hohenfels sei. Außerdem könne sie ihm die freudige Mitteilung machen: Wegen ihrer guten Leistungen werde sie nach der Winterpause eine Klasse überspringen und so als Dreizehnjährige zu den Vierzehnjährigen nach Salem umziehen! »Heute«, schreibt sie, »hat Muttchen Geburtstag und wir zwei können nicht dabei sein, wir denken uns halt dazu.« Ihr Vater und sie, die beiden Verbannten.

Was Eri noch nicht weiß, ist, dass Hanns gar nicht mehr in Ludwigsburg weilt. Die tschechoslowakische Regierung hat seine Auslieferung gefordert, zunächst als Zeuge der Verteidigung im Prozess gegen den ehemaligen Staatspräsidenten Tiso. Unter Bewachung ist er im Zug nach Bratislava gereist – genau so, wie er vorausgesehen hatte.

Es ist Oktober 1946. Die Internatskinder suchen Holz im Wald, in der Hoffnung, dass man so genügend Brennmaterial findet, um über den Winter zu kommen. Im November darf Eri endlich ein paar Tage nach Hause und sogar einige Schulkameradinnen mitbringen! Die Freude ist groß. »Wenn ich heimkomme«, schreibt sie ihrer Mutter lockend, »erzähl ich dir was Schönes, ich schreib's extra nicht.« Schließlich soll Erla den Besuch ihrer Tochter mit Spannung erwarten! Aber so richtig heiter kann Erla schon deshalb nicht sein, weil sie gerade erfahren hat, dass ihr Mann mittlerweile in Bratislava gelandet ist: Das verheißt nichts Gutes. Sie übermittelt Eris Schulleiterin die schlechte Nachricht mit der Bitte, sie dem Kind schonend beizubringen. Frau Köppen, von den Kindern »die Köpps« genannt, gibt Eri schulfrei und verbringt viele Stunden mit ihr, um sie zu trösten. Eri sorgt sich fürchterlich: Warum darf ihr Vater nicht nach Hause zur Familie zurück?

Der von ihr so ersehnte Aufenthalt auf dem Hof fällt den Umständen entsprechend bedrückend aus. Die Ziehharmonika bleibt im Schrank, niemandem ist nach Tanzen zumute. Unter diesen Bedingungen ist die Rückkehr nach Hohenfels schon fast eine willkommene Ablenkung von der Depression, die sich im Haus breitgemacht hat. Eri ist für die traurigen Schwingungen sehr empfänglich, wie üblich wehrt sie sie ab, indem sie bockig ist, manchmal gar unausstehlich und gegenüber den Geschwistern recht herrisch. Als Älteste und noch dazu als Salemerin meint sie, sich schon mal die eine oder andere Attitüde erlauben zu können, schließlich ist sie doch recht erfahren, ja sogar Hunger hat sie schon gespürt! Wie das ist, wissen die Kleinen doch gar nicht – immerzu gut versorgt hier in Erlas Küche. In weiser Voraussicht greift Eri am Wochenende gut zu, wer weiß, wann es wieder so leckeres Essen geben wird. Im Hohenfels bekommen viele Kinder von ihren Familien Esspakete geschickt, um die Nahrungsmittelknappheit zu überbrücken. Die Schulleitung sorgt dafür, dass die Schüler diese Pakete in den Fensternischen des Speisesaals aufheben und nur zu bestimmten Zeiten gemeinsam davon essen, damit niemand benachteiligt wird und die »Gutsle« rationiert werden.

»Von Vati haben wir immer noch nichts gehört«, schreibt Erla kurze Zeit später. Hanns' Onkel Adolf, der Wasserbauer und Bruder von Fritz, setzt sich für seinen Neffen ein. Erla sagt, er »bemüht sich nach allen Richtungen hin, wir hoffen bald, vielleicht kommende Woche, Nachricht zu bekommen, da Onkel jemanden hingeschickt hat«. Das Warten ist unerträglich. Schlaflose Nächte. Angst. Erlas Nerven sind schwach, ihr Körper rebelliert gegen die Sorgen und den Stress der alltäglichen Belastungen, aber sie lässt sich nur wenig anmerken. Auf dem Hohenfels ist es zu dieser Zeit besonders schön, weil das Martinsfest gefeiert wird und »die Köpps« den Kindern die Legende von St. Martin erzählt. Eri und Nanne werden für das Weihnachtsspiel als Sängerinnen eingeteilt – eine gute Gelegenheit für Erla, nach Salem zu kommen, um der

Aufführung beizuwohnen, findet Eri. Mitte November erfährt Erla endlich, wo ihr Mann gefangen gehalten wird, und sie weiht Eri ein. Kontakt hat sie noch immer nicht – »nicht die geringste Nachricht«. – »Es hat mich sehr gefreut, dass du mir was von Vati geschrieben hast«, meldet Eri. »Gell, jedes Mal, wenn du was Neues von ihm erfährst, schreibst du mir's gleich.«

Auf dem Hof geht es nun ans Dreschen des Getreides, dazu kommen allerhand Helferinnen und Helfer und Barbel hat sogar schulfrei, um mit anzupacken. Auch eines der älteren Jagow-Kinder lebt nun mit auf dem Hof, um auszuhelfen. Es gibt zu viel zu tun und Erla dämpft sogleich Eris Hoffnung, zum Weihnachtsspiel kommen zu können, dabei ist Salem ja nur achtundzwanzig Kilometer vom Schlösslehof entfernt. Onkel Adolf hat erfahren, dass die Verhandlung gegen Hanns frühestens im Dezember beginnt und auch noch keine Anklageschrift vorliegt. Eri solle das Frau Köppen mitteilen, bittet Erla. »Dich umarmt mit innigen Grüßen deine Mutti«.

Doch Anfang Dezember heißt es: an Neujahr. Erla kann den Druck und die Spannungen kaum aushalten: »Ich glaube manchmal, es ist halt eine Pechsträhne und geht vorüber«, schreibt sie Hanns' Mutter Johanna nach Freiburg. »Und man meint manchmal, man kann nimmer.« *Ich* kann nimmer, das wagt sie nicht auszusprechen, dabei geht es ihr manches Mal so schlecht, dass ihr nach Aufgeben zumute ist. Diese kurzen Schwächeanfälle verdrängt sie aber, schließlich geht es ihr ja vergleichsweise gut. Doch ihr Mann? »Der arme, arme Hanns, der nun auch an Weihnachten ganz ohne Nachricht von seinen Lieben ist und in dieser Lage! Wie ist es überall traurig, wo man hinhört, es gibt schier gar nichts mehr zum Freuen. Das Schlimmste ist der Hass und Neid und die Missgunst der Mitmenschen, darüber kommt man gar nicht weg, da man täglich Beispiele dafür findet.« Die Sorgen belasten sie. Hier Hanns, dort Eri. Es sei für Eris Entwicklung zwar »ein großer Segen, dass sie diese hervorragende geistes- und charakterfördernde Erziehung hat«, sagt Erla, körperlich sei sie jedoch »kolossal auseinandergegangen, sie ist ein richtiges Dickerchen, hat auf dem Hohenfels fünf Kilogramm zugenommen«. Das sei sehr schade und gebe sich hoffentlich bald wieder.

Erla kocht zweimal täglich warmes Essen für die Kinder, ihre Schwester, für die Knechte und Aushilfen. Wenigstens in der Küche hat sie Unterstützung bekommen und Eri packt auch mit an, wenn sie an manchen Wochenenden zu Hause ist. Alle diese Belastungen, lenkt Erla ein, seien »unwichtig, wenn nur Hanns eines Tages wiederkommt, wenn es ihm nur erträglich geht, er, der ein edler Mensch ist, wie es nur ganz wenige gibt.«

Hanns hat sich dafür entschieden, die politische Verantwortung für sein früheres Amt zu tragen, er weiß, dass er seine Familie nie wiedersehen wird. Noch einmal ein Freund: »Ein Schuldgefühl hat er bestimmt auch gehabt, das allgemeine nämlich, das jeden ehrlichen Nazi verfolgt, seit er weiß, was hinter seinem Rücken, aber auch in seinem Namen [...] noch geschehen war, und seit er sich Rechenschaft darüber gegeben hat, wie oft er selbst die Augen zugedrückt hat, um nicht genau hinsehen zu müssen.«

Ja, die Augen zugedrückt haben sie damals fast alle und sich mitschuldig gemacht. Die Dinge sind auch nicht hinter ihrem Rücken oder in ihrem Namen geschehen, sondern direkt vor ihrer Nase und durch ihre aktive Beteiligung. Der Holocaust war – so der Historiker Frank Bajohr – »ein offenes Geheimnis«. Ich möchte mir gerne vorstellen, dass mein Großvater seine Schuld erkannt und durch seinen konsequenten Gang zum Gericht eingestanden hat. Es würde mir helfen, mich mit dem Verbrecher in ihm zu versöhnen, auch wenn seine Taten in jeder Hinsicht abscheulich und unbegreiflich bleiben. Meiner Mutter Eri ist diese Versöhnung nie zuteilgeworden – ihres Vaters Entscheidung für den Tod hat sie als seine zweite Schuld empfunden: die Schuld, sie und die Familie im Stich gelassen zu haben.

Klagebriefe

»You fucking Nazi«, zischt der große Junge, während ein anderer mich anrempelt. Mir ist die Dimension dieser Beleidigung nicht bewusst, an meinen vor dreißig Jahren gestorbenen Großvater denke ich in diesem Moment wahrlich nicht. Ich bin empört, dass man so ruppig mit mir umgeht. Es ist Januar 1977, früh am Morgen, zappenduster und bitterkalt. Mit den anderen Schulkindern stehe ich in einem überdachten, wintergartenähnlichen Schlauch zum Frühstück an. Von hinten schlägt mir der Wind ins Kreuz, über mir prasselt ein harter Regen auf das Dach, er rinnt breitflächig an den Plexiglasfenstern hinab. Ich zittere vor Kälte und innerer Anspannung. Wenige Tage zuvor haben mich meine Eltern gemeinsam hier abgeliefert – in einer kleinen Partnerschule von Salem und Gordonstoun im englischen Surrey –, um sich erst von mir und anschließend sofort wieder voneinander zu trennen. Ausländische Schülerinnen und Schüler gibt es an diesem Internat zu dieser Zeit noch nicht viele und deshalb sind wir paar Deutsche für die englischen Schüler so etwas wie leibhaftige Anschauungsobjekte jenes Feindes, den sie nur aus Kriegsfilmen und Schulbüchern kennen.

Hinausgeworfen in eine fremde Welt, bin ich, gerade fünfzehn Jahre alt geworden, nun ganz auf mich gestellt. Monatelang quälte ich mich mit der Entscheidung, ins Internat zu gehen oder nicht. Es war gewiss nicht nur ein sanfter Druck seitens meines Vaters, der mich letztlich zu diesem Schritt bewog, sondern auch instinktive Vernunft. Zu Hause war es unerträglich geworden, mein Vater war ausgezogen, meine Mutter außer Rand und Band und mein jüngerer Bruder kämpfte rebellisch gegen den Zerfall einer Welt an, die nie heil gewesen ist. »Nazi bitch, you!«, schallt es mir wieder entgegen, weil ich, in Gedanken versunken, die Frage eines Schülers überhört habe. Englisch verstehe ich zwar schon recht gut, aber diesen Kindern und ihrer Aussprache kann ich nicht folgen, außerdem bin ich noch völlig überwältigt vom Abschied von meiner Familie.

Endlich öffnet der Koch die Tür und die Kinder drängeln rücksichtslos in den Essenssaal. Fettige Rühreier, Kidney-Bohnen in einer curryketchup-bräunlichen Sauce, gummiartige Würstchen und ölig triefende Bratfische bieten sich in der Vitrine für den Start in den Tag an. Ich entscheide mich für das pappig-weiche Kastenbrot, das ungetoastet an den Zähnen kleben bleibt, und färbe es mit einem zähen roten Klecks. Dieser stammt aus einer riesigen Büchse zuckersüßen Aufstrichs, in dem einige Schaufrüchte die Vermutung nahelegen, es könne sich um Erdbeermarmelade handeln. Einige Kinder legen zwischen Toast und Jam noch eines dieser Würstchen und verschlingen den scheußlichen Cocktail gierig. Mir ist zum Kotzen zumute. Aber man gewöhnt sich ja an alles, auch an den Internatsfraß. Von dem Toastbrot werde ich mich in den kommenden Monaten in erster Linie – und meine Linie sich von ihm – ernähren, denn man darf sich davon nehmen, so viel man will. Hungern muss hier niemand.

Ich versuche, bei einer Kindergartenfreundin aus Hamburg, die schon einige Monate hier ist, Anschluss zu finden, aber sie ist älter und will von mir Neuling nichts wissen, sie macht sich mit den anderen Jugendlichen sogar lustig über mich. In der General Assembly, die unter der Leitung des Direktors täglich vor Beginn des Unterrichts mit allen Schülern stattfindet, kann ich mit den protestantischen Lobesliedern aus dem blauen Büchlein, die alle lauthals singen, gar nichts anfangen.

Die Lehrer sind nett zu mir und achten darauf, dass ich mitkomme. Besonders liebenswürdig ist Mr. Miller, mein Geschichtslehrer, ein hagerer Ire mit einem Zippelbart, der mich mit seinen knochigen Bewegungen, seinen breiten Hüften und seinem wippenden Gang an eine hüpfende Dohle erinnert oder an das, was ich mir unter diesem Vogel vorstelle. Er wird bald mein Lieblingslehrer. Schon in der zweiten Woche schreibe ich als Hausaufgabe ein leidenschaftliches Antikriegsgedicht, das Mr. Miller als sehr gelungen hervorhebt. Ich bin mächtig stolz auf mein Werk; die können mich hier doch alle mal.

Unsere Erzieherin Mrs Smith, eine winzige, aber resolute Person in fortgeschrittenem Alter, mit der ich mich später wiederholt anlegen werde, tippelt mit mir zum Ankleider in die nahe gelegene Kreisstadt. Sie stopft mich in eine graue Baumwollbluse, einen grünen Wollpulli, einen grauen Synthetikrock und breit gerippte, dunkelgrüne Wollstrümpfe – die obligatorische Schuluniform, durch die soziale Unterschiede sowie pubertäre Anziehfragen auf ein für die Gemeinschaft zuträgliches Maß gestutzt werden sollen. Bei feierlichen Anlässen müssen wir eine Krawatte anlegen. Es ist verboten, die Uniform durch Accessoires aufzulockern. Ich handle mir in den folgenden dreieinhalb Jahren diverse Strafen ein, weil ich mich, in bunte Wollschals hüllend, dieser Regel hartnäckig widersetze. Auch für die vielfältigen sportlichen Aktivitäten gibt es Kleidervorschriften. Gleichgültig wie schlecht das Wetter ist, morgens müssen wir in kurzen weißen Sporthöschen, die gerade mal eben die Pobacken bedecken, einmal rund um das große alte Wohngebäude joggen.

Auf dem ersten Foto aus meiner Anfangszeit im Internat stehe ich ziemlich verloren und unbeholfen vor der massiven Schulmauer, der Rock ist viel zu lang, die Haare sind es auch und die vielen Toasts haben schon einige Spuren hinterlassen. Ich bekomme von der Familie Fressalien geschickt, allerdings weniger von meiner Mutter als von meiner Großmutter väterlicherseits, genauer gesagt von ihrer von mir heiß geliebten Haushaltshilfe Liesel, die eigentlich Elisabeth heißt. Mein Vater versorgt mich mit Kassetten, die er als Audiobrief für mich bespricht. Unter dem Bett hat jeder Schüler eine »tuck box« stehen, eine Holzkiste mit Schloss, in der wir Wertsachen wegschließen können. Darin verschwinden meine Kuchen und Süßigkeiten. In den Unterrichtspausen krieche ich häufig unters Bett zur Kiste und nasche daraus, damit die anderen nichts mitbekommen und ich nicht teilen muss. Wir sind zu zwölft im Zimmer und die schmalen Messingbetten stehen so nahe beieinander, dass ich mit der ausgestreckten Hand das Bett meiner Nachbarin berühren kann. Die einzige Wärmequelle weit und breit ist ein Glühstab, der oben an der Wand angebracht ist. Bei so vielen Mädchen auf engem Raum ist die Luft schlecht, zumal einige von ihnen sich immerzu mit Haarspray einsprühen, dessen Geruch mir Übelkeit verursacht. Das Sprayen dient allerdings weniger der Aufrechterhaltung der Frisur als der Überlagerung der Zigarettenausdünstungen, die in den Kleidern der Sünderinnen kleben. Mrs. Smith darf keinen Wind davon bekommen, dass sie heimlich in den Büschen rauchen. Rauchen und vögeln. Das Fenster öffnen darf ich leider auch nicht, also tue ich es – zum Glück steht mein Bett direkt neben der Außenwand – verstohlen des Nachts, wenn alle schlafen. Das bringt mir morgens den Ärger meiner Zimmergenossinnen ein und einmal auch einen steifen Hals, weshalb ich einige Tage im Bett bleiben muss.

Irgendwann war ich stark erkältet und blieb über eine Woche im Krankenzimmer isoliert. Ich weiß nicht mehr, wie ich mir in der Einsamkeit die Zeit vertrieben habe, ich weiß nur noch, dass es schier endlos dauerte, bis ich wieder unter Mitschüler durfte, und dass ich auch danach monatelang unglücklich war. Ich versuche mich daran zu erinnern, wie sich das alles anfühlte, es fällt mir gar nicht leicht, denn die Leiden meiner Mutter haben meine eigenen Sorgen stets überlagert. Ich war mehr mit ihren Gefühlen beschäftigt und lernte dabei nicht, mich um meine eigenen Bedürfnisse zu kümmern. Es wird sich mit meiner Mutter und meiner Großmutter in ihrer Kindheit nicht anders verhalten haben. Ist es nicht eindeutig, dass meine Mutter ihre Trauer nicht ausleben konnte – wer befasste sich damals schon mit ihren Gefühlen, mit ihren Verlustängsten, ihrer Ohnmacht? Jedenfalls hat Eris Leben an besagtem 9. Dezember 1947 einen jähen Einschnitt erfahren. Sie wird die Nachricht von der Hinrichtung ihres Vaters zunächst gar nicht wirklich verstanden haben. Der Schock saß zu tief. Nach dem Wochenende fuhr sie zurück in die Schule, um das Trimester abzuschließen. »Sie musste sich mit ihrem Verlust allein zurechtfinden«, erzählt ihre Schulfreundin Nanne, niemand in Salem habe sie offen darauf angesprochen. Berthold von Stauffenberg, damals in Erikas Parallelklasse, kann sich erinnern, dass die Kinder hinter ihrem Rücken über die Hinrichtung des Vaters tuschelten. Laut Nanne war für Eri vor allem die Art seines Todes unerträglich: »Grad so ein schrecklicher Tod: gehenkt!«, habe sie mehrmals verzweifelt gesagt. Es ist mir nicht klar, warum Erla ihr das mitgeteilt hat, denn den jüngeren Geschwistern erzählte sie damals, der Vater sei wie viele andere seiner Kameraden im Krieg gefallen. Beim Versuch, eine Erklärung für diesen Tod zu finden, sagt Eri ihrer Busenfreundin, »er ist wohl kein so'n Guter gewesen«. Sie versteht, dass diese Hinrichtung etwas mit seiner Funktion zu tun hat, aber sie begreift nicht, was passiert ist.

Barbel erfährt als Letzte, zu Beginn der Weihnachtsferien, von dem Unglück. Erla holt sie, ganz in Schwarz gekleidet, mit der Kutsche im Mädcheninternat ab. Sie will ihre Zweitälteste nach Hause fahren, bevor sie sie mit der schrecklichen Tatsache konfrontiert. Der kleine Tilman aber kann sich nicht beherrschen und posaunt heraus: »Der Vati ist tot.« Daraufhin haben alle drei geweint. Es ist wohl das einzige Mal, dass Erla gemeinsam mit ihren Kindern weint. Nur die neunjährige Ellen hat ihre Mutter ein anderes Mal in Tränen gesehen, als sie vom Todesurteil hörte und auf ihrem Bett zusammenbrach: »Das war ganz furchtbar für mich«, sagt meine Tante. Erla ist die meiste Zeit sehr beherrscht, zum Trauern hat sie gar keine Zeit, denn nun gilt es, die sechs Kinder und den Hof allein durchzubringen. Bei meiner Mutter war es später umgekehrt – sie war unbeherrscht bis zur Selbstaufgabe.

Als Eri an Weihnachten nach Hause kommt, ist die Stimmung gedrückt. Großmutter Johanna, die ihr einziges Kind verloren hat, sitzt weinend unterm Weihnachtsbaum. Nach den Feiertagen steht Eri der Sinn nach Bewegung. Sie dreht das Radio laut auf und animiert Barbel und Tilman, wild mit ihr zu tanzen. Daraufhin stürzt entrüstet Tante Anne ins Zimmer und rügt die Kinder: Wie können sie sich angesichts der bekümmerten Mutter nur so benehmen? Schon zwei Jahre haben die Geschwister ihren Vater nicht mehr gesehen, die jüngeren können sich an ihn bereits nicht mehr erinnern. Eri allerdings trägt ihn im Herzen, wo sie ihn unter ihrem Durcheinander von kindlichen und nahenden fraulichen Gefühlen begräbt.

Im Jahresabschlusszeugnis, das »Vertraulich! Nur für die Eltern« gedacht ist, heißt es, Eris »Haltung angesichts des Kummers in der Familie war bewundernswert«. Sie habe sich sehr angestrengt und sich »mädchenhaft im guten Sinne [...] zurückhaltend und brav« verhalten. Es habe kaum noch Klagen über ihren Eigensinn gegeben. Beim Klavierunterricht zeige sie sich sehr begabt und fleißig. Außerdem habe sie 1,7 Kilogramm abgenommen. Ein Zeugnis, ganz im Sinne des Vaters. Dem kann die Tochter davon jetzt aber nicht mehr berichten, und die Bestätigung bleibt aus. Vertane Liebesmüh?

Salem ist wie schon ein Jahr zuvor wegen der großen Kälte einige Monate geschlossen. Mit all den kleinen Geschwistern ist's dem jungen Mädchen auf dem von ihr als primitiv empfundenen Bauernhof unerträglich langweilig und sie denkt sich allerhand Unsinn aus, um sich die Zeit zu vertreiben. Der Schnee dämpft die Gefühle und deckt alles zu. Das gute Essen in der heimischen Küche tröstet sie ein wenig über die Öde hinweg. Erla musste auf Anordnung der Ämter eine Flüchtlingsfrau mit ihren beiden Kindern aufnehmen, zum Glück sind sie gut zu haben und arbeiten mit.

Eri klagt nach wie vor oft über starke Bauch- und Kopfschmerzen und hat ein scheinbar unbegreifliches Ruhebedürfnis – nach dem heutigen Stand der Psychologie würde jeder Laie sagen: Das Mädchen ruft in ihrer seelischen Not um Hilfe. Ihre Symptomatik und wachsende Pausbäckigkeit sind der Mutter derweil Grund genug, an eine Krankheit zu glauben. Anfang Februar 1948 bringt sie ihre Tochter in die Universitätsklinik von Tübingen, deren Ärzte ihr schon im vergangenen Sommer zu weiteren Untersuchungen geraten hatten. Die Vierzehnjährige wird stationär aufgenommen und es ist ungewiss, wie lange sie bleiben muss. Die Ärzte wollen herausfinden, was die Ursache ihres Übergewichts ist: Schilddrüse, Stoffwechsel oder Nieren? Der Aufenthalt gedeiht zu einer bis an ihr Lebensende dauernden Odyssee – Krankheit wird zu einem Bestandteil ihres Charakters. Täglich muss Eri alle möglichen Tests über sich ergehen lassen. Regelmäßige Blutabnahmen, Insulinspritzen, Körperuntersuchungen. Bei der »perirenalen Luftfüllung«, einer inzwischen veralteten Methode, um die Funktionsfähigkeit der Nieren zu prüfen, bekommt Eri eine Betäubungsspritze in den Rücken und Sauerstoff in die Nieren gespritzt. Davor hat sie besonders Angst, denn selbst die Ärzte sagen, dass es eine schmerzhafte Untersuchung sei. »Na, ja«, schreibt sie ihrer Mutter. »Ilse, die jetzt wieder hier im Saal ist, hat's auch durchgemacht und ist nicht dran gestorben.« Erla schickt zum Trost Kuchen und Kekse.

Derart gestärkt, »überlebt« sie auch die zweite Nierenfüllung. Leider ist es damit jedoch nicht getan, denn die nächste Tortur folgt sogleich: eine Apfelsaftdiät. »Da krieg ich acht Tage lang nichts zu essen, nur täglich vier Tassen Apfelsaft, täglich einen Einlauf, zweimal einen heißen Wickel auf den Magen, dass das Hungergefühl weggeht. Aber es geht leider nicht weg, hab ich einen Kohldampf«, schildert Eri ihrer Mutter die Behandlung und fügt hinzu: »Jetzt frühstücken alle um mich rum die besten Sachen und ich kann's anschauen. Gell, das ist ein Klagebrief, aber …« – und sie führt den Gedanken nicht aus. Die Klage wird verstanden, Erla ruft ihr Kind sofort in der Klinik an. Die Telefonverbindung ist schlecht und die Verständigung schwierig. Erla schickt deshalb umgehend einen Brief. Darin schlägt sie Eris Bitte aus, sie erst später als geplant zu besuchen, weil sie ja noch zu schwach sei und deshalb nichts von ihrer Mutter hätte: »Wenn du dann noch im Bett liegst, macht es ja nichts. Oder?« Verunsichert fragt Erla: »Du warst am Telefon so merkwürdig, wohl weil du nicht recht verstandest.« Wer bei diesem Telefonat was verstanden oder nicht verstanden hat, bleibt unklar. Jedenfalls schickt Erla ihrer Tochter, kaum dass die schreckliche Diät beendet ist, ein Paket mit Zucker und Keksen, welche Eri verschlingt.

Sie ist nun schon einen Monat in der Klinik und muss das Bett wechseln, denn die Patientin neben ihr ist an Diphtherie, einer damals sehr gefährlichen Infektionskrankheit, erkrankt. Auch Eri hat starke Halsschmerzen und es besteht der Verdacht, dass sie sich angesteckt hat. Sie wird eine Weile von den anderen Patienten isoliert, bis sich herausstellt, dass sie wohl nur eine Angina hat. Sie bekommt Östrogenspritzen, die das Wachstum der Geschlechtsorgane anregen sollen, um die unerklärliche Entwicklungsstörung zu beseitigen. Die Wochen vergehen und Eri macht die Einsamkeit zu schaffen: kaum Besuch und nicht genügend Stoff zum Lesen. Immer öfter schreibt sie bei Kleinigkeiten von »ihrem Pech«, ermahnt sich zugleich aber jedes Mal, wenn sie in Selbstmitleid zu verfallen droht. Dabei ist sie doch wirklich zu bemitleiden, nur dass es keiner wahrnimmt. »Na, ja« wird in ihren Briefen an ihre Mutter zu einer beliebten Redewendung. Sie vertreibt sich die Zeit mit Stricken und fabriziert rot-beige gestreifte Strümpfe für ihre Schwester Barbel. »Ich kann einfach manchmal nicht vertragen, wenn ich allein sein muss«, schreibt sie Anfang April. Am Ende des Briefes zeichnet sie ein Mondgesicht mit wirrem

Gekritzel im Schädel und nennt es »Gefühle«, unterzeichnet mit ihrem Namen. Darunter steht »Expressionistisches Bild 1948, Erla Ludin zugeeignet«.

Dem Trauma des gewaltsamen Vaterverlusts hat sich nun eine weitere Belastung zugesellt: das Gefühl des vollständigen Verlassenseins. Zudem wird der gesamte Zweck der Gemeinschaftserziehung in Salem durch die Länge des Aufenthalts zunichte gemacht, weil Eri hier nicht nur völlig isoliert lebt, sondern auch den Eindruck bekommt, schwer krank, also auch etwas Besonderes zu sein. In ihr verfestigt sich dieser Gedanke. Anstelle der Spritzen verschreiben die Ärzte dem Teenager nach einigen Wochen ein homöopathisches Schilddrüsenpräparat. Sie klagt immer öfter über Kopfschmerzen und Schlaflosigkeit – beides Plagen, die in unserer Familie prominent vertreten sind. Immerhin bekommt Eri endlich gelegentlich Ausgang und besucht am Wochenende das Ehepaar Gmelin in einem Dorf nahe Tübingen. Hans Gmelin wird bald Oberbürgermeister von Tübingen werden und später sogar Ehrenbürger dieser Kleinstadt wie auch der französischen Partnerstadt Aix-en-Provence. Seine Vergangenheit in der Slowakei hat für seine Laufbahn nach dem Krieg kaum eine Rolle gespielt. Seine Tochter Herta, wie meine jüngste Tante 1943 in Bratislava geboren, Bundestagsabgeordnete und ehemalige Justizministerin, sagt, sie und ihr Bruder Wilhelm hätten sich mit ihrem Vater über die NS-Zeit oft heftig gestritten. Der »Judenberater« Wisliceny sei bei ihnen und bei Ludins doch ein und aus gegangen, ihr Vater müsse doch verstanden haben, wohin die deportierten Juden kamen und was mit ihnen geschah! Ihr Vater habe das in den frühen Jahren abgestritten und gesagt, man habe das für die übliche Gräuelpropaganda gehalten. »Geschwätz« sei das gewesen, so Däubler-Gmelin. Erst gegenüber seinen Enkelkindern habe er offener sprechen können und sich in höherem Alter in einer Rede immerhin als Mitglied der Tätergeneration bezeichnet. Im Gegensatz zu ihr und ihrem Bruder, die Wert darauf legten, ihren Vater zur Rede zu stellen, um die damalige Zeit zu verstehen, hätten die Ludin-Kinder keine Möglichkeit dazu gehabt. Wilhelm Gmelin sagt in einem Interview mit dem *Schwäbischen Tagblatt,* das Thema Nationalsozialismus und das Verhalten der Generation seines Vaters seien das ganz große Thema seiner Jugend gewesen. Die Fragen nach dem Warum seien aber immer unbefriedigend beantwortet worden. »Wir konnten nie verstehen, dass man aus einer Haltung der Gläubigkeit alles wegschieben kann. Bloß weil man gläubiger Nationalsozialist ist, und das war ja die ganze Generation mehr oder weniger, dass man dann alles andere so wie unter Scheuklappen völlig ausblendet.« Er, Wilhelm, sei zwar überzeugt, dass sein Vater an keinem Verbrechen aktiv beteiligt gewesen sei, aber er vermute, dass sein Vater »doch genau über die Deportationen Bescheid wusste«.

Eri darf nun ab und zu ins Kino, und wenn ihre Mutter demnächst wieder zu Besuch kommt, möchte sie unbedingt ins Konzert mit ihr, denn sie sehnt sich nach guter Musik. Die Ärzte behandeln sie freundlich und erlauben ihr, gelegentlich im Labor zuzusehen. Eri interessiert sich dafür, Ärztin zu werden. Briefbögen sind zu teuer und so schreibt sie auf allem, was Papier ist. Es entsteht eine wahre Zettelwirtschaft, die zu einer ihrer Marotten werden wird. Von ihrer Mutter hat sie noch einige Briefbögen ihres Vaters bekommen. Oben links in der Ecke steht dezent ein H. L. Als diese verbraucht sind, reißt sie aus einem Schreibheft einige Seiten heraus und schreibt in Druckbuchstaben ihre eigenen Initialen auf den Briefkopf: E. L. Meist unterzeichnet sie ihre Episteln nun nicht mehr mit Eri, sondern mit Erika. Daran kann Erla sich noch nicht gewöhnen: »Du bist halt in meinen Gedanken immer noch die Eri, aber wenn du es willst, muss ich mich langsam umstellen«, antwortet sie ihr. Eri will nicht mehr das Erile sein und mitunter wird ihr Ton der Mutter gegenüber streng: »Du bist ein zerstreuter Professor, statt dem dicken schwarzen Heft, wo ich für <u>mich</u> Vatis Brief abgeschrieben hatte, schickst du mir ein leeres Heft, das ich von Großmutter zu Ostern bekommen habe.« Vatis Brief – mein Brief, dein Brief, unser Brief. Das Ringen um H. L.s Erbe hat begonnen.

Ende April, nach fast drei Monaten, erfährt Erika, dass sie noch weitere vierzehn Tage in der Klinik bleiben muss. Der Herr Professor hätte ihr in der Visite gesagt, »so eine Sache erfordere schon Geduld, da man mehrere Spritzen ausprobieren müsste. Also, ich weiß nicht«, schreibt sie ihrer Mutter. Sie hat keine passenden Kleider mehr und sorgt sich vor allem darum, wie sie in der Schule den Anschluss finden soll. Sie befürchtet, sitzen zu bleiben. »Na, ja. Ich bin schon ganz resigniert.« Sie fühlt sich oft müde und antriebsschwach und sie bettelt immerzu um Besuch, »irgendwer, nur jemand!«. Allein die Theater- und Kinobesuche können sie begeistern und sie genießt die Einladungen bei Freunden ihres Vaters, weil, so Erika, im Gegensatz zur Gesellschaft im Krankenhaus dort alles so kultiviert zugehe und man sich anständig unterhalten könne. »Es ist ja dumm, aber ich entbehre das schrecklich, hier essen sie ja scheußlich und gebrauchen solche Ausdrücke und wissen überhaupt nichts, das geht mir allmählich auf die Nerven.« Erikas Schrift ist fahrig bis zur Unleserlichkeit. Sie bemerkt, dass sie eine »*ra-sen-de* Lust nach Kuchen oder irgendwelchen Süßspeisen« habe. Dass das nicht gut für sie ist, merkt sie selbst: »Ach, Muttile. Gell, ich bin schrecklich materiell.« Sie steht kurz vor der Rückkehr nach Salem und ist noch immer »Eri Lederfett«. Na, ja.

Auch Erla beginnt sich über die Länge der Behandlung zu wundern, zumal ihre Tochter noch immer zu dick ist, und sie schickt einen Bekannten mit einem Koffer voller Wäsche und Kuchen in die Klinik, um herauszufinden, warum ihre Älteste noch immer nicht entlassen wird. Sie selbst schafft es wegen der kleinen Kinder und der vielen Arbeit auf dem Hof nicht, vorbeizukommen. Endlich, Anfang Mai, wird Eri entlassen und kehrt ins Internat zurück. Trotz aller peinigenden Untersuchungen gibt es keine Diagnose für ihr Übergewicht. Von diesem Tag an wird die Familie ihre zukünftigen Probleme und Turbulenzen unter »hormonelle Störungen« verbuchen. Mit der Psychologie war es damals noch nicht weit her.

Anfang der 1980er Jahre war man in dieser Hinsicht allerdings auch noch nicht viel weiter. Ein Gynäkologe schickt mich wegen unerklärlicher »Unregelmäßigkeiten« in eine Hamburger Klinik. Dort wird mir dann rund um die Uhr Blut abgenommen. Nach einer nervenaufrüttelnden Nacht, in der mich Krankenschwestern fast stündlich aus dem Schlaf reißen, um gigantische Spritzen mit meinem Blut zu füllen, sitze ich in der Ambulanz des Krankenhauses im Morgenrock zwischen Menschen in Straßenkleidung, um weiter zur Ader gelassen zu werden. Was bin ich froh, als ich völlig erschöpft und nervlich angegriffen endlich wieder nach Hause darf. Keinem der Ärzte ist aufgefallen, dass ich vielleicht ein wenig zu hager bin. Auch die Tatsache, dass ich vehemente Schlafstörungen habe, bringt man in keinen medizinischen oder gar psychologischen Zusammenhang. Zu Beginn meines Studiums im fernen Schottland, am Rande der berühmten Golffelder von St. Andrews, hatte ich beschlossen, mich von meinem Babyspeck zu verabschieden. Mit Selbstdisziplin, die wohl eher einer Geißelung gleichkam, wollte ich mein inneres Ungleichgewicht ins Lot bekommen. Kontrolle über den Körper, das bannt scheinbar das überwältigende Gefühl von Ohnmacht gegenüber einer kranken und dominanten Mutter. Morgens ein bisschen Müsli, mittags ein Salat und abends ein Apfel, und das wochenlang. Dazwischen trieb ich trotz der minus zwanzig Grad Kälte exzessiv Sport – rennend, turnend, schwimmend. Ab einem gewissen Punkt bekam ich nachts nahezu delirische Träume, und als ich es mit dem mir selbst auferlegten Hungern lange genug getrieben hatte, blieb auch der Schlaf aus und meine Hormone streikten. Glücklicherweise kehrte ich noch gerade rechtzeitig vor einer manifesten Essstörung zum Studium nach Hamburg zurück. Ich wohnte zunächst bei meinem Vater und seiner Frau, denen bald auffiel, dass ich lieber turnte und studierte als aß. Allein die schlaflosen Nächte, in denen mich bis zum Morgengrauen die Angst quälte, diese Schlafstörung könnte ein weiteres Indiz für die Ähnlichkeiten zwischen meiner Mutter und mir sein, drängten mich schließlich dazu, Hilfe zu suchen. Die Psychologin, die ich um Rat fragte, sah mich indes ratlos an und schickte mich wieder fort, als sei ich eine Simulantin. Noch heute, fünfundzwanzig Jahre später, arbeite ich daran zu entschlüsseln, was meine Mutter mir alles aufgeladen und aufgetragen hat.

Über den Tod meines Großvaters habe ich zum ersten Mal vor vielen Jahren gelesen, nachdem ich bei Eris Unterlagen Berichte darüber gefunden hatte. Seinerzeit hat mich das merkwürdig unberührt gelassen; vielleicht war ich noch zu sehr mit dem Tod meiner eigenen Mutter beschäftigt. Heute jedoch gibt es Tage, an denen mich diese Hinrichtung sehr aufwühlt, und Nächte, in denen ich vom Tod und von unbestimmt bedrohlichen Situationen träume. Dann höre ich plötzlich meine Großmutter sprechen – aber ich bin nicht sicher, ob sie traurig ist oder ob sie vorwurfsvoll und »betrübt«, wie sie zu sagen pflegte, missbilligt, wie ich mich mit dem Thema auseinandersetze. Ihre Stimme reißt mich aus dem Schlaf und am nächsten Morgen fühle ich mich zerschlagen. Ich sehe diesen, nein, nicht diesen: meinen Großvater am Galgen hängen und stelle mir vor, wie es gewesen wäre, wenn er nicht hingerichtet worden wäre und ich als Kind auf seinem Schoß hätte sitzen können. Wäre er in Deutschland vor Gericht gekommen und nicht in der Slowakei, hätte man ihn vermutlich nicht zum Tode verurteilt. Ich nehme an, er hätte eine Haftstrafe absitzen müssen und wäre dann irgendwann wieder entlassen worden. Wahrscheinlich hätte er sogar wieder gearbeitet und wäre eines natürlichen Todes gestorben. Im Nachkriegsdeutschland sind doch viele so davongekommen. Meine Kinder hätte er dann vielleicht auch noch kennengelernt; ob er sie auch so sanft und entzückt im Arm gewogen hätte wie meine Großmutter Erla?

Ich frage mich, was für ein Großvater er für mich gewesen wäre – ein liebevoller, humorvoller oder ein kühler, strenger? Meine Mutter hat wohl beide Seiten an ihm erfahren. Ich »ertappe« mich dabei, Ausschau nach seinen guten Seiten zu halten. Ich suche nach Indizien, die darauf hinweisen könnten: Er war in diese Sache nicht so tief verstrickt. Es ist eine schwierige Annäherung an eine Person, deren »mörderische« Anteile ich zuvor nicht in vollem Ausmaß sehen wollte. Es gab in den Recherchegesprächen Momente, in denen ich angesichts der Erkenntnisse über die Rolle meines Großvaters unter Stress geriet, mir heiß wurde, die Muskeln spannten, meine Abwehr getroffen war. Ja, welche Abwehr eigentlich, frage ich mich heute: Wehrte ich mich dagegen, mit so jemandem so direkt verwandt zu sein? Von dieser Täterseite selbst etwas abbekommen zu haben? Oder ist es die von meiner Mutter unbewusst übernommene Abwehr? Dabei bin ich ja nur die Enkelin und habe viel mehr Distanz zu diesem Menschen als seine Frau und seine Kinder. Ich verstehe allmählich, in welchem Konflikt Eri sich befunden haben muss. Es ist für mich auch eine Annäherung an die dunklen Seiten meiner Familie, einer Familie, die ich stets idealisiert habe. Ich entdecke, wie befangen ich selbst war und bin erschrocken, wie schmerzhaft es ist, etwas zu akzeptieren, das vorher zu unangenehm war, um es an mich bis in die letzte Konsequenz heranzulassen. Ich mache einen Prozess durch, in dem ich unbewusst eine Positivliste meines Großvaters erstelle, sie wieder verwerfe oder zwischen beiden Polen schwanke. Will ich Positives um meines eigenen Seelenfriedens willen finden oder etwa weil ich es meinen Verwandten recht machen will, die fest daran glauben, dass Hanns unschuldig ist? Bei meinen Gesprächen mit Historikern und anderen Fachleuten verwechseln die Interviewpartner mitunter den Verwandtschaftsgrad und sagen »Ihr Vater«, wenn sie meinen Großvater meinen. Das lässt mich zusammenzucken – was habe ich für ein Glück gehabt, nicht in dieser Zeit gelebt zu haben! Ich will die Persönlichkeit dieses für mich Fremden erfassen und erlebe dabei täglich unterschiedliche Gefühle. Ich versuche zu begreifen, warum er tun konnte, was er getan hat, und gelegentlich rückt er dabei dicht an mich heran. Das ist eine Entdeckung, eine Großvaterentdeckung, und ich versuche zu trennen zwischen seinem Charakter und seiner politischen Rolle.

Wäre ich mit diesem Großvater aufgewachsen, wie wäre ich ihm als Jugendliche und Erwachsene begegnet? Hätte ich ihn irgendwann zur Rede gestellt und hätte er mir ehrlich geantwortet? Ehrlichkeit, Wahrhaftigkeit und Güte, das waren doch die von ihm postulierten Werte, die er meiner Mutter in seinen Briefen zu vermitteln versuchte. Wenn er mir auf Nachfragen etwas über seine Schreibtischtaten erzählt hätte, wie wäre ich dann mit diesem Wissen umgegangen? Hätte ich mich vor ihm gegruselt und wäre es mir bei dem Gedanken, als Kleinkind auf seinem Schoß zu hocken, kalt den Rücken heruntergelaufen? Hätte ich mich für ihn geschämt und dafür, seine Enkelin zu sein? Hätte ich geschwiegen und ihn weiter lieb gehabt? Oder ihm widersprochen und ihn weiter lieb gehabt? Ihm widersprochen oder geschwiegen und ihn *nicht* weiter lieb gehabt? Ich bin bei allen Gedankenspielen ziemlich sicher, dass er mir nichts Substanzielles gesagt hätte, und sei es nur – die »ehrenwerte« Erklärung –, um mich nicht zu belasten. Wahrscheinlich hätte ich zu seinen Lebzeiten aber auch nicht so genau gefragt. Oder hätte ich vielleicht doch nachgefragt, weil er als lebender Anwesender unter uns vielleicht nicht so idealisiert worden wäre wie der große Unbekannte, der am Galgen Gehenkte, dessen Erbe uns auf die eine oder andere Art und Weise alle verfolgt?

All diese Fragen sind rein hypothetisch. Denn er starb ziemlich genau vierzehn Jahre vor meiner Geburt im Dezember 1961. Da war er mit zweiundvierzig noch jünger, als ich es jetzt bin. Wenn nicht ihn, so hätte ich allerdings sehr wohl meine Mutter befragen können, das habe ich aber nicht. Ihr Kummer war so dominant, dass ich nicht in ihm wühlen wollte, weiß der Teufel, welche heftigen emotionalen Wellen das erzeugt hätte. Heute bin ich fassungslos, dass ich mit ihr nie über die damalige Zeit gesprochen habe, dass ich nie gefragt habe, wie sie vom Tod ihres Vaters erfahren und diesen Schock erlebt hat. Es tut mir weh, dass ich sie mit diesen Erfahrungen so alleingelassen habe.

Auch Erla, meine Großmutter, ist damals auf dem Schlösslehof sehr einsam. Von der Diplomatengattin zur verwitweten Bäuerin mit sechs Kindern – was muss sie für Ängste ausgestanden haben! Wenn sie sich mit Verwandten austauscht, dann per Brief, aber selten von Angesicht zu Angesicht. Sich an einen vertrauten Menschen anlehnen zu können, daran ist gar nicht zu denken. Für Eri ist es ein Segen, dass sie der trübsinnigen Stimmung entrinnen und wieder ins Internat darf. Sie hat, bedingt durch ihre »Krankheit«, ein riesiges Schulpensum nachzuholen. Immerhin wartet auch Post von einem jungen Verehrer auf sie, der mittlerweile in Gordonstoun zur Schule geht und sie näher kennenlernen möchte. Um das Neujahr herum hatte er Erika sogar besuchen wollen, den Plan hat er jedoch »wegen deinen Eltern etc.« wieder fallen lassen, wie er ihr schreibt. Das heikle Thema Hanns läuft unter Ferneres. Auch in den regelmäßigen Briefen zwischen Erla und Erika taucht der Mann und Vater so gut wie nie auf – fast, als wäre nichts geschehen. Das unerträglich Schmerzhafte wird nicht ausgesprochen.

In einigen Wochen sind Prüfungen und Erika weiß nicht, wo ihr der Kopf steht. Sie wirkt konfus. Ihre Handschrift ist jetzt wieder etwas ordentlicher und macht einen gereifteren Eindruck. Neben den schulischen Vorbereitungen singt das junge Mädchen gemeinsam mit Nanne in der »Zauberflöte« den Part eines der drei Knaben. Diese Anforderungen strengen sie ungemein an. In einem Brief an ihre Mutter stellt sie fest: »Jetzt bin ich erst vierzehn Tage hier, aber ich bin fast so erschöpft wie nach einem ganzen Trimester.« Mitte Mai 1948 zeigt sie alle Anzeichen von völliger Überforderung – es bohre ständig in ihrem Kopf, ihre Nerven seien aufgerieben und ständig sei sie »wahnsinnig müde und ausruhebedürftig«. Am liebsten wäre sie mit Nanne irgendwo weit weg, »wo man keine Sorgen und ganz viel Ruhe hätte«. Als hätte sie in der Tübinger Uniklinik nicht ganz viel Ruhe gehabt! Diese Sehnsucht nach Seelenfrieden bleibt ihr ganzes Leben über erhalten, sie soll nie gestillt werden. Gleichzeitig hat Eri ein schlechtes Gewissen, ihre Mutter mit ihren Sorgen zusätzlich zu belasten: »Ach Muttchen, sicher ärgerst du dich, dass ich so 'nen Klagebrief schreibe. Aber es muss halt raus und wem sollt ich's sonst erzählen?« Ohne die Unterstützung ihrer Mutter wisse sie doch gar nicht, wie sie mit allem fertig werden solle. »Aber weißte, aus dem Zustand raus wartete ich ›sehnlichst‹ auf Post von dir und freute mich also gestern wahnsinnig, als der Doppelbrief kam. Und dann hätte ich heulen können, weil er nur so arg kurz und flüchtig war, so wie wenn du mit mir unzufrieden wärst. Dabei schufte ich nämlich wirklich wahnsinnig.« Für die Schufterei belohnt Erika sich selbst und gibt ihr restliches Taschengeld für Süßigkeiten aus. »Sonst esse ich ja nicht so viel, auch nicht zwischenrein und ich hab' auch wieder abgenommen, nach den Ferien laut Waage, jetzt laut Kleidern. Du kannst mir aber ruhig was schicken, alle Eltern fast tun es, Nannes auch.« Erla schickt, damit das Kind seinen Heißhunger stillen kann. Offenbar hat auch sie ein schlechtes Gewissen. Die emotionalen Bedürfnisse des Kindes bleiben derweil unbefriedigt. Wie auch, die Mutter hat doch ihre eigene Bedürftigkeit in den Sockel der würdevollen Witwe einbetoniert? Sie ist überfordert – von ihrem Leben ohne Mann, bedrückt von der Last der stillen Trauer; überfordert von dieser egozentrischen, kränkelnden und nie zufriedenzustellenden Tochter.

Es dauert nicht lange, da ist diese schon wieder mehr im Bett als draußen: »Weißte, weil ich so furchtbar schlapp und müde und mit den Nerven vollkommen runter war. Das kommt von den Tabletten und der Tagesablauf ist eben doch sehr anstrengend. Abends schlief ich wieder nie vor 12 Uhr ein, vor Hitze und Nervosität. Jetzt soll ich Beruhigungsmittel kriegen.« Die Tabletten sind zwar rein homöopathisch, Nebenwirkungen nicht bekannt, aber die nette Schulärztin hat Eris Zustand als depressiv erkannt und kümmert sich um sie, soweit das möglich ist. Die Aufmerksamkeit tut der verwirrten Halbwaisen gut.

Derweil macht die Währungsreform vielen Menschen zu schaffen. Erla sagt, jetzt gelte es, bei jedem Brief zu entscheiden, ob er sein Porto wirklich wert sei. Sie ermuntert ihre Tochter, in der Freizeit anstelle teurer Bahnfahrten besser Fußmärsche um den Bodensee zu machen. »Was sind Vati und ich viel gewesen, dort überall!«, gibt sie eine Erinnerung an ihren Mann preis. Sie schickt Erika selbst genähte Kleidungsstücke und erbittet sich postalische Meldung, ob alles angekommen sei: »Aber recht mit Konzentration, gelt.«

Erika saugt das Problem mit dem mangelnden Geld rasch auf, ja, schreibt sie, sie wisse kaum, wie sie den nächsten Brief an ihre Mutter frankieren solle. Diese ständige Sorge um das finanzielle Überleben etabliert sich ebenfalls als Lebensthema – auch wenn keine Not ist, bei ihr ist Not. Eri fürchtet außerdem sehr, sitzen zu bleiben. Nachts ist sie so kribbelig, dass sie wegen des kleinsten Geräuschs Angst bekommt und aus dem gerade mühsam errungenen Schlaf hochschreckt. Es ist der Tod ihres Vaters, der sie nicht schlafen lässt, tief in ihrer Seele hat das Unglück sich vergraben und wartet mit zuckenden Bewegungen darauf, ausbrechen und um sich schlagen zu können. Das von der Schulärztin verordnete leichte Beruhigungsmittel wirkt nicht und das nervenzerrüttete Mädchen ist froh, dass ihre Mentorin ihr verboten hat, vor dem Schlafengehen noch zu lernen. Erika tröstet sich damit, dass ihre Mutter ja auch immer so müde sei. Warum aber die anderen Mädchen plötzlich alle so »eingebildet« sind und sogar Nanne sie ablehnend behandelt, kann sie überhaupt nicht verstehen: »Ich sinke auch, hab ich's Gefühl.«

Welch ein Glück, dass sich der erschöpfte Teenager, am Wochenende gelegentlich zu Hause ordentlich ausschlafen kann. Sie gleitet in tiefe Träume, im Schlaf verschwimmen wildes Lachen und erlösende Tränen zu einer dumpfen Masse von undefinierbaren Gefühlen. Salem veranstaltet zum sommerlichen Prüfungsabschluss ein großes Kostümfest und Erika ist ganz mit der Verkleidungsfrage beschäftigt. Fasching, das gehörte in der Slowakei zu den großen Ereignissen des Kinderlebens. Vorwurfsvoll merkt sie ihrer Mutter gegenüber an, dass alle Mitschüler ein Kostüm bekommen hätten, nur für sie sei natürlich wieder keines übrig geblieben. Das Thema Bekleidung wird neben der Bestellung von Lebensmitteln nun zu einem weiteren Anlass, die Mutter unter Druck zu setzen. In jedem Brief beschwert sie sich wegen eines Ritterfräuleinkleids. Erla schreibt, sie müsse sie enttäuschen, denn ein solches Kostüm existiere nicht mehr, schließlich hätten sie durch den Krieg das meiste Hab und Gut verloren. Stattdessen schickt sie ihrer Tochter ihr eigenes Seidenkleid und ermahnt sie streng, gut darauf aufzupassen: »Ich gebe es dir nicht leicht, denn ich habe schlechte Erfahrungen gemacht mit Sachen, die ich dir geliehen habe.« Erika zeigt sich bitter enttäuscht – nun könne sie beim Kostümfest wohl nicht mitmachen, denn sie habe ja nichts zum Anziehen. Selbst ihre Schwester Barbel, die am Fest teilnehmen wird, habe ein tolles Kleid, warum nur sie nicht? Aber sie sei ja Optimistin, gewiss fänden Erla und Dorle noch etwas, was sie tragen könne. Letztlich hat sie sich dann mit dem Seidenkleid zufriedengegeben. Ritterin ade. Die Opferrolle ist geblieben.

In Mathematik und Physik hat Erika das Klassenziel zwar nicht erreicht, ihrer langen Krankheit wegen wird sie dennoch versetzt. Diesmal heißt es im Trimesterbericht rücksichtsvoll: »Vertraulich! Nur für die Mutter!« Des Mädchens Fortkommen, so die Klassenlehrerin, hänge ganz davon ab, ob es auf einen ruhigen Weg gebracht werden könne. »Ihre nervöse Erregbarkeit, die Launen, Empfindlichkeit und eine quälende Schlaflosigkeit mit sich brachte, hindert sie an der vollen Teilnahme am Leben der Kameraden, um die sie sich aber seit ihrer Rückkehr immer wieder bemüht hat.« Immerhin sei sie weniger bockig und weitaus fügsamer als im Vorjahr gewesen und verstehe es besser, »auf andere einzugehen und ihre eigenen Wünsche zu regulieren«. In den zwei Monaten zwischen dem Klinikaufenthalt und den Sommerferien hat Erika fast fünf Kilogramm zugenommen. Sie fühlt sich miserabel. Die Kleider sind zu eng, sie wird gehänselt und ihr Selbstbewusstsein leidet.

Erla hat große Mühe, mit dem unersättlichen, unruhigen Mädchen fertig zu werden. Ihrer Schwiegermutter schreibt sie während eines von Eris Wochenendbesuchen: »Erikas Zustand ist nicht erfreulich. Die ganze Tübinger Sache hat ihr nur geschadet, soweit man jetzt sieht. Sie hat noch mal zugenommen, ist furchtbar nervös, kann sich nicht konzentrieren und ist sehr unglücklich. Sie tut mir sehr leid, man kann ihr so gar nicht helfen. Sie ist hier sehr ungern. Sie mag gerne ihre Interessen leben, sich mit Literatur und Kunst beschäftigen, das ist hier kaum möglich und ich habe auch keine Zeit, mich mit diesen schönen Dingen zu befassen, darüber ist sie immer wieder enttäuscht.« Dagegen ist Barbel Erlas ganze Freude, denn sie ist hilfsbereit und zeigt sich im Gegensatz zu Eri überaus beglückt, wieder zu Hause zu sein.

Als gebe es der Probleme nicht genug, taucht nun eine neue Schwierigkeit auf: Salem erhöht seine Gebühren. Erla bittet Schwiegermutter Johanna und Onkel Adolf um Hilfe, doch sie ahnt bereits, dass es selbst mit den Stipendien von der Schule kaum möglich sein wird, allen drei Mädchen – Ellen soll dieses Jahr auch nach Hohenfels kommen – den Internatsaufenthalt zu finanzieren. Erla weiß, wie sehr ihre Älteste an der Schule hängt, dennoch deutet sie ihrer Schwiegermutter an, es werde wohl Erika sein, die die Schule gegebenenfalls vorzeitig beenden müsse.

Der Sommer verstreicht, ohne dass Erikas Schulleistungen und ihre Gesundheit sich besserten. Im Oktober 1948 ist sie fünfzehn Jahre alt geworden und ihre Konfirmation steht bevor. Ihrer Mutter gegenüber wird sie ruppiger und mitunter sogar schon mal recht frech. Als sie es bei einem Telefonat zu sagen wagt, sie ärgere sich, weil Erla ihr die gewünschte Bluse nicht sofort nähen könne, schreibt ihr die Mutter, sie sei über diese Äußerung traurig: »Ich möchte ja so gerne allen meinen Kindern gerecht werden und da sein, wenn sie mich brauchen, aber in diesem Fall, das weißt du ganz genau, kommen die anderen Kinder erst.« Außerdem sei es ja nicht besonders nett, dass sie ihren Besuch bei ihr geradezu erzwingen wolle. Wenige Tage später gibt es den nächsten Krach, weil Eri ihre Schwester Ellen, die gerade erst einige Wochen auf Hohenfels ist, beeinflussen wollte, sie zu besuchen, anstatt in den Herbstferien zur Mutter nach Hause zu fahren. Erlas Entnazifizierungsverfahren läuft gerade und sie ist entsprechend angespannt.

Ein amerikanisches Mädcheninternat spendet der Schule Schloss Salem gebrauchte Schuhe und dieses Mal hat Erika Glück und ergattert ein Paar. Prinz Georg Wilhelm von Hannover, Salems Schulleiter, setzt sich seit Kurzem hin und wieder zu ihr an den Esstisch im Saal und erkundigt sich nach ihrem Wohlbefinden und ihrer Familie. Sie ist beeindruckt, wie nett er zu ihr ist. Wegen ihrer Beschwerden bekommt sie Bindegewebsmassagen und einen Gymnastikkurs, den Erla zusätzlich zahlen muss. Das Geld wird immer knapper und Erika darf nun noch seltener zu Hause anrufen. Erla verkauft die Leica ihres Mannes, eine lächerliche Summe, mit der sie das Schulgeld für ihre Mädchen auch nicht annähernd mitfinanzieren kann. Wären da nicht die Verwandten und der finanzielle Nachlass von Salem, müssten alle drei auf die gute Ausbildung verzichten. Zum Glück interveniert Großmutter Johanna und verbindet die langjährigen Beziehungen der Familie zum Internat mit der freundlichen Bitte um Nachsicht. Salem gewährt Erika freundlicherweise ein weiteres Mal einen Gebührennachlass.

Dabei verliert die Schulleitung allmählich den Glauben an ihre Leistungsfähigkeit: »Es gehört sehr viel Geduld dazu, Erika ins ›normale‹ Leben zurückzuführen, und mehr persönliche Aufsicht, als in Salem in der Regel üblich ist«, steht im Halbjahreszeugnis. Besonders bemängelt wird, dass die eigenwillige Schülerin zu »keiner Regelmäßigkeit auf irgendeinem noch so primitiven Gebiet zu bringen« sei. »Sie lebt von plötzlichen Einfällen, denen sie sofort nachgibt und die sie für absolut zwingend hält und Vorhaltungen gegenüber mit unerschöpflichen Erklärungen und Gegengründen verteidigt. Ihre Nachhilfestunden in der Mathematik hat sie nicht zuverlässig eingehalten, auch von der Gymnastik sich gelegentlich entschuldigt und ist in ihrer Pflicht, dem Tischdecken, ganz besonders unzuverlässig gewesen [...] Wir glauben aber, dass Erika mit Hilfe strenger Aufsicht immer zuverlässiger werden wird, wenn sie sich einsichtig bemüht. Wir schlagen vor, dass Besuche zu Hause während des nächsten Semesters nicht stattfinden, weil sie immer eine Auflockerung auf Tage mit sich bringen und neue Gelegenheit zum Ausweichen geben.«

Einstweilen nahen jedoch die Weihnachtsferien und das Fest, das für die Familie Ludin weiterhin kein Fest der Freude sein kann. Ihrer Ältesten vertraut Erla ihren Kummer an: »Ich kann nicht umhin jetzt in der Adventszeit besonders traurig zu sein, voriges Jahr war um diese Zeit die furchtbare Angst und dann das Entsetzliche am 9. 12. Nun ist es schon ein Jahr her, dass unser Vati nicht mehr ist! Der Schmerz ist darum nicht geringer geworden. Aber ich will dir nicht das Herz schwer machen, mein liebes Kind«, schreibt sie ihrer Leidensgenossin Eri. Deren Herz ist weitaus schwerer, als sie ahnt. Einerseits freut Erla sich auf Weihnachten, andererseits graut ihr vor der Anstrengung mit den vielen Kindern – und insbesondere vor dem Besuch dieser Tochter, die ihr keine Ruhe lässt. Sie schreibt ihr also in allgemein gehaltenem Ton, sie hoffe, alle würden geduldig und nachgiebig sein, damit es nicht ständig Streit gebe. Natürlich meint sie damit in Wirklichkeit vor allem Erika. Die spürt die mütterlichen Vorbehalte deutlich und drückt ihr eigenes Unbehagen in ihrer Antwort aus: »Ich wollte dich noch fragen (d. h. ich wollte es schon lange mal), was du in deinen Briefen manchmal gegen mich hast, die sind so oft komisch kühl. Ich freu mich immer so, wenn Post von dir kommt, und in der letzten Zeit waren sie auch immer so lieb, aber dann wieder manchmal, ich weiß nicht. Vielleicht ist es auch gar nicht so und ich meine es nur.«

Das emotional intelligente Mädchen hat die Distanz ihrer Mutter scharfsinnig erfasst und entlockt ihr eine Reaktion: »Liebes Kind, ich habe natürlich nichts gegen dich. Aber manchmal bin ich wohl bewusst oder unbewusst etwas zurückhaltend, wenn ich mit irgendetwas nicht einverstanden bin, was du schriebst oder sagtest. Aber, das weißt du ja, dass du mein Kind bist, und dass ich dich aus tiefem Herzen liebe, es ist nicht wert, gesagt zu werden. Verwöhnen darf man aber die Erika Ludin nicht zu sehr«, schreibt sie, um im nächsten Satz gleich die gute Johanna zu preisen, die ihrer Enkelin zum Nikolaus Backware geschickt hat. Mit der Konsequenz hat die liebe Erla es nicht gerade. Hanns' erster Todestag steht bevor und seine Witwe lässt die älteste Tochter wissen, sie wolle an diesem Tag in seinen Briefen lesen und in Gedanken bei ihm sein. »Es wird wehtun, aber ich wünsche nichts sehnlicher, als mich ohne viel Störung damit beschäftigen zu können. Wie schön könnte es sein, wenn er nur lebte und man Hoffnung auf ein Wiedersehen haben könnte! Damit wollte ich ganz zufrieden sein. Aber ich muss mir immer wieder sagen, dass Tausende von Frauen dieses Schicksal haben und ertragen müssen.« Wo sie ihn schon zu seinen Lebzeiten so häufig entbehren musste, will sie ihn wenigstens jetzt ganz für sich allein haben, um sein Andenken in aller Stille zu pflegen. Ohne Störung durch die Kinder – und schon gar nicht durch Erika, die ihren Anteil an der Erinnerung in Anspruch nimmt: mein

Kummer, dein Kummer, unser Kummer – wer leidet mehr? Während Erla daheim ihre Ruhe bekommt, lässt Erika in Salem sich von ihrer Rastlosigkeit treiben, einsam und ohne Halt, bisweilen haltlos im Benehmen. Diese Eltern: verehrt, geliebt – und unerreichbar.

Vergiss nicht, dass du Flügel hast!

»Das verlorene Gesicht« heißt der neue Film mit den Filmstars Marianne Hoppe und Gustav Fröhlich, die Premiere ist Anfang 1949 in Berlin. Erika gibt ihr letztes Taschengeld aus, um den Streifen im Frühjahr im Kino von Überlingen zu sehen. Filme, Musik und Bücher sind ihre ganze Leidenschaft, sich in ferne Welten zu versetzen, liegt ihr.

Der dumpfe Dunst über Deutschland beginnt sich zu heben und die fünfziger Jahre kündigen sich an. In Salem tragen viele Jugendliche jetzt New-Look-Kleider und Erika, schon ganz die Ästhetin, die sie ihr Leben lang bleiben wird, ist von der neuen Eleganz hingerissen. Sie findet Nanne »todschick« und ist vor allem von deren braunen Wildlederschuhen mit Kreppsohle beeindruckt, ganz zu schweigen vom nagelneuen Volkswagen, in dem die Eltern ihrer Freundin neulich zu Besuch kamen und die beiden Mädchen ausführten! Die Tochter des einstigen Gesandten kann bei diesem Aufbruch in bessere Zeiten nicht mithalten, sosehr auch ihre Mutter und Großmutter sich bemühen, die neue Mode auf der Nähmaschine nachzuschneidern. Als Dorle sie mit ihrem frisch vermählten Ehemann Jakob, dem Hofverwalter, in Salem besucht, fahren die beiden mit der Pferdekutsche vor, was Eri trotz der großen Freude über die Gäste ziemlich peinlich ist. Als die Kutsche ihren Geist aufgegeben hatte, kam Besuch vom Schlösslehof meist mit dem Milchwagen, der keine Bremsen mehr hatte. Erla fährt in der Regel mit dem Fahrrad, es ist finanziell undenkbar, einen Wagen anzuschaffen; den Führerschein hat sie aber auch später nie gemacht.

Viele Schüler haben Zugang zu einem von den Eltern eingerichteten Konto, von dem sie Bücher und Arbeitsmaterialien bezahlen können, für Eri hingegen fällt schon der Kauf einer Tafel Schokolade unter die Rubrik Sünde – in doppeltem Sinne natürlich – und sie führt über jede Ausgabe Buch. Erla bekommt dann die fein säuberlich verfassten Abrechnungen. »Nicht, dass du meinst, ich wäre so gefräßig«, schreibt sie ihrem »Mummchen«, nachdem sie sich einen Nachmittag mit Schulfreunden einer regelrechten Eiscremeorgie hingegeben hat. Erich, ihr erster richtiger Verehrer, hat ihr eine Kugel nach der anderen spendiert, aber er hat noch mehr als sie verschlungen und zu ihrem großen Erstaunen sogar ihre Reste aufgeschleckt.

Der Ton in Eris Briefen ist leichter geworden, manchmal gar humorvoll und selbstironisch, an die Mutter jedenfalls stets innig und liebevoll. Sie erzählt, eine Schulkameradin behaupte, sie flirte mit dem anderen Geschlecht: »Sie sagte, nicht im Schlimmen flirten. Aber ich weiß auch nicht, wenn die Jungens mit mir reden immer, soll ich denn dann unfreundlich sein oder ganz abweisend?«, fragt sie ihre in Liebesangelegenheiten nicht besonders bewanderte Ratgeberin. Erika hat sich im ersten Halbjahr schulisch gebessert, überhaupt scheint sie sich etwas stabilisiert zu haben. Die Gesangslehrerin lobt ihre Stimme, sie habe »gutes Material«, aus dem sie etwas machen könne. Allerdings leidet Eri noch immer unter Schlafstörungen und Kopfschmerzen, sie ist zerstreut und fühlt sich stets müde. Um sich wach zu halten, trinkt sie »mit Behagen«, wie sie sagt, starken Kaffee, und das Rinderkotelett, das Erla ihr schickt, verspeist sie »mit Wonne«. Sie beginnt in der Schulküche erste Rezepte nachzukochen, was ihr große Freude bereitet. Hier legt sie den Grundstein für die Kochkunst, mit der sie sich als Erwachsene profilieren wird. Stolz meldet sie ihrer Mutter, sie fühle sich »ziemlich selbständig. Na, ja! Aber gell, du schreibst bald mal.« Es fiele den anderen ja schon auf, wie selten sie Post bekäme, schon vierzehn Tage keinen Brief! Hans S. sendet ihr als Andenken an seinen verehrten Chef im Eigendruck eine kleine Broschüre mit einer Auswahl von Hanns' Briefen aus der Haft.

Am 23. Mai 1949 wird das Grundgesetz offiziell verkündet, es ist die Geburtsstunde der Bundesrepublik Deutschland. Die Alliierten stellen nach über 277 000 Flügen und der Lieferung von 2,3 Millionen Tonnen Nahrungsmitteln und anderen lebensnotwendigen Dingen die Luftbrücke nach West-Berlin ein. Derweil muss Erika die Prüfungen überstehen und die Versetzung schaffen. Mathe fällt ihr weiterhin sehr schwer und sie vergeigt die Arbeit. Erla tröstet ihr »gutes Erikind« liebevoll: »Ich denke so unausgesetzt an dich und deinen Kummer wegen der verhauenen Mathematik«, schreibt sie. »Wir wollen's nicht so schwer nehmen, mein Liebes. Wenn du nun wirklich durchfallen solltest, was mir noch lange nicht sicher scheint, dann hat's halt nicht sein sollen und wer weiß, vielleicht hat es auch sein Gutes ... Es wird alles recht werden, mein Herz. Aber geschenkt wird einem nichts.« Und zur Aufmunterung zitiert sie den 1920 gestorbenen Schriftsteller Cäsar Fleischlen:

> »Und wenn es kommt und wenn's dich fasst und über dir zusammenschlägt, Streit und Neid und Hast und Last [...] vergiss nicht, dass du Flügel hast!«

Anstelle von »Streit« schreibt Erla aus Versehen »Leid«. Sie macht sich bereits viele Gedanken über das Weiterkommen ihrer Tochter, die natürlich nicht wieder auf dem Hof und anschließend sogleich im Hafen der Ehe landen soll. Eine Berufsausbildung muss her.

Eri steht in der Schule unter starkem Druck, aber sie denkt nicht im Entferntesten daran, Salem zu verlassen. Sie besteht die Prüfungen, einige sogar recht gut und wird versetzt. Die Sommerferien will sie nach all den Anstrengungen »rechtschaffen genießen und ausschlafen«. Das kann sie auch, denn Erla schont sie und bringt es tatsächlich fertig, mit allen Kindern eine knappe Woche zum Schwimmen nach Dingelsdorf am Südufer des Überlinger Sees zu fahren. Es ist eines der seltenen Male, dass die gesamte vaterlose Familie beisammen ist und die Kinder ihre Mutter ganz für sich haben – geteilt durch sechs, selbstverständlich. Da entwickelt jeder seine eigene Strategie, um der Begehrten möglichst nah zu sein.

Auch Erlas Jüngste, Andrea, geht mittlerweile in Ostrach zur Volksschule und Erika kann kaum glauben, »dass wir jetzt gar kein Kleines mehr haben ...«. Gerade sind der erste Bundestag und Konrad Adenauer zum Bundeskanzler gewählt worden. Die soziale Marktwirtschaft findet Einzug in West-Deutschland. Im Osten des Landes entsteht die DDR mit einem anderen Staats- und Gesellschaftsmodell; die Teilung des Landes ist am 7. Oktober juristisch vollzogen.

Salems Schulleitung lässt alle Eltern wissen, dass eine ausreichende Versorgung der Schüler mit Nahrungsmitteln inzwischen gewährleistet sei und Lebensmittelpakete deshalb nicht mehr erwünscht seien. Erika bekommt dennoch die eine oder andere Sendung. Ihre Klasse plant im kommenden Winter eine Schulreise ins Allgäu, eine aufregende Fahrt, auf die sich alle freuen. Die Lehrer haben den Eindruck, Erika ruhe sich auf den Lorbeeren ihres letzten Zeugnisses aus und strenge sich nicht an. Sie stellen »ihre alte Aufgeregtheit« fest und monieren, dass sie nicht bescheiden genug sei. Es fehle ihr an Umsicht und Sachlichkeit sowie an Ordnungssinn. Sie sei »noch in vielem ein Kind (bei aller ›Erwachsenheit‹) und persönliche Erlebnisse werfen sie noch zu leicht aus dem Gleichgewicht«.

Viel Energie steckt Erika unterdessen in die regelmäßigen, manchmal täglichen Briefe an die geliebte Mutter. Zudem strickt sie eifrig, im Augenblick einen Pullover für Barbel, den sie gleich nach der Fertigstellung nach Hause schickt: »Ich hab' geträumt, du warst hier und wärst ganz begeistert gewesen von dem Pullover. Warum freust du dich denn gar nicht darüber, du hast noch gar nichts davon geschrieben?«, erkundigt sie sich verunsichert. Es müsse ihre Mutter doch froh stimmen, dass sie nun so viel für die Geschwister stricke, die könnten das doch gut gebrauchen. Sie sucht dringend nach Bestätigung, denn sie spürt, dass ihre Existenz in der Schule ernsthaft gefährdet und sie der Umstände wegen zu Hause nicht wirklich erwünscht ist. Umso größer ist ihre Enttäuschung, als sie das Kofferradio, das sie sich von Erla borgen wollte, nicht bekommen kann. Alles, worauf sie sich freut, gehe schief, findet sie. »Als Einziges freut mich, dass Tante Anne sich zu interessieren scheint, ob ich Abitur mache oder nicht.« Zu ihrer ältesten Tante hat Eri in jenen Tagen einen besonderen Bezug, vielleicht, weil sie einen ähnlich eigenwilligen Charakter und Verständnis für ihre Nichte hat. Bedrückt, wie Eri ist, hat sie auch Angst vor dem bevorstehenden Zahnarztbesuch und Hunger hat sie sowieso ununterbrochen, denn das kalte Herbstwetter, so ihre Begründung, mache »Kohldampf«: Die Mutter möge doch bitte wieder ein schönes »Fresspaket« senden. Zum Glück ist ihr Freund Erich »eine richtige Stütze und heitert einen immer auf. Nur wie lange noch, schließlich gibt es so viele hübschere und nettere Mädchen.«

Es ist mittlerweile November und Erika weiß nicht, dass Erla von der Schulleitung einen Brief erhalten hat. Darin erklärt der Prinz von Hannover, dass die Sechzehnjährige nach Beschluss des Lehrerkollegiums weder den Anforderungen auf schulischem Gebiet gewachsen, noch in der Einstellung zum Internatsleben weiter eines Stipendiums würdig sei. Die Mutter müsse daher den monatlichen Mindestsatz von 190 Mark ohne Zuschuss seitens der Schule bezahlen oder das Kind bis zum Jahresende von der Schule nehmen. Erla ist erschüttert. Sie reagiert entrüstet und erklärt sich in einem Schreiben an die Schule über die Plötzlichkeit dieser Entscheidung »befremdet«. Sie wisse ja, dass ihre Tochter ein schwieriges Kind sei, dennoch habe sie den Eindruck, dass sie sich in Salem »in ihren Grenzen erfreulich entwickelt« und auch charakterlich Fortschritte gemacht habe. »Man hätte mir doch vielleicht von der drohenden schwerwiegenden Maßnahme vorher Mitteilung machen und Erika eine Warnung erteilen können.« Sie habe nicht die geringste Ausbildungsmöglichkeit für ihre Tochter vorbereitet und könne deshalb dieser überraschenden Maßnahme kein Verständnis entgegenbringen. Gemessen daran, dass Erla mehrere Kinder als Stipendiaten an der Internatsschule hat, ist der Ton der sonst so sanften Frau erstaunlich forsch. Erikas Großmutter Johanna interveniert ebenfalls, dieses Mal vergeblich, doch sie bleibt höflich und bedankt sich für die gute Zeit, die ihre Enkelin auf dem Internat verbracht habe.

Erika geht unterdessen nichts ahnend und doch wohl unheilschwanger allein auf Spaziergänge durch die bezaubernde Herbstlandschaft. Diese kleinen einsamen Wanderungen in der Umgebung des Internats sind eine Entdeckung für sie. Sie kann ihren Gedanken nachhängen und ungestört weinen, wenn ihr danach ist. Das Gras ist feucht und mitunter schießt ein Hase davon, wenn sie in seine Nähe kommt. In der Ferne steht ein Rudel Rehe und sieht verdutzt in ihre Richtung. »Mir fiel immer wieder ein«, schreibt sie der Mutter melancholisch, »wie ich mit Vatchen auf der Jagd war, einmal auf der Hasenpirsch in Topol'Yianky und einmal auf Hirschjagd auf Ivanov Salaš. Da war's genauso und auch etwas kühl. Aber bei der Hasenpirsch war danach ein herrliches Essen im Schloss, das war herrlich. Vatchen und lauter Herren und ich als einzige ›Dame‹ [elfjährig], aber sie behandelten mich alle danach. Und als wir ganz spätnachts noch heimkamen, warst du noch auf und alles war gemütlich und schön. Ach Gott, jetzt muss ich schleunigst weggehen.« Verzweifelt unterbricht sie ihre Epistel an die Mutter. Im Klassenaufsatz entscheidet sie sich dafür, die Worte von Goethes Götz in Beziehung zur Gegenwart zu setzen: »Schließt eure Herzen sorgfältiger als eure Tore. Es kommen die Zeiten des Betrugs, es ist ihm Freiheit gegeben. Die Nichtswürdigen werden regieren mit List und der Edle wird in ihre Netze fallen.« Sie findet es ulkig, dass genau das Thema, das sie dieser

Tage so sehr beschäftigt, Aufsatzthema ist. Trotz ihrer Einsamkeit, denn mit ihrer Busenfreundin Nanne steht sie momentan überhaupt nicht gut, sei sie zumindest an diesem Abend glücklich, teilt sie ihrer Mutter mit: »Es kommt vielleicht von Vatchens Briefen, ich lese sie zurzeit sehr viel und merke immer mehr, wie viel sie bedeuten, mir und überhaupt im Allgemeinen.« Hanns, der Edle, sie, die Betrogene mit dem geschlossenen Herzen.

Alles erinnert sie in diesen Tagen an früher und an ihren Vater, ja, selbst der Zahnarzt – das Zahnziehen war, Gott sei Dank, gar nicht so schrecklich! –, selbst der kannte und schätzte ihn und erst vor ein paar Tagen sprach sie der Latein- und Griechischlehrer an, ein ehemaliger Klassenkamerad von Hanns, der große Hochachtung für ihn hegt. Sie berichtet ihrer Mutter aufgeregt, dass sie neulich einem Herrn K. begegnet sei, der gesagt habe, »er sei bei dem Reichstagsprozess, oder wie es heißt, dabei gewesen (als Zuhörer), da wären Vati und noch ein Offizier in den Prozess verwickelt gewesen. Dann schimpfte K. auf die ›Lumpen‹ (aber auf die heutigen!!)«. Worum es genau geht, versteht Erika noch nicht, aber das üble Zetern des Alt-Nazis befremdet sie. Was tut es ihr aber gut, freundliche Dinge über ihren Vater zu hören! Jede Information, die ihrer Identitätsfindung dienen könnte, saugt sie auf, sie fühlt sich geehrt, sie fühlt sich berührt, sie träumt.

Ob ihre Erinnerungen an den Vater wohl so intensiv sind, weil es Herbst ist, fragt sie sich. Sie sehnt sich danach, den Tag selbst einteilen zu können und nicht immer nach der Uhr sehen zu müssen – ein fataler Wunsch, den sie sich später ausgiebig erfüllen wird. Das straffe Korsett der Schulordnung beengt sie, zumal sie es von zu Hause gewohnt ist, ihren Ideen und Vorstellungen freien Lauf zu lassen. Auf ihren nächsten Brief an die Mutter klebt sie ein ausgeschnittenes Foto. Darauf ist sie zu sehen, wie sie sich entspannt in einer Hängematte streckt. Das Foto wurde in der Slowakei aufgenommen. Sie strahlt in die Kamera und ihr wohlgeformtes Gesicht lässt darauf schließen, wie zufrieden sie damals war. Heute klagt sie, dass sie erst in den frühen Morgenstunden einschläft, und sie fühlt sich »durchgedreht«; manchmal fürchtet sie gar, verrückt zu werden. Wenn irgend möglich, legt sie sich nachmittags gelegentlich aufs Ohr, um Kräfte zu sammeln. Irgendetwas ist in der Schule vorgefallen, aber was, will sie ihrer Mutter nicht verraten. Diese rügt sie nun auch noch, weil sie sich über ein Mädchen aufgeregt und sich bei einem Jungen über diese Klassenkameradin beschwert hatte. Sie dürfe nicht schlecht über andere sprechen, so Erlas Ansage, deren moralischer Anspruch die Tochter maßlos irritiert: »Du hast mir so viele Fragen aus meinem letzten Brief gar nicht beantwortet«, beklagt sie sich postwendend. »Du bist nur auf das Eine eingegangen und ich hetze nicht … Das weiß ich schon, dass das nicht schön war, es kam eben so. Na, ich will das ganze Zeug als abgetan betrachten, wenn ich dran denk, kommt's mir sowieso hoch und es hat mir einen ziemlichen Schock in meinen ›Idealen‹ gegeben.« Ja, Eris jugendlicher Idealismus ist schwer angeschlagen.

Der eigentliche »Schock«, gerade mal zwei Jahre nach dem Tod ihres Vaters, steht derweil noch aus. Als ihr ihre Mutter endlich mitteilt, dass sie nach den Weihnachtsferien nicht mehr nach Salem zurückkehren kann, verliert Eri abermals den Boden unter den Füßen. »Es ist alles aus«, sagt Erika und benutzt dabei unbewusst fast denselben Wortlaut wie ihr Vater in seinem Abschiedsbrief: »Das Spiel geht nun zu Ende.« Sie ist aber imstande, ihre Gefühlslage gut zu beschreiben: Entweder sei sie ganz empört oder ganz leer, sagt sie, und sie werde wohl nie wieder jemanden richtig gernhaben können. Sie freue sich nun auf rein gar nichts mehr, erklärt sie ihrer ratlosen Mutter, nur noch vielleicht auf Weihnachten. »Trotzdem ist die Adventszeit die schönste Zeit hier in Salem und wohl auch die Zeit, an die ich mich später am liebsten werde erinnern. Aber die Adventszeit war hier auch meine traurigste Zeit.«

Unkraut vergeht nicht

»Wie froh wäre ich, wenn ich nimmer leben müsste und Ruhe hätte. Wahrhaftig, es tut mir so schrecklich leid, dass ich euch nur Kummer und Enttäuschung, aber keine Freude bereite. Bin selbst vielleicht am unglücklichsten drüber. Aber ich bin nun mal eine Missgeburt, zu nichts selbst fähig, kann nichts leisten. Erwarte nichts von mir. Alle haben was von mir erwartet, aber es ist nichts da. Darum hat es auch keinen Sinn, wenn ihr dauernd euer Geld und Hoffnungen auf mich setzt. Setzt alles auf die anderen Geschwister. Dümmer bin ich wohl nicht als sie, aber ich werde mit nichts fertig und kann das Leben nicht meistern.« Dieser Hilferuf an die Mutter kommt aus Freiburg im Breisgau. Seit einigen Wochen ist Erika bei ihrer Großmutter. Sie lernt Schreibmaschine schreiben und stenographieren, aber es macht ihr keinen Spaß. Die Mutter ihres Vaters versucht streng zu sein und ist doch immer wieder inkonsequent – eine weitere Erziehungsberechtigte, die dem Teenager nicht gewachsen ist. Die beiden geraten häufig aneinander und Eri benimmt sich gegenüber der alten Dame alles andere als vorbildlich. Sie rebelliert, weil sie zutiefst verzweifelt ist. Die Feststellung, sie könne das Leben nicht meistern, gleicht einer tragischen Selbsterkenntnis und Vorsehung. Damals hätte man das Unglück durch psychologische Behandlung vermutlich noch abwenden können. Doch der passende Zeitpunkt wurde verpasst.

Erika findet ihre Großmutter kleinlich und spießig. »Die hält es ja sogar für geschmacklos, dass Leute trotz des Elends und der Not ringsherum Fasching feiern!« Dabei sehnt Eri sich so sehr danach, mal wieder ein bisschen Spaß zu haben. In den bescheidenen Zimmern fühlt sie sich beengt. Immer bei den alten Leuten in der Stube hocken und deren langweiligem Geschwätz folgen zu müssen, das ist nichts für sie. Am meisten jedoch leidet sie unter ihren starken Emotionen, die kein Gegenüber finden, ja wahrscheinlich noch nie eines hatten. Oder hat sie eine Entsprechung in ihrem Vater gehabt und sie mit ihm unwiederbringlich verloren?

Großtante Jula, Erlas großbürgerliche Tante, kommt gelegentlich zu Besuch und übt mit Erika Klavier oder begleitet sie beim Gesang. Manchmal empfindet die Halbwaise dabei Momente von Glück und Leichtigkeit. Sie darf ab und zu ins Kino oder ins Konzert gehen, was für sie ebenfalls eine wunderbare Abwechslung ist. Johanna hat nach dem Tod ihres Sohnes ihr eigenes Päckchen an Kummer zu tragen und sich vermutlich stärker als zuvor am Glauben festgehalten. Sie ist allerdings sehr großzügig und ermöglicht Eri nun sogar eine Schneiderlehre, damit sie sich schicke Kleider nähen kann. Dass sie sich dem Geschmack ihrer Großmutter nicht mehr länger beugen muss, findet Eri prima. Die von Johanna verabscheuten Ringelsöckchen jedenfalls hat sie schon durchgesetzt. So kleinbürgerlich, wie Erika es bei ihrer Großmutter empfindet, ist es in Wirklichkeit gar nicht, im Gegenteil, Johanna hat ein treffsicheres Stilempfinden und verbreitet eine künstlerische Atmosphäre. Sie sitzt häufig an ihrer Staffelei und alles duftet nach Farbe.

Nach Eris Ansicht ist aber nichts los hier, gähnende Leere, reizlose Umgebung. Sie liegt abends stundenlang wach und kann nicht einschlafen, dieses Hämmern im Kopf und diffuse Gedanken quälen sie und »dann kommt immer wieder dieses Gelächter hoch oder ich heul, bis ich nimmer kann, oder ich denk mir schöne Sachen aus«. Sie habe Heimweh nach der Mutter, schreibt sie dieser und fleht sie an, so rasch wie möglich zu ihr zu kommen, denn nur sie könne sie aus dem schwarzen Loch herausholen. Und dann sagt Eri etwas, was möglicherweise entscheidend für die fast symbiotische Mutter-Kind-Beziehung sein wird: »Nur noch du hältst mich zurück.«

Erlas tröstende Worte und die neuen Stiefel von der Großmutter, die sich Erika mit Nachdruck gewünscht hat, richten sie wieder ein wenig auf. Doch ihre Verzweiflung will nicht weichen: »Ach Muttchen. Jetzt möchte ich endlich mal ohne Lasten sein. Es liegt ja auch an mir, ich weiß, aber mal endlich ohne Kummer sein, hätte ich schon verdient, bestimmt«, sagt sie und unterschreibt ihren Brief mit »deine kaputte Eri«.

Auch Erla hat große Sorgen: Zwar sind außer den beiden Jüngsten, Malte und Andrea, nun alle Kinder aus dem Haus und im Internat gut untergebracht, aber der Schlösslehof schafft zu viel Arbeit und wirft zu wenig ab. Erla will verkaufen. Viel schwieriger zu lösen scheinen ihr hingegen die Probleme mit ihrer Ältesten. Warum gerade ihr Erile so schwermütig ist und sich immerzu vom Pech verfolgt fühlt, versteht sie nicht. Was soll nur aus ihr werden? Eines ist klar: Eri darf auf keinen Fall auf den Hof zurück. Erla konsultiert also die Verwandten und die Freunde ihres Mannes, um eine geeignete Aufgabe für ihre Tochter zu finden.

Belgrad ist im Gespräch, da arbeitet zurzeit Onkel Adolf als Wasserbauer und Eri beginnt sich innerlich und amtlich auf diese Reise vorzubereiten. Die Aussicht, der großmütterlichen Enge zu entfliehen, gibt ihr neuen Mut. Ins Ausland, weit weg, das hat sie sich schon lange gewünscht! Sie denkt viel an die Zeit in Salem und sehnt sich nach dem festen Rahmen, den das Internat ihr geboten hat. Bei ihrem Weggang hatte ihre Klassenlehrerin dringend geraten, Eri solle einstweilen stark strukturiert leben. Unterdessen zieht es Eri aber in die Ferne, sie fände es auch interessant, mal einige Zeit in einer Familie in England zu arbeiten. Eris alte Klasse ist gerade im Allgäu, auf diese Skireise hat sie sich so gefreut, stattdessen hockt sie nun hier in der Provinz und grämt sich. Dieser ganze Schreibmaschinen- und Stenokram ist nichts für sie, sie ist fortwährend in Unruhe, kann und will nicht still sitzen. Die Ausbildung zur Innenarchitektin oder Modedesignerin – beides interessiert sie – kommt deshalb auch nicht in Frage.

Zwei Monate vergehen und noch immer gibt es keine Klarheit darüber, was Eri in Zukunft machen soll, auch das Verhältnis zur Großmutter hat sich nicht gebessert, die beiden entfremden sich weiter. »Ich halt's bald wirklich nimmer aus in dieser selbstgefälligen, selbstzufriedenen Spießbürgeratmosphäre«, beklagt Eri sich abermals bei der Mutter. Besonders regt sie sich darüber auf, dass Johanna sich so verstelle; sobald Besuch komme, fange die doch glatt mit Tischgebeten an und behaupte, sie hielte stets die Fastenzeiten ein. »Nichts ist echt«, schimpft Erika und entschuldigt sich zugleich bei der Mutter, dass sie sich aufs Neue ihr gegenüber auslasse. Sie wisse ja, dass die Großmutter nur helfen wolle und es gut meine. Aber warum sie auch immerzu an ihrer Figur mäkeln müsse ... Erika braucht keine Tischgebete, sondern emotionale Zuwendung gepaart mit einer konsequenten pädagogischen Anleitung.

Der Aufenthalt in der Kleinstadt hat auch positive Seiten: Erika wird selbständiger und ist entschlossen, ihr eigenes Geld zu verdienen, um unabhängig zu werden. In Vaters wärmenden Anorak gehüllt, beginnt sie, Freiburg zu erforschen. In einer Drogerie spricht man sie mit »gnädige Frau« an, was sie »zum Schießen« komisch findet. Zufällig begegnet sie einem alten Schulfreund, der ihr bewundernd sagt, sie sei nach dem Tod ihres Vaters doch die einzige Stütze für Erla gewesen. »Stimmt das denn???«, fragt sie ihre Mutter, nicht geringfügig beeindruckt von dieser Bemerkung. Eigentlich kann sie sich daran nicht so genau erinnern, doch dass das wohl so gewesen sein muss, verankert sich in ihrem Bewusstsein. Wieder beschwert sie sich, dass ihre Mutter in einem so kühlen Ton an sie schreibe, sodass ihr nach der Lektüre der Briefe oft »merkwürdig zumute« sei. Ungeliebt, wie sie sich fühlt, bestellt sie Bücher und andere Dinge von zu Hause, darunter die »Hakenkreuz-Kette«, die über ihrem Bett hängt. Was hat sie mit dieser Kette wohl gemacht?Im März 1950 begegnet sie dem Mann von Großmutters Ärztin, einem Professor der Medizin: »Er kennt Vati gut und mochte ihn so gerne und war auch in der SA. Deshalb hatten sie ihn abgesetzt, aber nun darf er, Gott sei Dank, wieder seine Praxis führen. Er ist schon älter, aber derart nett, dass mir das den ganzen Tag richtig aufgeholfen hat.« Was haben all diese Freunde ihres Vaters Glück gehabt, die ungestraft davongekommen sind! Warum hat er sich ausgeliefert, die anderen haben es doch auch nicht getan? Hat er sich schuldiger als sie gemacht oder ist er, wie Erla sagt, unschuldig gehenkt worden, ja was denn nun? Diese und andere Fragen beschäftigen sie in jenen Tagen, wenn auch überwiegend unbewusst.

Die alten Nazi-Verbindungen sind es schließlich, die Eri nach ihrem fast fünfmonatigen Aufenthalt in Freiburg einen Ortswechsel ermöglichen. In Rastatt bei Karlsruhe wohnt der alte Onkel Breuer. Ausgerechnet Rastatt, wo Hanns Ludin nach dem Ulmer Reichswehrprozess in Festungshaft saß! Breuer ist ein ehemaliger Offizier und Bewunderer von Hanns Ludin und hatte in den 1930er Jahren auch irgendetwas mit dem Rennverein in Baden-Baden zu tun. Er fühlt sich den Ludins verbunden und nimmt Erika bei sich auf. Die Zugreise nach Rastatt ist aufregend, denn der noch alles andere als welterfahrene Teenager lernt einen gut aussehenden Mann kennen, der im selben Abteil sitzt und sie nach Baden-Baden einlädt. »Natürlich kriegte er ein Abführle, aber jetzt sag mir, Mumm«, fragt sie ihre engste Vertraute, »ob nur unanständige Männer Mädchen anquatschen oder ob das manchmal auch anständige tun. Der sah wirklich anständig aus und sympathisch und war bestimmt ein Akademiker! Hat Vatchen so was nie getan?«, fragt sie naiv. Eri ahnt nicht, dass sie einen wunden Punkt bei Erla berührt – und auf diese Frage natürlich keine Antwort bekommen wird. Hanns wird immer mehr zur Identifikationsfigur für Eri – was hat er wie gemacht, wie muss ich es machen? Gleichzeitig ahnt sie, dass eine anständige Fassade nicht unbedingt bedeutet, dass jemand auch anständig ist, der Schein kann trügen.

Onkel Breuer ist nach einem Unfall gehbehindert und Eri soll ihm zusätzlich zu seiner Haushälterin behilflich sein. Sie bietet an zu kochen und denkt sich jeden Tag ein neues Menü aus. Ihr fällt auf, wie sehr die Leute in der Nachbarschaft, vor allem die kleinen Beamten, Breuer verehren. Außerdem bekommt er öfter Besuch von »seinen Freunden aus der Lagerzeit und dann werden die Nazis gelobt und die anderen beschimpft!«. Sie versieht diesen Satz an ihre Mutter mit einem Ausrufezeichen, Ausdruck einer gewissen Empörung – die Haltung dieser Leute ist ihr nicht ganz geheuer. Es wirkt so, als habe die Familie Ludin mit solchen Menschen nicht das Geringste gemein; die Vorstellung, dass »die anderen« die Nazis sind, hat sie bereits verinnerlicht.

Im Juni wäre ihr Vater fünfundvierzig Jahre alt geworden, aber Eri schafft es nicht rechtzeitig, ihrer Mutter zu diesem Anlass zu schreiben: »Aber gedacht hab' ich an dem Tag die ganze Zeit an dich und das Vatchen.« Die Aufgaben im Haus des alten Herrn muntern Eri ein wenig auf. Sie macht neue Bekanntschaften und geht mit einem Jungen aus. Beim Abendbrot trinken die beiden lustig miteinander plaudernd einige Kognaks, anschließend tanzt sie sogar mit ihm. Der Alkohol steigt ihr rasch zu Kopf. Der Junge stellt sie seinen Klassenkameraden vor und sie kann mit Erzählungen über Salem auftrumpfen: »Dieser Name tut hier Wunder.« Als Breuers Haushälterin in Urlaub geht, übernimmt Eri deren Pflichten: Sie räumt auf, macht das Bett, wäscht und rasiert den Alten und leert seinen Nachttopf – »Man hat wenigstens 'ne Beschäftigung, wenn sie auch nicht meinen Idealen entspricht.« Was das Essen angeht, so ist Breuer allerdings ein verwöhnter alter Knabe, sie muss sich also bemühen, immer wieder andere Gerichte auf den Tisch zu bringen. Das gelingt ihr offenbar ganz gut und Onkel Breuer führt sie zur Belohnung ins Lokal Adler aus. Dort sind alle besonders nett zu ihr, weil sie die Tochter von Hanns Ludin – und der Wirt ein alter SA-Mann – ist.

Nach zwei Monaten Rastatt darf Erika erst einmal wieder heim an Mutters Herd und Ferien machen. Das genießt sie von Herzen, doch die Landwirtschaft und die jüngeren Geschwister gehen ihr ziemlich auf die Nerven. Da sie in Rastatt ja so viel gearbeitet hat, gönnt sie es sich, morgens lange auszuschlafen, und erbittet sich von der Familie, nicht gestört zu werden. Man respektiert das, »Schonung« ist angesagt. Schonung ist damals auch ein anderes Wort für die weibliche Regel, die Eri wie eine Grippe behandelt: Wer Schonung hat, bedarf der Schonung. Am Bodensee trifft sie alte Schulfreunde, darunter Nanne, badet und zeltet mit ihnen und vergnügt sich nach Lust und Laune. Die Zeit scheint den Schmerz zu lindern. Eris Handschrift wird immer gleichmäßiger und hat schon fast ihre spätere schwungvolle Eleganz erreicht. Auch die äußeren Anzeichen der mysteriösen Krankheit oder Störung verschwinden: Sie wird immer hübscher, denn sie verliert stetig an Gewicht; aus dem Pummelchen wird allmählich eine bildhübsche junge Frau. Dennoch sieht sie auf Fotos aus diesen Tagen für ihr Alter viel zu ernst aus, manchmal blickt sie regelrecht düster und verschlossen drein.

Mit dem trauten Heim im Kreis der Geschwister ist es endgültig vorbei, als Eri kurz vor ihrem siebzehnten Geburtstag in die Harburger Berge bei Hamburg zieht. Dort lebt Hans S. mit seiner Familie. S. war der SA 1933 beigetreten und ein Jahr später, gerade erst zwanzig Jahre alt, SA-Führer geworden. Schon bald avancierte er zum Adjutanten von Hanns Ludin bei der SA-Gruppe Südwest. Nach einem Autounfall musste ihm ein Bein amputiert werden, und obwohl seine Vorgesetzten ihn deshalb als »Nachwuchsführer« für untauglich hielten, protegierte Ludin ihn und nahm ihn 1941 gemeinsam mit Hans Gmelin nach Pressburg mit. Als Attaché an der Deutschen

Gesandtschaft spielte er weiter keine bedeutende Rolle. Nach dem Krieg war S. in Kriegsgefangenschaft, wurde aber wegen seiner Beinamputation im Mai 1947 frühzeitig entlassen. »Ich scheine das dicke Ende in politischer Beziehung hinter mir zu haben, bin jedenfalls bisher völlig ungeschoren geblieben«, schrieb er seinem Kameraden Hanns im Oktober desselben Jahres in die Haft nach Bratislava. Er teilt die gleichen Grundeinstellungen zum Leben und die gleichen Werte mit seinem ehemaligen Chef, der ihm noch kurz vor seinem Tod das Du angeboten hat und sich ihm mit seinen Sorgen um die Familie anvertraute. S. versicherte ihm per Brief, man habe Anlass, »sehr froh zu sein, wenn man seine Familie auf dem Lande und ernährungsmäßig gesichert weiß«. Alles andere unterliege nicht mehr ihrer Verantwortung und man könne nur hoffen, dass »die deutsche Entartung ins Maßlose« ein geschichtlich einmaliges Ereignis gewesen sei und keine menschlich zwangsläufige Folge des Besitzes von Macht. Denn sonst würden die Auspizien noch trüber, als sie es ohnehin schon seien. In den Harburger Bergen eröffnete S. einen Betrieb für pharmazeutische Produkte. Hier soll Eri nun mithelfen und bei ihm und seiner Familie ein neues Zuhause finden. Für den verehrten Kameraden Ludin ist S. bereit, alles zu tun, was dessen Frau entlasten kann. Er hat sein Ehrenwort gegeben. Das zählte damals noch etwas.

Erika ist von den neuen Lebensperspektiven durchaus angetan, das Abenteuer verheißt Ablenkung. Zu Hause auf dem Schlösslehof hat sie einen riesigen Koffer gepackt und im Oktober 1950 beginnt die große Reise in den Norden. Zunächst geht es per Auto und Zug nach Tübingen. Dort nimmt sie die Ehefrau von Hans Gmelin in Empfang. Ihre vier Kinder warten vor dem Bahnhof, Herta und ihre Schwester hocken in einem Wägelchen, das Frau Gmelin hinter sich herzieht. Von der Kleinen ist Eri besonders angetan, denn diese, so schreibt sie nach Hause, »besitzt ja eine direkt hinreißende und berückende Fröhlichkeit«. Eri speist mit der Familie Gmelin zu

Mittag. Zum anschließenden Kaffee gesellt sich ein Herr Todenhöfer, der Eri am folgenden Tag im Wagen nach Frankfurt mitnehmen soll. »Er war früher beim Auswärtigen Amt und ist ein alter Nazi, zwar sehr vorsichtig, aber das glaubte ich doch zu merken«, berichtet Eri ihrer Mutter aufgeregt über ihre neue Bekanntschaft. Es handelt sich um Gerhard Kreuzwendedich Todenhöfer. Dieser war während seiner Studienzeit ein radikaler NS-Studentenführer in Marburg gewesen und ging im Anschluss an seine Promotion nach Berlin, »wo sich der frisch gekürte Legationsrat im Auswärtigen Amt zum stellvertretenden Leiter der Abteilung D III für ›Judenangelegenheiten‹ hocharbeitete, bevor er spätestens 1943 als Verbindungsoffizier von Propagandaminister Goebbels zu General Schörner an die Front ging«, so der Kommunikationswissenschaftler und Journalist Lutz Hachmeister. Todenhöfer habe sich durch besondere Radikalität ausgezeichnet, was sogar »in manchen NS-Kreisen auf Kritik stieß«, sagt Hachmeister. Goebbels schätzte ihn sehr und ließ sich von ihm nicht nur regelmäßig über die Lage im Ausland Bericht erstatten, sondern traf sich auch privat mit ihm, wie in den Goebbels-Tagebüchern nachzulesen ist.

Frau Gmelin verwöhnt Eri, spendiert ihr einen Haarschnitt beim Friseur und führt sie abends in den neuen Kinofilm von Helmut Käutner aus – »Epilog« heißt er und Eri findet die schauspielerischen Leistungen »kolossal«. Am nächsten Morgen holt sie Todenhöfer in einem für Eri höchst beeindruckenden Mercedes-Benz ab und nimmt sie in die Mainmetropole mit.

In Frankfurt angekommen wartet Eri im Wagen, während ihr »Chauffeur« in einem Haus drei Herren abholt. Als diese auf die Straße treten, springt Frau Todenhöfer aus dem Wagen und ruft zur Begrüßung erfreut: »Horrido!« Eri beobachtet, wie die Männer sich vor dem Wagen unterhalten und immer wieder zu ihr hinüberblicken. Schließlich bitten sie sie heraus und stellen sich vor: »Ah, eine kleine Ludin«, sagt der eine und begrüßt sie herzlich. Alle drei Herren geben sich als gute Bekannte von Hanns Ludin zu erkennen – sie hätten ihn oft im Hause in Pressburg besucht. »Das waren wildfremde Leute und trotzdem kamen sie mir schnell wie alte Bekannte vor«, erzählt Eri anschließend ihrer Mutter. Sie ist von der plötzlichen Aufmerksamkeit, die ihr entgegengebracht wird, überwältigt. Die Herren führen sie mittags in das noch heute bekannte Lokal Savarin gegenüber dem Frankfurter Schauspielhaus aus. Eri platzt fast vor Lachen, als die Kellner sie fortwährend mit »gnädige Frau« ansprechen. Auch sonst platzt sie fast, denn das Essen ist köstlich und üppig, gekrönt von Kognak und Mokka mit Schlagsahne. Macht ja nichts, sie hat doch schon so viel abgenommen und man gönnt sich ja sonst nichts. Die Kellner bedienen dezent und flink und Eris Gastgeber, die sich ihr Leben im Nachkriegsdeutschland wieder fein eingerichtet haben, gerieren sich ihr gegenüber als rechte Kavaliere. Es schmeichelt, so umgarnt zu werden. Einer der Männer, die sie anschließend im Volkswagen auf der langen Weiterreise mitnehmen, ist der damals einundvierzigjährige Dr. W. M. Dieser hatte, nun ja, natürlich, Karriere in der SA gemacht und war von 1940 bis 1941 Propagandaexperte an der Deutschen Gesandtschaft in Pressburg gewesen. Der gefällt Eri besonders, er ist ein »Pfundskerl«, sagt sie.

F. H., ein weiterer von Eris neuen Bekannten, der ihrem Eindruck nach in Berlin »enorme Geschäfte« zu machen scheint, reist ebenfalls mit. Er bietet Eri finanzielle Hilfe an, damit sie ihr Abitur nachholen könne, das lehnt sie indes dankend ab. Sonst wäre sie ja »immer von ihm abhängig und so sympathisch war er mir nicht«. Mit den beiden Männern geht es nun durch den Westerwald und das Siebengebirge Richtung Essen. Auf dem Weg machen sie Rast in Eppstein und nehmen bei W. M.s Eltern Kaffee und Kuchen ein. Später wird noch einmal gevespert, immer auf Kosten der Herren, die beteuern, welch schöne Stunden sie im Ludin'schen Haus verbracht hätten und welche Ehre es ihnen folglich sei, Eri jetzt einzuladen.

In Essen nächtigt Eri beim Ehepaar M. und am nächsten Tag steigt sie in den Zug nach Hamburg. W. M. telegraphiert seinem alten Kameraden Hans S. ihre Ankunftszeit und so kommt sie dank der alten Freunde ihres Vaters von Tübingen über Frankfurt und Essen wohlbehalten im Hause S. in Harburg an.

Eri hat hier ihr eigenes Zimmer und kann eines der beiden Bäder benutzen, in dem es zu ihrem Entzücken immer fließend warmes Wasser gibt. Außerdem ist das ganze Haus zentral beheizt! Das Beste aber für die junge Frau, die sich so nach Kultur sehnt, ist die Bibliothek. Hier stehen Werke von Hesse, Hemingway und anderen Autoren und sie freut sich auf eine herrliche Lesezeit. Allerdings hat sie auch einiges zu tun: Nach dem Frühstück muss sie die beiden älteren Jungen versorgen und anschließend in der pharmazeutischen Firma von S. Briefumschläge mit Prospekten adressieren, die an Apotheken und Ärzte verschickt werden, bis zu 250 Kuverts pro Vormittag. Auch nachmittags muss sie hie und da in der Poststelle aushelfen, schwere Arbeiten im Haushalt hat sie aber nicht zu verrichten, denn es gibt zwei Angestellte, die sich ums Waschen, Abwaschen und Putzen kümmern. Hamburg, wohin Eri ab und zu fährt, um ins Konzert, Theater oder Kino zu gehen, ist für sie die erste Großstadt und noch dazu eine mit Flair. Ja, sie empfindet die Hansestadt als »lebendige, geschmackvolle und großzügig angelegte Weltstadt« – genau das Richtige für sie. Die Alster, die Mönckebergstraße und der Jungfernstieg, welche Pracht und diese schönen Geschäfte! Natürlich sind die vom Krieg zerstörten Gebäude noch nicht alle wiederhergestellt, wie etwa das Opernhaus, in dem sie den »Wildschütz« hört. Sie saugt die vielen Eindrücke auf und verspürt eine neue Unabhängigkeit, nicht zuletzt, weil sie im Betrieb von S. auch ihr eigenes Geld verdient, zwar nur 26,50 DM, aber immerhin.

Es gibt auch erste Verehrer, die ihr den Hof machen und sie zum Tanz ausführen. Zum Glück sind es keine Schnösel, sondern recht nette Kerle. Eri ist so beschäftigt, dass sie ihrer Mutter nicht mehr so regelmäßig schreibt. Weiterhin ist sie oft matt und erschöpft, aber bei Onkel S. und seiner Frau fühlt sie sich aufgehoben, sie sind wie Ersatzeltern für sie: »Sie sind ja wirklich ganz rührend, als ob ich ihre eigene Tochter wäre.« Sie kann hier sogar gut schlafen und erkennt, dass Schlaf »meistens die beste Medizin gegen ›Nerven‹ und Unlust etc.« ist. Allerdings kommt sie morgens nicht aus den Federn. Trotz allem plagt sie Heimweh, der Hamburger Regen und Nebel machen ihr zu schaffen und nichts täte sie lieber, als ihrer Mutter endlich mal wieder einen Kuss zu geben.

In der Firma von S. hilft Eri jetzt regelmäßig in der Poststelle aus, bis zu neun Stunden am Tag, das empfindet sie vor allem der Eintönigkeit wegen als sehr anstrengend. Schon nach wenigen Wochen fühlt sie sich nicht mehr genügend herausgefordert und im Prinzip möchte sie im neuen Jahr an einem Ort sein, an dem sie wirklich etwas lernen kann. Aber was nur? Sie verschlingt ein Buch nach dem anderen, vor allem Hemingways »Fiesta« und »Wem die Stunde schlägt« fesseln sie sehr. Bald ist Weihnachten, das sie erstmals nicht daheim verbringen wird. Weil ihre Gastfamilie so ungeheuer unmusikalisch ist, lässt sie die bloße Vorstellung von den schrägen Tönen unter dem Weihnachtsbaum zusammenschrecken. Was kann dagegen ihre Mutter schmettern, wenn's zu »Oh, du fröhliche« kommt! Eri rät Erla dringend, den Geschwistern möglichst viel Musik zu bieten, denn dann hätten sie später etwas, »was man ihnen schwerlich nehmen kann«, etwas, was ihr Leben bereichere. Die Erinnerungen an frühere Zeiten tauchen bei vielen Gelegenheiten auf und so bittet sie, ihre Mutter möge ihr das SA-Album schicken, damit sie es »Onkel Hans«, ihrem Ersatzvater, den sie in Briefen und im Tagebuch nun immer mit »O. H.« abkürzt, zeigen könne. »Was war denn eigentlich Vatchens Lieblingswein?«, fragt sie, die sich neuerdings auch gelegentlich schon mal ein Gläschen gönnt. »Oh, ich hab oft so schrecklich Heimweh nach ihm und dann merk ich immer doppelt, was du doch für eine einzigartige Pfundsfrau bist. Dabei bin ich immer so schrecklich zu dir. Na, ja.« Sie ist schrecklich zu Erla, weil sie nach Grenzen sucht, doch weder Mutter noch Tochter sind sich dessen bewusst. Eris Bruder Tilman tanzt der Alleinerziehenden auch schon ordentlich auf dem Kopf herum, er ist kaum zu bändigen.

Erika teilt ihrer Mutter mit, sie schreibe sich nun mit »c«, denn das sehe attraktiver aus, nicht so spießig. Sie arbeitet einige Nächte bis zum Morgengrauen durch, um für die ferne Familie Weihnachtsgeschenke zu basteln und zu malen. Den Rest besorgt sie mit ihrem selbst verdienten Geld in Hamburg. Sie ist besonders stolz darauf, dass sie das alles ganz allein geschafft hat. Gemeinsam mit den Mitarbeitern des Betriebs genießt Erica die Weihnachtsfeier bei Kaffee, Kuchen, Schnaps und Zigaretten. Sie raucht schon mal, aber natürlich nur, wenn Onkel oder Tante S. gerade nicht hinsehen. Auf dem Fest muss sie sogar einmal vorsingen, was gut klappt. Jeder Angestellte bekommt von der Firmenleitung Zucker, Wein, Kakao, Rosinen und andere Kleinigkeiten geschenkt. Mehr noch als ihre Kollegen mag Erica aber die Bauern der Umgebung, die tauten zwar nur langsam auf, erzählt sie ihrer Mutter, aber wenn, dann wisse man genau, woran man sei. Es zieht die junge Frau zwar zunehmend in die Großstadt, aber die damals noch ländliche Umgebung von Harburg gefällt ihr gut. Um das Wohnhaus herum gibt es zwei Gärten, in denen außer Gemüse wenig wächst, denn der Boden ist karg. »Hier wimmelt es aber überall von Erikas (Heidekraut)«, meldet sie nicht ohne Ironie nach Hause: »Unkraut vergeht ja bekanntlich nicht, aber Erika ist ja kein Unkraut, sondern eine Blume, die selbst auf diesem ärmlichen Boden gedeiht!!!«

»Sei tapfer und denk an unseren Vater!«

Das erste Weihnachtsfest ohne die Familie ist überstanden. Erica hat sich mit Fotos, den Geschenken, die sie bekommen hat, und ihren Erinnerungen über die Tage hinweggetröstet. Onkel Hans ist rührend um sie besorgt und nimmt sie Anfang des Jahres nach Hamburg in die Berufsberatung mit. Sie ist mittlerweile entschlossen, als Fotografin zu arbeiten, ihre Mutter allerdings findet, dass eine Lehre als Buchhändlerin geeigneter sei. Der Onkel spendiert Erica einen Haarschnitt bei einem der teuersten Friseure Hamburgs am feinen Jungfernstieg, 1,50 Mark kostet der Schnitt ohne Waschen. Als sie einige Wochen später das Angebot erhält, in einem Atelier in der Hamburger Innenstadt eine Lehrstelle als Fotolaborantin anzutreten, nimmt sie an.

Durch die Gastfamilie kommt Eri mit den Wohlhabenden der Hansestadt in Kontakt und, da sie ihrem Stand als Gesandtentochter gemäß gekleidet sein will, misst sie ihrer Garderobe eine noch größere Bedeutung zu als zuvor. Sie kauft sich von ihrem gesparten Geld einen »entzückenden Anorak, einfach goldig«, und Wäsche aus Perlon. Perlon ist gerade auf den Markt gekommen und gilt als der letzte Schrei. Eri hat einen treffsicheren Geschmack und versteht es, sich mit einfachen Mitteln adrett zu kleiden. Der Kummerspeck der vergangenen Jahre ist langsam, aber sicher von ihr abgefallen, sie ist schlank und rank. Onkel Hans ist entzückt. Eines Tages bringt ein Bekannter des Hauses einige junge Ärzte mit und freilich wird die kleine Ludin in die gesellige Runde gebeten. Anwesend ist auch der Mediziner Curd, der zwölf Jahre älter als sie ist und sofort Gefallen an dem hübschen, temperamentvollen und sehr weiblichen Wesen findet. Es wird fleißig getrunken und Eri zieht mondän an einer Zigarette.

In der Faschingszeit verausgabt sie sich ein wenig und ist peinlich berührt, dass ihre Mutter davon erfahren hat: »Wie kommt ihr eigentlich drauf, ich sei an Fasnacht so unsolide gewesen, ich hab doch davon gar nichts geschrieben«, fragt sie empört. Im Kino läuft Hildegard Knefs Kassenschlager »Die Sünderin«, in dem die Knef – man staune! – ein bisschen nackte Haut zeigt. Eri ist von dem Film allerdings nicht begeistert.

Mit ihren Pflegeeltern gibt es Krach, denn sie hat nicht mit ihnen darüber gesprochen, dass sie plant, in ein Jugendwohnheim zu ziehen, um näher bei ihrer künftigen Ausbildungsstätte zu wohnen. Mit Charme und Entschlossenheit boxt sie dieses Vorhaben durch. Sie erreicht sogar, dass ihre Mutter sie vor dem Arbeitsantritt noch besucht: »Du brauchst durchaus nicht zu meinen«, formuliert sie forsch und vorwurfsvoll, »sie könnten dich zu Hause die paar vierzehn Tage nicht entbehren; und wenn die Kinder unglücklich sind, dann werde ich auftreten und behaupten, dass ich jetzt auch mal ›das Recht‹ habe, dich so kurze Zeit [...] zu genießen, nachdem ich dich ein halbes Jahr lang nicht gesehen habe! Jawohl!« Was bleibt Erla also anderes übrig, als die beschwerliche Reise in den Norden anzutreten? »Wenn du kommst, musst du dich allerdings auf täglich nicht nur einen Kuss von mir seelisch vorbereiten!«, warnt Eri vorsorglich.

Im April 1951 zieht Erica in die Grillparzerstraße nach Hamburg. Das Jugendheim, in dem sie unterkommt, wird von der Inneren Mission, einer Initiative der Evangelischen Kirche, geleitet und beherbergt junge Frauen aus minderbemittelten oder sozial schwierigen Familien. Eri teilt das Zimmer mit fünf anderen Mädchen. Das Schicksal ihrer Bettnachbarin berührt sie: Giselas Vater war Jurist und Regierungsrat in Berlin und wurde, wie Eri Erla sogleich mitteilt, »von den Russen verschleppt (da Nazi) und ist im Internierungslager Sachsenhausen an Hunger gestorben. Ihre Mutter ist aus lauter Kummer darüber geisteskrank geworden und ist in Berlin in einer Irrenanstalt.« Die arme Gisela habe nur noch ihre Großmutter und sei ganz allein auf dieser Welt. Wie einsam sie selbst sich fühlt, erwähnt Eri nicht, gemessen an Giselas Geschichte ist der eigene Kummer wahrlich von geringer Bedeutung: »Du Muttchen, es geht mit uns bestimmt immer wieder gut weiter, es findet sich immer wieder ein Ausweg.« Das »Scheiß-Kotz-Saugeld« macht ihr jedoch große Sorgen. Ihr chronischer Geldmangel steht allerdings im Widerspruch zu ihrer hübschen Aufmachung, immer sieht Eri gut gekleidet aus, selbst wenn sie zum Essen kaum noch einen Pfennig übrig hat. Sie ist in letzter Zeit ein bisschen zu verschwenderisch gewesen und hat für den gesamten Monat nur noch vier Mark zum Leben übrig. Sie bittet daher Erla, ihr vorzeitig den monatlichen Zuschuss zu schicken.

Sie arbeitet nebenbei nach wie vor für O. H.s Firma und beschriftet Briefumschläge, einen Pfennig pro Kuvert bringt ihr das ein. Oft macht sie das nachts, wenn sie sowieso nicht schlafen kann, zum Ärger ihrer Mitbewohnerinnen, die sich durch das Licht gestört fühlen. Manchmal schreibt sie dann fast zweihundert Adressen, so lange, bis sie wirklich nicht mehr kann und über ihrer Arbeit einschläft. Morgens kommt sie entsprechend schlecht aus dem Bett und ihre Zimmergenossinnen müssen sie schütteln, damit sie endlich wach wird. Sie ist dann oft sehr ungehalten. Theda, die auch in Eris Zimmer wohnt, stammt wie sie aus besseren Verhältnissen, ist dem strengen väterlichen Haus aber entflohen. Die beiden Außenseiterinnen verbünden sich und werden enge Freundinnen. Eri hört viel Radio, das Gerät hat Erla ihr nun endlich doch zur Verfügung gestellt. Theda übernimmt mitunter so manche Heimpflicht für ihre Freundin, die diese – wie auch schon in Salem – auf Kosten der anderen vernachlässigt.

Allerdings ist sie auch nie zu den Mahlzeiten anwesend, weil sie den ganzen Tag im Fotolabor arbeitet.

»Sie war immer gehetzt, angespannt und angestrengt«, sagt Theda heute. Hervorragend amüsieren konnte man sich mit ihr, doch vor ihren Launen und emotionalen Ausbrüchen war man nie sicher. Auf ihrem Nachttisch habe sie Fotos von der Familie aufgestellt, darunter ein Bild, auf dem ihr Vater am Bahnsteig Abschied von Erla und seinen Kindern nimmt. »Um sie war immer eine Wand«, so Theda, »nie habe ich sie nach dem Vater auf diesen Bildern gefragt, das tat man damals einfach nicht und sie selbst hat auch kein Wort darüber verloren.«

Die beiden Freundinnen gehen zweimal wöchentlich abends in die Singakademie und proben die »Missa Solemnis« von Beethoven. Der Professor ist von Eris Stimme begeistert. Eigentlich geht es ihr ziemlich gut, sie schreibt ihrer Mutter sogar, sie fühle sich »prachtvoll«, doch es scheint, als dürfe es nicht so sein. Inständig hofft sie, ihrer meist müden, vermutlich auch latent depressiven Mutter möge es genauso gut gehen wie ihr. Sie ermahnt sie streng, sich zu schonen, gegenüber anderen solle sie aber skrupellos sein, insbesondere, wenn es um den anstehenden Verkauf des Schlösslehofs gehe. Skrupellos, das sei bei einer wie Erla »immer noch nicht unkorrekt«, meint sie. Wie eine Geschäftsfrau sagt die Achtzehnjährige: »Wir müssen hinter allem, worauf wir noch irgendwie Anrecht haben, hinterher sein, wie hinterm Deibel. Es ist ja wurscht, was die anderen denken, sie denken sowieso meist nur an sich. Sei nur auf deinen eigenen Vorteil bedacht, Mummie, sonst musst du dir später den Vorwurf machen, zu weich gewesen zu sein.« Sucht sie in ihrer viel zu nachgiebigen Mutter die konsequenten, entscheidungsfreudigen Eigenschaften des Vaters oder meint sie in einer Art Überidentifikation gar unbewusst, diese Fähigkeiten selbst haben zu müssen, um ihrer geliebten Mutter stellvertretend unter die Arme greifen zu können? Der Hofverkauf und die ungewisse Zukunft der Familie machen ihr zu schaffen, da sie aus der Ferne keinerlei Einfluss auf die Entwicklung hat. Wenn der Hof weg ist, »hat man eigentlich gar keine Heimat mehr. An was soll ich denn dann denken? Mais, pas important«, schiebt sie diese Bedenken beiseite.

Der Mai ist nun endlich da. O. H., 1951 erst Mitte dreißig, entführt seine Pflegetochter Erica und macht einen Ausflug mit ihr ins »Alte Land« an der Elbe, wo die Apfel- und Birnenbäume blühen. Gemeinsam schreiben die beiden eine gut gelaunte Postkarte an Erla, das heißt, er diktiert ihr: »Ich bin jetzt immer so gehetzt!!! Die Augen fallen mir zu vor Müdigkeit und die Füße tun mir weh vom vielen Laufen. Schick mir bitte dringend Vespa und Einzelzimmer.« Er selbst unterzeichnet die gemeinsame Karte mit »Pflegevater der leidgeprüften Eri«. Diese geizt nicht mit ihren Reizen und versteht sich darauf, durch Flirten möglichst viel Aufmerksamkeit zu bekommen – und sich selbst euphorische Gefühle sowie Einfluss auf Menschen zu verschaffen. Wo immer sie jetzt bei den Freunden ihrer Eltern eingeladen ist, sind die Herren von ihr angetan. Natürlich ist sie ganz unschuldig. Sie ist nicht berechnend oder »ehrgeizig« hinter Kontakten her, vielmehr inszeniert sie Situationen, die sie als Mädchen erlebt hat: vom stolzen Vater nachts aus dem Bettchen geholt, um seinen Gästen präsentiert zu werden, oder als elfjähriges Prinzesschen unter seinen Jagdfreunden, von allen mit einem gönnerhaften Schmunzeln hofiert. Die männliche Zuwendung hebt ihr angeschlagenes Selbstwertgefühl. Ihre Verehrer interessiert natürlich nicht die Bohne, ob dieses entzückende Geschöpf das Abitur gemacht hat, sie sind lediglich von diesem gewissen Schillern ihrer Persönlichkeit angezogen. Dass hinter der Maske ein sehr unsicheres und zerbrechliches Kindsfräulein steckt, erkennen sie nicht.

Eri belastet es sehr, dass sie keinen Schulabschluss hat. Während ihre alte Klasse in Salem kurz vor dem Abitur steht, kämpft sie um die Anerkennung ihrer Außenwelt; wie hätte ihr Vater auf ihre Entwicklung reagiert? Hatte er ihr nicht vorausgesagt: »Du wirst todsicher später all das bitter bereuen, was du auf der Schule versäumt hast zu lernen«? Sie tröstet sich mit dem Gedanken, bald und sogar noch vor allen anderen ehemaligen Klassenkameraden eine abgeschlossene Berufsausbildung zu haben. Die Lehre in der Fotowerkstatt bringt ihr Freude und sie bemüht sich, so weit ihre Kräfte reichen. Ihre Chefin sieht der nicht einfachen Auszubildenden einiges nach, vermutlich erkennt sie, dass sie begabt ist. Über die Alt-Salemer-Vereinigung hält Eri Kontakt zu ihrer alten Schule und zu den dazugehörigen gesellschaftlichen Kreisen in Hamburg, die ihr schon allein wegen des kultivierten Lebensstils und des gehobeneren Bildungsstandes sehr wichtig sind.

Erica kauft sich vom Ersparten einen »entzückenden, weißen Modell-Sommerschuh«. Das können sich in der ersten Hälfte der 1950er Jahre nur wenige leisten – und sie nutzt jede Gelegenheit, ihre auffallend schönen Beine zu zeigen. In den Ferien reist sie nach Hause auf den Hof und trinkt sich satt an saurer Milch. Wenn Erla ihren Obstmürbeteigkuchen bäckt, ist sie im siebten Himmel. Dennoch ist sie der verehrten Mama gegenüber oft unbeherrscht und ungezogen. Ihren Verbalattacken wird wenig entgegengesetzt. Natürlich meine sie das alles gar nicht bös', es rutsche ihr eben so heraus und hinterher tue es ihr furchtbar leid. Aus der Ferne fällt es ihr viel leichter, lieb und fürsorglich zu sein. »So richtig schlecht ist es uns doch nie gegangen, finde ich, im Gegenteil. Höchstens dir, aber du bist ja phantastisch. Ich bin jetzt immer so dankbar, dass es dich gibt, du einmalige Frau!«, tröstet sie ihre Mutter und schreibt: »Du Armes, wenn ich dir nur was abnehmen könnte!« Sie wünscht ihr jemanden, »der die Sorgen mit dir teilte, sie dir abnähme und positiv für dich arbeitete, auf den du dich immer hundertprozentig verlassen könntest«. Wenn nur sie selbst diese Rolle innehätte! Unbewusst projiziert sie zugleich die eigenen Wünsche auf die Mutter: Wie schön wäre es, wenn jemand ihr ihre Sorgen abnähme. Gelegentlich erlaubt sie sich noch einen »Jammerbrief«: »Die Kinder sollen ruhig mal wissen, dass es mir vielleicht doch nicht so beneidenswert geht, wie sie vielleicht annehmen.« Sie beteuert jedoch, dass es für Besorgnis keinen Anlass gebe, »weil mir diese ganzen Sachen sozusagen nichts mehr ausmachen, ich hab jetzt einen gewissen Abstand oder so zu den Dingen gewonnen oder was es ist. Jedenfalls habe ich's so als dazugehörend in mich aufgenommen.« Diese gewissen Dinge oder das, was sie nun als Teil ihrer selbst in sich aufgenommen haben will, benennt sie nicht, sie sagt nur, das »Damit-fertig-Werden« strenge sie ungemein an. Es gibt etwas in ihrer Seele, das sie nicht verarbeiten kann, und es macht sie meist so müde, dass sie ungeachtet ihrer Jugend nach Ruhe und Entspannung lechzt; es sei denn, sie übertüncht dieses permanente Gefühl der Überforderung mit Aktionismus und Partystimmung.

Eri liebt französische Filme, und wann immer und wo sie nur kann, geht sie ins Kino und träumt anschließend davon, ihre Lehre später in Frankreich fortzusetzen. Morgens steht sie um kurz nach sechs Uhr auf und arbeitet den ganzen Tag. Sie schafft monatlich inzwischen fast zweitausend Briefumschläge für O. H., außerdem erledigt sie gelegentlich fotografische Privataufträge, die ihr zusätzlich ein paar Mark einbringen. Curd, der Arzt, führt sie ins Konzert aus. Joseph Keilberth, seit kurzem Leiter der Hamburger Philharmonie, dirigiert Bach und Paul Hindemith. Die Werke des Bratschisten und Komponisten galten unter den Nationalsozialisten als »entartete« Kunst – Goebbels beschimpfte ihn als »atonalen Geräuschemacher« –, weshalb Hindemith 1938 emigrierte. Eri ist von der Darbietung hingerissen. Mutig geht sie nach der Vorstellung hinter die Bühne, um Keilberth von ihrer Mutter zu grüßen. Erla hat ihr das zwar nicht aufgetragen, aber Eri weiß, dass der aus der Oberpfalz stammende Dirigent, als er ab 1940 die Deutsche Philharmonie in Prag leitete, gelegentlich bei ihrem Vater zu Gast in Pressburg gewesen ist. Keilberth nimmt die Grüße freundlich entgegen und erwidert sie, er muss jedoch sofort wieder auf die Bühne zurück, denn im Publikum tost der Applaus.

Fast ein ganzes Jahr lebt Erica im christlichen Jugendwohnheim, dann bekommt sie abermals ein neues Zuhause: Peter Sauerbruch und seine Frau Anne-Marie bieten ihr Anfang 1952 gegen einen kleinen Obolus ein Zimmer in ihrem gerade bezogenen Haus in Rissen an. Sauerbruch war zum Zeitpunkt des Attentats auf Hitler am 20. Juli 1944 Oberstleutnant im Generalstab einer Division im Osten und stammte aus demselben Regiment wie Graf Stauffenberg. Nach dem Anschlag wurde Sauerbruch verhaftet, man konnte ihm eine Beteiligung am militärischen Widerstand jedoch nicht nachweisen, weshalb er wieder freikam. Nach Kriegsende war er einige Zeit in amerikanischer Kriegsgefangenschaft und zeitweilig zusammen mit Hanns Ludin in Natternberg inhaftiert. Dort hatte mein Großvater ihn gebeten, sich um seine geliebte Familie zu kümmern, denn er rechnete nicht mehr damit, jemals wieder nach Hause zu kommen. Sauerbruch nimmt seinen Auftrag ernst, auch er ist zutiefst angetan von Hanns, der »die Aura eines zuverlässigen Mannes hatte«.

In seinem Haus in Rissen erhält Eri das hübsche kleine Mansardenzimmer. Es hat einen Ofen und fließend Wasser und sie darf eines der Badezimmer im Haus mitbenutzen. Solch eine Ausstattung ist so kurz nach dem Krieg noch nahezu Luxus. Hier steht sogar ein Sofa und Eri hat bereits geplant, wie sie es sich mit Erla »urgemütlich« machen wird, wenn diese zu Besuch kommt. »Du siehst, wie gut ich lebe!«, schreibt sie zum Schlösslehof. »Alles dir zu verdanken und Großmutter. Ach ja, und noch mehr Leuten, aber vor allem dir. Ohne dich wär' sowieso alles nichts, überhaupt nichts.«

Eri hat in Peter Sauerbruch ein neues Vorbild gefunden. Sie mag ihn und er mag sie, »obwohl er meine Fehler genau kennt und sie, wenn's nötig ist, auch rügt, worüber ich auch nur froh bin«. Seine Frau Anne-Marie wird ihr eine neue Freundin, die beiden verstehen sich gut und unterstützen sich gegenseitig, denn Peter ist geschäftlich oft auf Reisen und seine Frau mit den Kindern viel allein. Der Stil im Sauerbruch'schen Hause wird fortan ganz zu Ericas Maßstab und sie geht damit bald ihren Geschwistern auf die Nerven, weil sie ihnen ohne Wenn und Aber genau diesen Geschmack oktroyieren will. Eri schreibt ihnen manchmal und ermahnt vor allem die aufmüpfigen Brüder streng, der Mutter wo nur möglich behilflich zu sein und sich anständig zu benehmen. Besonders beschäftigt sie zur Zeit Barbels Zukunft, denn diese ist mittlerweile siebzehn Jahre alt und immer noch zu Hause! Eine gewisse Eifersucht darüber, dass ihre jüngere Schwester der Mutter so nahe sein kann, ist nicht zu überhören. Ihre Ratschläge zeugen zugleich von einiger praktischer Lebenserfahrung: Eri möchte, dass Barbel zu ihr nach Hamburg kommt, damit sie sich frei entwickeln und etwas leisten könne. »Die Einzige, die zu bedauern wäre, wärst du«, sagt sie ihrer Mutter unverblümt, »dann hättest du zwei Kinder so weit weg. Für uns ist es nur zu gut, wenn wir's hart haben.« Immer wieder erwähnt sie, man ginge in der Familie zu weich miteinander um. Aus ihrer Sicht ist sie selbst durch die schwerste aller Schulen gegangen – als Erste weg von zu Hause, fern der lieben Mutter, und dazu mehrere, nicht einfache Stationen bis zur gegenwärtigen Ausbildung. »Härte gegen sich selbst«, das war doch ein Postulat ihres Vaters. Noch Jahrzehnte später wird sie immer wieder auf ihre schwere Kindheit zu sprechen kommen, wobei ihre Schilderungen oft übertrieben wirken. Vielleicht beschreibt sie nur Nebenschauplätze, um sich abzulenken.

Trotz aller Selbständigkeit in Hamburg kann sie ohne Erla nicht auskommen – sie bettelt aufs Neue um Besuch, denn wenn die Mutter käme, könnte diese ihr ein »bissle beistehen, meine Sachen in Ordnung zu bringen«. Ordnung ist nicht ihre Sache, auch das Ehepaar Sauerbruch verzweifelt mitunter an ihrem Chaos und fordert spätestens, wenn Gäste kommen, sie möge ihr Zimmer aufräumen.

Im Sommer endlich entscheidet Erla, ihre Älteste in Hamburg zu besuchen: Eris wiederholte »Enttäuschungsgedanken« haben zeitweilig ein Ende. Auf dem Hof will die Tochter ihren Urlaub nicht verbringen: »Du weißt ja, wie's ist. Wenn ich bei euch bin, dann reg' ich mich über alles auf, weißte, wenn die Kleinen nicht parieren und's unordentlich ist – und dann bin ich unausstehlich und nicht nett zu euch und ihr leidet darunter und mich macht's auch kaputt und das ist dann eben keine Erholung.« Erholung hat die junge Lehrlingsdame wirklich nötig, denn in der Fotowerkstatt wird wie überall in Deutschland in diesen Aufbaujahren geschuftet. »Zweifellos arbeiten nirgends Menschen so hart und so lang wie in Deutschland«, hat Hannah Arendt nach einem »Besuch in Deutschland« 1950 geschrieben. »Es ist eine wohlbekannte Tatsache, dass die Deutschen seit Generationen ins Arbeiten vernarrt sind [...]. Die alte Tugend, unabhängig von den Arbeitsbedingungen ein möglichst vortreffliches Endprodukt zu erzielen, hat einem blinden Zwang Platz gemacht, dauernd beschäftigt zu sein, einem gierigen Verlangen, den ganzen Tag pausenlos an etwas zu hantieren. Beobachtet man die Deutschen, wie sie geschäftig durch die Ruinen ihrer tausendjährigen Geschichte stolpern und für die zerstörten Wahrzeichen ein Achselzucken übrig haben oder wie sie es einem verübeln, wenn man sie an die Schreckenstaten erinnert, welche die ganze übrige Welt nicht loslassen, dann begreift man, dass die Geschäftigkeit ihre Hauptwaffe bei der Abwehr der Wirklichkeit geworden ist. Und man möchte aufschreien: Aber das ist doch alles nicht wirklich – wirklich sind die Ruinen; wirklich ist das vergangene Grauen, wirklich sind die Toten, die ihr vergessen habt.«

Eri hat inzwischen ganze 180 Mark für die geplante Reise mit ihrer Mutter gespart, »davon können wir beide herrlich gedeihen!«, schreibt sie stolz und bittet, Erla möge für den Urlaub eine angemessene Garderobe einpacken, darunter die weiße Kostümjacke für die See, denn sie wolle sie am Timmendorfer Strand gediegen ausführen. Sie organisiert alles, als bereite sie ein Schäferstündchen mit einem Geliebten vor. Während Erla die Erwartung einer so intensiven Zeit mit ihrer anspruchsvollen Tochter nur mäßig Freude bereitet, legen es einige darauf an, mit der attraktiven jungen Frau zusammen zu sein. In Hamburg leben auch der Bruder von O. H. und dessen Frau, Eri geht bei ihnen ebenfalls ein und aus. Als seine Angetraute einige Zeit verreist ist, lädt er sich die kleine Dame mit der Kamera ein, um sich, so Eri noch etwas scherzhaft, »seine Strohwitwertage nett zu machen!«. Die beiden nehmen ein gepflegtes Dinner ein, trinken Cocktails, besuchen ein Kabarett in Hamburg und sitzen anschließend stundenlang fröhlich plaudernd bei Himbeergeist und der 5. Symphonie von Beethoven beieinander, bis es kurz vor zwei am Morgen ist. »Am nächsten Tag hatte ich etwas 'nen ›Moralischen‹, aber es war sehr, sehr nett. Ja, ja, la vie«, resümiert Eri altklug. Allerdings scheint sie diese harmlose Begebenheit doch in starke Konflikte gebracht zu haben – weinend erzählt sie ihrem neuen Ziehvater Peter von den Annäherungsversuchen, weil sie nicht weiß, wie sie damit fertig werden soll. Peter schreibt voller Verantwortung einen scharfen Brief an die Familie S., der vorübergehend für große Unruhe und einige Spannungen sorgt – auch die Frau von S. scheint über das Verhalten ihres Mannes recht erbost und ist auf Eri zeitweilig wohl nicht gut zu sprechen. Den freundschaftlichen Beziehungen zwischen den Familien hat dieser Zwischenfall allerdings keinen Abbruch getan, denn es lässt sich rasch aufklären, dass hier wohl »ein Missverständnis« vorgelegen habe.

Zu diesem Zeitpunkt ist Eri schon an Curd interessiert, der ihr unmissverständlich den Hof macht und noch leidenschaftlicher fotografiert als sie. Zunächst erhört Erica jedoch Sven. Dem Schweden begegnet sie auf einer der immer häufiger werdenden Partys, auf denen sie sich trotz Überarbeitung glänzend amüsiert. Nach all den Jahren der Entbehrungen feiern Eris Freunde voller Ausgelassenheit – an Zigaretten und Alkohol herrscht kein Mangel. In ihrem von so manchen Freundinnen und Kolleginnen bewunderten Mansardenzimmer finden gemütliche und heitere Feste statt, die sie als talentierte Gastgeberin kurzerhand aus dem Nichts improvisiert. Jeder der Geladenen bringt etwas mit und so gibt es genug Stoff für ausgedehnte Zusammenkünfte. Nicht selten räumen ihre Freunde im Morgengrauen für sie auf: »Ich stand nur da und ›ordnete an‹«, sagt sie nicht ohne Stolz ob der aufopfernden Hingabe ihrer Freunde. Ja, delegieren, das konnte sie schon damals gut, eine Eigenschaft, die in späteren Jahren herrische Züge annehmen wird. An Wochenenden gibt es am Tag nach dem Fest den obligatorischen »Katerbummel«.

Manchmal übertreibt Eri es mit dem Feiern etwas, weil sie das Gefühl von Unbeschwertheit so verführerisch findet, mit dem Ergebnis, dass sie morgens nicht zur Arbeit geht. Wenn sie sich elend fühlt, kümmern sich die Sauerbruchs oder Freunde um sie, »rührend und rücksichtsvoll«, wie sie findet, besonders gern aber ruft sie Curd, der dann medizinisch nach dem Rechten sieht. Peter, der Hausherr, ist davon nicht sonderlich erbaut (»Wir haben doch einen eigenen, guten Allgemeinarzt!«), schließlich hat er ja die Fürsorgepflicht für die noch nicht Volljährige. Seine Frau achtet aber darauf, dass diese privaten »Arztbesuche« sittlich verlaufen. Die fünfziger Jahre, das waren eben noch andere Zeiten. Peter versucht Eri klarzumachen, dass sie durch zu häufiges Fehlen ihre Lehrstelle aufs Spiel setze, und das würde ihre Mutter »zutiefst verletzen«. Um Eri von Curd abzulenken und auf andere Gedanken zu bringen, nimmt das Ehepaar sie mit in die Kunsthalle und fördert damit ihren ungewöhnlich ausgeprägten Sinn für alles Ästhetische. Die Ausstellung »Von Poussin bis Ingres« gefällt Eri jedoch nicht: »Weißte, viele riesige, alte (kitschige) Schinken aus dem Louvre; ich mag diese Epoche in der französischen Kunst nicht sehr.«

Ihre Arbeit und die Zeit mit der Clique füllen sie ganz und gar aus. Ihr geht es so gut, dass sie sich ängstigt »vor eventuell eintretenden Pechzeiten. Die doch auf diese schönen Zeiten hin einfach kommen müssten«. Allen Beteuerungen zum Trotz wird auch Erla den Eindruck nicht los, dass es ihrer Tochter nicht wirklich gut geht: »Ich muss immer an dich denken und käme so gerne.«

Sven lädt seine neue Freundin zu einer Veranstaltung der »Moralischen Aufrüstung« ein, einer geistigen Bewegung, deren Mitglied er ist. Sie wurde von dem amerikanischen Pastor Frank Buchman in den 1920er Jahren in Oxford initiiert, expandierte während des Zweiten Weltkriegs in den USA und nahm nach dem Krieg ihre Arbeit auch in Deutschland auf, wo sie sich Anfang der fünfziger Jahre für eine Verbesserung der Beziehungen zwischen Frankreich und Deutschland engagiert. »Das war sehr interessant«, erzählt Eri ihrer Mutter, »mit vielen Ausländern et cetera, aber komischerweise haben mich diese Probleme nicht sonderlich berührt, was ich eigentlich erwartet habe.« Das Ehepaar S. will Eris Flamme kennenlernen und bittet Sven zum Abendessen nach Harburg. Eri lädt Curd gleich mit dazu: »So hatte ich die zwei mal zusammen, aber klarer wurde mir's nicht, im Gegenteil. Einmal mag ich den lieber und einmal den und beide sind ganz und gar keine Flirts, deswegen bin ich ja auch so verwirrt«, berichtet sie ihrer Mutter, die sie bei der Qual der Wahl zukünftig häufig zu Rate ziehen wird. Eri ist zwar erst neunzehn Jahre alt und genießt ihre neue Freiheit, gleichwohl ist sie gelegentlich zu einer für ihr Alter sehr reifen Selbsterkenntnis fähig: »Einerseits ist das Leben enorm interessant, vor allem, wenn's einem so gut geht wie mir. Aber ich glaub, ich muss aufpassen, dass ich nicht anfange, leichtsinnig zu werden und zu spielen. Vatis Brief ist mir zurzeit so viel wie noch nie. Ich verstehe ihn jetzt auch so sehr viel mehr, und zwar nicht vom Verstand her (wie ich ihn früher – wenn – dann verstanden habe), sondern vom Gefühl aus, d. h. durch Erfahrungen usw.«

Eri bezieht sich auf den ernsten, langen Brief, den ihr Vater ihr im September 1946 schrieb, als sie gerade ins Internat gekommen ist. Hanns war zu diesem Zeitpunkt mit allen anderen Insassen des Gefangenenlagers von Natternberg im niederbayrischen Landkreis Deggendorf in das nahe gelegene

Plattling verlegt worden. Seine Worte zeugen von tiefer Sorge, aber sie klingen wie eine Predigt der Tugenden, weniger an seine älteste Tochter als an die Öffentlichkeit gerichtet. Nach heutigen Maßstäben wirkt der Ton übertrieben idealistisch, dabei auch streng und der Inhalt des Schreibens entbehrt außer »innigsten Wünschen« jeder zärtlichen oder liebevollen Formulierung. Er rät seiner Tochter, »unbedingt wahrhaftig« zu leben: »Handle in Taten und Worten immer so, dass du Taten und Worte jederzeit vor dir und, wenn es sein muss, vor den Menschen verantworten kannst.« Er mahnt sie, »anständig und nützlich« zu sein und immer daran zu denken, dass der Mensch stets einsam und für die Gestaltung seines Lebens selbst verantwortlich sei. Sie solle Sport treiben und habe als Frau »geradezu die Pflicht, hübsch zu sein« – wobei er vor allem die innere Selbstdisziplin und ein gepflegtes Äußeres meint: »Ein Mädchen, eine Frau, die sich gehen lässt und die der Frau angeborene Zurückhaltung verletzt, verliert unrettbar die Achtung gesund denkender Männer; ob das gerecht oder nicht ist, mag dahingestellt bleiben. Es ist so und danach richte dich.« Wichtig sind ihm auch Höflichkeit aus Herzensgüte und die dauernde Arbeit an sich selbst, was da bedeutet: »Wahrheitsliebe, Gerechtigkeit, Geduld und Ausdauer, Verschwiegenheit, Selbstbeherrschung und Härte gegen sich selbst, Tätigkeitssinn.« In allen Dingen solle man Maß halten, so der dozierende Vater, ferner gelte es, auf die Gesundheit zu achten, Wissen und Können zu erweitern und seinen Charakter zu festigen. »Für dich und dein Leben, für das, was du aus dir und deinem Leben machst, bist du ganz allein verantwortlich. Wenn es schiefgeht, hast du kein Recht, dich über irgendjemanden und irgendetwas zu beklagen; das ist eine harte, aber klare und notwendige Erkenntnis. Je früher man von ihr durchdrungen ist und entsprechend handelt, desto besser. Deshalb haben diese Ratschläge auch nur bedingten Wert. Du kannst sie befolgen oder auch nicht.« Und er fügt an: »Wahrscheinlich wirst du sie nicht befolgen.« Freilich konnte er nicht voraussehen, wie

Recht er langfristig behalten würde, denn Eri wird an diesem hohen Anspruch scheitern und eher das Gegenteil tun oder gerade das geschehen lassen, wovor er gewarnt hat.

Einstweilen will seine Tochter die Ratschläge aber durchaus befolgen, sie will nach Idealen streben und bittet ihre Mutter, ihr alle Briefe vom »Vati« zuzusenden, um sich intensiv mit seinen Botschaften auseinanderzusetzen. Sie will in seine Sätze schlüpfen, ihn durch und durch verstehen und Rückschlüsse für ihr eigenes Leben daraus ziehen. Aus dem alten Smoking ihres Papas lässt sie sich vom Schneider eine »todschicke, schwarze lange Hose« machen und sie bittet Erla sogar um Teile seiner Diplomatenuniform, damit sie daraus etwas Neues für sich anfertigen und sich von seinen Stoffen umgarnen lassen könne – der Vater soll ihr so nahe wie möglich sein. Ihre Mutter bindet sie in ihre Kleiderfragen intensiv mit ein: »Du Arme, was sollst du nicht alles wissen und wo überall helfen!«, schreibt sie zur Entschuldigung. Erla hat für solche Fragen in dieser Zeit gar keinen Kopf, denn der Schlösslehof ist endlich verkauft und sie ist im Begriff, nach Tübingen zu ziehen. Mit der Hilfe von Hans Gmelin hat sie dort ein kleines Häuschen am Neckar gefunden. Der Umzug findet ausgerechnet am fünften Todestag ihres Mannes, im Dezember 1952, statt.

Die Beziehung mit Sven beginnt zu kriseln, denn es gibt neben Eri noch andere Anwärterinnen auf den attraktiven Kerl. Allerdings stellt Eri fest, dass sie ihm auch nicht gerade treu ist, denn sie bandelt weiter mit ihrem »Hausarzt« an und unterdessen ist bereits der nächste Kandidat aufgetaucht: Lars, Svens Freund. Da Sven ihr offenbar nicht genügend Aufmerksamkeit schenkt, versucht sie ihn zu mobilisieren, indem sie sich auf Feten mit dem denkbar größten Charme anderen jungen Männern zuwendet. Das verärgert so manche ihrer Freundinnen und Erla erschrickt ein wenig, als Eri ihr schreibt, angesichts dieser Eifersüchteleien könne sie sich einer gewissen Schadenfreude nicht erwehren. Mehr noch bekommen aber die Herren in ihrer Umgebung ihr Fett weg: »Manchmal freu' ich mich direkt, wenn man die Männer unglücklich macht, denn was hat man durch sie, diese Paschas, nicht oft zu leiden!« Unter einem Pascha gelitten hat Eri eigentlich ja noch nicht – woher kommt dieses negative Männerbild? Hat nicht vielmehr ihre Mutter unter den Eskapaden ihres Mannes und einem vermutlich patriarchalen Verhalten gelitten? Mit Sven vereinbart Eri über einer Flasche Wermut, beide wollten nie eifersüchtig sein und sich nie anschwindeln: »Ganz schöne Theorien, was?«, schreibt sie ihrer Mutter selbstironisch, denn sie weiß, wie erfolgreich ihr Freund bei den Frauen ist. Sie selbst sei ja durchaus auch »keine Heilige und so passen wir prima zusammen«. Die Arbeit, die langen durchfeierten Nächte und die aufreibenden Gespräche zehren an ihren Nerven, sie schläft zu wenig, zu schlecht und oft nicht nachts, lieber schon mal am Nachmittag, wenn sich das einrichten lässt. Ihrem kleinen Bruder Malte, gerade zehn Jahre alt, rät sie, sich »gefälligst mal zusammenzureißen«, denn momentan mache er seiner Mutter arge Schwierigkeiten.

Ihre Gastgeber sind länger im Winterurlaub und Eri kann die Einsamkeit im Haus kaum ertragen. Beim Alleinsein kommen ihr ungute Gedanken, sie hält es schlecht mit sich selbst aus. Zum Glück kümmert Onkel Hans sich um sie und die beiden folgen einer Einladung des Schriftstellers Ernst von Salomon. Eri ist begeistert von der freundlichen Art, mit der sie in seinem Haus am See außerhalb Hamburgs aufgenommen wird. Salomon hat zwei Jahre zuvor sein Buch »Der Fragebogen« publiziert, in dem er nicht ganz ohne Häme die vermeintlich fragwürdige Rolle der US-Besatzungsbehörden bei den Entnazifizierungsprozessen untersucht – einer der Bestseller der Nachkriegszeit. Weder für die Amerikaner noch für die meisten anderen Personen in seinem Buch hat der Autor viel übrig. Mit einer Ausnahme: Hanns Ludin. Mit Ludin saß Salomon zusammen in der Lagerhaft. Er mochte Eris Vater nicht nur sehr, sondern respektierte ihn. Er sei ein Mann der *splen-*

did isolation gewesen, jemand, der viel nachdachte und gut zuhören konnte. »Dafür, dass er sein Leben lang Uniform getragen hatte, wirkte er unglaublich zivil«, so Salomon. Er habe unter den Männern die größten handwerklichen Fähigkeiten besessen und »Käschtle«, wie es im Badischen heißt, geschnitzt – Schachbretter, Schachfiguren und Holzköfferchen. »Ludin war im Lager weitaus der beliebteste Mann, außerdem machte er seine ›Käschtle‹ wirklich vorbildlich.«

In einer Szene im »Fragebogen« bilden die amerikanischen Besatzer eine Gasse und schicken die Gefangenen hindurch, auf die sie dann mit Gummiknüppeln eindreschen. Ludin läuft nicht durch diese Gasse, sondern er bummelt gleichmütig vor sich hin. Dabei verliert er einen Schuh, und als einer der besonders brutalen Soldaten abermals auf ihn einschlagen will und dabei seinen Knüppel verliert, hebt der ehemalige Gesandte ihn auf und gibt ihn ihm ganz ruhig und unbeirrt zurück: »Ludin, alter braver Ludin. Verstehe einer die Welt! Ludin verstand sie«, so der Schriftsteller. Salomon betrachtete seinen Freund als einen jener überzeugt gebliebenen Nationalsozialisten, in denen viele der vermeintlich unschuldigen Lagerinsassen sofort die Schuldigen ausmachen wollten – was diese Nationalsozialisten »mit einer Gelassenheit entgegenzunehmen schienen, die als nichts anderes denn als Verstocktheit gedeutet hätte werden können, wenn es sich nicht gerade bei ihnen durchweg um sehr intelligente, gebildete und in allen Fragen des Lebens erstaunlich aufgeschlossene Männer gehandelt hätte, denen ein echter Patriotismus nicht abzustreiten war und die jetzt zudem in allen Fragen der Haltung vorbildlich wirkten«. Weil Ludin einen so aufrechten und gradlinigen Eindruck machte, wandten sich offenbar viele Männer um Rat suchend an ihn. Einige junge SS-Soldaten soll er davon überzeugt haben, nicht zu fliehen, sondern sich ihrer Verantwortung zu stellen.

Während der langen Haftzeit hat sich Salomon mit Eris Vater intensiv unterhalten, um seine Motive zu verstehen. Warum hat Ludin diesen Weg beschritten, warum hat er Hitler unterstützt und ihm bis zum Schluss die Treue gehalten? »Ludin sagte nach einer sehr langen Weile, plötzlich wieder in seinen heimatlichen, badischen Dialekt verfallend: ›Weischt‹, man kann einmal seinen Eid brechen, ich hab es damals als Reichswehroffizier getan, und es ischt mir schwer genug gefall'n – aber zum zweiten Mal den Eid brechen, das kann man halt nicht.‹« Salomon spürte, wie durchdrungen dieser Mann war von der Vorstellung, die traditionellen Tugenden in das neue System hinüberzuretten: »Es war also, zynisch ausgedrückt, eine Art Radikal-Liberalismus, der ihn zu handeln bewog, eine geistige Macht, welche, nachdem sie noch so kräftig gewesen war, der Sozialdemokratie das Konzept auszulaugen, nunmehr ihre legitime Nachfolge im Nationalsozialismus fand.« Ludin war davon überzeugt, im Sinne der Deutschen und der Slowaken richtig gehandelt zu haben. Als bekannt wurde, dass die slowakischen Juden nicht ausgesiedelt, sondern umgebracht worden waren, soll er gegenüber Salomon ausgerufen haben: »Das ischt eine bodenlose Sauerei!« Eine Sauerei, für die er mitverantwortlich gewesen ist. Das erinnert an das, was der Publizist Eike Geisel über die deutschen Reaktionen auf die Fernsehserie *Holocaust* geschrieben hat: »[...] da ging ein Aufschrei durch das Land: Dass es so schlimm gewesen sei, davon habe man keine Ahnung gehabt. Die ganze Nation verhielt sich wie Eichmann in Jerusalem, wo er sich erzählen ließ, was er angerichtet hatte.«

Beim besten Willen kann ich mir nicht vorstellen, dass mein Großvater an so hoher Stelle im politischen Getriebe gearbeitet hat, ohne zu wissen, wie Hitler und seine engen Vertrauten ihre Politik praktisch umsetzten. Ich bin davon überzeugt, dass er wusste, wohin die deportierten Juden kamen – nicht in Arbeitslager, wie meine Tanten glauben, sondern in Vernichtungslager. Was hat er denn damit gemeint, als er von der »100%-igen Lösung der Judenfrage« sprach, wie das in den Aufzeichnungen der Deutschen Gesandtschaft Pressburg von

1942 nachzulesen ist? Sogar 1944 hat er noch davon gesprochen, dass die Judenfrage »auf alle Fälle radikal gelöst« werden müsse. Dass mit »Lösung« das Ende gemeint war, wussten diese Herren doch alle. Sauerbruch, der Weggefährte meines Großvaters im amerikanischen Gefangenenlager, erinnert sich auch noch gut, wie entsetzt Hanns und alle anderen Lagerinsassen sich nach dem Krieg über das ganze barbarische Ausmaß gezeigt hatten. Er zieht daraus jedoch nicht den Schluss, mein Großvater habe keine Kenntnis von den Verbrechen des Nazi-Regimes gehabt.

Gespräche mit Familienmitgliedern, Freunden und Bekannten bringen mich immer wieder ins Schleudern, denn naturgemäß argumentiert jeder Mensch nach seiner eigenen persönlichen und politischen Façon und vor dem Hintergrund der eigenen Lebensgeschichte. Fakt bleibt jedoch, dass mein Großvater die Deportationsbefehle unterschrieben hat. Das Bedürfnis einiger meiner Verwandten, diesen letzten Zweifel, ob Hanns an der Ermordung der Juden bewusst beteiligt gewesen ist oder nicht, aufrechtzuerhalten, kann ich nachvollziehen. Ich kann diesen Standpunkt jedoch nicht akzeptieren. In seinem Abschiedsbrief sagt mein Großvater, er sei »weder eines unmenschlichen Gefühls noch einer unmenschlichen Handlung fähig«. Selbst wenn er tatsächlich nicht gewusst hätte, dass die Juden ermordet wurden – ist es nicht zutiefst unmenschlich, Menschen ihres Hab und Guts zu berauben und sie zu deportieren, weil sie Juden sind? Juden waren in den Augen der Nazis eben keine Menschen, deshalb konnten sie auch gar nicht Opfer einer unmenschlichen Handlung werden. Für mich ist allein das schon ein Verbrechen. Damals wie heute. Zu jeder Zeit.

Eri ist natürlich Feuer und Flamme für alles, was ihr der große Schriftsteller über ihren Vater mitteilt. Sie findet es »mordsinteressant. Er erzählte viel. Und sprach phantastisch vom Vatchen. – Denke dir«, schreibt sie ihrer Mutter, »er schenkte mir einen ›Fragebogen‹ und schrieb rein ›Für Eri Ludin‹, mit dem innigen Wunsch, ihr alles und noch viel mehr erklärlich zu machen. E. v. S.« Ob ihr der »Fragebogen« wirklich irgendetwas und gar noch viel mehr erklärlich gemacht hat, bleibt fraglich, zumal, wie ein Zeitzeuge sagt, Wahrheit und Dichtung bei diesem Werk nahe beieinanderliegen. Festzuhalten ist zumindest, dass Salomon ähnlich sozialisiert war wie Hanns – beide sahen die Kameradschaft und das Bemühen um Deutschland als hohe Werte an – und noch lange nach dem Krieg gern mit Freunden wie Ernst Jünger und Richard Scheringer Lieder anstimmte, die sie aus der Soldatenzeit kannten. Mit seinem Bestseller hat Salomon die Persönlichkeit von Eris Vater stellvertretend für diese verlorenen Werte dargestellt und ihm ein Denkmal gesetzt. Auch wenn er einen parteiischen Blick und ein verklärtes Bild entworfen hat, so ändert das gewiss nichts daran, dass viele andere Menschen, die Ludin kannten, ihn ebenfalls als »anständigen Mann« wahrgenommen haben.

Von Eri selbst ist im »Fragebogen« nicht explizit die Rede, ihr Bruder allerdings wird erwähnt: Ludin »war nicht sonderlich sentimental, nur einmal hatte er mir Fotos von zu Hause gezeigt, von seiner Frau und seinen sechs Kindern, seinem ältesten Sohn Tilman, den er besonders liebte, wahrscheinlich aus der verrückten Einstellung zum Erbe, das gerade im ältesten Sohn beschlossen liege«. Diese Bevorzugung des jüngeren Bruders muss für Eri und ihre Geschwister schwierig gewesen sein. Sie tröstet sich aber mit den guten Absichten ihres Vaters, seine Nachkommen zu schützen, denn er soll auch gesagt haben: »Und außerdem möchte ich nicht, dass meine Kinder jemals von ihrem Vater sagen können, er habe für seine Sache nicht geradegestanden.«

Draußen schneit es und Eri ist wohlig zumute. In dem reetgedeckten Haus mit den niedrigen Stubendecken, den knarrenden Dielenböden und dem weichen Lampenlicht findet sie es gemütlich. Die Komplimente für ihren Vater sind Streicheleinheiten für sie! Was muss das für ein feiner, was für ein fabelhafter Mensch gewesen sein, ihr Vater! Unfassbar, dass man gerade ihn als Kriegsverbrecher gehenkt hat! Selbst Salomon schreibt doch, wie verzweifelt er war, als er davon hörte, dass Ludin an die Tschechen ausgeliefert werden sollte: »Ich will nicht, dass sie des Reiches Gesandten in der Slowakei hängen, als wäre er ein gemeiner Verbrecher, und es wird sein, als wäre nichts geschehen!« Eri versteht die Welt nicht mehr. Sie ist von diesen Berichten überwältigt. Doch wie bewertet und verarbeitet ein so junger Mensch diese ungefilterten, einseitigen Informationen über einen geliebten, jahrelang schon toten Vater – ohne historische oder politische Kenntnisse und zudem in einer Zeit, als das ganze Ausmaß der Naziverbrechen noch gar nicht bekannt war und die Menschen in Deutschland jegliche Erinnerung an den Krieg verdrängten und aus dem Gedächtnis löschten?

Erst in den frühen Morgenstunden brechen Eri und Onkel Hans in Richtung Hamburg auf. Das Benzin ist jedoch bald verbraucht, die beiden bleiben liegen und müssen in der Dunkelheit durch den Schneematsch bis zur nächsten Ortschaft wandern, was O. H. wegen seiner Beinprothese schwerfällt. Eri stützt ihn und er ist von dieser Hilfestellung sehr angetan. Bald darauf kommt es zur Trennung, denn die Familie S. wandert nach Südafrika aus, um sich dort eine neue Existenz aufzubauen. Einige Zeit später hat S. seine ehemalige Pflegetochter während einer Europareise auf eine Wochenendtour nach Paris eingeladen und sie ist ganz ohne Argwohn mitgereist. In der französischen Hauptstadt hat er ihr dann eindeutige Avancen gemacht oder, wie jemand kess formulierte: Er hat für Eri seine Beinprothese ablegen wollen. Eri hat das sehr erschüttert: Wie weist man diesen gönnerhaften Freund ihres Vaters, ihren Onkel oder gar Vaterersatz, zurück? Vielleicht war sie auch erschrocken, weil sie es ein wenig herausgefordert hatte, schließlich hatte sie mit O. H. geflirtet. Erla erfährt davon und ist pikiert. Bei Freunden spricht man noch lange darüber, dass dieser Übergriff wohl einigen Schaden bei Eri angerichtet haben könnte.

Im Frühjahr 1953 fühlt Eri sich besonders müde und interpretiert das als Reaktion »auf den ziemlich vitaminarmen (oder besser gesagt unvernünftigen) Winter [...]. Aber«, beschwichtigt sie ihre Mutter, »mache dir keine Sorgen, ich gehe zurzeit ziemlich ›in mich‹, ich gehe kaum noch aus. So ging's ja auf die Dauer auch nicht ewig weiter. Das haste nämlich gar nicht erfahren, wie das war. Na, wurscht.« Barbel hat noch immer keine Anstellung gefunden und die Sauerbruchs bieten jetzt an, sie aufzunehmen, doch Erla findet das keine gute Idee, vielleicht schon deshalb, weil sie ihre Zweitgeborene Eri nicht aussetzen will; oder Barbel selbst will das nicht, jedenfalls lehnen die Frauen höflich ab. Eri ist offensichtlich verletzt und schreibt ihrer Mutter: »Du schriebst, wie froh du wärst, wenn sie mal die Möglichkeit hätte, rauszukommen. Wenn sie diese dann aber mal bekommt, dann bist du es, die dagegen ist!« Das Angebot der Sauerbruchs sei doch geradezu ein Himmelswink gewesen, den man nicht einfach zurückweisen könne. »Ich glaube, dass es nichts als Weichheit von dir war. Du nützt uns doch viel mehr mit der umgekehrten Seite.« Gleichzeitig entschuldigt sie sich, dass sie so offen ihre Meinung äußere, aber schließlich sei sie doch die ältere Schwester »mit bitteren Erfahrungen«. Erla solle die Sache nicht allein von dem Standpunkt aus beurteilen, »dass du Barbel weit weg gibst von dir, sondern von dem aus, ob es ihr nützlich ist und ihr voranhilft«. Sie scheint ihre Mutter für wenig lebenstüchtig zu halten, denn sie stellt fest, das Leben müsse man doch »mal anpacken, und möglichst so, wie's ist. So wie bei uns daheim ist es nämlich nicht ganz, finde ich [...]« Aber Erla solle nicht betrübt über ihren Rat sein, denn »du weißt ja, wie sehr du für uns immer über all diesem stehst«.

Erica vermittelt ihrer Mutter in Tübingen den Studenten Rainer als Untermieter. Der ist auch in sie vernarrt. Obgleich sie ihn sehr intellektuell und »pfundig« findet, ist er ihr zu unscheinbar – und pickelig dazu. Sie fürchtet ein wenig, dass der steife Hamburger aus besserem Hause über Erlas bescheidene

Lebensverhältnisse »entsetzt« sein könnte, aber da sie ihm versichern kann, dass ihre Mutter seinen Lebenswandel gewiss nicht beobachten werde und er für eine Mark gewiss einmal wöchentlich ein Vollbad nehmen dürfe, schämt sie sich nicht, ihm das Zimmer zu vermitteln.

Lars ist jetzt Eris Freund, doch sie flirtet auf Partys weiter mit Sven. Auf einem Fest tanzt sie ausschließlich mit ihm: »Ich hab' mich glänzend amüsiert, hatte die ganze Nacht durch 'nen leichten Schwips ... und war in einer Art ›Trancezustand‹, ausgelassen und aufgedreht und dabei doch gar nicht richtig dabei. Das kam daher, dass ich schon mit 'nem Schwips ankam.« Sie hatte bereits am frühen Abend angefangen, mit Curd zu bechern. Dieser ist mittlerweile über beide Ohren in Erica verliebt, so sehr, dass sie es kaum glauben kann. In Hamburg liest Thomas Mann, aber Eri sagt die Einladung zu der Lesung ab, weil sie so überarbeitet ist. Sie denkt mit »Wonne und Sehnsuchtsgefühlen« an Erlas herrliches Essen auf dem Hof und kommt in den Genuss eines kurzen Erholungsurlaubs.

Sie hat ihrem Lars von der immer ernster werdenden Beziehung zu dem Arzt gebeichtet und sie fragt ihn jetzt, ob sie ihm, Lars, denn treu bleiben solle. Ihr junger Freund ist von der Idee eines Nebenbuhlers nicht begeistert, jedenfalls entscheidet sich Eri endlich für Curd, der sie schon seit zwei Jahren begehrt. Er nennt sie bald liebevoll neckend seine »Herrin« und sie empfindet die Partnerschaft mit ihm wohltuend als »gleichwertigen Kampf«, weil der weitaus ältere Mann ihr etwas entgegenzusetzen weiß – »denn allen Verehrern, die ich bis jetzt hatte, war ich halt doch irgendwo überlegen, glaub' ich«. Curd sagt, sie habe »Haare auf den Zähnen« und man müsse sie fest an die Kandare nehmen. Eri stellt fest, dass sie »durchaus nicht (immer) die Oberhand« gewinnt, die beiden streiten sich oft. Sie findet Curd ziemlich verwöhnt und will das nicht gelten lassen, weshalb sie ihn nach eigener Einschätzung übermäßig viel rügt. Eigentlich findet sie das scheußlich und sie tut es auch nur mit »blutendem Herzen«, aber nachgeben will sie auch nicht.

Unbewusst will sie sich ihren Partner nach dem unerreichbaren Vorbild ihres Vaters formen, eine Sehnsucht, die naturgemäß scheitern muss und wenigstens den Vorteil hat, dass Hanns stets ihr Ideal bleiben kann. Ihr erfahrener Freund bringt eine Engelsgeduld für sie auf, kümmert sich rührend um sein Prinzesschen und sorgt dafür, dass sie genügend schläft und ausreichend isst. Er legt seinem »kleinen Spatz« ein Rezept hin, in dem er ihr Vorlesen verschreibt – »gegen Schlafmangelsymptome, Gereiztheit und übermäßigen Charme«.

Eines Tages überrascht er sie mit einem nagelneuen Automobil, Marke Volkswagen. Die meisten Haushalte haben noch nicht einmal einen Kühlschrank, geschweige denn einen Fernseher, und man lässt sich von den öffentlichen Verkehrsmitteln befördern, weil es außer Mopeds und Motorrädern kaum private Transportmittel gibt. Ein eigenes Auto ist da freilich eine Sensation. Curd und Eri fahren nun öfter gemeinsam zur Arbeit und sie machen Ausflüge an den Ratzeburger See und an andere schöne Stellen. Sie sprechen über Heirat, aber Eri ermahnt ihre Mutter, niemandem von diesen Plänen zu erzählen. Überhaupt wacht sie eifersüchtig über den intensiven Austausch mit ihrer Mutter: Erla möge ihre Briefe keinesfalls anderen zum Lesen geben, sie solle sie sorgsam beiseitelegen und sich über den Inhalt ausschweigen.

Manchmal besucht das Paar auch die Salomons. Der Schriftsteller, von Eri ebenfalls sehr angezogen, erlaubt ihr, auf seiner Schreibmaschine Briefe zu schreiben. Einige Lektoren seines Verlages sind zu Gast, einer von ihnen ruft Eri gleich am nächsten Morgen an, um sie zum Essen auszuführen, was sie fast angenommen hätte, wäre Curd vor Eifersucht nicht gar so wütend geworden.

Barbel hat endlich einen Ausbildungsplatz als Buchhändlerin gefunden und scheint ihre Freiheit sogleich ein wenig zu sehr auszukosten, denn zu Erlas Leidwesen kommt sie abends oft viel zu spät heim. »Du musst ihr halt immer wieder sagen«, erklärt ihr Eri, »dass je feiner das Mädchen ist, umso zurückhaltender ist es und umso begehrenswerter ist es für den Mann.« Diese Auffassung entspricht durchaus den Sitten der fünfziger Jahre, nur Eri, keine zwei Jahre älter als ihre Schwester, hält sich an diese Verhaltensregel selbst nie ... Einige Wochen zuvor hat Barbel sie in Hamburg besucht und Erla vermutet, dass die ältere Schwester keinen guten Einfluss auf sie hatte und sich in ihrer Anwesenheit nicht angemessen benahm. Eri kann den subtil formulierten Vorwurf ihrer Mutter überhaupt nicht verstehen, sie und Curd hätten in Anwesenheit vom Barbele doch nun wirklich nichts Unrechtes getan, »höchstens, dass wir mal so aus Scherz so ein bissle ›geschmust‹ haben an der Ostsee, aber das war wirklich völlig harmlos und alltäglich für sie«. Ihre Schwester Ellen scheint sich in der Schule gehen zu lassen und Eri sagt, ob sie denn nun geruhe, sich »mal endlich auf den Hosenboden zu setzen und zu lernen, mit Verlaub zu fragen«? Ellen gehöre wohl kräftig der Hintern versohlt! Am schlimmsten scheint es Bruder Tilman zu treiben, der sich in Salem alles andere als gut aufführt und zu Erlas größter Betrübnis ein schlechtes Zeugnis nach Hause gebracht hat. Eri, wie immer voller Verantwortungsgefühl, malt sich aus, ihren Bruder zu sich zu holen, sobald sie genügend Geld verdient. »Was meinst du denn, würde Vati dazu sagen?«, schreibt sie ihm erbost. »Du, sein Ältester, auf den er immer so stolz war, von dir dächte er doch bestimmt, dass du Muttchen beistehst [...] Wir Geschwister müssen feste zusammenhalten, denn so ganz leicht haben wir's ja nicht, ohne unseren Vati. Aber am schwersten hat's Mutti und ihr müssen wir deshalb, so viel es geht, helfen. [...] Sei tapfer und denk an unseren Vater«, bittet sie ihn inständig.

Wie eine große schöne Seifenblase

Eine Krankenkasse, eine Krankenkasse muss her. Eri drängt ihre Mutter, sich endlich um eine Versicherung zu kümmern, das sei unerlässlich! Außerdem beginnt sie, sich Gedanken über deren Altersversorgung zu machen, denn Erlas Antrag auf eine Beamtenrente wurde juristisch zurückgewiesen. In der Begründung heißt es, sie habe darauf keinerlei Anspruch, denn ihr Mann sei »ohne entsprechende Vorbildung und ohne sonstige fachliche Voraussetzungen für sein Amt«, ja »ohne untere Besoldungsgrenzen durchlaufen zu haben«, allein wegen seiner Verbindungen zum Nationalsozialismus angestellt und zum Gesandten I. Klasse befördert worden. Ein Beamtenverhältnis des Verstorbenen sei überhaupt nicht begründet, folglich habe auch sie als seine Witwe kein Recht auf Versorgung. Für Erla sind das schlechte Nachrichten, denn sie hat keinerlei Einkommen. Sie erhebt Einspruch gegen diese Entscheidung des Auswärtigen Amtes. Eri berät sich regelmäßig mit den Erwachsenen in ihrer Umgebung, vermittelt Erla Tipps und Adressen von Rechtsanwälten und anderen Beratern. Mitunter scheint sie sich selbst Mut zusprechen zu wollen: »Ach Mummchen, es wird wohl manchmal nicht so leicht werden, denn es ist ja klar, dass wir Kinder (vor allem ich als Älteste) unsere eigenen Pläne, Wünsche und Ansprüche vorläufig in den Hintergrund stellen oder zumindest erheblich herabschrauben. Aber wir werden es ganz bestimmt schaffen. Es wäre ja auch gelacht, denn schließlich sind wir doch alle sechs gesund und kräftig, wenn auch der eine oder andere sich vorübergehend schonen muss. Und dumm ist auch keiner von uns.«

Hoch oben im Norden träumt sie von einem harmonischen Familienleben in Tübingen, von einer heilen Welt. In ihrer Phantasie, so schreibt sie ihrer Mutter, ginge Barbel bei Sonnenuntergang mit ihrem Herzblatt aus, »Ellen säße traulich bei uns und machte emsig und vertieft Schularbeiten (wie es ihre Pflicht und Schuldigkeit ist, um wie eine ›Erziehungsberechtigte‹ zu reden) und wir beiden stopften, unterhielten uns leis' [...] und genössen ein schönes Fläschle Wein dabei«. Ist Eris Platz wirklich dort an der Seite Erlas, gütig mit ihr über das Wohlergehen der Geschwister wachend? Ihre Mutter sieht das anders. In einem traurigen Brief an ihre Schwiegermutter, in dem sie ihre Einsamkeit und ihren Kummer über den Verlust ihres Lebens beichtet, sagt sie: »Eri wird nun schon zwanzig Jahre, aber sie ist eigentlich trotz ihrer Reife noch ein Kind, das wurde mir wieder sehr bewusst.« Zutreffender hätte sie ihre Tochter nicht beschreiben können, denn dieser Widerspruch zwischen der Reife und dem Kind wird sich nie auflösen – wohl auch, weil sich dieses wechselnde Rollenspiel zwischen Mutter und Tochter, Kindsmutter und Tochtermutter, schon damals fest etablierte.

An ihrem Geburtstag im Herbst bekommt Eri von der Großmutter ein neues, großes, gerahmtes Bild von ihrem Vater, das sie auf ihren Schreibtisch postiert. Ihre Gastgeber sind mal wieder auf Reisen und sie ist allein zu Hause. Sie legt sich auf ihr schmales Bett mit dem großblumigen Überwurf und lauscht ergriffen einer Mozart-Symphonie, »die (wie mir zu Ehren) im Radio kam: Einiges Heimweh und Verlassenheit überkamen mich«. Mit ihren Freunden feiert sie anschließend ihr neues Lebensjahr und singt, während sie heiter das Sektglas schwenkt, Willy Schneiders Erfolgsschlager des Jahres: »Man müsste noch mal zwanzig sein und so verliebt wie damals«.

Einer von Curds Patienten ist der Künstler Enrico Mainardi.

Der Cellist, Komponist und Dirigent tritt mit besagtem Keilberth auf und beeindruckt Erica sehr. Curd vermittelt ihr den Auftrag, von dem Musiker Porträtfotos zu machen. »Er ist furchtbar nett und charmant und sieht phantastisch aus! Majestätisch! Weißte, so eine schlohweiße Künstlermähne und große, dunkle, direkt faszinierende Augen«, berichtet die geehrte junge Fotografin. Solche Begegnungen sind Highlights für sie, da ihr der Trott des Alltags so gar nicht schmecken mag. Eris ständige Übermüdung beunruhigt ihren Freund und er versucht, der Sache auf den Grund zu gehen. »Er hat sich noch mal von mir ganz genau meine damalige ›Krankheit‹ erzählen lassen und sagt, das sei von ›Überanstrengung und schlechter Ernährung‹ (dieses in Salem) in der Pubertätszeit gekommen.« Ihre Krankheit setzt sie in Anführungsstriche, weil die Tübinger Ärzte vor fünf Jahren bei den Untersuchungen nichts Aufschlussreiches herausbekommen haben. Sie rätselt weiter, was ihr denn fehlen könne, und siehe da, zum Glück entdeckt Curd, dass sie einen starken Eisenmangel hat. Wahrscheinlich hat er längst verstanden, dass hier psychosomatische Vorgänge im Spiel sind, aber das werde sich mit dem Alter schon legen, meint er. Die Eisentabletten, die er ihr gegen »Anämie und Schwächezustände« verschreibt, wirken erstaunlicherweise Wunder, Eri fühlt sich schon nach wenigen Tagen leistungsfähig, frisch und energisch: »Es ist eigentlich doch toll, wie sehr der Körper in sämtlichen Reaktionen abhängig ist von seinen normalen Funktionen und seiner guten Erhaltung«, stellt sie fest und rät ihrer Mutter, ebenfalls das Mineral einzunehmen, damit sie sich nicht mehr so schlapp fühle. Erla begeht ihren Geburtstag kurz nach ihr, sie wird achtundvierzig Jahre, was damals bereits als fortgeschritteneres Alter gilt, doch Eri meint bewundernd: »Du wirst dabei keineswegs älter, du bleibst ewig jung und schön, fürwahr!«, und fügt rasch hinzu: »Aber deine Töchter reifen heran.« Als sich der nächste Jahrestag der Hinrichtung ihres Vaters nähert, will sie von ihrer Mutter wissen, was sie ihm als junge Ehefrau denn gekocht habe, denn sie wolle ihrem Curd an Weihnachten etwas Schmackhaftes bescheren. Sie verstehe nun immer besser, wie schwer das für Erla alles gewesen sei und wie fabelhaft beherrscht und tapfer sie dennoch stets bleibe. Ewig jung, schön, phantastisch – diese Mutter kann man mit Superlativen gar nicht genügend überhäufen.

Erla hat indes das Gefühl, ihrer Tochter überhaupt nicht genügen zu können. Als sie sie Anfang 1954 in Hamburg kurz besucht, meint sie anschließend, sich dem Kind aus Erschöpfung nicht ausreichend gewidmet zu haben. »Es tut mir so leid, dass ich dir so wenig sein konnte«, entschuldigt sie sich. Curd habe ihr gut gefallen und »ich könnte mir denken, dass ihr gut zusammenpasst. Aber, Liebes, beanspruche ihn nicht zu viel für dich, verkneife dir auch manchmal einen Anruf.« Sie selbst kennt das anspruchsvolle, intensive Wesen ihres Kindes ja besser als jeder andere.

Wenn auch nicht gerade glanzvoll, besteht Eri im März ihre Gesellenprüfung. Das ist natürlich ein Anlass zur Freude, doch sie weiß tagsüber nun nichts mehr mit sich anzufangen, ihre Unruhe wächst wieder ins Unermessliche und sie projiziert ihre Unzufriedenheit auf den angestrengt arbeitenden, ehrgeizigen Curd. Mit ihm zusammen müsse sie stets auf alles verzichten und sitze nun hier im Zimmer herum, beklagt sie sich bei ihrer Mutter. »Der Altersunterschied ist eben doch sehr groß. Ich möchte so gerne mal was vorhaben und er braucht das gar nicht.«

Ihre Zeit in Hamburg geht jedoch rasch zu Ende, denn sie zieht wieder nach Süddeutschland, wo sie sich eine Stelle als Fotografin suchen und ihrer Familie nahe sein will. Ihre Abreise gestaltet sich äußerst hektisch: Sie vergisst in ihrem Zimmer allerhand, Curd muss ihr die Sachen nachsenden, was er getreulich tut. Den persönlichen Besorge- und Nachsendeservice kennt Eri ja schon von Haus aus, sie wird ihn auch in Zukunft allenthalben einfordern. Ein Jahr zuvor haben Curd und sie einander gefunden, nun ist sie plötzlich verschwunden und unerreichbar am anderen Ende Deutschlands. Wehmütig schreibt er ihr: »Du hast so einiges mit mir angestellt, mein Liebes«, und unterzeichnet selbstironisch mit »dein Spießbürger«. Bei Erla bittet er bald höflichst um Erlaubnis, mit Eri die geplante Jugoslawienreise antreten zu dürfen, er habe für drei bis vier Wochen achthundert Mark gespart, »außer guter Laune und ihrem Riesenkoffer braucht Eri nichts weiter beizusteuern«. Erla willigt etwas zögerlich ein und die Großmutter legt zum Reisegeld sogar noch etwas dazu, aber geheuer ist den beiden Frauen dieses Unternehmen ganz und gar nicht – zur damaligen Zeit verbot das gute Benehmen, dass ein junges, unverheiratetes Mädchen mit einem, noch dazu viel älteren Mann allein unterwegs ist. Wenn Eri sich jedoch etwas vorgenommen hat, ist sie davon nicht abzubringen: Ihren Willen setzt sie durch.

Schon kann die Reise beginnen. Das Paar macht sich mit Curds VW, den er »Aladin« getauft hat, auf den Weg. Sie bleiben zunächst einige Tage in München. Erla schreibt ihr sogleich in die bayrische Hauptstadt, denn ein Telefonat kann sie sich momentan nicht leisten: »Unser plötzlicher und liebesarmer Abschied war und ist mir noch lange ein Druckpunkt. Es gibt immer so viele Druckpunkte und dabei möchte man sich doch nicht unterkriegen lassen.« Sie drängt ihre Tochter, sich ordentlich auszuschlafen, und bittet, »dass du vernünftig bist und allmählich deine etwas mitgenommenen Nerven zur Ruhe kommen«. Es fällt ihr offenbar nicht leicht, ihre größte Vertraute so unerreichbar zu wissen, denn gerade mit ihrem Sohn Tilman ist es gegenwärtig besonders schwierig, »oft bin ich verzweifelt«, gesteht sie hilflos. Der hübsche Vierzehnjährige mit dem blonden Haarschopf und den wachen braunen Augen hat seiner schlechten Leistungen wegen Salem verlassen und lebt nun wieder bei der Mutter und den Geschwistern. Die älteren Schwestern erziehen ständig an ihm herum und die Kinder streiten sich viel. Tilman ist für alles zu haben, was ihn aus diesem von Frauen dominierten

Käfig rettet: Aufstand gegen die Weiber! Im Keller experimentiert er mit Chemikalien und bringt sich in Lebensgefahr, da ihm ein mächtiger Cocktail beinahe in der Hosentasche explodiert. In Tübingen hat er sich einer Bande angeschlossen, die mit den Franzosen Zigarettengeschäfte macht. »Sie haben geschoben, dass es nur so krachte«, erinnert sich Herta Däubler-Gmelin. Tilman macht sich außerdem ein Vergnügen daraus, mit einem Luftgewehr die Straßenlaternen zu zerschießen, was die Polizei auf den Plan ruft und zu einer harten Ordnungsstrafe führt. Wenigstens lernt er neuerdings Trompete, aber zu Erlas Leidwesen übt er fast jeden Tag. Sie ist nicht in der Lage, den wilden Burschen zu bändigen, der für den jüngeren Bruder Malte auch noch männliches Vorbild ist. »Er nahm sich meiner schützend an, wurde so etwas wie mein Mentor, dem ich – erfolglos – nacheiferte, ob es nun um die örtlichen Straßenlampen, sein Faible für Waffen und alles, was explodiert, ging oder um illegales Fahrvergnügen auf alten Motorrädern«, hat Malte später am Grab seines früh verstorbenen Bruders in einer Ansprache geäußert.

Von unterwegs meldet Eri sich per Postkarte so regelmäßig wie möglich: »Ludin auf Reisen, zurzeit Österreich«, heißt es da kurz und bündig und aus Dubrovnik schreibt sie einen langen Brief, in dem sie vom jugoslawischen Essen und dem billigen Wein schwärmt. Sie verrät ihrer Mutter nicht, dass sie nicht besonders zufrieden ist, denn Curd ist so fasziniert von der Idee, der Krätze bei der Bergbevölkerung medizinisch und fotografisch hinterherzuspüren, dass für ihre Interessen wenig Raum bleibt – was wiederholt zu Streitereien führt. Allerdings verschießt auch Eri einen Film nach dem anderen und dokumentiert das einfache Leben der Jugoslawen in jener Zeit, wovon Hunderte von Fotos in meinen Kisten zeugen.

»Wenn man so aus einem armen Land wieder zurückkehrt, merkt man erst, wie weit es – teils – bei uns wieder ist«, stellt Curd nach der Rückkehr fest. Er vermisst seine Verlobte, die in

Reutlingen eine Stelle gefunden hat, gesteht ihr aber auch, dass ihm »eine gewisse Entlastung von meinem täglichen Dienst und deinem Oberbefehl gelegentlich und vorübergehend ganz angenehm dünken will«. Heiraten will er sie immer noch, aber die beiden haben darüber in der letzten Zeit nicht mehr gesprochen. Curd will sie dazu bewegen, einen Fotoband über Jugoslawien mit ihm zu machen, doch für diese Idee kann sie sich nicht so recht erwärmen, denn das Leben geht hurtig weiter. Sie wohnt bei ihrer Mutter und den Geschwistern am Neckar. Die altmodische Einrichtung im Haus findet sie muffig und spießig, immerfort zieht sie Vergleiche zum Stil der Sauerbruchs in Hamburg, ihrem Nonplusultra, was alle um sie herum maßlos irritiert. Ihre jüngste Schwester Andrea erinnert sich, dass man an Wochenenden durchs Haus schleichen musste, denn Eri forderte absolute Rücksicht auf ihren dringend notwendigen Schlaf. Ihre Geschwister mögen es überhaupt nicht, dass Eri ewig und drei Tage an ihnen herummäkelt. Alle müssen nach ihrer Pfeife tanzen und regelmäßig zum Fototermin antreten, denn Eri will ihre fotografischen Fähigkeiten selbstverständlich an ihrer Familie austoben; mit den äußerst gelungenen Endprodukten sind sie in der Regel dann aber alle sehr zufrieden.

Oft sitzt Eri am späten Vormittag, wenn nicht gar mittags, im Morgenrock am Tisch und spielt Patiencen. »Das wirkte fast autistisch auf mich«, sagt Andrea, und dieser Eindruck, die Welt um ihre bewunderte, älteste Schwester herum existiere für diese phasenweise nicht, machte ihr Angst. »Ich war immer heilfroh, wenn sie heiter war.«

In den Sommerferien stattet Eri, »Meisterin der Überraschung«, ihrem Freund in Hamburg einen unangekündigten Besuch ab. Curd arbeitet in der Klinik viel zu viel. Immerzu ist er knapp mit Geld und muss sparen. Das ist ihm unangenehm, denn er will seiner anspruchsvollen Eri ja auch etwas bieten können. Sie bemerkt zunehmend, wie steif ihr Curd sein kann und wie schwer es ihm fällt, aus sich herauszukommen. Zurück in Süddeutschland, meldet sie sich immer seltener bei ihm: »Du schreibst ja nun wohl gar nicht mehr? [...] Die neue Umgebung und jüngeren Menschen haben dir wohl mehr zu sagen als dein alter Hornochse?«, fragt er betrübt und nennt sie ironisch seinen »schwersten Fall«. Er schafft es nicht, sie an ihrem einundzwanzigsten Geburtstag im Oktober 1954, am Tag ihrer amtlichen Mündigkeit, zu besuchen – sein Oberarzt gibt ihm keinen Urlaub, abgesehen davon ist er pleite. Er weiß nicht, dass Eri sich bereits mit Ernst-Günther tröstet, mit dem sie auf der Vespa durch die Gegend düst. Ihn hat sie auf einem Ball bei den Eltern ihrer alten Schulfreundin Nanne in Reutlingen getroffen. Der junge Mann stammt aus Lörrach und kennt ihren Vater und dessen Familie von diversen Besuchen, ja er erinnert sich gar, wie überzeugend der Soldat Hanns auf ihn gewirkt hat und wie fabelhaft er aussah. Ernst-Günther ist auch höchst ansehnlich und macht nicht nur auf Eri, sondern auch auf Erla und die Schwestern Eindruck. Oft ist er bei den Tübingern zu Besuch und fühlt sich in diesem gastfreundlichen Haus wohl. Er ist nicht der Einzige, dem die familiäre Stimmung dort gut gefällt: Auch Nanne und sogar Theda aus dem Jugendwohnheim in der Grillparzerstraße, die mittlerweile verheiratet in Stuttgart lebt und bereits ihr erstes Kind erwartet, gehören zu dem Kreis. Theda empfindet es als besonders angenehm, dass es zwischen Erla und den Kindern keine Grenze zu geben scheint, als sei Erla »ein weiteres Kind unter Kindern«, ja sie hält die Mutter ihrer Freundin gar für ein bisschen unreif in ihrer persönlichen Entwicklung.

»Schuld nicht wahrzunehmen, bringt einen Verlust an Erwachsenheit mit sich«, sagt der Psychologe Jürgen Müller-Hohagen. »Folge war dann eine Parentifizierung der Kinder, das heißt, diese erhielten in wesentlichen Punkten eine Elternrolle. So etwas gibt es natürlich auch in anderen Kontexten als dem der NS-Hintergründe und speziell denen des Schuldthemas, doch ist es hier von besonderer Bedeutung.« Im Häuschen am Neckar fällt nie ein Wort in Bezug auf den Vater Ludin, und bei den Freunden herrscht der Eindruck vor, dieser sei im Krieg oder in Gefangenschaft gestorben. Herta Däubler-Gmelin erinnert sich, dass Erla oft an Festen ihrer Familie teilnahm, dabei liebenswürdig, aber meist sehr still war. Es war offensichtlich, dass sie sich über die Vergangenheit nicht unterhalten wollte und sich sehr aufregte, wenn das Gespräch doch einmal darauf kam.

Ernst-Günther bemerkt allerdings, dass Erla und Eri sich oft streiten und stur auf ihren Standpunkten beharren, das stört ihn aber nicht weiter. Tilman liegt mittlerweile im Sanatorium, weil ihm eine Niere entfernt werden musste; gemeinsam statten Ernst-Günther und Eri ihm einen Besuch auf dem Roller ab. Einmal verspricht Eri, ihren Freund in Lörrach zu besuchen, doch dann kommt in letzter Minute plötzlich ein Telegramm mit den fast zackig militärisch klingenden Worten: »Kommen leider unmöglich, Ludin«. Später notiert Ernst-Günther in seinem Tagebuch: »Und sie kam doch!« Ruhelos war sie, erinnert er sich, und in den Stimmungen sehr schwankend – mal ansteckend fröhlich, dann wieder niedergeschlagen. Wenn sie zusammen waren, war der Kontakt sehr intensiv; und dann hörte man wieder wochenlang nichts mehr von ihr.

Im Januar 1955 begegnet Eri auf einer Zugfahrt einigen Herren, die sie bei der Chefin eines Fotostudios in der schwäbischen Landeshauptstadt empfehlen. Während sie die junge Frau bei ihr anpreisen, steht Heiner dabei, ein junger Mann aus gutem Hause, der in Stuttgart gerade als Gerichtsreferendar tätig und im Begriff ist, seine Doktorarbeit zu beenden. Scherzend sagt er: »Na, die könnte ja auch was für mich sein.« Eri tritt die neue Stelle in Stuttgart an – und scheint für Heiner tatsächlich »etwas zu sein«. Er besucht sie öfter im Studio und ist hingerissen von der phantasievollen, lebendigen jungen Frau im weißen Fotografenmäntelchen. Die beiden verabreden sich und kommen sich näher. Auch Heiner hat seinen Vater früh verloren, allerdings nicht im Krieg, sondern wegen eines fatalen Nierenleidens, anders als Erla hat seine Mutter jedoch wieder geheiratet. Der Name Ludin ist im schwäbischen Raum noch immer ein angesehener Name, Heiner weiß Bescheid, wer Eris Vater war. Wenn das Gespräch auf ihn kommt, bricht sie regelmäßig in Tränen aus. Heiner denkt sich nicht zu viel dabei, schließlich ist es ja erst acht Jahre her, seit Hanns Elard Ludin gehenkt wurde. Dessen Rolle in der Nazizeit beschäftigt ihn damals noch nicht. Er ist sehr in Eri verliebt und fühlt sich auch von ihrem Zuhause angezogen: Als Einzelkind ist so viel sozialer Umtrieb für ihn ganz neu und durchaus anregend. Wenn er am Wochenende auf den Landsitz seiner Mutter in Gärtringen nahe Böblingen fährt, nimmt er Eri öfter im Wagen mit und setzt sie in Tübingen ab. Seine Mutter namens Alwine – ein Name, den sie abgrundtief hasst, weshalb sie sich Winnie nennt –, Winnie also hält Hanns Ludin für einen »Dummkopf« und ist von Anfang an gegen die Beziehung ihres einzigen Sohnes zu dessen Tochter. Mit Snobismus und Kaltschnäuzigkeit lässt sie das die unsichere junge Frau spüren.

Konnte Eri sich lange nicht für Curd entscheiden, steht sie nun unentschlossen zwischen Curd und Heiner. »Du glaubst nicht, was Curd für Macht über mich hat oder was es ist«, schreibt sie dessen Konkurrenten. »Es kommt wohl daher, weil es mich zu früh erwischt hat. Ich hab' so wahnsinnig Sehnsucht nach Ruhe und Klarheit.« Ein weiterer Besuch des Hamburgers bringt sie aus der Fassung: »Dieses Hin- und Hergerissensein ist derartig grauenvoll, es macht mich fertig. Ich weiß nicht, wie andere Menschen so was machen, entweder bin ich zu wenig dickfellig oder ich nehme alles viel zu wichtig. Irgendwie kann ich die ›Vergangenheit‹ einfach nicht wie ein altes Hemd abstreifen, es sitzt mir noch zu sehr in den Knochen.« Sie sagt, sie könne die echten und die unechten Gefühle nicht mehr unterscheiden, alles sei verworren und bei dem Durcheinander an Gefühlen, Phantasien, Erinnerungen und Einbildungen fühle sie sich, als drehe sich ein Mühlrad in ihrem Kopf. Sie schläft wieder kaum noch oder nur sehr unruhig, das Leben ist ihr zu anstrengend, und je weniger sie schläft, umso anstrengender wird es. Caterina Valentes Rumba-Rhythmen bauen sie immerhin wieder ein bisschen auf.

Curd schmachtet unterdessen in Hamburg weiter nach seiner Eri, doch die Entfremdung zwischen den beiden ist nicht mehr zu übersehen. Eri sei schon ein »kleines Phänomen an Unzuverlässigkeit und macht es denen, die sie gerne haben, so schrecklich schwer«, schreibt er Großmutter Johanna nach Freiburg, treu die Verbindung zur Familie haltend. Es dauert noch Monate, bis ihm aufgeht, wie oft Eri ihn in der Zwischenzeit »gehörnt« hat, und er zieht schweren Herzens die Konsequenzen. In einem Brief, in dem er ihr dennoch weiter die Freundschaft verspricht, bittet er: »Räume den Männern ein, die dich nicht so verwöhnen, wie du es verdienst und erwartest, dass sie vielleicht ein wenig weiter denken – und ›nebenbei‹ zu tun haben.« Er verabschiedet sich trocken mit »Trottel a. D.«. Im Schwimmbad trifft Curd noch gelegentlich auf Eris verflossenen Freund Sven. »Wir fragen uns dann jedes Mal freudig, wie es wechselseitig ginge, und wir blasen den Begriff ›Eri’ wie eine große, schöne Seifenblase hin und her.«

Ein Traum wird Wirklichkeit

Erica liegt auf ihrem Bett und liest die Illustrierte *Quick,* die seit 1948 auf dem Markt ist. Sie hält sie für ein »dummes Blatt«, aber da sie krank ist, gönnt sie sich die leichte Kost. Sie leidet häufig unter grippalen Infekten oder menstruell bedingten Unpässlichkeiten und glaubt, dass es an der Überforderung am Arbeitsplatz liegt; die Ansprüche im Stuttgarter Fotostudio sind hoch und sie empfindet ihre Chefin als zu streng und streckenweise als ungenießbar. Wahrscheinlich ist das Arbeitsklima deshalb so schlecht, weil beide ein Auge auf denselben Mann geworfen haben: Heiner, der attraktive Jurastudent mit der nonchalanten Art und dem neckenden Humor. Sein zweiter Stiefvater ist der bekannte Schriftsteller Friedrich Sieburg, deutscher Literaturkritiker und Autor mehrerer Frankreichbücher. Eris neue Arbeitgeberin ist nicht gerade erbaut darüber, dass Heiner sich nun schon seit einem Jahr mehr für ihre nervöse Assistentin als für sie selbst interessiert. Überhaupt hat die attraktive junge Frau größeren Erfolg bei Männern, immerzu bekommt sie im Atelier Besuch von potenziellen Anwärtern.

Eri wirkt zwar sehr selbständig und selbstbewusst, Heiner gegenüber fühlt sie sich jedoch oft unsicher, weil sie weder intellektuell noch finanziell mit ihm mithalten kann. Das fehlende Abitur und den meist leeren Geldbeutel trachtet sie mit Charme und Sexappeal wettzumachen. »Das Einzige, was vielleicht überdurchschnittlich an mir ist«, beichtet sie ihm, »ist meine Intensität, eine höchst unbequeme Eigenschaft. Intensive Freude lässt sich ja noch ertragen [...] aber intensives Leid – davor habe ich direkt Angst.« Sie habe es schon so oft erlebt, dieses Leid, auch wenn es ihr im bisherigen Leben doch verhältnismäßig gut gegangen sei. Über ihre übertriebene Intensität wird sie auch später noch viel klagen, sie weiß, dass sie ihre Emotionen schlecht kontrollieren kann und sich oft selbst im Wege steht. Wenn sie über ihren Vater spricht, muss sie jedes Mal weinen – gleichgültig, wie viele Jahre seit seiner Hinrichtung schon vergangen sind.

Heiner ist in Düsseldorf, trinkt viel Kaffee und raucht Unmengen Zigaretten. Eri, nicht gerade ein Vorbild an gesundem Lebenswandel, macht sich Sorgen um ihn und ermahnt ihn, besser auf sich aufzupassen – eine klassische Projektion, weil sie auf sich selbst nicht gut aufpassen kann. Sie entschuldigt sich fast, dass sie seine häufig niedergeschlagene, negative Stimmung nicht aufheitern kann, weil sie selbst nicht gerade ausgeglichen sei. Er bräuchte doch eigentlich jemanden, der »eitel Sonnenschein« sei – und sie auch. Sie klagt häufig über die Stimmung zu Hause. »Manchmal weiß ich wirklich nicht, wie das weitergehen soll; wenn die Mummie wenigstens nicht so hilflos wäre, aber sie steht dem allen ja völlig machtlos und passiv vis à vis, ist unglücklich über die missratenen Kinder und ich kann mir dann am Wochenende die Klagen anhören.« Klagen können sie beide gut, sie und ihre Mutter. Beide tragen sie ihr unausgesprochenes Leid mit sich herum, die eine still und verdeckt vorwurfsvoll, die andere ostentativ und mitunter schon recht provokativ.

Erla hat herausbekommen, dass Eri in Stuttgart schon mal in Heiners Bude übernachtet hat. Eine Frau hat es ihr beim Milchmann erzählt. »Was ist dies blöde Stuttgart für eine Kleinstadt!«, schimpft Eri. »Es ist zu läppisch. Wenn nur mein Name hier nicht so bekannt wäre, dauernd erzählt Mummie von Leuten, die Vati kannten. Das ist zum Kotzen, denn da hat man ja irgendwie die Verpflichtung oder den Wunsch, recht guten Eindruck zu machen, was mir woanders meistens ziemlich egal war. Ja, ja. Diese vor Selbstzufriedenheit, Schmuddeligkeit, Überheblichkeit und Engstirnigkeit strotzenden Bürger.« Wenn sie sich für ihn entschiede, schreibt sie ihrem Heiner, dann müssten sie aber auswandern, die Vergangenheit hinter sich lassen.

Großonkel Adolf, der Wasserbauer, ist mit seiner Tochter Ursula in Stuttgart und die drei speisen in einem gediegenen Restaurant. Auf der Heimfahrt sitzt er vorne neben dem Fahrer, die beiden jungen Frauen auf dem Rücksitz. Eri will Adolf etwas erklären, aber er reagiert trotz mehrerer Anläufe nicht, wahrscheinlich in Gedanken versunken. Er ist wohl schwerhörig, sagt Eri zu ihrer fast gleichaltrigen Tante Ursula scherzhaft. Nachdem sie bei Erla in Tübingen angelangt sind, spricht Adolf noch immer kein Wort mit ihr. Mit dieser stillen Wand von Mann kommt Eri nicht zurecht und sie fühlt sich schuldig. Sie weiß nicht, dass Adolf von Natur aus kein gesprächiger Mann ist und die Unterhaltung gern anderen überlässt. Diese eigentlich unbedeutende Begeebenheit wird sie noch bis ins hohe Alter belasten – ob er ihren Kommentar über die vermeintliche Schwerhörigkeit wohl gehört hat? Sie hat ihn doch so gern und verdankt ihm so viel und es war ja ganz und gar nicht böse gemeint. Sie erinnert sich gut daran, wie ihr Vater sie jedes Mal ermahnt hat, wenn sie über andere schlecht sprach, das konnte er nicht leiden. Eri zieht ihren knielangen Mantel an und wandert am Neckar entlang. Der Wind zersaust ihr gerade erst frisch frisiertes Haar und peitscht es ihr ins Gesicht. Auf ihren vor Kummer erhitzten Wangen ist der Regen eine willkommene Abkühlung.

Adolf ermutigt Erla, eine Kur zu machen, denn ihre Beine machen ihr immer mehr gesundheitliche Probleme. Da er die Familie seines verstorbenen Neffen Hanns weiter unterstützt, spendiert er ihr einen Zuschuss für die Reise. Im September 1956 fährt Erla nach Bad Wörishofen, wo sie behandelt wird, viel schläft und liest. Es ist teuer, aber sie, die sonst so Enthaltsame und Bescheidene, »lässt sich nichts abgehen«, so zumindest versichert sie ihrer Tochter Eri, die um ihr Wohlergehen sehr besorgt ist. Eri macht unterdessen den Haushalt. Sie kocht für die Geschwister Blumenkohlsuppe, bereitet Kaiserschmarren mit Zwetschgenkompott zu, macht die Betten, räumt auf und sorgt dafür, dass die Jüngsten ihre Hausaufgaben erledigen. Die Rollen sind auf einmal verkehrt: Erla weilt in der Ferne und Eri übernimmt die mütterlichen Pflichten. Die Kinder würden, wenn die Mama heimkomme, vor Kraft gewiss strotzen, schreibt Eri ihr stolz, und ihre Mummie ist begeistert, wie fabelhaft ihr »tüchtiges Kind« mit allem fertig werde, ja, dass es sogar keinen Streit unter den Geschwistern gebe. Diese sind allerdings nicht ganz so begeistert von ihrer großen Schwester, denn sie ist im Gegensatz zur Mutter oft kompromisslos und gelegentlich fast intolerant. Im Grunde hält sie sich für die Erziehungsberechtigte, vielleicht auch für einen Vaterersatz und hat ihre Mutter in Erziehungsfragen unter der Fuchtel. Eri ist ganz in ihrem Element und nennt die Geschwister wie vormals das Kindermädchen Dorle »ihre Kinder«. Hat Erla ihr jahrelang ihre Sachen nachgeschickt – nach Hohenfels, Salem, Freiburg, Rastatt, Harburg, Hamburg, Reutlingen und Stuttgart –, so kann sie sich endlich revanchieren und ihrer Mutter auch das eine oder andere Paket in die Kur senden. Sie fühlt sich gebraucht und wichtig.

Manchmal kommt Heiner zu Besuch, das begeistert alle in der Bismarckstraße. Heiner ist von eher zierlicher Figur, er hat dunkle Haare und ein gut geformtes, hübsches und zugleich ausdrucksvolles Gesicht. Stets ist er korrekt und geschmackvoll gekleidet, allerdings nicht in dem Stil, wie seine Mutter das gerne hätte: blaues Sakko mit Goldknöpfen, eine solche Ausstattung verabscheut er als affigen Snobismus. Ein bisschen Snob ist er zwar dennoch, aber ungeheuer galant und wohl erzogen. Gelegentlich lässt Eri ihn in Erlas Haus übernachten, zumindest bittet sie ihre Mutter nachträglich um Erlaubnis und die kann dann ja eh nichts mehr dagegen haben, außerdem ist sie auch wirklich nicht besonders prüde.

Heiner arbeitet in einer Düsseldorfer Anwaltskanzlei und er und Eri, die ihn zärtlich Mops oder Moppel nennt, schreiben sich fast täglich. Sie seien eben beide »ziemlich schwache, schwankende und labile Exemplare«, meint sie. »Jedenfalls wird mir für meinen Teil immer klarer, dass ich mich endlich zum Erwachsensein entschließen muss.« Sich entschließen müssen, heißt nicht, sich entschließen, Eris Stärke ist das bekanntlich nicht. Sie bedeutet ihrem Liebsten, dass sie es wie Natascha in »Krieg und Frieden« (Tolstoi, eine dringende Leseempfehlung ihres Vaters!) schwierig finde, sich schriftlich angemessen auszudrücken; sie habe immer viel mehr zu sagen, als sich den starken Gefühlen entsprechend in einem Brief darstellen ließe. Gleichwohl hat sie eine sehr lebhafte Sprache und schreibt sprachlich und grammatikalisch meist perfekte Sätze, die die Phantasie anregen und Anteilnahme erwecken. Sie solle nie direkte Fragen unbeantwortet lassen, hat ihr Vater ihr geraten. Das hat sie beherzigt und teilt es ihrem Moppel mit. Indes, niemand stellt Fragen, weder direkte noch indirekte. Die fünfziger Jahre sind keine »Ich stelle dir eine Frage«-Jahre. Die Menschen sind zu sehr damit beschäftigt, alle Fragen unter ihre gerade erstandenen Teppiche zu kehren, Häusle zu bauen und die Vergangenheit in den eigenen vier Wänden ungestört zu verdrängen. »Aber nachts kommen eben immer die Gedanken und Sorgen, du kennst das ja zur Genüge«, sagt Eri zu ihrer Mutter. Beide leiden unter Schlafstörungen, aber Erla kann besser als ihre Tochter damit umgehen: »Liebes Kind, es tut mir so leid, dass du nicht einschlafen kannst«, schreibt sie ihr. »Leider ist der Schlaf ein so empfindliches Wesen, das dann gerade fortbleibt, wenn man ihn mit dem Willen herbeiwünscht, wenn man ihm überhaupt etwas vorschreiben will. Und wenn man ihm gegenüber nicht ganz unbefangen ist, zu viel daran denkt, ob man schlafen wird und wie man es erreichen kann, dann ist es oft leider ganz aus [...]. Ich rate dir nur, stehe trotz schlechten Schlafens morgens auf, allmählich wird es dann schon gelingen.« Eris

Tendenz, sich ins Bett zu verkriechen, ist schon jetzt nicht zu übersehen. Mutter und Tochter tauschen sich über jede Kleinigkeit aus, nahezu täglich. Das macht Eris Schwestern eifersüchtig, denn sie haben weder den Rang des Sorgenkindes noch den der wichtigsten Beraterin, zwei widersprüchliche Positionen, die Eri sich erobert hat.

Bruder Malte ist glücklich, seine erste lange Hose tragen zu dürfen. Erla hat die graue Flanellhose seines älteren Bruders Tilman geflickt, enger und länger gemacht. Dazu trägt er eine elegante Krawatte, ein Geschenk von Heiner, und einen Anorak. Seine Schuhe hat er stundenlang gewienert, seine Haare mit einem nassen Kamm ordentlich zurechtgekämmt, und so herausgeputzt geht er abends aus. Sein Bruder Tilman hingegen hat es so wild getrieben, dass Erla beschlossen hat, das Angebot von Hans S. in Südafrika anzunehmen und ihren Jungen zu ihm zu schicken – die führende Hand eines Mannes, noch dazu des Freundes seines Vaters, wird ihm guttun. Abschiede tun weh, manchen Menschen mehr als anderen und insbesondere denen, die noch Trauer tragen, ohne es zu wissen. So empfiehlt Eri ihrer Mutter dringlich, ihren Sohn nicht bis nach Hamburg aufs Schiff zu bringen – das sei eine nahezu qualvolle Art, sich zu trennen, weil es entsetzlich langsam vonstattengehe und man den Dampfer noch so lange sehen könne! Tilman will eh nicht, dass eine der Frauen mit an den Hafen kommt, ihm sind diese Sentimentalitäten peinlich. Eri hat für ihn und seine Aufmüpfigkeit Verständnis: So schlimm sei es mit ihm doch gar nicht, er lasse sich »halt von Weibern nichts sagen«. Sie kann nachempfinden, was in ihrem Bruder vorgeht, vor allem, wie sehr ihm der Vater fehlt. »Die Zucht bei Onkel Hans wird alles gutmachen!!!«, beschwichtigt sie ihre Mutter mit ironischem Unterton. Im Sommer 1957 wandert Tilman, knapp achtzehn Jahre alt, in die Fremde aus.

An den Wochenenden kehrt Eri stets von Stuttgart nach Tübingen zurück. Auch wenn es ihren Geschwistern auf die Nerven geht, dass sie dann Rücksicht auf ihr ausgeprägtes Ruhebedürfnis nehmen müssen, so ist es mit ihr doch oft sehr gesellig, denn sie bringt immer wieder nette Leute nach Hause, die für gute Stimmung sorgen. »Amorettenköpfchen« wird sie genannt, weil sie so unbekümmert ihre Reize präsentiert und geradeheraus herumflirtet. Ihren Schwestern macht sie mit ihren depressiven, ebenso wie mit den animierend heiteren Anteilen ihres Wesens stets Konkurrenz. Sie ist eine Führungspersönlichkeit mit gespaltenen Charakterzügen. Mit ihrer Mutter hat sie oft keine Geduld, denn anders als sie fährt diese nie aus der Haut, ist immer beherrscht und von einer fast provozierend feinen Zurückhaltung. Unbewusst will sie Erla mit ihrer Garstigkeit wachrütteln und zu emotionalen Reaktionen zwingen. Doch mehr als ein geseufztes »Ach Kind!« kann sie ihr selten entlocken.

Gelegentlich meldet sich noch der schöne Ernst-Günther aus Lörrach bei Eri und selbst Curd bleibt ihr freundschaftlich verbunden, obwohl er geheiratet hat. Auf einem Kurzurlaub am Bodensee lernt Eri Uwe kennen und spannt ihn im Handumdrehen ihrer Freundin Nanne aus, was diese ihr verständlicherweise sehr übel nimmt und dazu führt, dass die einst so innige Freundschaft erst einmal gestört ist. Eri ist unkonventionell und voll waghalsiger Abenteuerlust. Wenn sie so dasteht – ihre schönen Beine unter kniekurzem Rock zur Schau gestellt, lässig an einer Wand lehnend, die Zigarette einen Hauch lasziv zwischen den Lippen – und einen Betrachter mit ihren lebhaften Augen, hinter denen sich eine tiefe Sehnsucht und Traurigkeit verbergen, anblickt, ist fast jeder berührt. Es ist diese verzweifelte Vatersuche im Gewand der mondänen Femme fatale, eine zerbrechliche Seele in scharfer Hülle.

Bald macht Eri eine neue, wichtige Bekanntschaft – mit dem zweiundvierzigjährigen Wolfgang. Er legt sich Erica zu Füßen und schafft es, sie für sich zu gewinnen. Als ehemaliger Soldat im Zweiten Weltkrieg reagiert er auf ihre Erzählungen von ihrem Vater verständnisvoll und mit einem Erfahrungsschatz, den sie von ihren Freunden bisher so nicht kennt. Bei Heiner stößt sie mit diesem Thema sogar eher auf Widerstand: Weder er noch seine Stiefväter haben im Krieg gedient. Außerdem verliert er das eine oder andere böse Wort über die Nazis, was ihr stets Unbehagen bereitet, weil sie sich indirekt angesprochen fühlt und unter Rechtfertigungszwang gerät: der Schandfleck Hanns, der geliebte Vater. Im Stuttgarter Kino läuft »Endstation Sehnsucht« mit Marlon Brando und Vivien Leigh. Eri identifiziert sich mit der unglückseligen Hauptfigur Blanche, die all ihre Hoffnung verliert und sich unabwendbar dem Abgrund nähert. Sie kann nicht aufhören zu weinen und geht schluchzend aus dem Kino.

Wolfgangs starker Bezug zum Land und seine Leidenschaft für Pferde spielen eine Rolle in der sich nun intensiv entwickelnden Beziehung: Einer, der Pferde liebt und mit ihnen arbeitet, ist geradeheraus und hat eine stoische Ruhe. Dieses Ruhige und etwas onkelhaft Verständige zieht Eri magisch an, sie verliebt sich oder glaubt zumindest, verliebt zu sein, denn ihre Liebesbedürftigkeit ist unendlich. Zwei Jahre lang wird sie sich nicht zwischen diesen beiden Männern entscheiden können und ihren Hang zu Intensität und Unruhe somit als inneren Konflikt unbewusst weiter nähren: »Der gute Wolfgang ist so rührend, aber Heiner genauso und ich freue mich eigentlich sehr (abgesehen von schmeichelhaft!), dass ich so gemocht werde, obwohl ich finde, dass ich's eigentlich endlich mal verdient habe (und es kommen ja auch schnell genug wieder andere Zeiten!).«

Heiner bietet ihr die Ehe an, trotz ihrer häufigen Auseinandersetzungen, weil er befürchtet, sie zu verlieren, aber sie erbittet sich Bedenkzeit. Schließlich ginge es ja um die kommenden fünfzig Jahre, sagt sie ihm ganz »robust und sachlich«, denn »man möchte sich doch nicht sein Leben verpfuschen«. Laut ihrem Vater ist sie doch für das, was sie aus ihrem Leben macht, »ganz allein verantwortlich«: »Wenn es schiefgeht, hast du kein Recht, dich über irgendjemand und irgendetwas zu beklagen«, hatte er ihr damals aus der Haft geschrieben. Manche

Nacht verbringt Erla an ihrem Bett und diskutiert mit ihr die Vor- und Nachteile des einen und des anderen Mannes. »Denke nicht, dass mir deine Probleme gleichgültig sind«, sagt Erla ihr. »Ich kann dir nur die Entscheidung nicht abnehmen, denn meine würde doch nicht richtig sein bzw., wenn's schiefgeht, bin ich schuld.«

Heiner ist ratlos und gibt auf Anraten einer Freundin ein graphologisches Gutachten in Auftrag. An so etwas glaubt er zwar nicht und belächelt die ganze Aktion deshalb mit einer hochgezogenen Augenbraue. Er ist dann aber doch erstaunt über das Ergebnis, das die Graphologin auf der Grundlage des Geburtsdatums und der Geburtszeit von Eri liefert, ohne der Beschriebenen je begegnet zu sein. Aus Schriftproben der vergangenen sechs Jahre folgert sie, Eri sei ein Mensch, für den menschliche Bindungen lebensnotwendig seien, automatische, routineartige Arbeiten hingegen widersprächen ihr; Logik liege ihr weniger als Spontaneität. Der geschwungenen, ausholenden Schrift nach zu urteilen, sei sie 1951 noch sehr idealistisch und voll natürlichem inneren Erlebnisdrang gewesen; 1952 ein wenig sicherer und als Zwanzigjährige, 1953, auf dem Höhepunkt ihres altersgemäßen Entwicklungsstands. Doch schon zwei Jahre später habe ihre lebhafte Lebenszugewandtheit einen »forcierteren Charakter angenommen« und sei 1957 als veräußerlichte Lebensfunktion zur Gewohnheit geworden. »Die bisher fließende und positive Entwicklung scheint zu stagnieren. Die Schreiberin baut um sich eine Wand – nicht, um sich interessant zu machen oder um nicht erkannt zu werden, sondern um sich selbst nicht zu sehen bzw. anzunehmen. Sie weicht aus vor ihrer eigenen Tiefe, vor einer Auseinandersetzung mit sich selbst. Sie neigt zu Plänen, Wünschen, Träumen und Illusionen; will ihr – an sich so feiner – Instinkt sie warnen, so macht sie die Augen zu.« Eine solche Phase sei zwar nichts Ungewöhnliches im menschlichen Leben, eine Phase allerdings, »die doch nur Übergang sein dürfte und weiterführen muss. Hier liegt die Gefahr für sie, in dieser Schutzhaltung und Abwehrstellung stehen zu bleiben, zu ›gerinnen‹, ihre innere Stimme zu übertönen und die Gewohnheit fortzusetzen.« Sie sei zwar selbständig, aber zugleich »äußerst schutzbedürftig und empfindsam«. Sie müsse herausfinden, was in ihrem Leben wesentlich und was Kompensation sei, um ein reifer Mensch zu werden. Die Graphologin ahnt nicht, dass sie bei Eri eine Persönlichkeitsstörung entdeckt hat oder das, was man heute psychologisch ausgedrückt als die Folgen einer »posttraumatischen Belastungsstörung« bezeichnen würde.

»Das ganze Leben ist eine Schererei, der Tod ist es nicht. Weißt du, was Leben heißt? Den Rock ausziehen und die Ärmel hochkrempeln«, sagt Alexis Sorbas. Eri notiert sich das Zitat auf einem Zettel und hebt ihn auf. Mit Faszination liest sie das Buch des soeben in Freiburg im Breisgau verstorbenen griechischen Autors Nikos Kazantzakis. Sorbas' Lebenseinstellung ist ihr Ideal und wieder träumt sie vom Auswandern, Australien, möglichst weit weg. Sie sagt: »Vielleicht werde ich noch weiser, gelassener – resignierter!« Derzeit bedrückt sie besonders, dass Erlas Antrag auf eine Witwenversorgung abermals zurückgewiesen wurde: »Die arme, arme Frau!«, schreibt sie Heiner entsetzt über Erlas Erfahrungen vor Gericht. »Sie erzählte haarsträubende Sachen vom Prozess. Die Richter unsachlich und gehässig, einer schlief während der ganzen Verhandlung [...] Sie haben eine Stelle aus dem ›Fragebogen‹ vorgelesen, die gegen meinen Vater sein soll, die muss ich dir mal zeigen; die ist so unendlich verdreht worden, da nur zum Teil verlesen.«

Was das für ein Schlag für die Familie gewesen ist! Es ist der zehnte Jahrestag von Hanns' Tod und seine Rolle im Nationalsozialismus wird von Erla und ihren Kindern noch immer verklärt. Eris Empörung über den Prozessverlauf und seinen für Erla unglücklichen Ausgang zeigt, dass sie noch ganz naiv und unreflektiert ist: Aus ihrer Sicht wird den Ludins ein weiteres Mal Leid zugefügt. Arme Erla, arme Eri. 1964 wird Erla das letzte Mal vergeblich versuchen, eine Rente als Diplomatengattin zu bekommen. Zu diesem Zweck aktiviert sie einige Fürsprecher, darunter den bekannten Journalisten Wolfgang Venohr, der zu jenem Zeitpunkt eine Fernsehreportage über die Slowakei gemacht hat und später ein Buch über den »Aufstand in der Tatra« schreiben wird. Venohr ist der Ansicht, den Slowaken, insbesondere den kommunistischen, sei der Fall Ludin sehr peinlich. »Man gibt zu, dass nach dem Krieg große Fehler gemacht worden seien und dass man mit Ludin den Falschen gehenkt habe«, so Venohr in einem Schreiben an Ernst von Salomon, das für die Nachkommen Ludins gedacht ist. Erla kann die Rente nur erhalten, wenn das Gericht das Urteil von 1947 als Unrechtsurteil einstuft. Auch Hans Gmelin springt für Erla ein und sagt vor Gericht aus. »Leider scheint das Gericht anhand der vorhandenen Akten der Meinung zu sein, mein Mann habe von der physischen Vernichtung der Juden gewusst«, schreibt Erla ebenfalls an Salomon, »ich und alle seine damaligen Mitarbeiter sind vom Gegenteil überzeugt.« Auf dem Gegenteil mussten sie ja auch beharren, sonst wären alle, die da aussagten, Mitwisser gewesen. Jedenfalls lässt das Gericht sich nicht erweichen und die Akte Ludin war damit wohl endgültig geschlossen. Die Beamtenakte.

Im Dezember 1957 reist Eri mit ihrer Busenfreundin Theda nach Lech in Österreich zum Skifahren; da war ihr Vater früher auch. Eine Leserin des »Fragebogens« erinnerte sich an eine Begegnung mit Ludin in Lech. 1951 dankte sie Salomon für das Denkmal, das er diesem mit seinem Buch gesetzt hatte. Sie sei ihm 1939 flüchtig auf Skitouren im Oberlech begegnet: »Irgendwas um ihn war schöner, gereinigter, die ganze Luft schien klarer als sonst um Menschen, man spürte es, wie viel bewusster als andere er aus dem Innern heraus lebte. Dieses ›immer strebend sich bemühen‹, dieses unablässig ein selbst gestecktes Ziel, einen echten Sinn angehen, [...] das hat ihm eine zu spürende, ja fast sichtbare Leuchtkraft verliehen.« Die Frau muss in Hanns wohl ziemlich verschossen gewesen sein, aber keine Frage, der Mann hatte das gewisse Etwas. Meine Großmutter hat über ihn einmal gesagt, er habe kolossale Vervollkommnungsideale gehabt und immer danach gestrebt, besser zu werden. Gewiss war es so. Ein innerlich schöner Mensch, der zum Mörder wurde.

Eri denkt auf dem Gipfel zwar auch an ihren Vater, aber das Vergnügen überwiegt. Sie und Theda sind albern wie Teenager und amüsieren sich köstlich. Abends gehen sie in der Almhütte bescheiden, aber gut essen und vergnügen sich mit den anderen anwesenden Gästen. Zwischen den Skikursen schlafen sie viel, Eri sogar »wie ein Murmeltier«. Hier kann sie ein Weilchen Ferien von ihren »privaten Troubles«, wie sie ihre Sorgen zu bezeichnen pflegt, machen und unbelastet wie ein Kind in den Tag hineinleben. »Ihre panische Angst vor Enttäuschung« darf einstweilen ruhen.

Vor ihrer Abreise hat sie noch einen ausgesucht höflichen Brief an Kurt Hahn, den Begründer von Salem, geschrieben und ihm die Lage der Familie geschildert, um für ihren Bruder Malte eine »Freistelle« im Internat zu erbitten: »Wir sind vier Schwestern und zwei Brüder. Der ältere ist vor einiger Zeit von Freunden von uns in Afrika aufgenommen worden, sodass mein kleiner Bruder – er ist heute fünfzehn Jahre alt – das einzige männliche Wesen im Hause ist. Dieser Zustand ist für ihn nun gar nicht gut und wir haben die ganze Zeit überlegt, was getan werden könnte, um dem abzuhelfen.« Sie schließt ihr Bittschreiben mit der Erklärung: »Sie werden verstehen, dass ich als ältestes Kind der Familie eben doch alles und jedes versuchen möchte, um meinen Geschwistern, trotz des Todes meines Vaters, das Leben irgendwie zu erleichtern.«

Salem beantwortet ihr Anliegen positiv und so kann auch Malte bald dem Frauenhaushalt am Neckar entfliehen. Im Juni 1958 besucht Eri gemeinsam mit ihrer Schwester Barbel, die nach München gezogen ist und dort ihren künftigen Ehemann kennengelernt hat, Paris. Sie hat in Stuttgart gekündigt und wird nach den Sommerferien für ein anderes Fotoatelier arbeiten. Heiner ist inzwischen als Anwaltsassessor tätig, spezialisiert auf Presse- und Urheberrecht. Eri verbringt einige Wochen bei ihm und erzählt ihm von dem Malheur mit ihrem früheren Ziehonkel. Heiner sorgt sich verständnisvoll um sie, führt sie in feine Lokale aus und bietet ihr Kultur. Das war »eigentlich meine glücklichste Zeit seit Jahren«, schreibt sie ihm anschließend. Er sei sehr lieb zu ihr gewesen: »Du warst kaum eigensinnig und versuchtest gar nicht, erzieherisch an mir rumzumachen, – manchmal habe ich sogar das Gefühl, dass du mit mir zufrieden bist und mich (bzw. meine Ausführungen) wirklich ernst nimmst!« Sorgen machen ihr nur seine überlasteten Nerven – er rauche und trinke zu viel und »solchen Lastern kann man nur ungestraft frönen, wenn man wenig arbeiten und viel schlafen kann!« Über ihre eigenen Laster wieder kaum ein Wort.

Aus Hamburg zurück, reist Eri für einige Monate nach Zürich, wo sie ihrem neuen Stuttgarter Arbeitgeber bei Modeaufnahmen assistieren soll. Sie ist so begeistert von dessen umgänglicher Art und von dem freundlichen Betriebsklima im Studio, dass sie schon fürchtet, er könne auf die Idee kommen, mit ihr zu flirten! »Mein neuer Chef ist wirklich hinreißend, eben auch menschlich so angenehm, dass ich eigentlich immer auf den Haken warte.« Glück, das weiß sie durch die abrupt beendete Pressburger Kindheit nur zu gut, vergeht schnell. Sie ist in einem kleinen Hotelzimmer untergebracht und ihr Chef borgt ihr ein Kofferradio, damit es ihr an einsamen Abenden nicht zu langweilig wird. »Love me tender, love me true« wabert Elvis Presleys Stimme in ihr Ohr, während sie liebe Briefe an Heiner und nach Hause schreibt. Der Fotoatelierbesitzer und seine Gattin zeigen der jungen Frau Zürich bei Nacht und führen sie ins Kino aus: »Ein Mann in den besten Jahren« mit Gary Cooper. »Sehr moralisch geht's hier übrigens nicht zu«, meldet Erica Heiner, vielleicht auch, um ihn ein wenig eifersüchtig zu machen: »Ich hab's Gefühl, die lieben hier alle recht munter und ausgiebig. Die Reden der Mannequins sind höchst aufschlussreich und ungleich unverblümter als vor B. und mir.« Die Frau ihres Arbeitgebers habe es gewiss nicht leicht, »er ist alles andere als ein Kostverächter und die Mädchen scheinen sich ihm an den Hals zu werfen. Er ist aber auch sehr anziehend«.

Sie fühlt sich in Zürich zwar »mutterseelenallein«, zugleich jedoch auch recht wohl. Es tut ihr gut, fern vom üblichen Alltag und fern der Familie zu sein. Sie sammelt neue Eindrücke und beweist sich in der ungewohnten Situation. Es kommt ihr zugute, dass sie kürzlich den Führerschein gemacht hat: Der Chef schickt sie mit seinem Wagen auf alle möglichen Botentouren und einmal muss sie nach einem Kurzbesuch in seinem Stuttgarter Atelier die gesamte Rückfahrt in die Schweiz allein bestreiten; bei der Ankunft streikte ihr Magen, denn diese Tour hat sie vollkommen überanstrengt.

Von Wolfgang hat sie sich oder er sich von ihr distanziert, umso intensiver ist nun ihr Kontakt zu Heiner. Die beiden schreiben sich leidenschaftliche Briefe. Zu ihrem fünfundzwanzigsten Geburtstag wünscht er ihr »mehr innere Ruhe und besonnene Überlegung«. Er hoffe, sie habe nicht nur beruflich die richtige Entscheidung getroffen, sondern bringe es auch bald fertig, ihr persönliches Leben zu ordnen, sie möge doch ein wenig glücklich werden. Froh sei er, dass sie nun endlich bereit sei, sich auf ihn zu konzentrieren und nicht mehr versuche, »allerlei Hintertürchen offen zu lassen«. Es sei gut, nicht mehr auf einem Pulverfass zu sitzen und befürchten zu müssen, dass sie jeden Moment aus dieser Beziehung wieder ausbreche; dass man nach all der Zeit nicht mehr über Trennendes, sondern über Gemeinsames sprechen könne.

Nach ihrer Rückkehr – man besucht sich abwechselnd in Hamburg oder Stuttgart, in Tübingen bei Erla oder in Gärtringen bei Heiners Mutter Winnie – geraten beide dennoch immer wieder heftig aneinander. Sie ist schnell dabei, ihm und natürlich auch anderen Vorwürfe zu machen. Im März

1959 wird Hanns Ludin im Entnazifizierungsverfahren Württemberg-Hohenzollern post mortem für »belastet« erklärt, das ist von fünf Gruppen die zweite nach den Hauptschuldigen. Heiner notiert, wie üblich sarkastisch und der aktuellen Geschichtslesung gegenüber immer kritischer eingestellt, am 20. April in seinem Kalender: »Feier aus Anlass des 70. Geburtstages unseres über alles geliebten Führers«. Vor genau vierzehn Jahren hat Hanns Ludin diesen Geburtstag in seinem Versteck noch gefeiert; zehn Tage später beging Hitler Selbstmord.

Für Eri ist es ein turbulentes Jahr mit vielen Reisen, wenig Schlaf und exzessiven Festen. Sie wacht oft mit einem »enormen Kater« auf und ist sogleich am nächsten oder übernächsten Abend abermals am »Süffeln«. Sie verpasst im Sommer sogar das Flugzeug von Hamburg nach Stuttgart, das ihr Chef ihr spendiert hat, weil sie wie so oft verschlafen hat. In ihrem Tagebuch finden sich Einträge wie »Es geht nicht mehr!« oder »Alles ist so uferlos und furchtbar«. Manchmal ist sie bei ihrer Freundin Theda und deren Familie in Berlin. Theda ist wie sie ein Kind von Traurigkeit und die beiden unternehmen viel, um sich vom Gegenteil zu überzeugen. Sie bummeln im »Ostsektor« der Stadt und besuchen dort das Theater.

Eri und Heiner streiten jetzt sogar öfter über Geld, denn Eri zeigt auch in dieser Hinsicht wenig Besonnenheit. Sie tritt die Flucht nach vorn an, indem sie sich in eine kurze Affäre mit einem Bekannten Heiners stürzt. Dieser und seine Verlobte stehen kurz vor der Abreise nach Indien, wo er einen diplomatischen Posten übernehmen wird. Es gibt ein emotionales Durcheinander, doch die Wogen lassen sich bald wieder glätten, man ist ja nicht spießig. Auch Heiner hat seine sieben Sachen gepackt: Er ist im Begriff, als Stipendiat des Fulbright-Austauschprogramms nach Berkeley in Kalifornien zu reisen. Sein Freund Detlev Rohwedder geht mit. Detlev, den Heiner Daphy nennt, wird Ende der sechziger Jahre Staatssekretär in Bonn und im August 1990 schließlich Vorsitzender der Treuhandanstalt werden, die die volkseigenen Betriebe der aufgelösten DDR privatisiert. Am 1. April 1991 ermordet die RAF ihn in seinem eigenen Haus.

Heiner will die bezaubernde Eri freilich nicht verlieren – ungeachtet aller graphologischen und sonstigen Warnungen – und die beiden sprechen vor seiner Abreise abermals über Heirat. Allerdings hat Erla in dieser Hinsicht auch Druck gemacht, denn nach einer langen Unterhaltung mit der verzweifelten Eri hat sie Heiner einen strengen Brief geschrieben – er könne doch nicht erwarten, dass ihre Tochter ein Jahr auf ihn warten werde. Es müsse nun eine Entscheidung gefällt werden: Heirat oder Trennung. Heiner hat Erla daraufhin zu Rate gezogen, doch die riet ihm davon ab, ihre Tochter zu ehelichen – er würde mit ihr nicht fertig werden, erklärt sie ihm. Eine solche Aussage zeugt von einer gewissen Distanz zum eigenen Kind, auch wenn Erla recht behalten soll.

Eri hat sich in jenem Jahr sehr verausgabt und sehnt sich nach einem Nest – diese Sehnsucht, endlich geborgen und gehalten zu sein! Das verheißt der Hafen der Ehe, der ein ausgeglichenes und glückliches Leben suggeriert. Ihrer Mutter schreibt Eri im Oktober, sie sei mal wieder ziemlich überlastet, ihr Gesundheitszustand sei angeschlagen, sie esse und schlafe kaum, aber das würde ja nun alles besser, »ich werde ja bald Ehefrau und werde dann – zumindest am Anfang – verhätschelt und kann mich ausruhen«. Die Ehe als weitere Illusion von Erlösung. Was wünscht sich die schöne junge Frau, endlich den Ballast abzuwerfen und zur Besinnung zu kommen! Das Gefühl, immer alles zusammenhalten zu müssen und für die Familie verantwortlich zu sein, strengt sie ungemein an, dabei hält sie in Wirklichkeit nichts zusammen, sondern wirbelt es durcheinander, um es nach ihren Wünschen und Vorstellungen in eine Form zu pressen, oft vorbei an der Wirklichkeit der anderen. Verhätschelt zu werden bedeutet für sie, krank sein. Kranke müssen keine Verantwortung tragen, sie können die Lasten anderen aufbürden. Doch die Last der unaufgearbeiteten Vergangenheit lässt sich nicht wie ein

Bündel abgeben, sie brütet als tückischer Infektionsherd tief im Inneren der Seele, omnipräsent im Verborgenen lauernd, um eines Tages wie ein Vulkan auszubrechen.

Nachdem Heiner abgereist ist und Wolfgang sich abgewandt hat, wächst in ihr das Chaos. Jetzt ist keiner mehr da, ja, selbst die Illusion, gehalten zu werden, hat sie verloren – sie hat Angst, abermals endgültig verlassen worden zu sein. Ihre Mutter berät sie sachlich und mit großer Ausdauer, ohne dass es etwas nützt oder sie beruhigt. Die Schwestern erkennen mit einer gewissen Genugtuung, dass Eri zwar schön, begehrt und ihnen überlegen, aber eben doch auch verwundbar ist. Gelegentlich ist die Versuchung für sie groß, diese Momente von Schwäche auszunutzen.

In Kalifornien angekommen, wachsen in Heiner, erschöpft von der ständigen Ungewissheit und selbst verunsichert, die Zweifel. Seine Mutter Winnie ist sowieso gegen diese Verbindung – sie hat von der Sache mit Wolfgang erfahren, und der sei ja wohl eher das Niveau dieser »Nazitochter«. Heiner fragt sich angesichts der vielen Streitereien und Schwierigkeiten, ob diese Beziehung je Bestand haben könne. Die geographische Entfernung schafft emotionale Distanz. Er zieht sein Heiratsangebot zurück. Eri ist vollkommen verzweifelt. Im Bus von Stuttgart nach Tübingen trinkt sie so viel Schnaps, dass sie sich übergeben muss. Sie kauft sich schwarze Pumps und eine Sonnenbrille und wandelt geistesabwesend durch den Alltag.

Die Wochen verstreichen eintönig. Zwischen Eri und Heiner hat sich durch die Trennung eine große Sehnsucht entfaltet. Er genießt Berkeley zwar, fragt sich aber, wozu dieser Aufenthalt gut ist, wenn er ihn ohne die Angebetete erleben muss; er fühlt sich allein. Weil er sich so unerreichbar gemacht hat, wandern ihre Träume täglich über den Atlantik, um ihm nahe zu sein. Die Verbindung der beiden bekommt fast schicksalhafte Züge, denn sie ist von dem verhängnisvollen Willen getragen, jegliche Bedenken, jedes Hindernis und alle Warnungen der Eltern zu überwinden. Nach einem Urlaub in Lech kehrt Eri wenig erholt nach Stuttgart zurück, wo sie nichts als zerflossene Beziehungen und ein Job erwarten, dem sie nicht mehr allzu viel abgewinnen kann. Die Arbeit im Fotolabor hat für Eri schon längst ihren Reiz verloren. Das große Fototalent ist sie wahrhaftig nicht, auch wenn sie durchaus begabt ist, und alle Pläne, die sie einst mit Curd geschmiedet hat – Fotobücher, Ausstellungen –, sind nichts als Ideen geblieben. Leere breitet sich aus. Das ist für sie unerträglich. Erla hört ihr geduldig zu, wenn sie ohne Punkt und Komma redet.

Aber dann, dann ruft Heiner sie doch an und bittet, sie möge zu ihm kommen. Eri macht sich fertig für die Abreise in die USA: Sie wollen beisammen sein und heiraten. Ihre Reisevorbereitungen finden in großer Hektik statt. Letzte Erledigungen und Besorgungen. Sie hat kaum Zeit, sich dem Anlass angemessen von Erla zu verabschieden.

Die große Reise beginnt. Aus London schickt Eri eine Postkarte nach Tübingen – »todmüde, aber überglücklich« heißt es da knapp. Sie staunt über den Jet, der sie nach San Francisco bringt, »alles ungeheuer bequem, durchdacht, praktisch, hübsch, modern, hygienisch – kurz, wohl typisch amerikanisch«. Neben ihr sitzt eine offenbar sehr reiche alte »Vettel«, an der sie ihr mageres Englisch testet. Das vertreibt die Zeit. Sie hat einen Fensterplatz und kann kurz vor der Landung das berühmte goldene Licht über San Francisco sehen. Am Flughafen wartet ungeduldig Heiner, doch es dauert noch fast zwei Stunden, bis die Einwanderungsbehörde ihre Papiere geprüft und sie durchgelassen hat.

Es ist März 1960 und Erica ist im gelobten Land. Sie fällt ihrem Bräutigam in die Arme. Ein Traum ist wahr geworden. Es ist wie im Märchen, schreibt sie ihrer Mutter, und ihre unzähligen Briefe und Postkarten, die in den kommenden Monaten folgen werden, lesen sich anregend und farbenfroh wie ein Reiseroman. Während Heiner an der Law School studiert und sich durch das Umgraben von Gärten ein Zubrot verdient, erforscht sie ihre Umgebung und übt sich als Hausfrau. »Was Männern so gut schmeckt« ist ein Kochbuch, das sie zu Hause vergessen hat, und sie bittet Erla, es ihr nachzuschicken. Ihr künftiger Mann sei verwöhnt, was das Essen anbelange, und nörgele übellaunig, wenn sie ihm mediokre Mahlzeiten vorsetze, erklärt sie ihr Anliegen. Sie kann es kaum fassen, wie billig die Lebensmittel in den Geschäften sind und dass es dort Gemüsearten gibt, »von denen ich weder was gehört, noch geahnt habe, völlig unbekannte Sorten«. Besonders charmant findet sie die Tatsache, dass die Amerikaner nichts abschließen – in den Urlaub fahren und das Haus nicht verriegeln; volle Einkaufstaschen stundenlang öffentlich herumstehen lassen, ohne dass sich jemand bedient; Autos geparkt mit steckendem Zündschlüssel. Eri fasst das begeistert zusammen: »VERTRAUEN ist hier bei ALLEM großgeschrieben.« Außerdem fällt ihr auf, wie gut gekleidet die meisten Menschen sind, viele Frauen aber zögen sich oft entsetzlich an, »alte Weiber aufgedonnert wie die Zirkuspferde«.

Das junge Paar, sie sechsundzwanzig, er knapp zweiunddreißig, geht fast jeden Abend aus und vergnügt sich mit der bunten Gesellschaft des amerikanischen Schmelztiegels. Da gibt es Emma, »die Negerin«, mit der Eri viel unterwegs ist – bummeln, shopping, Kino. »Dieser Umgang mit den Negern, der nicht leicht zu erreichen ist, ist immer recht interessant! Vor allen Dingen sind diese hier ganz besonders nett, netter als viele Weiße!«, berichtet sie in die Provinz nach Tübingen. Die Rassentrennung ist erst seit sechs Jahren offiziell abgeschafft, doch in manchen Staaten der USA ist sie de facto noch immer gesellschaftlich verankert. Eri hatte in Deutschland nie Kontakt zu Schwarzen, das ist eine ganz neue Erfahrung für sie. Ein weiterer Freund ist Manfred, ein Berliner Jude, der 1939 emigrierte. »Das ist der«, schreibt Eri ihrer Mutter, »der mich sofort, als er mich kennenlernte, auf Vati ansprach.« Sie sagt nicht, was sie ihm geantwortet hat, und auch nicht, was sie bei dieser Frage empfand.

Heiner und Manfred arbeiten gemeinsam einen Zeitschriftenbeitrag über »Antisemitismus in Deutschland« aus. Es ist eine politisch umtriebige Zeit, vor allem in Berkeley, das bekannt ist als Hort der links-liberalen Intellektuellen und Studenten. Man diskutiert die amerikanischen Verhältnisse, die internationalen Entwicklungen und die immer wieder neuen Enthüllungen über die Verbrechen der Nationalsozialisten und den Zweiten Weltkrieg. Es ist die Zeit von Marilyn Monroe und Frank Sinatra. Im Kino laufen unendlich viele gute Filme, gerade hat Billy Wilder den melancholischen Streifen »Das Appartment« mit Jack Lemmon und Shirley MacLaine herausgebracht, ganz nach Eris Geschmack. Die Aufbruchstimmung ist überall spürbar. »Es ist bestimmt die schönste Zeit seit meiner Kindheit und es wird später wohl auch nimmer so schön werden, ich meine, dermaßen unbeschwert, ohne Verantwortung, harmonisch«, sagt Eri erfüllt von den überwältigenden Eindrücken.

Sie fährt mit Heiner und Freunden an den Carmel Beach zu den Seelöwen und Pelikanen. Hier in der Nähe soll der Schriftsteller John Steinbeck leben, natürlich kennt Eri seine Romane, auch wenn sie in Berkeley kaum zum Lesen kommt. Das Paar ist so beschäftigt, dass es zum Heiraten gar keine Zeit hat; vielleicht auch nicht das dringende Interesse. Nach knapp zwei Monaten in den USA fragt Erla skeptisch nach, was denn nun geplant sei. Eri empfindet die Frage als Vorwurf. Doch sie kann ihre Mutter beruhigen, die Heirat finde in Bälde statt, zuvor sei noch einiger Papierkram zu erledigen. Beide müssen sich größere Mengen Blut abnehmen lassen, denn ohne Gesundheitszeugnis gibt es keine Trauung. Sie erzählt ihrer Mutter humorvoll, Heiner mache angesichts der bevorstehenden Zeremonie pausenlos »seine ironisch-wehmütigen und leidenden Bemerkungen über sein verlorenes Junggesellentum und ich kann ihn auf die Palme bringen, wenn ich von ›meinem Gatten‹ spreche«. Mehr denn je seien sie beide überzeugt, den richtigen Schritt zu tun, denn es ginge ihnen überaus gut miteinander. Eri glaubt, dass es ihr ganz gut gelinge, ihren künftigen Mann richtig zu behandeln: »ja, ja, die Männer«. Ihrem Glück wie immer nicht ganz trauend, fügt sie ihrem Bericht an Erla hinzu: »Allerdings wurde ich auch noch nicht bedeutend auf die Probe gestellt, das wird erst nach einigen Ehejahren auf mich zukommen.«

Ende April 1960 ist es dann endlich so weit: Vor dem Friedensrichter auf dem Standesamt des Rathauses von San Francisco – Eri betont, er sei Jude und sehr nett – geben Erica und Heiner sich in Anwesenheit ihrer Trauzeugen und Freunde das Ja-Wort. »Wir mussten beide altenglische Texte und Gelübde nachsprechen«, lässt sie ihre ferne Mutter wissen, »ich verstand kaum ein Wort und redete irgendwas nach, es war sehr komisch.« Den Bund des Lebens zu schließen, habe keine zehn Minuten gedauert, stellt sie verblüfft fest: »Dies ist wirklich ein freies und unbürokratisches Land.« In Tübingen gehen zum vereinbarten Zeitpunkt die schon lange von den Familien vorbereiteten Anzeigen an unzählige Adressaten hinaus: Darin gibt der Bräutigam »Kenntnis von seiner Vermählung mit Fräulein Erika Ludin, Tochter des verstorbenen Gesandten Hanns Ludin und der Frau Erla Ludin«.

Bald darauf trudeln die Gratulationsschreiben im Postkasten ein. Unter den ersten ist ein Brief von Eris Bruder Tilman aus Südafrika. Nach fast drei Jahren im südafrikanischen Apartheidsstaat ist ihm, wie er schreibt, Deutsch so langsam zur »Vremdsprache« geworden, weil er vor allem Afrikaans und Englisch spreche. Tilman studiert Ingenieurswissenschaften, das Geld zum Studieren an der Universität von Pretoria hat er sich als Lieferwagenfahrer erarbeitet. Keine Spur mehr von dem wilden Tübinger Teenager. »Tilman ist ein feiner Kerl, seinem Vater in vielem ähnlich, als Einziger«, sagt sein Ziehvater S., allerdings habe er einen gewissen »Mangel an Initiative und Härte gegen sich selbst. Das wächst sich aber wohl zurecht und in anderen Dingen ist er dem Hanns mitunter so ähnlich, dass es einem den Hals engmachen kann.«

S. vermisst seinen Freund. Manchmal ist er für ihn noch so lebendig, »dass ich mich nicht wundern, sondern nur maßlos freuen würde, wenn er auf einmal in dieses Zimmer käme«.

Seiner »Lieblingsschwester« vermittelt der ferne Bruder aus Afrika seine grenzenlose Freude über ihre Eheschließung, ermahnt sie zugleich scherzhaft, sich vor Augen zu halten, dass Leute wie er und sie »das Brett stets an der dünnsten Stelle sägen« wollten. Ihr »Dikkopf« und Charme würden ihr gewiss immer Schwierigkeiten bereiten, weil die Menschen ihr nur so zuflögen. Auch die anderen Geschwister melden sich postalisch, dazu Großmutter Johanna aus Freiburg und Großonkel Adolf, der aus dem Ausland zurückgekehrt ist und seit geraumer Zeit in Berlin-Dahlem lebt. Wolfgang springt über seinen Schatten und gratuliert seiner Verflossenen und auch einige andere Herren lassen sich nicht lumpen und freuen sich für Eri. Besonders nachdenklich klingt einer ihrer Freunde: »Manches Mal hatte ich nach unserem letzten Zusammensein etwas Angst um dich und fürchtete, dass du den Weg in die Ehe nicht mehr finden würdest – teilweise aus Unentschlossenheit, teilweise aus Furcht vor der Aufgabe der Selbständigkeit. Das sind zwar Eigenschaften, für die ich allerhand Verständnis habe, aber du bist auch andererseits ein Mensch, dem die Geborgenheit einer lieben und starken Führung guttut.« Er hoffe, sie habe in Heiner nun diese Führung gefunden.

Der ruhelose Lebenswandel in Amerika nimmt auch im Bund der Ehe kein Ende. Erst einmal hat sich Heiners Mutter Winnie mit ihrem Geliebten Friedrich angekündigt, der sich die »petite«, hübsche Frau in einer Menage à trois mit dem Ehemann teilt. Da Winnie ein anspruchsvolles Persönchen ist und eine Männerfrau, die mit Geschlechtsgenossinnen wenig am Hut hat, fürchtet Eri den Besuch mehr als ihr Mann, der innerlich auf die fortgesetzte Kritik und die Eifersüchteleien seiner Mutter vorbereitet ist. Der Aufenthalt der beiden Gärtringer verläuft dann aber unerwartet erfreulich, man unternimmt viele Kurztrips in die Umgebung und speist in erstklassigen Lokalen. Winnie und Friedrich genehmigen dem frisch vermählten Paar ein Budget für die geplante Ostasienreise, was zu großer Verzückung führt. Der Harmonie genug, platzt der mitunter ungehaltenen Winnie kurz vor der Rückreise doch noch der Kragen. Sie mokiert sich in gehässigen Worten über Eris unschicke, altbackene Kleidung. »Sie sind eben doch nach wie vor unglücklich, dass Heiner keine reiche Frau aus glänzendem Hause hat«, konstatiert Eri betrübt. Sie hat Sehnsucht nach ihrer Mutter und nach ihrem Zimmer in Tübingen, was sie in »lieber und heimatlicher Erinnerung« im Herzen trägt. Sie träumt viel, vor allem von Erla, ja sie träumt fast jede zweite Nacht von ihr. In ihrem letzten Traum erfährt sie, dass Erlas Beamtenrente endlich bewilligt worden sei und dass das sogar in der Zeitung gestanden habe! »Mummchen, sei vernünftig zu dir!«, schreibt sie fast ein wenig flehend.

Auf einem der nahezu täglichen gesellschaftlichen Anlässen lernt Eri einen Herrn kennen, der sich als ehemaliger Schüler ihres Großvaters im Freiburger Gymnasium entpuppt. Fritz war sein Französisch- und Geschichtslehrer. Der Mann ist freundlich zu Eri, aber er traut sich nicht, ihr von einem bestimmten Vorfall damals an der Schule zu erzählen; stattdessen berichtet er darüber ihrem gemeinsamen Freund Manfred, der alles wiederum an Eri weitergibt. Eri findet die Geschichte »peinlich« und schreibt sofort an ihre Mutter. Denn dieser Herr sei damals beim Abitur Primus gewesen. »Es gab eine Primusfeier für die Primusse aller Schulen, doch er wurde nicht geladen, worauf sich seine Mitschüler empörten und er zu Großvater ging, um ihn zu fragen. Da sagte Großvater, er habe ihn nicht nennen können, da Halbjude. Dieser erzählte dann seinen Klassenkameraden, das Ganze sei ein Irrtum gewesen. Das war 1938.« Die Geschichte sei ihr von Manfred »ohne Sentimentalität oder gar Vorwurf gegen Großvater vorgetragen« worden, vielmehr habe er eingestanden, »Großvater habe damals nicht anders handeln können!« Diese Beurteilung empfindet Eri als Entlastung, aber sie äußert, versteckt hinter einer halben Frage, die Meinung: »Wie konnte das alles nur in Deutschland passieren!!« Sie fügt an, in den Südstaaten der USA sei es ja »mit den Vorurteilen gegen Juden und vor allem Neger genauso, aber ... Wie klein ist die Welt! Und diese Leute, auch dieser besagte Herr, sind reizend zu mir!« Eine kleine Welt, in der die Vergangenheit einen stets einholt. Sogar noch im Jahr 2006 erinnert sich ein anderer ehemaliger Schüler, Friedrich Mayer, gern an Fritz als »menschlichen Nazi«. Mayer ist Jude und lebt in den USA. Auch er kann von einem unangenehmen Zwischenfall an seiner damaligen Schule aus ungefähr dem gleichen Jahr erzählen: »Ich war im Hof der Rotteck-Schule und ein Mitschüler nannte mich ›Judenstinker‹. Den habe ich zusammengeschlagen. Da haben sie mich raufgerufen zum Ludin und natürlich hat jeder erwartet, dass es schlimm für mich ausgeht. ›Na, was ist geschehen?‹, hat er gefragt und ich habe es ihm erzählt. ›Ja, das hätte ich auch getan‹, sagte Ludin und ließ mich gehen.«

Es ist der Sommer 1960. Eri und Heiner sind im Aufbruch, denn sie werden sich vor ihrer großen Asienreise noch Nordamerika ansehen. Ein Arzt – natürlich auch jüdisch, wie Eri nicht vergisst anzumerken – impft sie gegen Cholera, Typhus und Paratyphus. Bald darauf sind die beiden auf der Straße und legen Tausende von Kilometern zurück. Eri hat ihrer Mutter geraten, sich eine aktuelle Landkarte von Mexiko zu besorgen, damit sie ihre Reise im Detail nachvollziehen könne. Sie fahren über L. A. in die Wüstenstadt Phoenix, bei 46 Grad Hitze, dann geht es weiter nach Mexico City. Eris Beschreibungen sind voller bunter Bilder und scharfsinniger Beurteilungen des Gesehenen. So vermittelt sie ihrer Mutter in Baden-Württemberg, wie die Neue Welt aussieht und wie sie funktioniert. Den mexikanischen Stierkampf empfindet sie als eine Tierquälerei, die sie fast zum Weinen bringt. Berauscht ist sie von der Kunst der Azteken und Maya und sie fotografiert viel. In Acapulco baden sie und Heiner bei einschüchternd hohen Wellen im Pazifik und in New Orleans stößt ihr die noch immer spürbare Rassentrennung bitter auf. Weiter geht's nach Wyoming in den Yellowstone-Nationalpark mit den Grizzlybären und Wölfen, der berühmt ist für seine Geysire, die ihr Wasser alle sechzig bis neunzig Minuten an die fünfundzwanzig Meter hoch spritzen. Der bekannteste Geysir heißt »Old Faithful«, weil er seine Fontäne besonders zuverlässig ausspuckt.

Warum Erla ihre Briefe nicht mehr mit »deine treue Mummie« unterschreibe?, will Eri sinnigerweise wissen, um sich der Liebe ihrer Mutter zu versichern. Es vergehe kein Tag, an dem sie nicht sehnsüchtig an sie denke, »obgleich's mir doch so gut geht und ich so ungeheuer glücklich bin«. Da ist es wieder, das alte Gefühl, sie dürfe nur glücklich sein, wenn ihre arme Mutter es auch ist, dieses Gefühl, ohne die Mama nicht wirklich existieren zu können, ewiges Kind. Der Psychologe Jürgen Müller-Hohagen nennt das »Bestraftsein auf Lebenszeit«, denn sich ständig unglücklich zu fühlen oder sich gar unglücklich zu machen, gehört seinen Erfahrungen nach zur Struktur von »Täterkindern«.

Eri moniert, dass Erlas Briefe immer viel zu kurz seien, und verlangt nach mehr Details über die Geschwister, die Freunde und das Leben in Tübingen. Jede Einzelheit solle sie ihr schreiben, eben genau so, wie sie es tue, berstend vor Erzähldrang, mit dem dringenden Bedürfnis, ihre Mutter hautnah an den Erlebnissen teilnehmen zu lassen. »Wenn nur Mummie das alles sehen könnte!«, ruft sie aus, wenn sie mit Heiner etwas Neues entdeckt. Sie macht sich Sorgen, dass Erla zu viel allein ist. Außer der Jüngsten, Andrea, sind alle Kinder aus dem Haus. Ellen arbeitet als Redakteurin beim *Schwäbischen Tagblatt,* Barbel ist in München, Tilman in Südafrika und Malte in Salem. Ja, und Eri ist mittlerweile nach Berkeley zurückgekehrt, wo sie und ihr Mann endgültig ihre Sachen packen. Sie verbringen viel Zeit mit Klaus, einem emigrierten Berliner Juden, der ihnen der »liebste und treuste Freund« geworden ist. Klaus ist in späteren Jahren nach Australien ausgewandert, wo Eri ihn noch gelegentlich anrufen wird, um sich mit ihm über ihren Vater zu unterhalten – in der verzweifelten Hoffnung, er könne sie von ihren Schuldgefühlen befreien. Klaus war von diesen Anrufen unangenehm berührt, nicht nur, weil Eri in solchen Situationen meist nicht nüchtern war.

Schweren Herzens, aber auch aufgeregt, räumen Eri und Heiner ihre nette, kleine Wohnung, die sie ein halbes Jahr beherbergt hat. Es beginnt die kleine Weltreise vor der Rückkehr nach Hause. Über Honolulu und Tokio geht es zunächst nach Kioto, der ehemaligen Hauptstadt Japans. Die japanischen Sitten faszinieren Eri und sie ist sehr darauf bedacht, die ihr so fremde Etikette am Ort nicht zu verletzen. Sie schickt Erla und Andrea amerikanische Vitamintabletten, die sie noch im Gepäck hat, das wird den beiden guttun, meint sie. Ob Ellen die Lockenwickler erhalten habe, die sie ihr neulich aus Berkeley schickte?

In Manila schenkt Heiner ihr das ersehnte Hochzeitsgeschenk: eine Barockperlenkette. Sie legt sie sofort zu den Cocktails an, die ihr Freund und Gastgeber, seinerzeit an der deutschen Botschaft auf den Philippinen, anlässlich ihres Besuches veranstaltet. Eri unterrichtet Erla über jeden Schritt, klärt sie auf über Distanzen, Einwohnerzahlen, Bräuche, Sitten und Kulturen, als sei sie eine höchst versierte Reiseführerin oder Geographielehrerin; ihre Erzählungen werden nie langweilig und lassen die Mutter in Gedanken mitreisen: Erla ist immer mit im Gepäck. Wie eine Ertrinkende saugt Eri die Eindrücke hastig in sich auf. Sie befindet sich in einem Dauerzustand leichter Erregung, wie herrlich diese Ablenkungen! Bei den diversen Empfängen fühlt sie sich mitunter nicht wohl, weil sie ihre Garderobe unter all diesen eleganten Menschen unangemessen findet. Dabei ist sie so sexy, dass viele der Blicke auf sie gerichtet sind, sexy und charmant, strahlend mit dem ganzen Körper. Es wird viel getrunken, aber sie hält sich hier zurück, denn bei der drückend schwülen Hitze bekommt ihr der Alkohol noch weniger als sonst. Sie begegnet hochgebildeten, wunderschönen Philippinas mit »atemberaubendem Schmuck. So was habe ich noch nie gesehen! Wir hätten das nie erwartet – man denkt doch immer, ach, die Philippinen. Alle sprechen mindestens perfekt Englisch und Spanisch, meistens mehr.« Es liegt ein Hauch von Erotik in der Luft, nackte Schultern, anmutige Bewegungen, reizende Gesprächspartner, feinstes Essen in üppigen Mengen, exotische Früchte, erfrischende Drinks. Natürlich bekommt sie von den Slums nichts zu sehen.

Und gleich geht es weiter nach Hongkong, Bangkok und Kambodscha, wo die beiden nahezu ehrfürchtig die im 9. und 10. Jahrhundert erbauten Tempel von Angkor bewundern, »wohl das Schönste, was wir je sahen«. Die vorletzte Station vor Frankfurt ist Bombay. Dort kommen sie bei Freunden aus dem diplomatischen Dienst unter. Umgeben von Boy, Butler und Koch stößt ihr die Armut in Indien besonders auf. Beim Abendessen kommt irgendwann das Gespräch auf Erla. Der Gastgeber sagt, unter den vieren am Tisch sei Eri die Einzige, »die eine normale, reizende und wirkliche Mutter habe«. In ihrem Haus in Tübingen »sei man immer herzlich aufgenommen worden, habe das Gefühl gehabt, man sei gerne gesehen, und es sei immer eine warme, selbstverständliche Atmosphäre gewesen«. Natürlich vergisst Eri auch nicht, Erla die weiteren Details zu vermitteln: »Heiner stimmte zu, gab noch manches andere zum Besten und meinte dann, so was sei eben aber auch einmalig. Ich freute mich so sehr darüber und schlug vor, wir sollten auf dich anstoßen, was wir dann auch taten! Da siehst du's mal! Alle lieben dich eben!«

Doch Eris Gefühle sind ambivalent. Die Rückkehr nach Deutschland steht ihr bevor – ihr ist unangenehm bewusst, dass bald der Alltag wieder beginnt. Aus und vorbei die Traumreise, was wird die Realität bringen? Ihre Schwiegermutter Winnie hat bereits »angeordnet«, ihr Sohn möge zunächst einige Wochen zu ihr nach Hause kommen. Dabei will Eri doch sofort zu ihrer eigenen Mutter, um ihr endlich von Angesicht zu Angesicht alles über ihre Reisen und Abenteuer zu erzählen. Erla solle sich nur gut ausschlafen, ja, gar auf Vorrat schlafen, denn sie würden gewiss immer sehr spät ins Bett kommen, prophezeit sie ihr in einem der letzten Briefe vor dem Rückflug. Allerdings müsse sie jetzt in erster Linie ihrem Mann – ironische Anführungszeichen: »folgen« und der müsse halt zuerst nach Gärtringen zu seiner Mutter. »Mir ist das natürlich sehr schmerzlich! Aber es wird schon alles nett werden, die Hauptsache, es wird und bleibt harmonisch!« Bloß kein Streit, bitte lächeln. Eine andere Sorge drückt sie jedoch viel mehr: »Ich freue mich so unendlich auf dich«, schreibt sie ihrer Mutter, »und hoffe nur, dich in einigermaßen wohlem Zustand vorzufinden.«

In Deutschland ist bereits kühler Herbst und es wird früh dunkel, als Eri und Heiner Mitte Oktober 1960 in Frankfurt landen.

Das wahre Leben

Ein Jahr später komme ich zur Welt. Draußen herrschen winterliche Temperaturen und in der Klinik unhygienische Verhältnisse. Kaum geboren, habe ich schon eine besorgniserregende Erkältung und man muss mir einen Teil des Zungenbändchens aufschneiden, das sich daraufhin entzündet. Auf der Säuglingsstation zu sein, ist ein Schock, die Neugeborenen werden ihren Müttern nur zum Stillen zugeführt. An der warmen Brust meiner Mutter Eri ist es herrlich und ihre weiche Haut streichelt mich in den Schlaf, bis ich wieder hochgerissen und in mein Stationsbettchen gelegt werde. Meinen Vater kenne ich noch gar nicht, denn er war bei der Geburt nicht dabei und lässt sich im Krankenhaus nur für kurze Besuche blicken. Er ist von der fleischlichen Masse Baby ein wenig peinlich berührt und schüchtern unbeholfen mit mir, so ein winziges Lebewesen hat er noch nie auf dem Arm gehalten. Freilich kann ich mich an diese Tage Ende 1961 nicht bewusst erinnern, meiner Mutter bleiben sie noch lange als bedrückende Erfahrung im Gedächtnis, denn sie war den Ärzten und der fremden Situation ohnmächtig ausgeliefert und fühlte sich einsam – so hat sie es wahrgenommen oder zumindest später dargestellt.

Was ist Eri jedoch selig, mich in den Armen zu halten! Ihre Liebe und Bedürftigkeit übergießen mich wie ein Wasserfall und ich bilde mir ein, die Welle, auf der ich getragen wurde, heute noch spüren zu können. Sie ist überglücklich, mich geboren zu haben, und auch stolz, badet mich in ihrer Zuwendung, liebkost mich und gibt mir das Gefühl, erwünscht zu sein – auch wenn mein Erscheinen vielleicht nur äußerlich betrachtet in ihre Lebensplanung passt. Meine Eltern nennen mich Alexandra, weil sich das gut abkürzen lässt. Mit meinem zweiten Vornamen heiße ich Erla und mit dem dritten, Friederike, nach meinem späteren Stiefgroßvater, an den ich mich nicht im Geringsten erinnern kann. »Mein geliebtes Erikind«, schreibt Erla aus Tübingen zärtlich an ihre Tochter, »nun bist du Mutter geworden und hast gewiss ein süßes, gesundes Kindchen zur Welt bringen dürfen. Ist das nicht ein ganz großes Glück und eine Gnade?«

Mir wird also »die Gnade der späten Geburt« zuteil, eine Formulierung, die der spätere Bundeskanzler Helmut Kohl 1984 in einer Rede in Israel als seine eigene Wortkreation zum Besten gab, obwohl sie eigentlich von dem Publizisten Günter Gaus stammte. Eine Gnade ist es in der Tat, in eine Zeit geboren zu werden, die zwar vom Kalten Krieg geprägt, aber relativ friedlich ist. Soeben wurde durch Berlin die Mauer gebaut, die Deutschland bis 1989 geographisch und ideologisch teilen wird. Ja, es ist eine Gnade, kein Kriegskind zu sein, wenngleich die Destruktivität dieser Zeit in uns Nachgeborenen auf unterschiedliche Weise weiterwirkt.

Meine offenbar nicht ganz ungefährliche Infektion ist bald überwunden und Eri besteigt den Flieger nach Süddeutschland, wo ihre Schwiegermutter Winnie ihr Erholung versprochen hat. Gerade erst eine Woche alt, liege ich bereits im mütterlichen Schoß auf dem Flug nach Stuttgart: Mein geschwächtes Immunsystem hält weiteren feindlichen Einflüssen stand. Eri versucht meine Abwehr zu stärken, indem sie mich zum Mittagsschlaf dick eingemummelt im Kinderwagen auf den Balkon schiebt, obwohl draußen Frost ist. Ich bin lieb und schnorchle in meiner Verpackung brav vor mich hin. Liesel, Winnies rechte Hand, ist über die rigorosen Abhärtungsmaßnahmen meiner Mutter erschrocken und erbarmt sich meiner, spätestens wenn das Näschen der Kälte wegen bereits blau angelaufen ist. Die Haushaltshilfe und gelernte Säuglingspflegerin, die – reiner Zufall – aus der Zips in der Hohen Tatra stammt, wird meine Zweitmutter und kümmert sich um mich, als wäre ich ihr eigenes Kind. Sie steht morgens früh um fünf auf, um mir die Flasche zu geben, badet mich und ölt mich ein. Sie zeigt meiner Mutter, wie man mit so einem kleinen Menschen umgehen muss, denn Eri ist als junge Mutter noch völlig unsicher. Liesel duftet köstlich nach einer französischen Seife, und wenn ich heute mit meiner Nase flüchtig ihren Hals berühre, erinnere ich mich dumpf, wie geborgen ich mich seinerzeit bei ihr gefühlt habe.

Eri richtet sich auf eine längere Phase in Gärtringen ein, bis sie und Heiner in Hamburg eine Wohnung gefunden haben. Auf dem Anwesen mit Park geht es gediegen zu, meist sehr formell und der Etikette entsprechend. Für die temperamentvolle Achtundzwanzigjährige hat dieser strenge Rahmen etwas Zwanghaftes und es fällt ihr schwer, sich den festen Zeiten und kühlen Gepflogenheiten anzupassen. In dem riesigen eleganten Wohnzimmer mit den wertvollen französischen Möbeln, dem Paravent und schönen Gemälden an der Wand, dem marmorumrahmten Kamin und dem Blick in den Park fühlt sie sich nicht geborgen. Lieber besucht sie Liesel in der Küche und spricht mit ihr über slowakische Spezialitäten, als dass sie mit Winnie im Esszimmer über den neuesten Gesellschaftsklatsch und den letzten Modeschrei plaudert. Dass sie sehr menschlich war, daran erinnert sich Liesel noch intensiv, ebenso wie an Eris kindlich-zarte Erinnerungen an die Slowakei.

Eris Stiefschwiegervater Erich Kiefer fragt nach, ob ich eigentlich noch am Leben sei, denn ich bin sehr ruhig und schreie fast nie, sodass meine Anwesenheit kaum auffällt. Auch Friedrich Sieburg, Winnies Zweitmann, ist zugegen, eine imposante Persönlichkeit, deren intellektueller Geist und präzise Formulierkunst Eri gehörig einschüchtern. Er hat wenig Verständnis für die junge Mutter und es gibt jedes Mal Streit, wenn sie des Stillens wegen zu spät zu Tisch kommt. Ihre spontane Art und ihre Fähigkeit zur Improvisation stoßen auf eine mitunter an Intoleranz grenzende Form vermeintlich korrekten Benehmens. Nur Tröpfe würden sich massieren lassen, äußert Winnie verächtlich gegenüber ihrem Chauffeur, der sich nach einer langen anstrengenden Autoreise gelegentlich eine Behandlung gönnt. Für »Tröpfe« hat Winnie wenig übrig: Sie kennt kein Jammern und Klagen und so lässt sie auch keine Schwächen ihrer Schwiegertochter oder ihres Sohnes unkommentiert.

Erla kommt zu Besuch auf das Anwesen und die beiden ungleichen Großmütter lassen sich gemeinsam mit mir auf dem Arm ablichten: Eris Mutter in bescheidener, aber schöner Aufmachung und zurückhaltenden Gemüts, Winnie wie immer schick gekleidet und diabolisch aufreizend, mit einem Blick, der ebenso viel versteckte Unsicherheit wie freche Arroganz verrät. Was die eine an liebenswert unorganisierter, innerer Eleganz aufbietet, ist bei der anderen ein bewundernswertes Maß an Disziplin und kultivierter Perfektion. Man kommt miteinander zurecht, aber die Beziehungen sind nicht herzlich. Eri ist zwischen den Welten zerrissen. Sie ist ihrer Mutter gegenüber vollkommen loyal, will aber auch der Schwiegermutter mit ihren hohen Ansprüchen genügen – ein Spagat ohne entsprechende gymnastische Voraussetzungen. Eris Mann ist oft nicht zugegen, um sie in Schutz zu nehmen, wenn Winnie sie mit scharfer Zunge zurechtweist, denn er arbeitet in Hamburg, jetzt als Rechtsanwalt unter anderem für die Wochenzeitung *Die Zeit* und für das Magazin *Stern*.

Erla macht sich Sorgen, weil nicht nur Eri ein sehr nervöser Mensch ist, sondern auch ihr Mann, in jenen Tagen rauchen und trinken beide zu viel und schlafen zu wenig. Während der Schwangerschaft hat sie ihre Tochter ermahnt: »Du bist es deinem Ungeborenen schuldig, dass du ruhigen ausgeglichenen Gemüts bist.« Erla weiß, wovon sie spricht, denn sie war ja selbst nie ruhigen Gemüts, wenn sie ihre Kinder unter dem

Herzen trug. Zurück in Tübingen lädt sie ein älterer Herr zum Essen ein, der früher im Auswärtigen Amt tätig war und Hanns Ludin gut kannte. Erla beschreibt ihrer Tochter diese Begegnung mit einer Beiläufigkeit, die an Ahnungslosigkeit oder stoische Ignoranz grenzt: kein Wort über die Rolle des Auswärtigen Amtes während des Dritten Reiches, nicht auch nur eine Andeutung davon, dass ihr Gastgeber auch Nationalsozialist gewesen ist. Natürlich fällt auch kein Wort über die Opfer. Aber wie sollte es auch anders sein: Die meisten dieser Herren, die damals im auswärtigen Dienst tätig waren und die Vernichtung der Juden auf dem Gewissen haben, sind im Nachkriegsdeutschland schon längst rehabilitiert. Hanns Ludin starb wegen seiner Vergehen in der Slowakei am Galgen, Männer wie Ernst von Weizsäcker, verantwortlich für Deportationsanweisungen in ganz Europa, stehen heutzutage fast als Widerstandskämpfer da.

Meine Eltern ziehen nach Hamburg um und mein Vater macht weiter Karriere. Eri ist viel mit mir allein zu Hause und öfter unpässlich. Nicht selten legt sie sich tagsüber hin, und gäbe es nicht mich, würde sie wohl sogar länger als nötig liegen bleiben. Sie fühlt sich permanent überfordert, und selbst wenn sie nachts schlafen kann, wacht sie morgens selten erfrischt auf. Oft fühlt sie sich zerschlagen, besonders, wenn sie schlecht geträumt hat. Ist sie allerdings auf, beschäftigt sie sich eifrig damit, alltäglichen Handlungen das Gewand vermeintlicher Berufstätigkeit überzustreifen. Ihre zunehmend hektischer werdenden Aktivitäten bekommen eine Bedeutung und Wichtigkeit, die ihre ständige Erschöpfung zu rechtfertigen scheinen. Mit ihrem emsigen Treiben überspielt sie die innere Leere, die sich durch das Verdrängen der schmerzhaften Erfahrung breitgemacht hat. Es verhindert auch intensive Gespräche mit ihrem Mann, der diese Auseinandersetzungen allerdings, wenn auch von der Flüchtigkeit seiner Frau irritiert, nicht konsequent genug einfordert. Allein der Alkohol am Abend kann ihre Hektik dämpfen.

Hausfrau und Mutter will Eri sein, sie stürzt sich mit Wucht in diese Rolle und spielt sie für ihre Außenwelt perfekt. Die Wohnung ist elegant eingerichtet und dank einer Haushaltshilfe sehr gepflegt, kein Staubkorn ist auf den Fayencen, den Silbertabletts oder Beistelltischchen zu finden. In Momenten der Selbsterkenntnis fühlt sie sich gefangen, doch sie schiebt es dann auf den Rahmen, den ihr Ehe und Mutterschaft setzen.

Selbst wenn es öfter Streit und Spannungen gibt, verstehen Eri und Heiner sich in diesen Tagen ausgesprochen gut. Sie kocht immer vorzüglicher und die beiden haben stets viel Besuch von interessanten Leuten aus der literarischen Welt und den Medien. 1962 stirbt Heiners Stiefvater Erich und seine Mutter Winnie heiratet im Jahr darauf endlich ihren langjährigen Geliebten Friedrich Sieburg. Ich bin gelegentlich ohne meine Eltern auf dem großmütterlichen Anwesen in Gärtringen, versorgt von Liesel. Sieburg schreibt seine Feuilletonglossen, in denen er seine Gedanken zum Lauf der Zeit notiert. »Fast zu ernst« betitelt er eine Geschichte, in der ich als Zweijährige die Hauptrolle spiele und ihm gebannt beim Schreiben zusehe oder mich fasziniert an seinen Büchern und Heften im Regal zu schaffen mache: »Gern sitzt sie im großen Sessel und studiert Zeitschriften, auch solche ohne Bilder, so jüngst eine periodische Druckschrift über Fragen des Steuerrechts, von der sie besonders durch ihre Zahlenkolonnen und statistischen Rubriken angezogen wird«, schreibt Sieburg, der mich für mein Alter offenbar zu ernst findet. An einem gewissen Punkt habe ich die Bücher dann aber derbe fallen gelassen und bin wortlos aus dem Haus geschritten, mein rotes Lodenmäntelchen wippend im Wind.

Prägende Erinnerungen habe ich auch an meine Besuche bei Erla in Tübingen. Da war alles viel bescheidener als im feinen Gärtringen, ich habe mich jedoch umso wohler und geborgener gefühlt. Das, was meine Mutter immer spießig fand, war für mich so etwas wie ein Hort der Sicherheit, man könnte auch »Heimat« sagen: Die schönen alten Möbel, die Bücher und natürlich vor allem Erla selbst dufteten vertraut und die geordnete Unordnung verbreitete eine gemütliche Atmosphäre. Morgens bin ich zu Erla ins Bett gekrochen und habe mit ihr gekuschelt, und sie nahm sich viel Zeit für mich, ihr erstes Enkelkind.

1964 komme ich in Hamburg in den Kindergarten. Eri begegnet dort der Witwe Carola, die beim *Stern* arbeitet. Carola ist in Trauer und fühlt sich von Eris liebenswürdiger, offener Art sehr angesprochen. Eri kann sich in sie gut hineinversetzen und bietet ihr Unterstützung an. Die beiden Mütter sprechen viel miteinander über den traurigen Tod von Carolas Mann und über das zu frühe Sterben an sich, dabei stoßen sie auf ihre unterschiedlichen Väter: Carolas Vater war im Widerstand gegen die Nationalsozialisten. Eri erzählt ihr von der Hinrichtung ihres Vaters, sie beharrt darauf, Hanns sei zu Unrecht gestorben, und wiederholt, was in der Familie Sprachregelung ist – dass die kommunistischen Tschechen nach dem Krieg einen propagandistischen Prozess geführt und an Ludin stellvertretend Rache für die Deutschen genommen hätten. Carola, von dieser Haltung befremdet, erwidert nüchtern: »Es wird schon einen Grund dafür gegeben haben, dass man deinen Vater verurteilt hat.« Eri ist von solchen Aussagen unangenehm berührt, aber sie nimmt das Carola nicht übel. Sie vertraut ihr sogar an, dass die Ehe ihrer Eltern nicht gut gewesen sei, und Carola hat den Eindruck, Eri identifiziere sich stark mit ihrer Mutter. Trotz unterschiedlicher Standpunkte bleiben sie befreundet. Erst später hat Carola sich gefragt, ob Eri wirklich eine Freundin im eigentlichen Sinne gewesen ist, denn sie gab sich gegenüber allen Menschen in ihrer Umgebung so freundlich, ohne wirklich jemanden an sich heranzulassen. War sie zu einer tiefen Freundschaft überhaupt fähig?

Unterdessen beklagt auch Heiner »diese entsetzliche Kontaktlosigkeit, die zwischen uns mehr und mehr Platz greift«. Er gesteht zwar ein, selbst oft angespannt, überarbeitet und nervös zu sein, doch der »hektische Tätigkeitsdrang« seiner Frau strengt ihn zusätzlich an. Das Ruhebedürfnis der beiden bleibt ungestillt. Ich stelle als weiterer quirliger Störfaktor meine kleinkindlichen Ansprüche und zerre an ihren dünnen Nerven. Immerzu haben sie Besuch, Eris Schwestern Ellen und Andrea arbeiten mittlerweile auch in Hamburg und sehen öfter herein. Die einstige Bewunderung der jüngeren Schwestern für Eri schlägt allmählich in Abneigung um – sie haben es satt, in ihrem Schatten zu stehen. Eri bevormundet sie noch stärker als früher und fordert gar Heiner auf, in ihrer Abwesenheit erzieherischen Einfluss auf die Jüngste, Andrea, zu nehmen. Ellen muss das von Winnie vererbte Chiffon-Jäckchen tragen und soll sich bei den Empfängen eloquent und charmant geben, so will es die Hausherrin. Keinesfalls soll eine ihrer Schwestern sie vor der klugen Gesellschaft blamieren.

Im Sommer fährt Eri mit mir neuerdings wochenlang auf die dänische Insel Fanø, während Heiner allein in Hamburg bleibt und schuftet. Meine Eltern beginnen, getrennte Leben zu führen, allerdings schreiben sie sich viel, jeweils den Umgang des anderen eifersüchtig bewachend. Gelegentlich hat Eri schon einige Gläser Wein getrunken, wenn sie ihrem Mann schreibt. In solchen Momenten ist sie besonders zärtlich. »Aber nicht, dass du denkst, meine Sehnsucht resultiere nur aus dem Alkohol. Ich vermisse dich halt ab und zu ebenso intensiv, wie ich dich oft zum Teufel wünsche.« Da ist sie wieder, ihre Unfähigkeit, zwei zueinandergehörende Seiten zusammenzubringen, die guten und die schlechten. Sie bittet ihren Mann wiederholt, länger als nur das gelegentliche Wochenende auf die Insel zu kommen, denn sie hungert nach Zärtlichkeit und Anerkennung. Derweil darbt Heiner junggesellenhaft in der gemeinsamen Hamburger Wohnung und sehnt sich nach ihr. Er kocht sich kleine Gerichte, wäscht seine Wäsche und pflegt gar die Blumen auf dem großen Balkon mit Blick auf die Hamburger Alster.

Zwischen meinen Eltern gibt es eine verspielte Form der

Liebkosung, die sich um Vögel dreht. Auf Briefumschläge und Zettelchen malen sie sich Vögelchen. Diese Vögel weinen manchmal große Kullertränen, planschen im Meer oder fliegen freudig durch die Luft. »Alle Vöglein fliegen hoch« spielt meine Mutter mit mir und dann strahle ich und juchze voller Vergnügen. Ist mein Vater bei uns, legt sie bei Tisch ihre geballte Faust in seine Hand: Vögelchen im Nest. Die beiden sind wie Kinder, voller ungestillter Bedürfnisse aus frühen Tagen, denn schon ihre Mütter waren in Bezug auf Gefühle von früh an auf Magerkost. Beide können die Wünsche und die Sehnsüchte, die sie im anderen auslösen, nicht erfüllen. Wenn einer abreist, sind sie beide traurig, gleichzeitig auch ein bisschen erleichtert, weil das Zusammenleben schon ohne ständigen gesellschaftlichen Betrieb anstrengend genug ist. In den kommenden Jahren wird Eri ihre Aufenthalte im Ausland häufig gegen Heiners Willen verlängern. Der dringend nötigen Erholung wegen.

Für mich muss es damals schön gewesen sein, meine Mutter ganz für mich allein zu haben – wir schlafen lange aus, holen gemeinsam Brötchen und frühstücken ausgiebig im Garten des für den Sommer gemieteten Häuschens. Andererseits vermisse ich meinen Vater und identifiziere mich mit ihm: Ich versuche, wie ein Mann »ein Bächle« ins Klo zu machen, was zu sehr ulkigen Verrenkungen über der Schüssel und natürlich zu einer kleinen Pfütze auf dem Badezimmerboden führt. Eri nutzt meinen kindlichen Kummer über seine Abwesenheit, um ihn zu drängen, sie nicht so lange allein zu lassen: »Was soll ich deiner Tochter sagen, wenn sie mich ständig nach dir fragt?«, schreibt sie ihm. Das sind die Vorboten späterer Instrumentalisierungsversuche. Er möchte zwar gern kommen, hat aber zu viel Arbeit und sieht sich den vielen Besuchern nicht gewachsen. Im Grunde will er mit seiner Frau allein sein, und obwohl sie dieses Bedürfnis verbal erwidert, lädt sie immer wieder neue Leute ein. Sie mag nicht allein bleiben, je mehr Bewegung, umso besser.

Auch unsere Freundin Monika kommt häufig mit ihrem Mann und ihrer Tochter, die nur ein Jahr älter ist als ich. Mit der tobe ich viel herum und natürlich schlafen wir oft lange nicht ein, weil wir noch auf dem Bett herumhopsen und uns kichernd unterhalten. Einmal habe ich zu fortgeschrittener Stunde, als die Erwachsenen noch trinkend und diskutierend die laue Sommernacht genießen, den wie ich finde hervorragenden Einfall, die Wäsche meiner Mutter zu waschen. Alles, was mir dreckig vorkommt, landet im Waschbecken, selbst Eris feine Flanellhose. Mit meinen kleinen Kinderhändchen knete ich die nasse Masse eifrig und voller Zuversicht ob des zu erwartenden Lobs. Erwartungsgemäß verursache ich eine mittlere Überschwemmung, und als Eri das Malheur entdeckt, ist sie zunächst außer sich vor Wut. Mein Stolz, ihr so tatkräftig unter die Arme gegriffen zu haben, sackt unter ihren zornigen Worten in sich zusammen. Freilich richte ich noch anderen Unfug an und zerpflücke ihre verhassten Zigaretten in winzige Stückchen. Das gibt abermals ein Donnerwetter. Monika, ganz von jenen sanften Erziehungsmethoden überzeugt, die damals im Kommen sind, ist erschrocken, wie unverständig, ja fast ein bisschen rigoros meine Mutter auf meine Experimente reagiert. Ich lasse mich von Eris Ausbrüchen zwar beeindrucken, habe es befriedigenderweise aber fertiggebracht, ihre volle Aufmerksamkeit zu bekommen.

Ihre Haushaltshilfe, eine waschechte Hamburgerin mit dem Kosenamen Beyo, ist mit in Dänemark und erzählt eines Abends weinselig über ihre Erfahrungen als zwanzigjähriges Mädchen während der Bombenangriffe auf Hamburg. Meine Mutter hört geduldig und emphatisch zu, lässt das Thema aber nicht an sich heran. Ihre eigenen traumatischen Erlebnisse aus dieser Zeit gibt sie nicht preis.

Kaum ist Heiner endlich wieder für ein paar Tage bei uns, stirbt im Sommer 1964 plötzlich sein intellektueller Ziehvater Friedrich, nach seinem leiblichen Vater und Erich nun der dritte wichtige Mann in seinem Leben, den er verloren hat.

Heiner und Eri lassen alles stehen und liegen und reisen sofort ab, um Winnie in ihrer Trauer zu unterstützen. Der Tod in Eris naher Umgebung nimmt sie stark mit und wühlt sie auf. Es kommen überwältigende Gefühle hoch, die sie jedoch nicht mit ihrem eigenen Vater in Verbindung zu bringen weiß. Monika bleibt da und passt im dänischen Häuschen auf mich auf. Ich meine mich zu erinnern, dass das angenehm war, denn anders als Eri ging Monika stets sehr behutsam auf mich ein. Als ich schon etwas größer war, habe ich Monika und ihre Kinder gelegentlich an Wochenenden besucht und schloss mich sonntagnachmittags hartnäckig ins WC ein, weil ich nicht nach Hause wollte. Erst das Versprechen, die Schallplatte mit der Musik von der Wiener Hofreitschule zu bekommen, oder andere Verheißungen haben mich dann aus dem Lokus gelockt.

Obwohl ihre Ehe bereits starken Belastungen ausgesetzt ist, wird Eri aufs Neue schwanger. Überhaupt haben die Spannungen zugenommen, auch mit der süddeutschen Familie; nichts verläuft mehr so harmonisch, wie man es gern hätte. Meist geht es darum, dass die Schwestern sich gegen Eris Übergriffe zu wehren versuchen. Erlas Söhne Tilman (in Südafrika) und Malte (mittlerweile in Berlin) spielen in dem dynamischen Prozess unter den fünf Frauen – Erla und ihre vier Töchter – eine Außenseiterrolle. Malte studiert Politikwissenschaften und Heiner fordert ihn auf, sich mit seinem Vater zu beschäftigen. Er solle doch mal im Auswärtigen Amt nachsehen, was dort an Dokumenten liege. Malte tut dies, aber er ist noch nicht bereit, sich mit den ungeschminkten Fakten auseinanderzusetzen. Die Studenten in Berlin sind politisch schon sehr rege, seinen Vater, an den er sich gar nicht erinnern kann, weil er zum Zeitpunkt der Verhaftung noch viel zu klein war, bezeichnet er geradeheraus als Nazi-Verbrecher, die persönliche Tragweite dieser Kategorisierung spürt er noch nicht. Mit seiner Mutter kann er dieses Thema kaum kritisch diskutieren, denn das würde sie sofort zu unterbinden wissen. Sich dieser

Seite der Familiengeschichte offensiv zu nähern, erzeugt eine Form moralischer Erpressung – man tut angeblich Unrecht: eine völlige Verkehrung des Sachverhalts.

Einen Tag vor der Geburt meines Bruders, im Sommer 1965, schreibt Erla ihrer Tochter nach einer Nacht »voll bitterer Gedanken« einen Brief. Sie ist empört, weil Eri ihr in einem Telefongespräch vorgeworfen hat, »man könnte meinen, du seist im Wochenbett und nicht ich«. Erla hat über alltägliche Müdigkeit geklagt und angekündigt, erst später als vereinbart nach Hamburg zu kommen. Daraufhin hat Eri ihre Geschwister beschimpft, die schließlich auch einmal zurückstecken und Erla entbehren könnten, nun da sie ihre Mutter so dringend brauche: der ewige Vorwurf, man kümmere sich nicht genügend um sie. Und dann hat sie sogar noch einen draufgesetzt und von Erlas »feigem Verstellen vor der Wirklichkeit« gesprochen, gerade so, als sei sie der einzig realitätsnahe Mensch. Das hat ihre sonst immer so beherrschte Mutter aus der Fassung gebracht – nur Eri schafft das. Erla ist ihrer Tochter rhetorisch nicht gewachsen und lässt die harten Hiebe unerwidert. »Was ich mache, wie ich es mache, es ist immer alles schlecht und falsch und spießig, darum ist es vollkommen hoffnungslos mit uns beiden«, schreibt sie verzweifelt. »Du hast eine Mutter, die du in allem und jedem ändern möchtest, da das nicht geht, wird unser Zusammensein nur unerträglicher und ich bin dir immer mehr unsicher. Dabei lieben wir uns doch und ich glaube, nicht nur ich dich.« Der Psychoanalytiker Dierk Juelich hat dieses Dilemma so beschrieben: »Wenn in der Beziehung zwischen den Generationen immer nur eine fragmentierte Wahrnehmung des jeweils anderen zugelassen wird, gleichzeitig aber die unabweisbare Realität der ausgeblendeten Anteile besteht, entsteht daraus die Struktur einer Als-ob-Beziehung. Sie ist durch ein Gefühl der Enttäuschung charakterisiert, weil in solcher Beziehung nur für eine durch Verleugnung und Abspaltung fragmentierte Persönlichkeit Anerkennung zu bekommen ist.«

Während der Brief von Baden-Württemberg nach Hamburg reist, wird mein Bruder geboren – mitten hinein in den Wortkrieg der Frauen. Eri nennt ihn nach ihrem Vorfahren Jung-Stilling Johann Heinrich und freut sich, dass es ein Sohn ist. Noch im Wochenbett antwortet sie ihrer Mutter. Der Ton ist sachlich, auch wenn sie mit direkten und indirekten Vorwürfen nicht hinter dem Berg hält. Warum, fragt sie, könne ihre Mutter den schon lange vereinbarten Termin nicht einhalten? Und was die Geschwisterbeschimpfung betreffe: Sie, Eri, sei »heilfroh, wenn ich nicht immer die Verpflichtung verspürte, dies oder jenes sagen zu müssen, sondern in angenehmer Wurschtigkeit versinken könnte«. Das sei von Erla doch ein kindliches und ichbezogenes Verhalten! Und dann sagt sie etwas, was für die Beziehung zwischen Mutter und Tochter von Bedeutung ist: »Es widerstrebt mir auch, dich immer, wie so viele andere auch, schonungsvoll und mitleidig zu behandeln, dafür bist du mir wahrhaftig zu viel wert, und ich finde, du verdienst nicht, nur mit Mitleid und Schonung behandelt zu werden, für so schwach kann ich dich nicht halten. Ich habe mir auch schon überlegt, ob ich dich vielleicht nur nicht schwach finden will, um nicht meine Achtung vor dir einzubüßen (denn schwache Menschen achtet niemand), aber das stimmt einfach nicht. Du bist nämlich gar nicht schwach, das hast du in bestimmten Situationen oft genug bewiesen – du bist nur eben wirklich verwöhnt und zwar nicht, wie du offenbar verstanden hast, von einem Mangel an Schicksalsschlägen, sondern von Menschen. Meiner Meinung nach bist du von Kindheit an von Menschen umhegt worden, die immer nur versuchten, alles Unangenehme von dir fernzuhalten und abzunehmen. Wahrscheinlich, weil du so ein schöner und liebenswürdiger Mensch bist, in allem anständig und gut, aber sehr ›empfindsam‹. Jeder musste dich schützen. Aber dadurch hat dich nie jemand als fähigen Menschen behandelt, bis du selber glaubtest, du seiest unfähig und energielos. Und nach 1945, als du zum ersten Mal allein auf dich gestellt dastandest, warst du gar nicht gewappnet und entwickelt für das ›wahre Leben‹, und daher ging alles so weiter wie bisher, jeder sagte: ›Das arme Erlachen, man kann ihr das unmöglich sagen, sie hat schon genug um die Ohren‹ (was du ja auch hattest!). Und dabei könntest du so viel mehr. Ich glaube einfach nicht, dass du dich nicht mehr ändern kannst, wie du immer behauptest. Dann würdest du ja stagnieren. Du bist bestimmt bis ins hohe Greisenalter ›entwicklungsfähig‹!!! Ich glaube fast, dass ich bei all meiner – von dir als Pessimismus empfundenen – Kompromisslosigkeit und Intoleranz mehr Glaube an die Fähigkeiten und Möglichkeiten meiner Nächsten habe als du.«

Was kann Erla auf diese Behauptungen erwidern? Wie soll sie sich ändern? Was wirft ihre Tochter, vom »wahren Leben« schwadronierend, ihr eigentlich vor? Erla schweigt und lässt die Sache auf sich beruhen. Es hat sowieso keinen Sinn, mit Eri zu streiten, denn die gegenseitigen Vorwürfe nehmen dann kein Ende. Keine der beiden Frauen merkt, dass sie mit ihrem Gezanke Randgefechte austragen, die verhindern, dass sie sich mit dem eigentlichen Thema befassen, welches zu sehr wehtut, um es anzurühren: Hanns Ludin.

Als Erstgeborene bin ich eifersüchtig auf den kleinen Johann Heinrich, der viel schreit und mir die ohnedies nur sporadische Aufmerksamkeit der Mutter stiehlt. Erla hat sich dem Willen ihrer Tochter gebeugt und kommt nun doch früher, als ihr lieb ist. Sie will Eri Erleichterung verschaffen und ihr »dienstbarer Geist« sein. Eri habe eben einen Verantwortungskomplex, weil sie die Älteste sei, sagt ihr eine Schwester. Alles wolle sie nach ihrer Elle messen: »Du glaubst, dass Toleranz Schwäche sei und berücksichtigst dabei nicht genug, dass man Menschen nicht in eine einzige, eben vielleicht dir gemäße Form pressen kann.« Es sei zudem nicht akzeptabel, der Mutter falsche Erziehungsmethoden, Schwäche und Dummheit vorzuwerfen, gewiss habe Erla Fehler, aber man müsse sie doch bestärken, anstatt sie fortwährend zu entwerten. Was sie, Eri, für Ehrlichkeit halte, sei nichts weiter als Intoleranz! Aus jeder Fliege mache sie einen Elefanten und versteige sich auf Nichtigkeiten, alles sei Übertreibung. Dieses Phänomen der aufgebauschten Nichtigkeiten hat der russische Schriftsteller Dostojewski im »Jüngling« beschrieben: »Es ist erstaunlich, wie viele nebensächliche Gedanken in einem auftauchen können, gerade wenn man durch irgendeine furchtbare Nachricht ganz erschüttert ist, die, wie man eigentlich meinen sollte, alle anderen Gefühle ersticken und alle nebensächlichen Gedanken verscheuchen müsste, besonders die kleinlichen – aber gerade diese sind dann die zudringlichsten.«

Unerträglich bis tyrannisch ist Eri zeitweilig, kontrollierend und davon überzeugt, alle müssten so empfinden und denken wie sie. Das ist die eine Seite. Die andere ist die faszinierende, schillernde, warmherzige und unkonventionelle. Erika und Erica: Mal hat die eine, mal die andere das Sagen. Deshalb muss man beide Personen in der einen Eri gern haben, auch wenn sie ihre Umwelt oft auf die Palme treibt. Ihre Schwestern haben sich mittlerweile von ihr emanzipiert, nur Erla bleibt in dieser unheilvollen Interdependenz mit ihrer ältesten Tochter.

Neben Fanø im Sommer ist das österreichische Serfaus im Winter dazugekommen. Erica lässt ihren kleinen Sohn Anfang 1966, er ist gerade ein halbes Jahr alt, in Gärtringen bei Liesel und reist mit mir in den Tiroler Skiort. Sie fühlt sich am Ende ihrer Kräfte und hat genug von ihrem allerdings immer interessanteren Hamburger Leben. Am liebsten würde sie mit ihrer Mutter in trauter Zweisamkeit nach Teneriffa zum Schwimmen fahren, damit die beiden sich regenerieren könnten – gerade so, als wären sie krank, alt oder gebrechlich. Anstelle von Erla habe nun ich das Privileg. Inzwischen bin ich vier Jahre alt und schon recht »vernünftig«; meinen Eltern mache ich durch sprachgewandte Wortverdrehungen viel Freude. Und natürlich finde ich es fabelhaft, meine Mutter mal wieder ganz für mich zu haben, obwohl ich im Skikindergarten den großen Teil des Tages auf mich gestellt bin.

»Ich war einfach in grässlicher Depression und bin sicher, dass es nur völlige Erschöpfung war, nicht nur körperlich, sondern auch seelischer Art«, schreibt Eri ihrem Mann beschwichtigend nach Hause. Sie hat sich gut erholt, ist heiter und gesellig. Das Skifahren macht ihr große Freude, dank ihrer frühen Schulung in der Hohen Tatra beherrscht sie es vorzüglich. In ihrem modischen Schneeanzug mit Kapuze und schicker Brille, von Sonne und Wind gebräunt, genießt sie die Blicke, die man ihr hinterherwirft. Wenn sie nicht mit irgendwelchen Herrschaften im Hotel zu Abend speist (sie: was für »abstoßende Deutsche« dort sind!) und plaudert, liest sie Unmengen von Büchern, Zeitungen und Zeitschriften, besonders gern den *Spiegel,* den sie über die Freundschaft mit dem Herausgeber Rudolf Augstein entdeckt hat. Während ihrer zeitweiligen Trennung von Heiner fliegen allerhand Vögelchen zwischen dem Paar hin und her, mitunter sehen sie aber recht müde oder enttäuscht aus. Eri genießt es, ihre eigene Herrin zu sein, denn vor dem »gemeinsamen Kampf mit den Alltagsproblemen« hat sie Angst, vor Schicksalsschlägen sogar eine panische Furcht. Sie findet es mitunter gar nicht so unangenehm, ohne Heiner zu sein, denn der Abstand führt ihrer Meinung dazu, dass er weniger schlecht gelaunt und viel lieber zu ihr ist. Er soll lieb zu ihr sein und Geduld mit ihr haben. Er soll sie halten und beschützen, verwöhnen und versorgen, sie fordern und – in Ruhe lassen. Da sein soll ihr Mann, aber auch weg. Im Grunde weiß sie gar nicht, was sie will, denn sie hat es nicht gelernt, für sich zu sorgen.

Manchmal schickt sie Heiner nach einer etwas zu überschwänglichen Nacht mit netten Leuten im Hotel eine, wie er sagt: »ausführliche Kotz-Berichterstattung«, die er belustigt, aber auch milde besorgt, kommentiert. Seine Ermahnungen, sie möge doch endlich entspannen und zu sich kommen, laufen ins Leere. Er selbst aber gönnt sich auch keine Ruhe und stürzt sich immer mehr in die Arbeit. Wenn Eri lange weg ist, trifft er ab und zu eine Freundin, das schürt bei seiner unsicheren Frau größte Eifersuchtsgefühle und die Angst, verlassen zu werden. Gefühle, die er nicht ausräumen kann. Doch wenn wir mal alle zusammen sind, verbringen wir als traute Familie herrliche Tage in Serfaus.

Ich spiele im Schnee, baue Iglus und versuche meiner Mutter beim Skifahren nachzueifern, was zu einigen Lachern führt. Bald fühlt sie sich stabil genug, um ihr früheres Kindermädchen Gretele mit Mann und Tochter nach Serfaus einzuladen. Mit Heinz kann sie ohne Unterlass reden – über Gott und die Welt: Ihre Gespräche sind intensiv und anregend, beide beherrschen im vertrauten Kreis von Familie und Freunden die Konversation, die anderen sind zum Zuhören verdammt; hinter ihrer egozentrischen, scheinbar robusten Persönlichkeit verstecken sich indes schüchterne, fast ängstliche Wesen. Eri war schon als Teenagerin sehr von Greteles Partner beeindruckt, sie fühlt sich ihm verbunden, ohne benennen zu können, was sie an ihm so anzieht. Er hat im Krieg Grausames erlebt, Dinge, die ihn weiter quälen, ohne dass er je viel darüber spricht. Er trinkt. Er trinkt viel. Wenn die Nacht lang und die Unterhaltung rauschend ist, trinkt Eri mit. Neuerdings berichtet sie gelegentlich von »break-downs« – dann streikt ihr Kreislauf und sie ist zu zerschlagen, um auf den Beinen zu bleiben. Bettruhe ist dann notwendig. Aber schlafen kann sie nicht, also nimmt sie ein Schlafmittel ein. Sie ist zwar gereizt, wenn ich sie wecke, steht dann aber auf und ist meist zärtlich mit mir.

Wieder zurück in Hamburg, bekommen wir ein Kindermädchen, es heißt Gerburg und ich hänge an ihr, weil sie sich so intensiv mit mir beschäftigt: Wir basteln und malen zusammen, sie liest mir vor und begleitet mich, als ich den Freischwimmer mache. Ich erinnere mich, dass sie ungeheuer prüde auf mich wirkte, sie hatte ein blasses, nichtssagendes Gesicht und lange helle Haare, die sie zu einem Pferdeschwanz gebunden hatte. Sie war eine insgesamt völlig unscheinbare Gestalt, aber sehr zuverlässig und gradlinig. Gerburg ist für Eri eine große Entlastung und so darf sie im Sommer mit nach Dänemark kommen.

Eri erhält gelegentlich Post von einem Architekten, den sie und ihr Mann bei Winnie kennengelernt haben. Sie erkundigt sich manchmal interessiert bei Heiner, ihrem »Herrn und Meister«, wie es dem Architekten gehe, was er zu diesem und jenem politischen Ereignis gesagt habe. Er hat es ihr offenbar ein wenig angetan.

1967 ist ein aufregendes Jahr. Im Sommer ist in Israel der Sechs-Tage-Krieg ausgebrochen, die Medien warnen vor einem neuen Weltkrieg. Eri verfolgt die Ereignisse gebannt, sie identifiziert sich mit den »erstaunlichen Israelis«, die die Araber lächerlich machten und kläglich in die Flucht schlügen. Eri träumt, wir Kinder wären außer Haus und sie verbrächte ein Schäferstündchen mit ihrem Mann: »Ich kochte dir was Feines, tränke mit dir Elsässer Wein, ließe mir erzählen, was du erlebt hättest tagsüber, fragte dich einfältig übers politische Tagesgeschehen aus und kraulte dich ausgiebig beim Krimi«, schreibt sie ihrem Heiner sehnsüchtig, der wieder in den USA beruflich unterwegs ist. »And how about Israel?«, fragt sie ihn.

Die rasanten Entwicklungen im Nahen Osten sind begleitet von den Studentenunruhen in Deutschland. Die Proteste richten sich unter anderem gegen die Elterngeneration, die sich mit ihrer nationalsozialistischen Vergangenheit nicht auseinandergesetzt und nach dem Krieg wieder munter Karriere gemacht hat. *Der Spiegel* – von solchen Karrieristen selbst nicht frei – berichtet ausgiebig über die politischen Ziele der Studenten und Augstein erklärt seinen Lesern »Warum sie demonstrieren«. Der *Spiegel*-Herausgeber fragt: »Warum gibt es keinen Bundestags-Politiker, der den Leuten sagt, dass der Kommunismus in einem Teil Deutschlands Realität geworden ist, und dass wir nun zu wählen haben: entweder Trennung (was die meisten vorziehen würden) oder gesellschaftspolitische Konzessionen (die auch nur auf Umwegen etwas bewirken könnten)?« Eri sympathisiert mit der Bewegung, doch die Berichterstattung geht ihr zunehmend auf die Nerven: »Alles ist Krampf und unbewältigte Vergangenheit, ich mag's einfach nicht mehr, es ist zu langweilig, zu wichtigtuerisch.«

Während draußen Benno Ohnesorg stirbt, die Studenten sich vor die Wasserwerfer stürzen und den Schah von Persien mit Tomaten bombardieren, legt Eri sich immer häufiger ins Bett und zieht die Decke über den Kopf. Außen Bewegung, innen Stillstand. Morgens kommt Eri kaum aus dem Bett, oft muss mein Vater mich vor seinem Gang ins Büro in den Kindergarten bringen und meinen Bruder wickeln, und das, obwohl er beruflich unter großem Druck steht. Er ist leicht reizbar. Wer zu Besuch kommt, hat an Eris Bett zu sitzen und ihren Sorgen zu lauschen. Zwischendurch schläft sie, oft geplagt von bedrohlichen Träumen. Johann Heinrich, gerade zwei Jahre alt, strahlt sie manchmal direkt an und fordert: »Mammie, lachen!« Dann lächelt sie ihn gerührt an, das Gesicht leicht verschwiemelt, und beginnt gleich darauf zu weinen. Es macht sie traurig, ihrem Kind wehzutun.

Ihre periodischen Ausfälle gehen zum Glück vorüber. Sie ist dann wieder äußerst aktiv und quirlig, kocht fantastische Essen für illustre Gesellschaften, ist eine bezaubernde, charmante Gastgeberin und eine aufregend attraktive Frau. So mancher der Geladenen macht ihr schöne Augen. Eris Lieblingslied ist Frank Sinatras »Strangers in the Night«, sie hört es bei jeder Gelegenheit, aber auch Herb Alpert ist ein Renner. Als der Philosoph Ernst Bloch in Hamburg ist, nehmen die Freunde Eri zum Essen mit – darunter Augstein und der Journalist Günter Gaus. Eri ist von dem alten Bloch, der mit achtzig gerade den Friedenspreis des Deutschen Buchhandels erhalten hat, zutiefst beeindruckt. Von Rudi Dutschke auf einer öffentlichen Kundgebung hingegen weniger – er habe viel zu lange und nicht sehr präzise gesprochen, es sei unerfreulich und deprimierend gewesen. Unerfreulich ist vermutlich aber weniger Dutschke, sondern Eris eigene Befangenheit gegenüber der Vergangenheit. Oder hat sie ein Gespür dafür, dass auch die Studentenbewegung keine wirkliche Konfrontation mit der Vergangenheit bedeutet? »In der Studentenbewegung Ende der 60er Jahre war in der BRD eine massive Tendenz zur Spaltung zu beobachten. Bekämpft wurden Personen, die für Träger der nationalsozialistischen Ideologie gehalten wurden oder es tatsächlich waren, aber die eigene Betroffenheit, der Niederschlag in der subjektiven Geschichte blieb ausgespart«, so noch einmal der Psychoanalytiker Juelich. War es diese Spaltung, die letztendlich im Terror der RAF mündete?

Auf Fanø haben wir im nächsten Sommer auch ohne unseren Vater wieder Spaß. »Wann kommt mein Heiner?«, frage ich meine Mutter allerdings gelegentlich. Eri erzählt mir dann von seiner Arbeitsüberlastung, und dass er bald käme. In unserem VW-Käfer fahren wir gemeinsam an den Strand, Eri und Monika vorne, wir Kinder hinten. Eri singt lauthals: »Hab' mein Wagen vollgeladen, voll mit alten Weibsen«, und wir Kinder kreischen begeistert mit. Herrlich, hier eng beieinander im Auto zu sitzen und durch die Landschaft zu gleiten, herrlich, eine fröhliche Mutter zu haben. Wir bauen Sandburgen, planschen im Wasser und finden das Leben recht unbeschwert.

Einmal bleiben wir bis zum Sonnenuntergang in einer schönen Sanddüne. Eri und Monika dösen nach langem Gespräch, wir Kinder sind eifrig am Spielen. Als wir nach Hause fahren wollen, finden wir unseren Käfer schon halb unter Wasser, nur noch seine Glatze schaut heraus: Die Flut droht ihn zu ersaufen. Es gibt eine große Aufregung, aber alles geht am Ende gut und wir können heim. Das ist nur eine von vielen kleinen »Katastrophen«, die noch kommen werden. Eri ist völlig aufgelöst, fast so, als sei nicht nur das Auto am Ertrinken gewesen. Sie fühlt in diesen Momenten ihre große Abhängigkeit von ihrem Mann, ihre ganze Schutzlosigkeit und ihre Angst vor unerwarteten Schlägen des Lebens. Diese Ohnmacht macht sie tieftraurig. Das »wahre Leben«, das sie so meisterhaft aktionistisch beherrscht, stellt eben so seine Anforderungen. Doch was heißt schon »wahr«? Es ist eine vage Bezeichnung, die suggeriert, es gebe auch ein falsches Leben. Eri, wenn befragt, hätte kaum erklären können, warum sie ihrer Mutter vorgeworfen hat, sich feige vor der Wirklichkeit zu verstecken und vom wahren Leben keine Ahnung zu haben. Vielleicht hätte sie Ernst Bloch nach »der Wahrheit« fragen sollen? Wäre sie dann auf die Idee gekommen, dass sie und ihre Mutter sich gegenseitig mit falschen Vorwürfen quälen? Liegt die Antwort vielleicht in einer Erklärung, die der Psychologe Müller-Hohagen für viele NS-Nachkommen fand, wobei die Kinder auf der Suche nach sich selbst immer wieder auf das Bildnis ihrer vermeintlich unschuldigen Eltern stießen? »Da wurde eine falsche Wirklichkeit konstruiert. Wir wuchsen als Kinder in einer Welt der Täuschungen auf. Die Wirkungen dieser Strategie der Wirklichkeitsverdrehung können sehr massiv sein, können in extremer Loyalität bestehen, heftigsten Schuldgefühlen allgemein und speziell bei Ablösungsversuchen, selbstdestruktiven Aktionen, Krankheiten, seelischer Verstümmelung, tiefem Verlust an Vertrauen in die Welt und sich selber.«

Von einem Baum im Garten unseres dänischen Mietshäuschens fällt ein Vogelbaby aus dem Nest. Wir versuchen es am Leben zu erhalten, doch am nächsten Morgen ist es tot. Wir begraben das zarte Wesen zu Tode betrübt unter einem Busch, bis mein Bruder es zum Entsetzen meiner Mutter am nächsten Tag wieder ausbuddelt, um zu untersuchen, ob es wirklich gestorben ist. Nicht alle Vögel lernen, hoch zu fliegen.

Zu viele Abschiede

Was ist das für ein Schmerz: Ich schluchze, denn die von mir geliebte Gerburg muss gehen. Meine Mutter hat rassistische Literatur im Zimmer des Kindermädchens entdeckt, es stellt sich heraus, dass sie mit den Neonazis sympathisiert. Keinen Tag länger darf sie bleiben. Sie verabschiedet sich mit Fassung, ja sie versucht sogar, mich zu trösten. Da geht sie hin, die Frau, die mir über ein Jahr so viel Zeit gewidmet hat. Kinder verwinden solche Schläge scheinbar rasch, doch mit allen nun folgenden Frauen, die meine Mutter im Haushalt unterstützen sollen, kann ich wenig anfangen. Eine hasse ich sogar. Als ich eine Grippe und gar keinen Hunger habe, zwingt sie mir das Essen in den Mund, obwohl ich schon Rotz und Wasser heule. Ich bin enttäuscht von meiner Mutter, die mich diesem Ungeheuer aussetzt. Dann die feurige Gabriella. Sie ist wirr und lässt in der Klinik, in der ich geboren wurde, ihr Kind abtreiben – diese Klinik wird wegen illegaler Eingriffe einige Jahre später geschlossen werden – und kehrt anschließend gleich wieder in ihre Heimat Sizilien zurück.

Meine Mutter kann sich dank der fremden Hilfe ganz dem gesellschaftlichen Leben hingeben und profiliert sich als perfekte Gastgeberin. Unterdessen sind wir innerhalb des feinen Hamburger Stadtteils Harvestehude in eine größere Wohnung umgezogen. Wir haben einen schönen Garten und mehrere Balkone sowie ein Wohnzimmer, in dem man sich nahezu verirren kann, mit Kamin. Ich bekomme ein riesiges, eigenes Zimmer, das durch eine Schiebetür mit dem meines Bruders verbunden ist. In der Nacht habe ich meist Angst. Nachdem ich einmal einen gruseligen Spielfilm über Leprakranke angeschaut habe, wähne ich diese unter meinem Bett und sehe, wie sie ihre dürren Ärmchen nach mir ausstrecken, um mich zu sich zu holen. Unzählige Male stehe ich auf, gehe zu meinen Eltern, sage, ich könne nicht einschlafen, und jedes Mal schicken sie mich in meine Leprahöhle zurück. Ich fühle mich missverstanden und schutzlos einer immensen Gefahr ausgesetzt. Eine Taschenlampe kommt mir später zu Hilfe, unter der Decke lese ich, so lange Nougatcreme löffelnd, bis mir die Augen zufallen.

Der Architekt, für den Eri sich schon länger interessiert hat, steigt während eines der Skiaufenthalte in Österreich eines Nachts zu ihr ins Bett. Er verfolgt aber keine ernsthaften Absichten, sondern gibt sich nur seinem Hang zu hübschen Frauen hin. Die attraktive, erotische Frau mit der mädchenhaften Ausstrahlung findet er sehr anziehend. Eri hingegen ist leidenschaftlich und sieht in dieser Liebesbeziehung eine Möglichkeit aus ihrer Ehe mit einem Mann auszusteigen, für den sie sich in Wirklichkeit nie richtig entschieden hat. Sie trifft ihren Liebhaber heimlich in Hotels, projiziert in ihn ihre Sehnsüchte nach dem, was sie für ein freies Leben hält, derweil sie sich nach außen nichts anmerken lässt. Für sie bekommt der Architekt überwältigende Bedeutung. Er trinkt in jenen Tagen ausgesprochen viel, sie leistet ihm auch dabei Gesellschaft. Eri streichelt seinen Narzissmus und spürt mit wachsender Eifersucht seine Unerreichbarkeit, an der sie rüttelt wie an einem verlockenden Pflaumenbaum, der seine Früchte nicht hergeben will.

Dem viel beschäftigten Häuserbauer gehen ihre Intensität, das Auf und Nieder ihrer Stimmungen allmählich auf die Nerven. Ein schon jetzt erkennbarer, dramatischer Mangel an Selbstanalyse lässt Eri die Verantwortung für das absehbare Scheitern ihrer Beziehung bei allen anderen, nur nicht bei sich suchen. In diesem Fall ist der Feind ihr Mann: An Heiner mäkelt sie immer öfter herum. Er habe keine Zeit für sie, arbeite zu viel und ließe sie mit seiner »Gefühlsarmut« emotional verhungern. Aus ihrer Sicht stimmt das sogar, objektiv betrachtet ist sie allerdings wie ein unersättliches Kind.

Erla ist in den Seitensprung ihrer Tochter eingeweiht und sorgt sich um deren »strapazierte Nerven«. Sie ist momentan selbst nervös, weil sie im Begriff ist, mit ihrer Tochter Ellen das Grab von Hanns in Bratislava zu besuchen. Eri ist erbost, dass sie zu der Reise nicht auch eingeladen worden ist, und fühlt sich von dieser Pilgerfahrt ausgeschlossen. Eigentlich ist doch sie jenes von Hanns Ludins Kindern, dem der Besuch zustünde. Streng gibt Erla zurück: Ja, warum sie sich denn nicht eher angemeldet habe, mitreisen zu wollen? Sie versteht es, ihre Tochter mit Argumenten, auf die eigentlich nichts zu erwidern bleibt, gezielt auf Abstand zu halten: »Ich bin sehr unruhig in den ganzen letzten Wochen, habe viel in alten Briefen gelesen, was viel Kummer, Reue und Trostlosigkeit mit sich bringt. Es fehlt mir die Kraft, das in Produktivität umzumünzen.« Geschwächte, arme Erla. Die Kraft, die Legende vom guten Nazi aufrechtzuerhalten, fehlt ihr indes nicht. Anders als ihre Mutter und ihre Geschwister wird Eri das anonyme Grab übrigens nie besuchen, instinktiv weiß sie, sie bräche darüber zusammen. Auf dem Grabstein stehen nur die Initialen ihres Vaters: H. E. L. Ein Nachkomme der Opfer hat später daraus das englische Wort für Hölle gemacht.

Die einen sterben am Galgen, die anderen werden Bundeskanzler: Am 7. November 1968 ohrfeigt Beate Klarsfeld Kurt Georg Kiesinger auf dem CDU-Parteitag mit den Worten: »Nazi, Nazi!« Kiesinger, 1966 als Kanzler der Großen Koalition gewählt, war von 1940 bis 1943 wissenschaftlicher Mitarbeiter in der Rundfunkabteilung des Reichsaußenministeriums und bis 1945 deren stellvertretender Leiter gewesen.

Ich träume von Sandy und Bud aus der Fernsehserie »Flipper«. Mit bis zu den Knien abgeschnittenen Jeans springe ich im Kopfsprung ins Schwimmbad meiner Großmutter in Gärtringen, tauche unter und winde mich, als wäre ich der Held des Films: der Delphin. Oft spiele ich einen der beiden Jungen, der sich, an der Flosse des Meeressäugers haltend, durch die Wellen ziehen lässt – nur mein Delphin ist aus Plastik und aufblasbar und der Pool nur in meiner Phantasie so weit und tief wie das Meer. Die Sonnenstrahlen brechen sich im gechlorten Wasser, ich fühle mich verbunden mit dem Element und stark, das sind glückliche Momente von Kindheit, an denen die Erinnerung Anker lässt.

Jungen bekommen mehr Beachtung geschenkt, also will ich auch ein Junge sein; alle schauen auf meinen revoltierenden Bruder, nicht aber auf mich. Ist es eine Identifizierung mit meinem Vater oder die Abgrenzung von meiner vereinnahmenden Mutter, die mich ein paar Jahre später eine Weile inbrünstig zu einer entschlossenen Vertreterin des anderen Geschlechts werden lässt? Die Identifikation geht so weit, dass ich mich ein Grundschuljahr lang in der nahe gelegenen Bibliothek mit der männlichen Form meines Vornamens einschreiben lasse – was zu einigen hochnotpeinlichen Situationen führt – und mich im öffentlichen Schwimmbad weigere, in die Damenumkleidekabine zu gehen. Auf dem Pausenhof organisiere ich eine Jungenbande und lege dem verabscheuten Musiklehrer Reißzwecken auf den Hocker, um es diesem kleinkarierten Spießer, der mich so gern im Unterricht triezt, heimzuzahlen. Der Klassenlehrer beschwert sich über mein problematisches Verhalten, außerdem, sagt er, ließen meine Leistungen zu wünschen übrig. Er hat ja keine Vorstellung von den Spannungen, die ich zu Hause erlebe – dort bin ich, anders als in der Schule, eher brav und in mich zurückgezogen. Meine Eltern verstehen auch gar nicht, was der Lehrer meint, und mein Vater schreibt zu meiner Verteidigung einen wütenden Brief an die Schule.

1969 kommt Eris Liebesaffäre mit dem Architekten heraus. Er hat die Situation nicht mehr ertragen, seiner Frau alles gebeichtet und Eri gebeten, ihren Mann aufzuklären. Während diese mit ihrer Mutter noch diskutiert, ob sie den Geliebten heiraten solle, hat der seine Ehegattin schon längst um Vergebung gebeten und sich bei dem gehörnten Heiner in aller Form entschuldigt. Erla hört sich Eris Klagen, Behauptungen und Forderungen geduldig an und rät ihr dringend davon ab, Schritte zu unternehmen, die sie nachhaltig unglücklich machen könnten. Sie drängt sie, Verzicht zu üben, nicht zuletzt wegen uns Kindern, wägt das Für und Wieder ab und versucht sie auf den Boden der Tatsachen zu holen. Das hält sie für nötig, »weil du glaubst, es gebe einen Himmel auf Erden und er stehe dir zu«, so Erla.

Ja, Eris Leidenschaft ist grenzenlos und sie verliert sich im Universum der Möglichkeiten und Wahrscheinlichkeiten. Seit sie Kinder hat, kann ihre Mutter ihr keinen Trost mehr spenden, denn Eri versucht, sich aus ihrer Umklammerung zu befreien: Erla ist für sie jetzt nicht mehr die fantastische »Pfundsfrau« von früher, sondern die ewig Schonungsbedürftige, die sich »feige vor der Wirklichkeit versteckt«. Eri hat instinktiv des Pudels Kern erfasst, doch sie hat keine Grenze zwischen Wirklichkeit und Phantasie gezogen und ist ein zutiefst gespaltener Mensch.

Der subtile Kampf um »die Wahrheit« nimmt zwischen den beiden Frauen allmählich schärfere Formen an. Sie sind zwei sehr unterschiedliche Personen – Erla ist geprägt von den Umbrüchen und Werten der Vorkriegszeit, Eri von der veränderten Welt danach. Während die Mutter sich an die Vergangenheit klammert, will die Tochter sich davon befreien. Es sind schwere Gewichte, die Eri halten und ihre Energie binden. Erla soll ihr zwar bedingungslos zur Verfügung stehen, zugleich aber stößt sie sie weg. Das ist ein Loyalitätskonflikt zwischen der geliebten Mutter und dem Bedürfnis nach einer unabhängigen Existenz. Eri wirft ihr Versagen vor. Sie negiert die Verantwortung ihres eigenen Handelns – im gleichen Maße, wie Erla die Schuld ihres Mannes nicht anerkennt. Die »überantwortete« Schuld ihrer Eltern trägt Eri als unverarbeitetes Gefühl in sich, fast als sei sie mitschuldig. Schuldigen gebührt Strafe. Sie identifiziert sich mit ihrem Vater, der die Höchststrafe erlitten hat, und straft sich selbst durch einen wachsenden Hang zur Selbstzerstörung. Zwar liebt sie ihre Mutter innig, doch sie lehnt sie unbewusst auch ab, weil sie spürt, dass diese sich durch die Tabuisierung der Schuld nie von der Vergangenheit ihres Mannes gelöst hat. Noch sieht sie die ersehnte Freiheit vor sich, da vorne leuchtet sie verlockend, zukunftsträchtig, es ist der Ort, an dem sie unbeschwert leben und sich endlich von der so lange getragenen Bürde ausruhen kann. Sie übersieht, dass sie durch die Unberechenbarkeit ihrer Gefühle und durch gelegentliche Vernachlässigung beginnt, sich an uns Kindern schuldig zu machen. Das »Opfer« wird zur »Täterin«.

Diese Dimension von Eris schwierigem Charakter erkennt niemand, selbst ihr Mann nicht, obwohl er sie weiterhin über alles liebt. Dass der Architekt sie verlassen hat, verwindet sie nicht. Sie bittet Heiner Geduld zu haben, und dämpft ihre Verlustängste mit Psychopharmaka. In einer schwachen Stunde schreibt sie ihm: »Ich bin so wirklich alleine glücklicher und zufriedener und werde dich bestimmt auch wieder verlassen, vielleicht sogar für immer.« Alkohol hüllt sie in einen Schutzanzug, der die vermeintlichen oder tatsächlichen Schläge von außen mildert. An manchen Tagen ist sie nicht ansprechbar für mich, aber es gibt ja Kindermädchen. Sie »funktioniert« jedoch weiter gut. Für Ulrich Klevers *Stern*-Küche bereitet sie Kindermahlzeiten, Kuchen und Kekse vor. Mein Bruder und ich stehen dem Fotografen als Verkoster und Kinderbäcker Modell und sind stolz, uns hinterher in der Zeitschrift bewundern zu können.

1970 ist Eri das erste Mal in einer Reha-Klinik im Raum Travemünde. »Meine lieben beiden Schätze«, schreibt sie meinem Bruder und mir voll überströmender Liebe, »hier habt ihr ein Bild von dem Haus, in dem ich so viel Ruhe habe, dass ich ganz viel schlafen, lesen und spazieren gehen kann.« Wir haben schon prima gelernt, ganz viel Verständnis für ihr Ruhebedürfnis zu haben, obwohl wir überhaupt nicht verstehen, warum sie uns allein lässt. Dieses Mal kümmert sich Eris Schwester Barbel, meine Patentante, um uns. Ich habe an jene Zeit nicht die geringste Erinnerung und muss sie aus Briefen und den Erzählungen anderer rekonstruieren. Leider liegen die erfreulichen, die schönen Momente mit meiner Mutter vergraben unter den traurigen, den schlechten Zeiten. Das Extreme hat das Normale verdeckt. Eris Zärtlichkeit ist mir allerdings noch sehr präsent, denn sie kam meist so plötzlich wie ein heißer Windstoß aus der Sahara, der sich rasch wieder verflüchtigt.

Auf einmal glätten sich die Wogen. Eri kommt erfrischt, munter und voller Energie nach Hause. Wir atmen auf, alles wird gut, die Krise ist ähnlich einer Viruserkrankung überstanden. Eri und Heiner erleben nach fünfzehn Jahren Beziehung sogar so etwas wie eine zweite Verliebtheit. Als Presseanwalt wird Heiner immer bekannter, er führt viele wichtige politische Prozesse, darunter den CSU-Spielbankenprozess, den der *Stern* 1970 wieder aufgerollt hat. In der bevorstehenden sechsjährigen juristischen Auseinandersetzung geht es um die illegalen Machenschaften der CSU bei dem Versuch, ihre Konkurrentin, die Bauernpartei, auszuschalten. Tief darin verwickelt ist der CSU-Mann Friedrich Zimmermann (»Man muss sich auch mal die Hände schmutzig machen können«), der unter Helmut Kohl später Innenminister werden wird. Auch an der Klage gegen Gerhard Löwenthal und das ZDF ist mein Vater maßgeblich juristisch beteiligt. In einer Sendung hat der erzkonservative Journalist sich mit dem Chefredakteur des *Stern*, Henri Nannen, über die Vergangenheit gestritten: Löwenthal behauptete, Nannen habe sich 1944 an der Ermordung zweier Partisanen in Oberitalien beteiligt, was sich bald als falsch herausstellt. Hintergrund der Auseinandersetzung ist die Spaltung in Anhänger und Gegner von Bundeskanzler Willy Brandt. Insbesondere dessen Ostpolitik ist umstritten. Der *Stern* unter

Nannen tritt für den »Wandel durch Annäherung« ein, Löwenthal ist dagegen.

Es ist die Ära Brandt. Die Bundesrepublik ist in Bewegung und diese Entwicklungen bewegen auch uns. Die Bedeutung von Brandts Kniefall vor dem Mahnmal des Warschauer Ghetto-Aufstandes habe sogar ich als neunjähriges Kind damals gespürt. Es war eine großartige Geste demütigen Verbeugens vor den Opfern, für die es fünfundzwanzig Jahre seit Kriegsende gebraucht hatte. Auch *Der Spiegel* unterstützt Brandts Entspannungspolitik. Günter Gaus, mittlerweile ein enger Freund meiner Eltern, ist Chefredakteur des Nachrichtenmagazins geworden und oft zu Gast bei uns. Ich teile mit ihm die Leidenschaft für Pferde und nenne ihn, diesen Giganten scharfsinniger Analyse und präziser Sprache, »Gäuschen«. Er nimmt die Verniedlichung mit einem verschmitzten Lächeln und Augenzwinkern hinter seinen dicken Brillengläsern hin und ich beschenke ihn mit selbstgemalten Pferdemotiven.

Für uns Kinder war es sehr aufregend, wenn abends Besuch kam. Natürlich hatten wir im Bett zu sein, wir waren zu diesen Anlässen nicht erwünscht, aber wir haben an der Schlafzimmertür stets heimlich gelauscht, um herauszufinden, welcher Gast jetzt wohl gerade die Wohnung betrat. Dabei sind wir von den Eltern oft erwischt und streng ermahnt worden, manchmal gaben sie aber auch nach und wir durften die Geladenen begrüßen.

Gaus stellt Heiner und Eri dem Ehepaar Brandt vor. Willy ist von Eri sehr angetan und lässt sie das bei einem gemeinsamen Tanz fühlen, was ihr natürlich ungemein schmeichelt. Sie freundet sich aber vor allem mit seiner Frau Rut an, die wie Willy im norwegischen Widerstand gegen die Nationalsozialisten aktiv gewesen ist. Mit Günter Gaus und dessen Frau Erika reisen meine Eltern 1971 das erste Mal nach Norwegen, wo Rut sie am Flughafen empfängt. Sie verbringen in Oslo einen interessanten Abend mit Norwegern, die wegen der deutschen Besatzung während des Krieges emigriert sind, besuchen das Edvard-Munch-Museum und fliegen dann weiter nach Lappland. Rut wird von der Presse als Kanzlergattin auf einem Schlitten mit Rentier abgelichtet und auch Eri übt sich im Schlittenfahren und bekommt dafür in der Provinz Kautokeino eine Urkunde ausgestellt. Meine Eltern sind beeindruckt von Landschaft und Lappentrachten – und von der Trinkfestigkeit der Einwohner. Ich bilde mir ein, sie hätten mir nach ihrer Rückkehr von Lappen erzählt, die vor Trunkenheit steif an Häuserwänden lehnten. Das war zwar gewiss ein bisschen übertrieben, dieses Bild hat mich aber nachhaltig beeindruckt.

Erla, die große Konstante in meinem Leben, versorgt in der Zwischenzeit uns Kinder. Was bin ich aufgeregt, als meine Eltern endlich heimkehren und Eri in mein Schlafzimmer kommt, wo ich bereits im Nachthemd auf die Begrüßung warte. Sie tut etwas geheimnisvoll und trägt eine große Tasche, die sie sanft auf den Boden setzt. Sie strahlt mich an und nimmt mich herzlich in die Arme, küsst mich auf beide Wangen und sagt: »Pass auf!« Sie öffnet langsam den Reißverschluss ihrer Tasche. Etwas bewegt sich da drinnen, die Tasche bekommt Beulen und ich höre ein Winseln. Heraus schlüpft ein fiependes, schwarzes wuscheliges Knäuel mit Ringelschwanz: ein Lapphundwelpe. Ich bin vollkommen entzückt und so glücklich, glücklicher geht es nicht mehr. Tromsø haben meine Eltern das Hündchen getauft, das jetzt mein neuer Freund wird, eine intensive Freundschaft, die schon nach sechs Monaten in einem unerträglichen Abschiedsschmerz endet, weil das Tier von einem Auto überfahren wird.

Die Beziehung zu Eri ist Rut damals offenbar wichtig genug, um sie in ihren Memoiren »Freundesland« zu erwähnen: Darin ist Eri am 20. Oktober 1971 die glückliche Überbringerin der Nachricht, dass Willy Brandt für seine Bemühungen in der Ostpolitik den Nobelpreis erhalten hat. 1980 wird mein Vater Rut bei der Scheidung von ihrem Mann vertreten, ein Jahr vor seiner eigenen.

Willy Brandt bin ich nie begegnet, Rut indes schon. Als es 1972 um Neuwahlen ging, fertigte ich in Plakatform eine Collage an, mit der ich in unserem gehobeneren Hamburger Viertel Fußgänger um Spenden für die SPD nachsuchte. Das handelte mir die Backpfeife eines Nachbarn ein, der von Willy nichts wissen wollte und schon gar nicht in Form eines agitierenden Kindes, das »von seinen Eltern für politische Aktionen missbraucht wird«! Vermutlich bin ich frech geworden, ich war damals wirklich mitunter regelrecht unverschämt, habe ihn vielleicht CDU-Arsch oder so etwas genannt, sodass ihm die Hand ausrutschte. Jedenfalls kam ich nur mit ein paar kläglichen Deutschmark und einer schmerzenden Wange nach Hause und klebte mein Kunstwerk schließlich in unserem Flur an die Wand, weil ich hoffte, einer unserer vielen Besucher möge sich mit ein paar Groschen erbarmen. Die Gäste waren aber fast knauseriger als die Passanten auf der Straße. Eines Tages stand Rut vor der Tür und die hat dann mit Charme und freundlichen Worten einen beträchtlichen Betrag in meine Büchse gestopft, woraufhin ich Rut für immer in mein Herz schloss. Das Plakat und meine Sammlung trug ich, begleitet von meiner Mutter, stolz in die nächste SPD-Geschäftsstelle von Hamburg. Es folgte eine höchst formelle Einladung des Bezirksvorsitzenden, in der er mich zu einem Infoabend mit Sommerparty einlud. An seinem Fest könne ich leider nicht teilnehmen, schrieb ich höflich dankend zurück, ich sei noch ein Kind. Seinen freundlichen Vorschlag, dann doch mal mit einem seiner Sprösslinge zu spielen, fand ich allerdings nicht attraktiv genug und meine Eltern waren von dieser Idee alles andere als begeistert. Dass sich mein tatkräftiger Einsatz mit Ruts maßgeblicher Unterstützung aber gelohnt hatte, zeigte das Ergebnis der Bundestagswahl: Die SPD wurde stärkste Fraktion.

Das war im November 1972 – das Jahr vieler RAF-Aktionen, darunter der Bombenanschlag auf das Axel-Springer-Gebäude, aber auch das Jahr der Verhaftung von Ulrike Meinhof und Andreas Baader, Holger Meins und Gudrun Ensslin. Marcel Reich-Ranicki hat in seinen Memoiren beschrieben, wie Ulrike Meinhof Anfang der 1960er Jahre die Erste war, die ihn über seine Zeit im Warschauer Ghetto befragt und bei seiner Erzählung Tränen in den Augen gehabt hatte. Sie litt unter der deutschen Schuld und mit den Opfern des Nationalsozialismus. Haben Eri und Heiner mit der Studentenrevolte noch sympathisiert, können sie die Gewalttaten der Roten Armee Fraktion nicht mehr nachvollziehen. Ein Weg, der neue Opfer schafft, kann nicht der richtige sein. Heiner vertritt die Meinhof gegen ihren Ehemann Klaus Rainer Röhl, weil dieser ihre Kolumnen aus der *Konkret* ungefragt als broschiertes Buch veröffentlicht hat. Er ist der Erste, der die ebenso gescheite wie zart anmutende Frau in der Isolationshaft in Köln-Ossendorf in der Zelle besuchen darf. Bedrückt und erschüttert von den Haftbedingungen kehrt Heiner nach Hause zurück.

Die Freunde und Intellektuellen, die in unserer neuen Hamburger Wohnung ein und aus gehen, lassen sich von Eris Kochkünsten verwöhnen. Auch Peter Ustinov beehrt uns eines Abends. Die Geladenen sind höchst vergnügt, weil der vielseitige Schauspieler, Regisseur und Autor einen Englisch sprechenden Inder imitiert und noch andere Faxen macht. Eri ist beglückt von seiner Komik und schlagfertigen Leichtigkeit. Zufrieden ist sie auch mit der Leichtigkeit ihrer Crème au Chocolat, die gelungener gar nicht sein kann, sie zergeht auf der Zunge. Nach Theaterpremieren ist unsere Wohnung der Ort, an dem sich alle einfinden: Rudolf und Maria Augstein, Günter und Erika Gaus, der Autor und Regisseur Egon Monk und seine Frau Ulla, der Publizist Fritz Raddatz und der Schriftsteller Martin Walser, Heinz Schubert alias »Ekel-Alfred« aus der Fernsehserie »Ein Herz und eine Seele« mit seiner Frau Ille, die *Stern*-Autoren Carola Heldt und Jörg Andrees Elten, der Publizist Klaus Harpprecht, Helga Hegewisch und viele andere. Man trinkt fleißig Wein und Longdrinks, im Winter brutzelt dazu das Kaminfeuer, im Sommer genießt man die laue

Luft auf der Terrasse mit Treppe in den Garten. Eri empfängt von den Gästen so manches überschäumende Lob: Hat das Essen wieder fabelhaft geschmeckt! Welch reizender Abend! Sie gefällt sich in der Rolle der hübschen Hausherrin, der Salondame.

Dabei nimmt sie in Wirklichkeit niemand ernst. Es fällt auf, dass sie zwar sehr belesen und kulturell interessiert, aber auch nicht sonderlich gebildet oder analytisch ist. Ihr Mann erkennt nicht, dass die Besucher ganz und gar nicht ihret-, sondern ausschließlich seinetwegen und vor allem aber wegen der guten Atmosphäre kommen. Das heißt, er merkt es vielleicht, aber er ahnt nicht, dass seine Frau unter einem Minderwertigkeitskomplex leidet. Denn niemand beschäftigt sich mit ihr eingehend, und wenn, dann ist sie persönlich meist gar nicht gemeint. Bei all den geistreichen Unterhaltungen am Tisch fragt niemand danach, was sich hinter der charmanten Ausstrahlung dieser warmherzigen Frau verbirgt. Sie schweigt. In dieser aufgeklärten Gesellschaft spricht man zwar viel über die NS-Vergangenheit und ihren Einfluss auf die Gegenwart, nicht aber von den eigenen Nazi-Eltern. Ihre tiefe Unsicherheit überspielt sie mit einer Mischung aus Selbstüberschätzung und Anspruchshaltung. Sie spürt, wie einsam sie ist. »Alle haben sie ausgenutzt«, meint eine damalige Freundin. Aber auch dazu gehören immer mindestens zwei.

Das Motto der 68er »Wer zweimal mit der Gleichen pennt, gehört schon zum Establishment« hat auch das links-bürgerliche Establishment inspiriert. In den Kreisen meiner Eltern geht es in dieser Hinsicht recht munter zu, einige der vielen Freunde lassen nichts »anbrennen«, was gelegentlich zu heftigen Szenen und emotionalen Ausbrüchen führt. Es ist eine Zeit des Experimentierens und der Grenzüberschreitungen – alles anders machen als die Eltern. Der Sänger Ian Dury wird es 1977 unter dem Titel »Sex & Drugs & Rock'n'Roll« zusammenfassen. Auch Woodstock, Flowerpower und Hippiebewegung beeinflussen die Zeit und ihre Menschen – und Eri ist für all diese Entwicklungen sehr aufgeschlossen. Spießig ist sie in dieser Hinsicht gar nicht, auch wenn sie oft so tut, als sei sie eine feine Dame, die sich mit solchen Dingen nicht abgibt. Manchmal wirkt ihr etikettenhaftes Benehmen aufgesetzt, ja fast albern. Auf Manieren wird bei uns Kindern stark geachtet, besonders bei Tisch müssen wir gesittet essen, und aufgestanden wird erst, wenn wir dazu die Erlaubnis haben. Ansonsten aber haben wir relativ viele Freiheiten, ich kann nicht behaupten, dass wir gedrillt oder übermäßig streng erzogen worden wären. Es sind spannende Jahre und Eri geht darin scheinbar auf – soviel Abwechslung, bereichernde Begegnungen, kulturelle Highlights! Mit Romy Schneider redet, trinkt und raucht sie so manche Nacht hindurch. Die Schauspielerin ist eine Klientin meines Vaters. Er nimmt sie gegen die Angriffe der deutschen Medien in Schutz, denen sie wegen ihres Weggangs nach Frankreich ausgesetzt ist. Nach Nächten mit Romy und anderen Freunden kommt Eri morgens meist nicht aus dem Bett, was dazu führt, dass ich oft verschlafe und zu spät zur Schule komme. Oder sie geht überhaupt erst ins Bett, wenn ich mich bereits in die Pauke aufmachen muss, und ich finde sie noch schlafend vor, wenn ich zurückkomme.

Romy ist einmal von Alkohol und Tabletten so benommen, dass sie sich in der Stadt verirrt und von fremden Menschen aufgelesen wird. Sie ärgert sich, dass Heiner sich aus – freilich vergeblichen – erzieherischen Gründen weigert, sie dort abzuholen. Ich erinnere mich noch, wie meine Mutter ihr ihren Friseur vermittelt hat und sie dann zu ihm ging – getarnt mit einer breiten schwarzen Sonnenbrille auf der Nase, die das halbe Gesicht verdeckte, und gehüllt in tiefes Schweigen. Natürlich hat der Friseur sie sofort erkannt, doch er hat sich nichts anmerken lassen.

Romys Ehe mit dem Schauspieler und Regisseur Harry Meyen ist zerrüttet. Meyen, Vater ihres Sohnes David, wird sich 1978 mit einem Seidenschal in seiner Wohnung erhängen. Romy und ein namhafter Schauspieler haben eine dramatische Liebesbeziehung, die sich teilweise bei uns zu Hause abspielt. Morgens staune ich über die Überreste einer durchdiskutierten Nacht. Und finde meinen vom Taschengeld gekauften Schokoladenpudding mit Sahnehäubchen im Kühlschrank nicht mehr. Plötzlich steht Romy neben mir und entschuldigt sich auf so liebe Art und Weise, meine Köstlichkeit verspeist zu haben, dass ich ihr sofort vergebe. Sie ist eine sanfte Frau, die ich sehr gern mag. Sie teilt mit meiner Mutter die Schutzlosigkeit eines Wesens, das zu verletzt und zu zart ist, um den Schlägen des Lebens standzuhalten.

Um die Ehe meiner Eltern ist es schon bald abermals nicht gut bestellt: Eri hat eine Affäre mit einem begabten, attraktiven, jungen Schauspieler. Er schreibt ihr an die Adresse ihrer spanischen Haushaltshilfe und sie antwortet ihm liebeshungrig. Wann immer es möglich ist, treffen sie sich. Ich bin angetan von seiner herzlich lauten Lache, vielleicht sogar etwas verknallt in ihn und stimme bei Peter Brooks Aufführung von Shakespeares »Wie es euch gefällt«, stolz neben ihm im Theater sitzend, ins Gelächter mit ein. Ich habe mich kringelig gelacht bei dieser Aufführung und durfte sogar ein weiteres Mal in die Vorstellung, da saß ich dann zufällig neben der Schauspielerin Inge Meysel, die sich in der Pause mit mir unterhielt.

Als ich zwölf bin, ist Eri mit ihrem Freund im Haus von Bekannten auf Rhodos, Heiner weiß nicht, dass sie nicht allein dort ist, und ist ziemlich hilflos, als ich mit einer Blinddarmentzündung ins Krankenhaus muss, während er noch meinen wilden Bruder und seine schweren Aktenberge bewältigen muss. In der Klinik krümme ich mich vor Schmerzen und dem Gefühl des Verlassenseins. Natürlich kommt Eri so rasch wie möglich zurück, aber da habe ich schon fast alles überstanden. Bestürzt ist sie, den Tränen nahe, sie hat ein schlechtes Gewissen, das sie durch mehr Zuwendung mit gegenüber eine Weile entlasten kann. Ihren Geliebten sucht sie eines Tages bei einer Rundfunkaufnahme im Tonstudio auf. Durch die Glasscheibe hört sie ihm gebannt zu. Er braucht lange, bis er sie erkennt, denn er hält sie für ein junges Mädchen. Da ist sie gerade vierzig Jahre alt geworden.

Im Urlaub auf Sardinien entdeckt Heiner bei seiner Frau zufällig Briefe des Schauspielers. Es gibt jetzt nichts zu überbrücken und er flüchtet zu seiner Freundin nach London. Bei uns herrscht Chaos. Eris Angebeteter spielt mit dem wundervollen Bernhard Minetti und zieht eines Tages seiner Wege, nachdem er sie zu Hause besucht und nicht nüchtern angetroffen hat. »Da habe ich die Notbremse gezogen«, sagte er und suchte flugs den Abstand.

An einem Wochenende bin ich bei unserer Freundin Carola untergebracht, als ich ans Telefon gerufen werde. »Der Papi ist wieder da, wir haben uns ausgesöhnt und bleiben nun immer zusammen«, flötet meine Mutter offensichtlich tränenüberströmt, aber überglücklich in die Leitung. Ein Stein fällt mir vom Herzen und ich eile nach Hause in den Schoß der Familie. Es versetzt mir noch heute einen Stich, wenn ich mich an diesen Anruf und an ihr »Versprechen« erinnere, das nicht lange hielt. Manchmal wache ich nachts geschüttelt von Albträumen auf. Mein Vater ist eine tickende Zeitbombe, die zu explodieren droht. Ich habe wohl seine Verletztheit, seine Wut und Anspannung in diesen Traum gelegt. Oder war es die unbewusste Gewissheit eines nahenden Desasters, die Angst vor der familiären Zerstörungskraft, die Angst vor meinen eigenen unterdrückten Aggressionen gegenüber einer Situation, die mich nur rasend wütend machen konnte? Ich ahnte nicht, dass die Uhr bei uns wahrhaftig tickte.

Am 7. Mai 1974 reicht Willy Brandt seinen Rücktritt ein, nachdem sein Mitarbeiter Günter Guillaume als Spion der DDR entlarvt worden ist. Meine Eltern sind gerade auf Reisen und Erla ist wieder meine Ersatzmutter. Ich bin sehr aufgeregt über diese Nachricht und ergreife die Initiative, dem von mir so bewunderten Brandt einen Brief zu schreiben, in dem ich ihm mein Bedauern ausdrücke. Der Brief erreicht ihn und seine kurze freundliche Antwort auf einer Karte, die er handschriftlich unterzeichnet hat, habe ich bis heute aufgehoben. Wahrlich, eine bewegte Zeit, auch für mich.

Den Sommer verbringen wir wie schon im Vorjahr mit Freunden auf Sardinien. Unsere Freundin Monika ist zeitweilig mit ihren Kindern dabei und auch Bruno Ganz und sein Schauspielkollege Otto Sander schauen gelegentlich herein. Wir teilen uns ein Haus mit Rudolf Augsteins Frau Maria und ihren beiden Kindern. Auch Rudolf ist ab und zu da und ich gucke gemeinsam mit ihm vor der Glotze begeistert die Fußballweltmeisterschaft an. Tatsächlich wird Deutschland Weltmeister, genau zwanzig Jahre nach dem »Wunder von Bern«. Herrliche, schöne Tage sind es, die letzten schönen vor dem dicken Ende.

Dann sind die Ferien vorbei und wir müssen abreisen. Wie immer ist Eri mit allen Vorbereitungen zu spät dran, meine Eltern sind unfreundlich zueinander, wir Kinder nervös. Wir sitzen noch am Frühstückstisch, als die Nachmieter des Sommerhauses bereits vor der Glastür stehen und uns ungeduldig jeden Bissen in den Mund zählen. Meine Mutter bringt das nicht aus der Fassung: In Ruhe zu Ende essen, heißt die Parole. Heiner drängt zum Aufbruch: »Die stehen da doch schon und wollen rein«, zischt er Eri gereizt an. »Dann sieh doch nicht hin!«, antwortet sie kurz und bündig.

»Meines Vaters Tochter küsst dich«

Der Ordnungsmann wedelt aufgeregt mit dem Arm, um den schweren Laster rückwärts in den Schiffsbauch zu dirigieren. Hinter der Absperrung schiebt sich dichter Verkehr durch die Straßen: Autos, Busse und Vespas hupen in den verschiedensten Tonarten durcheinander. Diese Klänge, verbunden mit der Sonne und dem Staub, machen die mir so wohlvertraute südländische Atmosphäre aus. Unter Geschrei haben die Pkws in scheinbarem Durcheinander ordentlich auf der Fähre geparkt, nun folgen die Kleinfahrzeuge. Dieses organisierte Chaos hat meine Mutter geliebt, es war ein Spiegel ihrer selbst. Oft hat sie davon gesprochen, dass am Hafen von Piräus scheinbar nichts perfekt funktioniere und am Ende dennoch immer alles klappe. Die Passagiere, Eltern und ihre Kinder, alte Leute und attraktiv herausgeputzte jüngere Menschen, schieben sich schwer beladen über die Stiege ins Innere des Schiffes hinein, freundlich plappernd verteilen sie sich an Deck oder in der Cafeteria. Der Schiffsmotor springt an, die Schrauben quirlen das Meereswasser und treiben Schaumkronen an das Hafenbecken. Der Koloss bewegt sich schwerfällig vom Ufer weg und schwimmt dem offenen Meer entgegen. Vor uns die weite Ägäis, hinter uns die schon fast nahöstlich anmutenden Städte Piräus und Athen.

Ein nerviger Wind fährt mir durchs Haar. An Tischen und auf Bänken haben die Mitreisenden sich für die mehrstündige Fahrt eingerichtet. Wer sich nicht unterhält, telefoniert, liest, isst, schaut aufs Wasser oder schläft. Das Knallen der Steine auf dem Tavli-Brett, dem griechischen Backgammonspiel, fügt sich euphonisch in das Konzert an Bord ein. Bald ist das Sonnenlicht nicht mehr grell, sondern verdunkelt sich zu einem tiefen Orange, das blaue und lila Farbtöne streut. Das pralle Rund sackt immer rascher und berührt das Meer. Als schlürfe Poseidon gierig seinen Nachttrunk, saugt er die Sonne mit einem langen, gleichmäßigen Schluck von der Erdoberfläche weg. Dann wird es schnell duster. Ich bestelle mir ein Bier Marke Mythos und eine mit Schafskäse gefüllte Teigtasche. Dieses Naturereignis, an dem ich mich nicht sattsehen kann, beglückt mich immer wieder aufs Neue. Auch jetzt gleicht es dem Gefühl von Liebe. In meiner Phantasie liegt mein Angebeteter neben mir auf einer Liege und ist über seinem Buch eingedöst. Ich drehe mich zur Seite und bette meine Wange auf meine gefalteten Hände. Mit der bedingungslosen Liebe, die Mütter für ihre Kinder empfinden, betrachte ich meinen soeben erschaffenen Geliebten, ich nehme seinen Anblick intensiv in mich auf, um diesen Moment auf immer festzuhalten. Eine Ansage durch den Lautsprecher weckt ihn und er bemerkt, dass ich ihn beobachte. Er wendet sich zu mir, ich will ihn berühren, mich versenken in seinen traurigen Augen, ich glaube, sie sind grün, Augen, die ebenso viel Sehnsucht wie Unnahbarkeit ausstrahlen. Bin ich jetzt wieder der Säugling, der in die Augen seiner Mutter blickt, habe ich mir diesen Mann ausgesucht, weil ich bei ihm den Ausdruck versteckter Trauer wiedererkenne?

Eine Lautsprecherstimme hallt übers Deck und holt mich aus meinem Tagtraum. Die Sprecherin kündigt unsere Ankunft an, wir steuern bereits auf die Insel zu. Ketten rasseln, laute Rufe und Motorengeräusche erheben sich zum Crescendo. Ich zerre meinen Koffer hinter mir her, die Schiffsstiege hinunter, und da steht auch schon Brigitte. Auf ihrem Arm hält sie den Minidackel einer Bekannten. Als ich sie umarme, spüre ich seine raue Zunge in meinem Gesicht.

Meine Freundin fährt mich über die Insel auf den Berg zum Haus meiner Mutter. Es hat gestern geregnet und der Garten duftet nach Rosmarin, Thymian und Oregano. »Hier, die kannst du schon ernten«, sagt Brigitte und zeigt auf eine Zitrone am Bäumchen im Innenhof. Draußen bellen die Kettenund die Wildhunde um die Wette, Grillen zirpen und auf Hügeln verstreut leuchtet unterhalb das Dorf. Das ist Glückseligkeit. Endlich bin ich angekommen.

Als ich 1974 zum ersten Mal mit meiner Mutter, meiner Großmutter und meinem Bruder nach Griechenland reiste, hatte ich noch keinen Bezug zu solchen Sinnlichkeiten. Wir haben auf der Hinfahrt die Akropolis in Athen besichtigt. Ich sehe meine aufrechte, hochgewachsene Großmama mit weit ausholendem Schritt elegant den Hügel zum Tempel hinaufschreiten und mit ihren neunundsechzig Jahren vorsichtig über die Gesteinsbrocken klettern. Meine kleiner geratene, noch immer sehr attraktive Mutter geht hinter ihr, das Gesicht versteckt hinter einer auffallend großen, schwarzen Sonnenbrille, die mich an Romy erinnert, gefolgt von meinem neunjährigen Bruder und mir, die ich still vor mich hin pubertierend etwas missmutig dreinblicke und mehr an Büchern als an Altertümern interessiert bin. Auf der Akropolis hat in der Nacht zum 31. Mai 1941 der griechische Widerstandskämpfer Manolis Glezos heimlich die Hakenkreuzfahne der Nazis vom Berg geholt. Zum gleichen Zeitpunkt hatte mein Großvater gerade seinen Posten in der Slowakei angetreten. Griechenland war von 1941 bis 1944 von den Deutschen besetzt, und sie haben auch dort grausam gewütet – rund 130 000 griechische Zivilisten bei »Sühne- und Vergeltungsmaßnahmen« ermordet, 59 200 Juden in die Vernichtungslager deportiert und an die 300 000 Griechen verhungern lassen. Von 1943 bis 1944 war der »Judenberater« aus der Gesandtschaft meines Großvaters, Dieter Wisliceny, in Saloniki stationiert. Rückblickend erscheint es mir sonderbar, wie unbeteiligt wir die Akropolis besichtigt haben. Als habe diese ganze Geschichte mit uns rein gar nichts zu tun.

Wir haben dann die Fähre auf eine Insel genommen, die unser Freund Andy uns als Geheimtipp empfohlen hat. Es gibt dort, wie wir nach der Ankunft feststellen, nur wenig Ausländer. Im Dorf ist alles noch überschaubar, die große Tourismuswelle wird erst zehn Jahre später einsetzen. Mein Bruder verwechselt die Worte und sagt Terroristen, wenn er Touristen meint. Natürlich hat auch er von der RAF gehört, deren führende Köpfe gegenwärtig im dritten Hungerstreik sind. Holger Meins wird an den Folgen sterben und Ulrike Meinhof wird zu acht Jahren Haft verurteilt. Wir wohnen in einem der Bungalows von Jimmy, einem älteren Amerikaner, der sich vom Whiskey das Beste schon hat nehmen lassen.

Eri hat von dem angeblich einzigen Intellektuellen auf der Insel, einem irischen Dichter, gehört. Sie drängt es sogleich danach, diesen Mann kennenzulernen. Im Gepäck hat sie einen englischen Gedichtband, den sie fortan demonstrativ unter dem Arm trägt, in der Hoffnung, das müsse dem großen Dichter auffallen. Sie ist wie immer höchst apart gekleidet: kurzer Jeansrock, T-Shirt feinster Marke und eine bunte Perlenkette um den Hals. Meine aufgeschlossene, fesche Mutter ist für die Einwohner erwartungsgemäß eine Attraktion. In der einzigen Taverne am Ort schicken so manche Bewunderer als freundliche Geste eine Karaffe Wein an unseren Tisch. Einige Herren versuchen, Eri mit ihren Tänzen zu imponieren. Ihre Männlichkeit gepaart mit Eleganz, wenn sie mit lässig ausgestreckten Armen, mit den Fingern schnippend, kunstvoll die Füße kreuzen, sich drehen, hüpfen und auf die Schenkel klatschen, erzeugt ein erotisches Kribbeln, das mir Zwölfjährigen nicht verborgen bleibt.

Selbst an diesem für uns einstweilen noch unbekannten Ort sorgt die Deutsche für gute Stimmung. Sie flirtet mit den ansässigen Griechen zwar auf Deubel komm raus, erhört sie aber nicht. Sie interessiert sich einzig für den Iren. Er heißt Patrick und gibt hier wie ein König für seine Untertanen Audienzen. Seine fulminanten Erzählungen von Begegnungen mit dem berühmten Dichter Ezra Pound in Rom und seine leidenschaftlichen Rezitationen wundervoller Gedichte sprechen Eri zutiefst an – selbstverständlich meint sie, an Patricks Seite zu gehören. Dieser meist völlig schwarz gekleidete Wortkünstler hat sich unter Irlands modernen Poeten einen winzigen Namen gemacht. Er hat eine warme Ausstrahlung, eine gewisse Grandezza und großzügige Autorität, die sie wohl an ihren Vater erinnern. Möglicherweise sind es auch sein Narzissmus und sein gelegentlicher Befehlston, die ihr vertraut vorkommen. Patricks Gestik, sein wellig blondes Haar, seine großen Ohren und eindrucksvolle Nase verleihen ihm einen Sexappeal, der vergessen lässt, dass er in Wahrheit keine besonders attraktive Erscheinung ist. Sobald er auftaucht, wird es gesellig und lebhaft wie auf einer Bühne. Die theatralisch veranlagte Eri ist ganz in ihrem Element. Wo ist die Ziehharmonika?

Natürlich hat der Poet sofort ein Auge auf die hübsche Frau geworfen. Mit genügend Wein im Leib preist er Ericas Vorzüge in gloriosen Worten. Meine Großmutter nennt er bald »Grand Mama« oder »The Queen« und er neckt sie liebevoll, weil sie anstelle von »so far« Sofa sagt. Erla, die des Englischen nur mäßig mächtig ist, zeigt sich für solche Scherze durchaus empfänglich, denn Humor hat sie ja genügend. Aber dieses alkoholgeschwängerte Treiben und diese mediterrane Art behagen ihr nicht, auch wenn Eri sie mit unserer Betreuung beschäftigt und von den ärgsten Ausschweifungen auf diese Weise fernhält. Erla ahnt, was vorgeht, doch sie fragt nicht weiter und duldet die Eskapaden ihrer abenteuerlustigen Tochter schweigsam. »Ach, Kind«, seufzt sie manchmal, aber wie üblich hört das Kind nicht hin oder wiegelt ab. Für meinen Bruder und mich ist es ein Glück, dass Erla da ist, sie versorgt uns und ist unsere Ansprechpartnerin. Meine Mutter hat dadurch die nötigen Freiheiten, sich Patrick zu widmen. Ich verkrieche mich hinter meinen Büchern und verschlinge in den zwei Wochen Aufenthalt elf Bände.

Es ist nicht nur das magische Licht, das uns von nun an regelmäßig auf die Insel zurückkehren lässt, und auch nicht das türkisblaue, saubere Meereswasser. Die tolerante Lebensart der Griechen und all die Individualisten, Künstler und Exzentriker, die auf diesem kleinen Stück Land mitten im Meer einen Existenzraum gefunden haben, entsprechen dem Naturell meiner Mutter: spontan, herzlich, kreativ und unprätentiös. Das, was sie hier entdeckt, ist ein Bruch mit der Bürgerlichkeit, eine Abkehr von den strengen Gesellschaftsstrukturen, in denen sie aufgewachsen ist und bis dato gelebt hat. Wer im Leben keine innere Sicherheit gefunden hat, begegnet in dieser wunderbaren Umgebung einer Gemeinschaft seinesgleichen. Denn nicht nur die Erfolgreichen und Schönen versammeln sich am Ort, sondern auch die gesellschaftlichen Versager, die Aussteiger – und alle haben irgendwie miteinander zu tun, fast so, als gebe es keine Klassenunterschiede. Findet man sich im Alltag mit seinen reglementierenden Strukturen nicht zurecht, so kann man sein Gefühl von Fremdsein unter diesen Menschen ablegen, denn sie tolerieren sich mit ihren Eigenarten. Niemand fragt hier nach der Vergangenheit. Eri empfindet erstmals einen Anflug von Unbefangenheit. Sie erfüllt sich den frühen, schon als junges Mädchen in Salem geäußerten Wunsch, endlich in den Tag hineinleben zu können. Keine Uhr, keine äußeren Zwänge. Wird sie das endlich von ihren widerstreitenden Gefühlen bezüglich ihrer Vergangenheit befreien? Die innere Ruhe, nach der sie sich so sehnt, findet sie jedenfalls nicht, ganz im Gegenteil.

Sie mag nun ihren Vornamen selbst mit dem »c« nicht mehr. Jetzt nennt sie sich gern Nora, das ist ihr dritter Vorname, denn so hieß eine weitere Freundin ihrer Mutter. Nora klingt sanfter, undeutscher und ist in Irland zudem ein beliebter keltischer Name, der dort Ehre bedeutet. »Erica!« ruft der Poet jetzt nur noch, wenn er sich über sie ärgert oder im Rausch ungehalten ist. Sonst spricht er sie zärtlich mit »Nora« an, und wenn er gnädig gelaunt ist, widmet er ihr das eine oder andere

17 Erika, Selbstporträt, Stuttgart, ca. 1959

18 Erika in Jugoslawien, 1954

19 Erika in Norderney, ca. 1955

20 Erika in Stuttgart, ca. 1957

21 Erika, ca. 1957

22 Erika mit Heinrich Senfft, Berkeley/USA, 1960

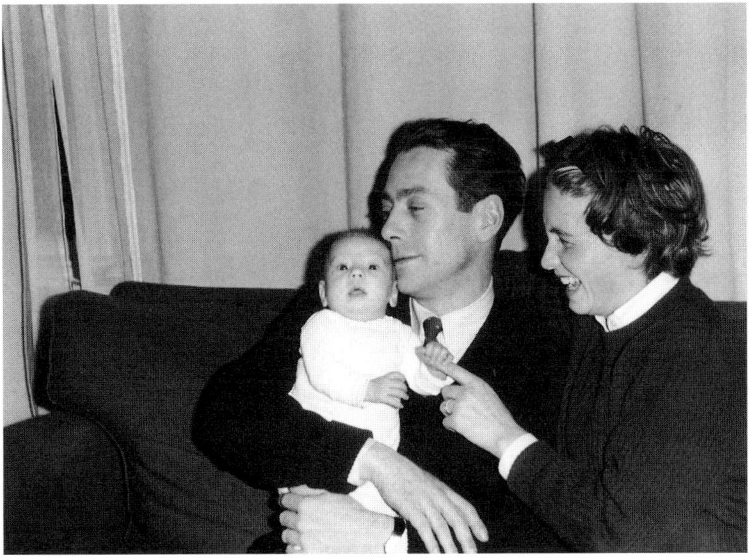

23 Erika mit Mann und Alexandra, 1962

24 Erika mit Alexandra und dem Schriftsteller Friedrich Sieburg, Gärtringen, 1962

25 Erika mit Alexandra und Sohn Johann Heinrich in Gärtringen, ca. 1966

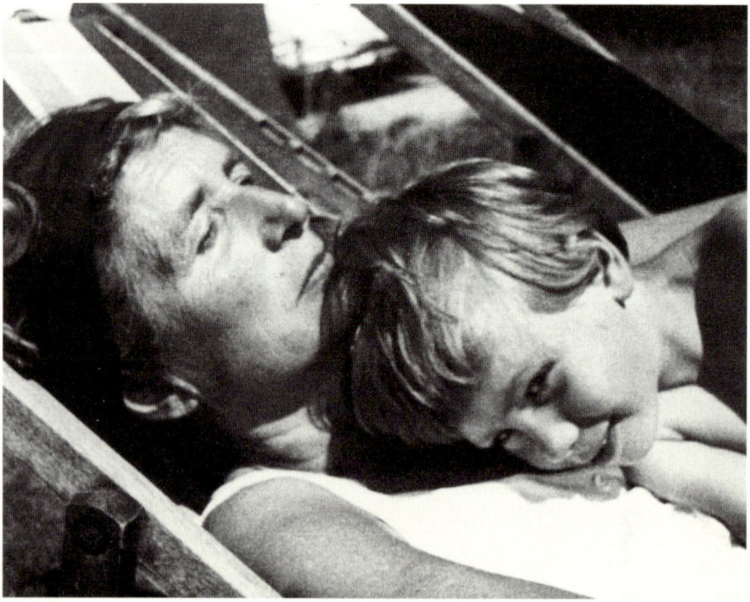

26 Erla mit Alexandra, Fanø/Dänemark, ca. 1967

27 Erika mit Mann und Alexandra auf dem Weg zur Hochzeit einer Schwester, 1965

28 Erika mit Rut Brandt in Lappland/Norwegen, 1971

29 Erika in Kairo/Ägypten, 1976

30 Erika in Hamburg, 1976,
Foto: Richard Stradtmann

31 Erla und Erika mit der Tochter der Autorin, 1994

32 Erla mit der Autorin, 1996

33 Erika, 1976, Foto: Richard Stradtmann

Gedicht. Einmal habe ich die beiden nach einem ausgedehnten Mittagessen, bei dem natürlich reichlich Wein geflossen und viel rezitiert worden war, während der Siesta versehentlich im Schlafzimmer überrascht. Erschrocken habe ich mich entschuldigt und fluchtartig das weiß gekalkte Häuschen am Meer verlassen. Meiner Mutter war das ausgesprochen peinlich, es plagte sie, wie ich das wohl aufgenommen haben würde, denn bislang hatte sie ihre Liaisons ja vor mir verborgen gehalten. Als sie mich ängstlich darauf ansprach, behauptete ich, ich freute mich, dass es ihr gut ginge, das sei doch alles kein Problem. Von dieser vermeintlich großzügigen Reaktion war sie tief beeindruckt. Die plötzliche Anerkennung meiner offenbar guten Charaktereigenschaften tat mir zwar gut, aber souverän bin ich wohl nicht gewesen: In Wahrheit blieb mir ja nichts anderes übrig, als die Tatsache dieser Beziehung zu akzeptieren, auch wenn ich noch immer hoffte, meine Eltern würden sich versöhnen. Für mich hätte meine Mutter diese Verbindung gewiss sowieso nicht aufgegeben. Sie erkennt in besinnlichen Momenten zwar, dass die Liebesgeschichte mit einem Alkoholiker auf sie nicht gerade den Effekt der Enthaltsamkeit hat, doch sie entscheidet sich für ihre übliche Unvernunft. Es ist außerdem ihre Art, unbewusst das emotionale Drama zu reproduzieren, das sie in der Adventszeit 1947 nachhaltig geprägt hat. Es ist die Destruktivität, die in Familien mit NS-Hintergrund häufig weiterzuleben scheint und sich klammheimlich ihre jeweiligen Formen sucht.

Dramen mit Patrick, die sind ihr gewiss. Nachdem wir in jenem Herbst 1974 wieder abgereist sind, bleibt sie weiter mit ihm in Kontakt und er hat wie schon zuvor der Architekt eine große Bedeutung für sie. Patrick und sie schreiben sich regelmäßig, die Briefe sind innig und voll alltäglicher Beschreibungen und philosophischer Ausführungen. Es scheint, als habe sie in dem Künstler einen Widerpart gefunden, mit dem sie sich fast symbiotisch verbindet. Oft träumt sie von ihm. Er erscheint vor ihr, gesund, in brillantem Zustand und elegant gekleidet – es ist ein Traum über sie selbst und über ihre Sehnsucht, ein ausgeglichener, starker Mensch zu sein. Seit einem Jahr, beichtet sie ihm, trinke sie zu viel und das sei schlecht für die Nerven. Sie hat ihm alles über ihren Vater erzählt und über die Witwe von Ernst von Salomon sogar noch eine englische Ausgabe des »Fragebogens« organisiert, die sie ihm postwendend schickt.

Mit ihrem Mann geht sie in Hamburg weiterhin auf Partys und Empfänge, doch sie langweilt sich zunehmend und ist stets der Versuchung erlegen, bis in die frühen Morgenstunden zu trinken und zu rauchen. »Ich dachte immerzu an dich. Und an meinen Vater«, schreibt sie Patrick anschließend. Dieser antwortet voller Zuneigung und bedeutet ihr, wie wichtig sie ihm als Person sei, ja er nimmt sie überaus ernst: »Ich lebe in der Erinnerung an deine sanfte Präsenz – deine eigenen Momente von Schweigen, deine einsamen Schwimmausflüge weit hinaus ins Meer, deine kleinen Verrücktheiten, deine Nervosität, deine Sorge und mädchenhafte Unbesonnenheit, deine Versuche, dir das Lachen zu verkneifen, deine unauslöschlichen Erinnerungen an die Kindheit, deine Liebe für deinen Vater.« Er bestärkt sie, ihren Vater stolz zu lieben, so wie dieser sie geliebt habe. »Er hätte bei uns sein können, wenn die Geschichte nicht so grausam gewesen wäre. Aber er war im Geiste unter uns, für mich ebenso sehr wie für dich, durch die Art, wie er dich beeinflusst hat und du mich im Gegenzug.«

Eri ist selig – endlich ist da jemand, der sie mit ihrem Leid erkennt und ihr sagt: Du darfst deinen Vater lieben. Patrick hat die Stellen im »Fragebogen«, in denen Hanns Ludin vorkommt, sogar zweimal gelesen. Sie haben ihn sehr bewegt: »Er muss ein feiner und guter Mann gewesen sein«, schreibt er ihr, »demütig, menschlich, selbstkritisch und verantwortungsvoll bis in den Tod. Er liebte sein Land. Hat irrtümlich falsch geurteilt. Erkannte es zu spät, nahm seine Verantwortung und die Strafe an und zahlte den furchtbaren Preis.« Patrick nimmt Eri die Last von den Schultern, er sagt ihr nicht nur, dass ihr Vater ein aufrechter Mann gewesen sei, sondern befreit sie eine Zeit lang auch von dessen Schuld. Denn es ist seiner Meinung nach nicht fanatischer Nationalismus, sondern Patriotismus gewesen, der ihn getrieben hat. »Sein jugendlicher Glaube an ein vereintes Europa, an ein ehrliches Deutschland, war rein, sein Leben war untadelig und sein Schicksal das des Opfers eines Systems, das er nicht als böse erkannte. Er hätte auf so viele Weisen fliehen können – wie es so viele der Schuldigen taten –, aber weigerte sich. Integrität und Selbsterkenntnis müssen diese unglaublich schwierige Entscheidung und diesen schmerzhaft hinausgezögerten Tod leichter gemacht haben – insofern der Tod je einfach ist«, fährt Patrick fort.

Schier aufgelöst schreibt Eri ihm zurück, so habe noch nie jemand mit ihr über ihren Vater gesprochen, kein Wunder, dass sie diesen Mann liebt. Von den deportierten Juden und den anderen Vergehen kann Patrick freilich nichts wissen, denn davon steht im »Fragebogen« nichts. Und so hilft er ihr zwar, zu ihrem Vater liebevoll zurückzufinden, nicht aber, dessen Schuld in ihr inneres Bildnis von ihm zu integrieren. Er rät ihr, den Horror der Vergangenheit zu vergessen wie einen nächtlichen Sturm, der an einem schönen neuen Morgen verflogen ist. Anfang Dezember 1974 schreibt sie ihrem Geliebten: »Gute Nacht, ferner Herr. Eine merkwürdige Welt, merkwürdige Begegnungen. Heute vor siebenundzwanzig Jahren haben sie meinen Vater gehenkt. Heute hast du angerufen. Meines Vaters Tochter küsst dich.«

Eri arbeitet inzwischen freiberuflich für eine kulinarische Zeitschrift, die mein Vater spaßhaft »Fressen und Kotzen« nennt. Sie lädt Freunde zum Fotoshooting ein und es gibt ein geselliges Fleischfondue mit köstlichen Saucen am großen Tisch auf der Terrasse unserer Hamburger Wohnung. Sie ist stolz auf ihre Arbeit und bekommt neue Aufträge. Sie könnte Karriere machen, einen Beruf haben, der ihr die erwünschte Unabhängigkeit bringt. Doch sie verfolgt dieses Ziel nur sporadisch und ohne den nötigen Ehrgeiz. Einmal verpatzt sie sogar die Abgabefrist. Beim Friseur hebt sie eine ihrer abgeschnittenen Locken auf und sendet sie ihrem Poeten, sie sei seine Muse, sagt sie, und will doch seine Prinzessin sein. Gelegentlich treffen sie sich, in Italien oder Griechenland. Er nennt sie wegen ihrer Kochkünste »Madonna della Cucina«. Auch das stärkt ihr angeschlagenes Selbstbewusstsein und sie fühlt sich von diesem Mann getragen und gehalten, es scheint ihr, als sei da endlich einer »stärker als sie«. Sie habe doch viel mehr Kraft als ihre Mutter und ihr Mann, behauptet sie, und sie habe es satt, immer »die Lebensspenderin« zu sein. Sie habe die Anlage zur Lebenskünstlerin, sagt sie zu Heiner, aber sie könne das nicht ausleben, weil er sie in allem brauche und sie damit immer weiter lähme. Es lähmt sie auch, dass er ihr im Streit ihren Vater vorhält, denn je mehr er sich historisch und politisch informiert, umso mehr irritiert ihn die unaufgearbeitete Familiengeschichte seiner Frau. Mitunter hat Eri kleine Zusammenbrüche, doch dann rappelt sie sich wieder auf, uns Kindern zuliebe, das zumindest gibt sie vor. Ihrer Schwester Ellen erzählt sie bald mit Nachdruck, sie wolle sich von meinem Vater scheiden lassen, denn so wie bisher wolle sie nicht weiterleben. Gleichwohl beendet sie die Beziehung zu ihrem Mann nicht aktiv, sondern tut alles, damit diese in die Brüche geht.

Gegenüber Patrick entwickelt sie derweil große Verlustängste, wegen seiner angeschlagenen Gesundheit fürchtet sie, ihm könne etwas zustoßen. Sie trägt ihm auf, er möge besser auf sich achtgeben und Vitamine essen, denn das Trinken bekomme ihm nicht und zerstöre seinen Selbstrespekt: »Eine Sache macht mir Sorgen: Wenn dir etwas passiert, werde ich sterben. Ich würde mich nicht umbringen, aber sterben. Ich weiß, das klingt pathetisch, aber es ist die Wahrheit. Ich kann es ertragen, fern von dir zu sein, selbst wenn ich wüsste, dass du glücklich mit jemand anderem bist. Aber bringe dich nicht um. Einmal war genug«, schreibt sie ihm, Anfang 1975 aus Hamburg an die amerikanische Universität von Kairo, wo

Patrick englische Literatur unterrichtet. Als Absender nennt sie neuerdings ihren Mädchennamen: Ludin. Sie selbst trinkt auch immer mehr und nimmt keine Aufbauvitamine, sondern Valium zu sich, damit sie schlafen kann und nachts nicht von Albträumen gequält wird.

Die Sache mit Patrick wird immer belastender, schließlich ist er kein zuverlässiger Mensch und zudem ein mitunter recht aggressiver. Dennoch oder gerade deswegen hat er großen Einfluss auf sie: Er weist sie sofort in ihre Schranken, wenn sie zu bestimmend wird; er lässt sich von ihr nichts bieten und entscheidet, wann er für sie erreichbar ist – und das wird immer seltener. Unter Alkohol lebt er seine zerstörerischen Charakterzüge ungehemmt – und stellvertretend für sie – aus. Sie erduldet es, wenn auch unter Kummer, dass er sie schlecht behandelt, und nimmt es sogar hin, dass er neben ihr bald andere Frauen hat und eines Sommers die schöne Laila aus Kairo auf die griechische Insel mitbringt. Sie sagt ihm, ihr Vater sei zwar auch ein Schwerenöter gewesen, habe sich aber niemals so schlecht benommen wie er. Sie sagt es in eindeutigen Worten, die keinen Zweifel daran lassen, dass sie von den Ausschweifungen ihres Vaters sehr wohl weiß. Sie weiß viel mehr, als sie sich anmerken lässt.

Wenn der Ire sich mal länger nicht meldet, wird sie unsicher. Er solle sofort auf ihre Briefe antworten und sagen, wie es ihm geht, verlangt sie, und das am besten »betrunken, denn dann kommt vielleicht die Wahrheit heraus«. *In vino veritas.* Trinkt auch sie, damit »die Wahrheit herauskommt«? Oder soll der Alkohol den unerträglichen Schmerz dämpfen, den »die Wahrheit« in ihr verursacht, die sie trotz aller süßen Worte und Beteuerungen schon längst kennt?

Einige Male besucht sie Patrick in Kairo. Sie läuft dort eher als sein Anhängsel mit und vergnügt sich mit ihm – aller Mondänität zum Trotz: etwas verschüchtert – in Bauchtanzbars. In einer Nacht galoppiert sie mit ihm auf Berberpferden um die Pyramiden und unvergesslich sind die dekadenten Bootsfahrten auf dem Nil. Wie einst auf den Philippinen mit ihrem Mann ist sie kurzzeitig wieder in einem Traumland, erfüllt von neuen, märchenhaften Eindrücken, die den Alltag vergessen lassen. Einmal kommt sie gar mit einem neuen Rechercheauftrag in die arabische Metropole, sie will die Couscous-Küche erforschen, ein Beitrag, der später in ihrer Zeitschrift abgedruckt werden wird. Neben dem Foto zum Beitrag heißt es, zwischen Kochen und Tischdecken entspanne sich die Autorin bei einem Glas Wein mit einer Zigarette. Da strahlt Eri, auf unserem großen, weißen Wohnzimmersofa sitzend, mit einer Bobfrisur, einem bunten Tuch eng um den Hals gebunden, mit hohen Lederstiefeln unter halblangem Jeansrock (so war das in den 1970ern schick) in die Kamera. In der einen Hand hält sie im Schoß ein Buch von Patrick, in der anderen lässig erhoben die Zigarette. Neben ihr leuchtet weich die italienische Lampe auf dem Beistelltischchen, im Hintergrund der silberne Samowar, auf dem Glastisch vor ihr das gefüllte Weinglas. Sie hat den Namen ihres Vaters jetzt sogar an ihren Ehenamen gehängt und präsentiert sich mit ihrem alten neuen Namen als Autorin.

In Patricks Kairoer Universitätswohnung wird ausgiebig getrunken und Shisha geraucht. Allmählich wird ihr das zu viel, zumal der Poet mittlerweile mehr mit seinen Auftritten als mit ihrem Seelenleben beschäftigt ist. Als eine ihrer Freundinnen zu Besuch kommt und nachts von seinem Butler in höchst erigiertem Zustand angefallen wird, ist für Nora das Maß voll. Sie reist ab und kehrt zu uns nach Hause zurück. Nach Täbris an die iranische Universität ist sie Patrick auch gefolgt, aber das war wohl ein ziemlich trostloser Besuch an einem der denkbar trostlosesten Orte, denn sie hat darüber nur wenig erzählt. Geblieben ist als Souvenir lediglich ein Handtuch, das sie aus dem Hotel mitgenommen hat. Ich habe keinerlei Erinnerung mehr daran, wer während ihrer Reisen auf uns aufgepasst hat, ich vermute, es waren meine Großmutter und mein Vater unterstützt von irgendwelchen Kindermädchen.

Nicht nur Eris Auseinandersetzungen mit ihrem Mann werden immer gehässiger, sondern auch die mit Erla. Beide Beziehungen gehen in die Brüche, denn Eri zerstört das, was an einstigem Vertrauen und Zuwendung vorhanden war, durch zunehmend scharfe und irrationale Vorwürfe. Ihrer Mutter schleudert sie entgegen, ihr nicht genügend zur Seite zu stehen, und dass ihr Vater sich zweimal schuldig gemacht habe: Erst habe er als Nationalsozialist Unrecht begangen und dann gar noch seine Familie verlassen. In der Straßenbahn schreibt Erla ratlos einen sehr ernsten Brief an ihre Tochter. Er ist ebenso verzweifelt wie streng urteilend: »Du hast nicht den geringsten Abstand bzw. keinerlei Objektivität dir gegenüber, betrachtest dich immer nur als ›Opfer‹, gar ›Missbrauchte‹. Du wühlst in Erinnerungen, die sich dir gegenüber verändern, die mit dem Heutigen nicht das Geringste zu tun haben. Du siehst nur das, was schwer oder unangenehm war, steigerst dich in Übertreibungen hinein, die das Mitleid, das du mit dir hast, nur noch vergrößern.« Erla analysiert hier durchaus scharfsinnig, dass ihre Tochter die Gefühle von damals mit den heutigen verwechselt und dass sie überhaupt nicht in der Lage ist, ihre Situation nüchtern von außen zu betrachten, weil sie nur von ihrem eigenen Standpunkt aus urteilt. Ihren Schwiegersohn verteidigt Erla auch und sagt, Eri verletze und nutze ihn aus. Und dann ihr Fazit: »Du liegst mir buchstäblich im Magen!« Ja, uns allen in der Familie liegt Eri oder das, was sie an Unverarbeitetem repräsentiert, im Magen, bis heute. Im Traum sieht Eri manchmal gewaltsame Episoden, die ihr Angst machen und ihr jedes Gefühl von Schutz nehmen. Da kommt mein böser Vater und will sie ermorden oder sie mordet, jedenfalls fließt Blut. »Euer Vater hat euch nicht im Stich gelassen, ihr hattet ja mich, wenn auch ich aus deiner Sicht für dich immer nur eine Belastung war«, schließt Erla ihren Brief. Sie wird ihn nie abschicken. Eines harten Wortes ist sie nicht fähig, sie unterdrückt ihre eigenen Aggressionen, die sie gegen ihre äußerst provokative Tochter hegt. Harmonie, alle wollen Harmonie.

Ein Hahn kräht und zur Antwort geifern aufgeregte Truthähne. Das weckt mich aus meinem Tiefschlaf und ich denke, es ist noch früh am Morgen. Tatsächlich habe ich selig wie ein Baby in der Wiege geschlafen und es ist schon spät: Mein erstes Erwachen im griechischen Haus, im Paradies. Nur mit einem T-Shirt bekleidet gehe ich auf die Terrasse und blicke über den Garten hinunter in die Bucht. Die Sonne scheint, das Meer ist spiegelglatt. Von überall dringen vertraute Geräusche zu mir hinauf. Wegen des ungewöhnlich vielen Regens im vergangenen Winter ist auf manchen Weiden noch ein Hauch von Grün zu erkennen und jetzt sehe ich, dass die Rosen im Innenhof üppig blühen. Die dicken Mauern unseres Hauses dünsten die Feuchtigkeit der Wintermonate aus, die Sonne und die leichte Brise trocknen jede Ecke und Ritze. Nachts hat in der Küche eine Maus gewütet und auf dem Tresen Dokumente ihrer Existenz hinterlassen. Ich wasche mir im Badezimmer das Gesicht, putze die Zähne. Dort hängen untereinander die eingerahmten Fotos dreier Frauen: ganz oben Erla als junge Frau, pausbäckig und verträumt, darunter meine Mutter, zur Zeit der Aufnahme etwa im gleichen Alter, melancholisch in die Kamera blickend, und zuletzt ich als Zwanzigjährige – ausgelassen lachend. Mein Bruder hat unsere Fotos dort aufgehängt. Irgendwann sollten wir auch ein Bild meiner Tochter hinzufügen, schließlich gehört sie zur nächsten Generation von Frauen in unserer Familie.

So in Gedanken versunken, rufe ich den imaginären Mann herbei, damit er gemeinsam mit mir einen Caffè Latte trinke. Die schöne Aussicht überwältigt ihn. Zwischen uns besteht eine starke Anziehungskraft, ich spüre den intensiven Drang, ihm so nahe wie möglich zu sein. Mir fällt der Film »Der Rausch der Tiefe« ein, in dem ein Taucher sich mit der Unterwasserwelt verbindet, er reißt sein Sauerstoffgerät weg und gleitet umgeben von Fischen für immer in eine Welt voller Geheimnisse hinab. Hat meine Mutter diesen Moment der Erlösung gesucht? Dieses Gefühl von Losgelassenheit, jene Sekunde, in der alles vollkommen und unbeschwert ist? Endlich Ruhe vor den verwirrten, verwirrenden Gedanken und Gefühlen?

Das Telefon klingelt und ich schicke den Mann wieder fort, damit ich ihn mit meinen ungestillten Bedürfnissen nach Geborgenheit nicht zu sehr belaste. Er kann mir die verlorene Sicherheit meiner Kindheit nicht zurückgeben und auch die Sehnsucht nach Nähe nicht stillen. Ich muss mich abfinden mit der Trauer über diesen Verlust, anstatt vor ihr zu fliehen. Patricia ist in der Leitung und wir verabreden uns zum Abendessen. Später tauche ich in das herrlich kühle Meer und schwimme weit hinaus, bin wieder jener Delphin von damals. Ich erinnere mich, wie ich mit meiner holländischen Freundin Irene einst mitten in der Nacht den Oktopusfischern gefolgt bin. Die Erwachsenen haben uns gar nicht vermisst, obwohl wir uns nicht abgemeldet hatten. Eri war mit Irenes Vater Jack befreundet. Heute sprechen wir über das wilde Treiben unserer Eltern und fragen uns, was sich so verändert hat und warum wir so viel »vernünftiger« erscheinen; derweil unsere eigenen Kinder im Sand spielen und scheinbar unbeschwert heranwachsen. Was reichen wir an sie weiter, was haben wir ihren kleinen Seelen schon aufgebürdet? Über meinem Schreibtisch hängt Patricks eingerahmtes Gedicht von den streunenden griechischen Hunden, das er Nora gewidmet hat. Ein seltener Greifvogel segelt an meinem Fenster vorüber.

In jenen Sommern in Griechenland besuchte uns oft der eigentümliche Eselsmann Sotiris. Er hatte wirres Haar und konnte einige Brocken Deutsch, mit denen er nicht ganz ohne Erfolg blonde deutsche Touristinnen zum Betatschen in sein Haus lockte. An meiner Mutter, wenn auch nicht blond, wollte er sich auch mal gütlich tun und sie hatte Mühe, ihn abzuwehren. Wir hatten in den ersten Jahren auf der Insel unzählige Mondscheinpartys gefeiert, auf denen Gedichte vorgetragen, melancholische irische Lieder gesungen und griechisch getanzt wurde. John aus Limerick war ein Meister auf der Mandoline, mit seinen früh ergrauten Haaren sah er wie ein Barde aus einem anderen Zeitalter aus. Wenn er genügend getrunken hatte, pflegte er ins Hafenbecken zu fallen, wo man ihn unter viel Geschrei und Gelächter mühsam wieder herausfischen musste. Wir haben Bob Dylan gesungen, besonders gern »Blowing in the Wind«. Ich sprach damals nicht viel und war extrem schüchtern, aber das Geschehen habe ich intensiv in mich aufgesogen. In guten Momenten war meine Mutter sehr liebevoll, aber man konnte nie voraussehen, wann es einen solchen guten Moment geben würde.

Diese Insel ist der Ort, an dem ich zur Ruhe komme und eine seltene Gelassenheit spüre. Unser Haus, das unsere Mutter selbst entworfen und mit all ihrer Kraft hat bauen lassen, strahlt die Wärme aus, die ihr innewohnte, es ist fast, als säße ich wieder auf ihrem Schoß und sie tröstete mich leise summend wie einst, wenn ich mir als Kind wehgetan hatte. »Unser Dorf« ist mittlerweile dreimal so groß wie früher und in der Sommersaison ist es so überfüllt, dass man sich an manchen Abenden durch die engen Gassen drängeln muss. Alle Tavernen und Restaurants sind dann ausgebucht, sofern sie nicht bereits von Schnellimbissen verdrängt wurden. Der Eselsmann ist auch schon lange nicht mehr auf seinem Vierbeiner unterwegs und er belästigt auch keine Touristinnen mehr. Manchmal wandert er, auf einen Schäferstock gestützt, durch den kleinen Hafen und schaut sich die fremden Leute an; ich wüsste zu gerne, was er dabei denkt. Auf dem benachbarten Hügel wohnen noch immer die Bauern Christos und Maria mit ihren Kindern und Kindeskindern. Ich habe die Familie wachsen gesehen und sie meine.

Mit dem alten Peugeot Diesel Automatik fahre ich ins Dorf hinunter. Ich habe vor dem Essen mit meiner Freundin Patricia noch ein wenig Zeit und schlendere durch die Gassen zum kleinen Fischerhafen. Wieder das betörende Abendlicht. Auf einer Bank sitzt ein Mann mit silbernem Haar und schaut dem Spektakel am Himmel zu. Er ist tief versunken in diesen Anblick und wirkt wie ein Heiliger. Ich bin gerührt, als ich erkenne, dass es der gealterte John, John, »der Barde«, ist. Er ist schon seit vielen Jahren abstinent und besucht die Insel im Frühjahr alle Jahre wieder. »Hallo Sexysocks«, sagt er. Diesen Namen hat er mir vor vielen Jahren mal in Hamburg verpasst, als ich gern rot-weiß gestreifte Strumpfhosen trug. John ist nicht minder bewegt, mich zu sehen. Wir sprechen über früher, über diese unwiederbringlich schöne Zeit. All seine innere Wut sei verraucht und sein Schmerz, der ihn trinken ließ, überwunden, sagt er; er könne sich ganz gelassen auf sein Alter vorbereiten. »Mir geht es so gut wie noch nie«, fügt er lächelnd hinzu und er wirkt in der Tat wie ein weiser Mann, der sein Glück gefunden hat. Dann erwähnt er Nora – sie habe sich stets geärgert, wenn er sie Erika genannt habe. »Deine arme Mutter«, murmelt John und blickt hinüber zur Bucht, wo gerade die Sonne verschwunden ist.

Auf dem Friedhof

»Ich habe mich letzte Nacht betrunken«, sagt sie kurz und bündig. Sie sagt es in einem Ton, der nach Ankündigung klingt: Mädchen, jetzt brechen andere Zeiten an. Eigentlich ist meine Mutter wohl nur verzweifelt, dass sie so weit gehen konnte, sich besinnungslos zu betrinken, oder sie schämt sich schon wieder, nicht aus dem Bett gefunden zu haben. Ich hingegen weiß überhaupt nicht, wie ich diese Information aufnehmen soll, erwidere ein paar besänftigende Worte, vielleicht auch ein paar mahnende, die Tragweite ihrer Verlautbarung bleibt mir jedenfalls verschlüsselt. Allerdings werde ich bald herausfinden, was damit gemeint ist. Hamburg 1976, mein Bruder ist elf und ich bin vierzehn Jahre alt – genauso alt, wie meine Mutter war, als ihre Kinderwelt zusammenbrach.

Wenn wir von der Schule heimkehren, liegt Eri oft noch im Bett. Ich weiß heute nicht mehr, wie wir morgens überhaupt zur Schule kamen, wahrscheinlich waren gelegentlich Freunde da, die uns Frühstück machten. Ich erinnere mich aber auch noch an all die frühen Stunden, in denen ich allein aufstehen musste, ein Frühstückstisch für mich zwar gedeckt, der Teller jedoch kalt und leer wie auch die Tasse. Natürlich habe ich regelmäßig verschlafen, mich im Fluge angezogen und bin völlig abgehetzt ohne Essen zu spät in den Unterricht gekommen. Die Ermahnungen oder Strafen meiner ahnungslosen Lehrer bekamen doppeltes Gewicht.

Mittags machen wir Schlüsselkinder uns etwas auf dem

Herd zurecht: Experimentierküche, das bringt sogar Spaß. Unsere Versuche, Pfannekuchen zu backen, sind allerdings nicht gerade von Erfolg gekrönt. Natürlich hungern wir nicht. Irgendetwas Essbares gibt es immer oder Eri steht dann doch auf und zaubert etwas auf den Teller. Nahrung ist wahrlich unser geringstes Problem. Schlimmer sind diese geradezu wahnwitzigen Schreie, die aus dem Schlafzimmer dringen. Meine Mutter brüllt wie eine verletzte Elefantenkuh, der die Jäger soeben das Baby gestohlen haben. Mitunter sind ihre Hilferufe so grell, als würde sie von einem Messerstecher überfallen. Sporadisch taucht sie in einem dünnen Nachthemdchen auf, zerzaust, als habe sie im Bett gegen Monster gekämpft, und redet wirres Zeug. Oder sie schimpft aggressiv über unseren Vater, der mittlerweile endgültig ausgezogen ist. Im Detail legt sie uns dar, was für ein Verbrecher er sei – und überhaupt an allem schuld. Ihr Mann, das ist der geliebte Feind, von dem sie nicht lassen will, nein, von dem sie nicht lassen kann, weil er von ihr zum Träger ihrer eigenen aggressiven Anteile geworden ist, jener psychischen Anteile, die sie an sich nicht wahrhaben will. Bösartig ausgedrückt ist ihr Mann ihr »Jude« geworden, sie fühlt sich von ihm bedroht und sieht in ihm alles Schlechte, sie vernichtet ihn verbal. Düsteres Erbe: Die Nationalsozialisten haben auf ihrem fanatischen Weg zum »neuen Menschen« ihre destruktiven, ihre bösen Anteile verleugnet, sie haben sie aus ihrem Dasein ausgelagert und auf »die Juden« und »andere Minderwertige« übertragen. Mit Auschwitz wollten sie das Böse ein für allemal vernichten, um den Zustand »absoluter Reinheit«, »absoluter Wahrhaftigkeit« zu erreichen. Doch auf der Suche nach der »Befreiung von dem Übel« sind sie selbst zur obersten Instanz des Bösen und Destruktiven geworden.

So verstehe ich auch das Bestreben von Hanns Ludin, der, wie seine Frau sagte, stets nach Vollkommenheit trachtete. Was verstand mein Großvater schon von Wahrhaftigkeit – ein großes Wort, was er gewiss ehrlich empfand? Der Wahrhaftigkeitsanspruch der Nazi-Ideologie beruhte darauf, die Wahrheit der anderen nicht wahrzunehmen und sie zu zerstören. Auch mein Großvater kann die Opfer nicht wahrgenommen haben, sonst wäre er rechtzeitig aus dem System ausgestiegen oder hätte am Ende deutlich erkannt, dass er sich eines Verbrechens schuldig gemacht hat. Als enge Verwandte, als Nachkommen, stecken wir in diesem System der Verleugnung und Abspaltung – die Täter, die Bösen, das sind immer die anderen. Sind nicht wir die Opfer – Opfer der Zeit, Opfer der Umstände, Opfer falscher Entscheidungen? Es ist verführerisch, sich an die positiven Seiten eines Menschen wie Hanns Ludin zu klammern. Man gerät dabei in Versuchung, seine aggressiven Charakterzüge zu leugnen, sie zu verdrängen und dabei den Überblick zu verlieren. Auch ein guter Mensch kann schreckliche Dinge tun. Wir selbst können schreckliche Dinge tun.

Eigene Fehler kann Eri nicht eingestehen und aufheiternde Worte will sie nicht hören. Ihre »Vernunft« unternimmt zunehmend längere Ausflüge. Wenn sie zusätzlich zum Alkohol Tabletten eingenommen hat, kann die berauschende Mixtur explosiv werden. *In vino veritas,* dann brechen die aufgestaute Wut und Enttäuschung massiv aus ihr heraus und suchen sich willkürlich ihre Opfer. Wie war das peinlich, als sie sich bei einer Einladung, zu der wir ohnehin schon viel zu spät gekommen waren, auf den Küchenboden fallen ließ und, wütende Schreie ausstoßend, mit den Fäusten auf den Boden trommelte! Ihr Gastgeber hat sie ordentlich zur Raison gerufen, angeschrien hat er sie, das war richtig, denn daraufhin hat sie sich zusammengenommen. Der Abend war jedoch gründlich versaut, mein Bruder und ich aufs Neue nachhaltig verstört.

Nervös machen uns auch ihre ständigen Verspätungen, und dann gibt es gar noch einen Autounfall mit uns Kindern und unseren Freunden auf der Rückbank, ein Auffahrunfall, weil ihr Reaktionsvermögen eingeschränkt ist. Ein Schock, doch sie ist geistesgegenwärtig – geschickt handelt sie mit dem anderen Autofahrer aus, die Polizei aus dem Spiel zu lassen. Als ich ihre Flaschen aus der Vorratskammer verstecke, kommt sie nachts in mein Zimmer, holt mich aus dem Tiefschlaf und macht mir eine Szene. Ich bin schon längst aus dem Bett gesprungen, denn die Situation ist unheimlich, um nicht zu sagen: beängstigend, ja, meine eigene Mutter macht mir Angst. »Gib mir die Flaschen zurück!«, herrscht sie mich an, doch ich halte wacker meine Stellung: »Nein!« Das erzürnt sie. Sie packt mich an den Haaren und zieht. Als ich zu weinen beginne, hält sie erschrocken inne und merkt, was sie tut. Plötzlich weint auch sie, versucht sich zu entschuldigen. Und schließlich hole ich den beschissenen Alkohol heraus, weil sie das in ihrer Notlage dringend braucht, und ich liebe sie doch so sehr.

In der Schule komme ich schlecht mit. Mein Bruder geht manchmal gar nicht mehr zur Schule und kommt überhaupt nicht mehr mit. Der Kleine ist so verletzt und ohnmächtig, dass er immer unbändiger wird. Als unsere Freundin Carola uns besucht, um nach dem Rechten zu sehen, droht er ihr mit Messern; ich habe mich offenbar völlig verschreckt hinter einem Sofa versteckt, sagt Carola, ich kann mich an diese Situation kaum noch erinnern, verdrängt habe ich sie wie so viele andere Szenen, weil mich diese Welle an Destruktivität zunehmend ängstigte. Carola will den rasenden Jungen zur Besinnung bringen und ruft das Jugendamt an. Mein armes Brüderchen, der bezaubernde kleine Blondschopf mit dem kessen Gesichtchen, wird von den Beamten zur Rede gestellt und ermahnt. Das beruhigt ihn oberflächlich und trägt immerhin zur raschen Ernüchterung meiner Mutter bei. Die Sache mit den Messern hat der Bub sich vielleicht von ihr abgeguckt, denn eines Tages kam sie in die Küche geschwebt. Sie wankte nicht, sondern ging tastend wie auf einem Hochseil, bei dessen Überquerung jeder Schritt sitzen muss. Während sie auf ihren leeren Teller unzusammenhängende Brocken Hass auf die schlechte Welt spuckte, diese Welt, die ihr ein Leid antue, ergriff sie plötzlich das Messer und setzte es drohend an den

Hals: »Vielleicht sollte ich mich besser umbringen«, sagte sie, und mein Bruder und ich haben gar nichts oder sehr viel gesagt, ich weiß es nicht mehr, sehe nur noch, wie sie in dieser Stellung eine Weile verharrte, das Messer schließlich sinken ließ und sich dann, wenn ich mich nicht irre, wimmernd ins Bett zurückzog, wo sie gewiss noch einige Züge aus der Flasche nahm, damit sie schlafen konnte, in diesem verdunkelten Zimmer am helllichten Tag.

Gelegentlich kommt mein Vater, um nach uns zu sehen, er eilt herbei, wenn es ganz furchtbar ist, aber seine Anwesenheit macht alles nur noch schlimmer, denn sie provoziert meine Mutter zu neuen heftigen Ausbrüchen über den Mann, der sie vermeintlich im Stich gelassen hat. Das Im-Stich-Lassen hat sie durch eigenes Zutun bühnenreif neu inszeniert, dabei ist es doch schmerzliche Realität. Wenn wir bei unserem Vater in der Wohnung sind, bedrängt sie uns telefonisch, wir sollten nach Hause kommen, sie sei so arm dran und er doch so ein Lump. Sie hat sogar einmal die gläserne Treppenhaustür eingeschlagen, so außer sich war sie, weil mein Vater nicht aufgemacht hat, obwohl sie den Finger nicht vom Klingelknopf nahm. Es war schrecklich, sie da draußen, wir da drinnen. Sie war in diesen Momenten nicht mehr meine Mutter, sondern eine Krankheit.

Einem Wunder gleich steht sie eines Tages wieder auf und ist scheinbar normal, funktioniert und organisiert unser Leben mit straffer Hand und zärtlichen Gesten. In der Frühe wird sie zwar noch immer nicht richtig wach oder höchstens, um meinen Bruder in die Schule zu schicken und anschließend sofort wieder in die Kissen zu sinken. Aber sie kauft wieder ein, kocht und ist präsent. Sie fühlt sich voller Energie und Zuversicht, fast ein bisschen euphorisch an manchen Tagen, und schmiedet Pläne für die kommenden Monate. Sie wird das Los, als alleinstehende Frau zu leben, schon meistern, denkt sie sich, andere haben es ja auch geschafft. Für das Essmagazin macht sie nun auch wieder einige Seiten und bereitet dafür herrliche Gerichte vor. Sie schreibt reizende Briefe an ihre Mutter und ist kontaktfreudig wie früher. Während sie meinen Vater davon zu überzeugen versucht, wieder zu uns zurückzukehren, telegraphiert sie Patrick und bittet ihn, nach Hamburg zu kommen; das heißt, sie bietet es ihm großzügig an, denn sie weiß, wie verzweifelt er ist. Dem Iren passt der als Angebot verklausulierte Hilferuf ganz gut, denn sein Lehrauftrag im Iran und das lustlose Leben in Täbris sind so unerträglich, dass er nach einem Ausweg sucht. Von seinen Gedichten kann er nicht leben, also zieht er in die Hansestadt zu Nora; er kommt mit wenig Gepäck.

Wir haben viel Besuch von Freunden, auch einige irische Freunde auf Wanderschaft campieren zeitweilig bei uns; es ist ein offenes Haus voller Leben. Eri versucht, ihren Poeten in die Hamburger Gesellschaft einzuführen, ihm durch ihre guten Kontakte Jobs und Verleger zu vermitteln, viele der früheren Bekannten aber haben sich zurückgezogen, weil sie mit Eris Alkoholproblem nichts zu tun haben wollen. Einige Freundinnen überidentifizieren sich mit ihr als geschundener Frau und polarisieren die Welt ihrerseits, hier die Opfer, dort die Täter. Sie bringen ihr eigenes Gepäck mit und verstärken Eris Glauben an ein gnadenloses Schicksal, dem sie wehrlos ausgeliefert sei. Täglich macht sie neue Erfahrungen, die dieses vereinfachte Bild zu bestätigen scheinen.

Der erste Geiger eines berühmten internationalen Streichquartetts spielt in der Konzerthalle und macht Eri seine Aufwartung; offenbar hatte sie es ihm irgendwann einmal angetan. Als Kind war er in Auschwitz. Solche Informationen kann Eri immer weniger ertragen. Sie ist nicht ganz nüchtern, als sie den Künstler empfängt. Ich kann mich noch schmerzlich erinnern, wie erschrocken er über sie war. Das war nicht die Frau, die er einmal kennengelernt hatte, das war eine andere, eine fremde Frau. Nicht nur seelisch ist sie aus dem Gleichgewicht geraten, auch körperlich beginnt sie sich zu verändern: »Eri Lederfett« kehrt zurück. Der Virtuose bleibt nur kurz.

Ihre Persönlichkeitsstörung verschafft sich Raum. Man muss jedoch sehr genau hinsehen, um das zu erkennen, denn man merkt ihr in nüchternen Zeiten nichts an. Sie ist eine aufmerksame Zuhörerin und weiß, wie man andere tröstet, das kann sie gut. Sie bemüht sich phasenweise redlich, ohne einen Tropfen auszukommen, dann ist sie wieder die bezaubernde, anziehende Person von früher. Die Realität offenbart sich ihr aber zu hart, zu kristallklar, zu logisch, zu folgerichtig. Das kann sie mit ihrer zarten, verletzten Seele nicht aushalten. Eine Freundin schleppt sie zu den Anonymen Alkoholikern. Eri ist von den Lebensgeschichten dieser Menschen erschüttert – und spricht über sie wie eine Ärztin über ihre Patienten oder betrachtet sie wie Rilkes Panther hinter tausend Stäben; dabei ist sie selbst das unruhig auf und ab wandernde Wesen hinter Gittern. Aufgebracht, weil Heiner nun Anstalten macht, sich scheiden zu lassen, rät sie ihm, dringend einen Psychologen aufzusuchen, denn er benehme sich schizophren. Mein Bruder randaliert zu Hause, und in der Schule stört er so massiv den Unterricht, dass eine schriftliche Verwarnung nicht ausbleibt.

Irgendjemand gibt ein astrologisches Gutachten von Eri in Auftrag. Anhand des genauen Geburtsdatums ermittelt der Astrologe das Charakterbild einer widersprüchlichen Person mit einem inneren Konflikt, einer Person, deren Nervensystem gefährdet ist. »In ihrem Inneren sind Sie unsicher«, heißt es da in fehlerhaftem Deutsch eng und säuberlich getippt auf vier Seiten, »doch nach außen wollen Sie eine starke Persönlichkeit zeigen und der Mittelpunkt sein, so eine Art Kontrolle haben über die anderen. Sie können sich so richtig stark fühlen, wenn alles nach Ihnen geht und Sie die Sache dirigieren können, so wie Sie wollen. Doch ganz anders sieht es aus, wenn Sie allein sind, keine Audienz mehr haben, nicht mehr Nummer eins sind: Dann fühlen Sie sich einsam und hilflos. Der Stress mit dem, was Sie nach außen zeigen, und dem, was Sie innerlich sind, wird Ihnen bestimmt gesundheitliche

Schwierigkeiten bringen.« Der Astrologe mutmaßt, dass der Konflikt der Untersuchten aus der Kindheit herrühre: »Der Vater kann eine Art Schwierigkeiten bedeuten oder er kann sterben, wenn man noch sehr jung ist. Der Vater kann im anderen Fall eine Art Hindernis bedeuten am Vorwärtskommen oder durch ihn können Sie Einschränkungen gehabt haben, also irgendetwas kann hier gewesen sein.« Wahrscheinlich muss man kein Astrologe sein, um bei näherer Betrachtung auf diesen Befund zu kommen. Aber es gibt niemanden, der diese schwierige Frau so gut durchschaut, zumal da ihre *Logorrhö* jede mögliche Frage nach ihrer Vergangenheit im reißenden Fluss der belanglosen Worte ertränkt.

Eri leidet unter »dem langen Schmerz der Trennung« von ihrem Mann so sehr, dass sie sich immer wieder betäubt und in einen Zustand kläglicher Auflösung flüchtet. Psychologisch betrachtet würde man bei ihr vermutlich von »Retraumatisierung« sprechen: »Dabei ist eine Traumatisierung weitgehend überwunden, später kommt es jedoch zu Erfahrungen, die ähnlich sind und das Alte wieder auftauchen lassen, unter Umständen in einer Intensität, als wäre kaum Zeit vergangen seitdem oder als wäre das vergleichsweise harmlose Ereignis der Gegenwart von demselben Bedrohungspotenzial wie das damalige«, so der Psychologe Müller-Hohagen.

Ein Verehrer und Freund, ein bekannter Verleger, kümmert sich väterlich um sie, er will »die Versinkende« retten. Er lädt sie nach Süddeutschland ein, sie rappelt sich auf, macht sich zurecht, streift ihre Perlenkette über und fliegt verschüchtert nach München. Dort macht er sie »intensiv auf ihre Neigung zum Selbstzerstörerischen« aufmerksam und dass sie damit auch andere zerstören könne. Sie wird nachdenklich und etwas ruhiger, doch dann bricht sogleich wieder der nächste Sturm herein. Ihre Freunde müssen eines Abends den Notarzt rufen, weil es ihr so elend geht, dass sie fürchtet zu sterben. Der Arzt gibt ihr eine Spritze und klärt sie über die Folgen von Alkoholismus auf. »Es ist nicht nur der Alkohol«, sagt sie zu Patrick, der schwäche sie nur zusätzlich. Die Ursache für ihren Zusammenbruch seien all die niederdrückenden Probleme, kein Lichtblick, alles sei schrecklich.

Die Tatsache, dass Patrick nun bei uns in Hamburg wohnt, hält Eri nicht von ihren depressiven Rückzügen ab. Depressiv heißt bei ihr auch: destruktiv, regressiv. Der Poet soll ihr in diesen Zeiten als Krankenpfleger, Seelsorger und Liebhaber dienen, gewissermaßen als Dienstleister für ihr schicksalhaftes Opferdasein. Zum Glück ist Patrick zu jener Zeit recht aufgeräumt und verantwortungsvoll, sodass er uns Kindern ein bisschen Halt bietet; und nett zu uns ist er auch. Er ist zwar ein verrückter Kerl, aber ich mag ihn gern. Wenn er nüchtern ist, kann er sehr fürsorglich sein; wenn nicht, ein ebenso großes Arschloch. Ich klammere mich an die Hoffnung, er könne meine Mutter von ihrem angsteinflößenden Fluch befreien, natürlich die reine Illusion, wie ich heute weiß. Viele Freunde sehen der Entwicklung ratlos zu, sie versuchen zu helfen, Lösungen für die Entgleiste zu finden, Perspektiven zu entwickeln – Perspektiven, die Eri allesamt nicht überzeugen, weil sie sie nicht SEHEN kann. Alle, die sich einsetzen, damit die Freundin wieder ins Gleichgewicht kommt, reden ins Leere hinein, denn Eri ist schon längst auf einer Reise, auf der sie niemand begleiten kann.

Sie ist fassungslos, dass ihr Mann nun offenbar endgültig gegangen ist, es ist das Ende. Obwohl sie an diesem Ergebnis genauso mitgewirkt hat, ist in ihren Augen allein sie die Geschädigte. Ein Knäuel von verwirrten Emotionen ist sie, weil die alten Gefühle von Verlust wieder hochkommen. Das Trauma von 1947 hat sie mächtig eingeholt. Sie verwechselt Heute mit Gestern und tobt gegen die Dämonen ihrer Trauer an, die sie zu verschlingen drohen.

Sie beginnt, uns Kinder zu instrumentalisieren. »Euer Vater will mich bescheißen«, sagt sie, als wir einmal zu viert beisammensitzen. Mein Bruder bricht daraufhin in Tränen aus und flieht in ihre Arme. Meinem Vater bleibt nichts anderes übrig, als verbittert zu gehen. Das Thema Geld wird nun zum Dreh- und Angelpunkt ihres Konflikts. Eri ist der Ansicht, ihr Mann lasse sie verhungern, und so vermittelt sie das auch an die Außenwelt. Geldforderungen sind die einzige Möglichkeit, ihren Mann, den sie emotional verloren hat, noch zu erreichen. Dabei ist sie gut versorgt – hat eine große Wohnung, einen guten Lebensstandard, kann reisen und in Griechenland sogar ein Haus bauen. Doch da ihre geschiedenen Freundinnen aus der High Society mit ganz anderen Summen abgefunden werden, ist ihr das, was sie bekommt, nicht genug. Diese Frauen, die den Geist der 68er propagieren, sich links und emanzipiert geben, vertreten zugleich eine Anspruchshaltung gegenüber ihren Männern, die im erschreckenden Widerspruch zu ihrer vermeintlichen politischen Einstellung steht.

Von meiner Mutter aufgewiegelt, schreibe ich meinem Vater den einen oder anderen Brief und klage ihn an. Zwar beteuere ich, gänzlich aus eigenem Antrieb geschrieben zu haben, doch meine Wortwahl klingt nicht nach mir, sondern nach meiner Mutter – polarisierend, Schuld zuweisend. Unterdessen werden meine Schulleistungen immer schlechter. Der Mathematiklehrer und der Englischpauker können mich offensichtlich nicht leiden, möglicherweise schon deshalb nicht, weil ich manchmal unkontrollierte, fast hysterische Lachkrämpfe während des Unterrichts bekomme, welche die ganze Klasse anstecken, die Herren Lehrer in ihrer Festung aber nicht rühren. Das Lachen löst meine immensen inneren Spannungen, doch es ist mir später für viele Jahre im Halse steckengeblieben. Meine griechische Gebetskette schlage ich wie ein alter Grieche über meinem Zeigefinger hin und her, um mich zu beruhigen; meiner Klassenlehrerin geht das verständlicherweise bald wahnsinnig auf die Nerven – wieder eine Rüge. Ich verziehe mich zu Hause in mein Zimmer und male mit Wasserfarben prächtige, bunte Bilder von Vögeln, Kaikis im Fischerhafen, Stillleben mit Früchten und ein Selbstporträt mit Geige. Dabei träume ich mich in meine Musik und ihre Botschaften hinein. Mein größter Star ist Bob Dylan, ich liebe aber auch die klassische Musik und höre manche Oper mehrmals hintereinander, vor allem »Die Entführung aus dem Serail«. Ich will zu einem Konzert von Leonard Cohen und wünschte, mein Vater würde mich in diese Welt entführen. Ich will die Konstanze im Serail sein und mich von Belmonte retten lassen. Mein Vater kann aber nicht, weil er auf Reisen ist. Also keine Entführung, keine Rettung, stattdessen der Traum vom Prinzen, der mich aus dem bedrückenden Alltag holt. Ich beschimpfe meinen Vater jetzt umso zorniger, wie egoistisch er sei, schließlich erzählt mir meine Mutter täglich, wie sehr er uns angeblich vernachlässige. Da ich ihr hilflos ausgeliefert bin, glaube ich ihr aufs Wort.

Ein Ehemann und Vater, der geht, macht sich schuldig. So fühlt Eri. Hanns ist schuldig, Heiner auch. Und so bekommt ihr verflossener Partner all die Enttäuschung, die Trauer und Wut zu spüren, die eigentlich ihrem Vater gilt. Und ihr selbst, die sie so unfähig ist, auf eigenen Füßen zu stehen. Fast alles, was Hanns damals in der Haft seiner ältesten Tochter geraten hat, verkehrt sie in das Gegenteil. Hat er nicht geschrieben, sie habe kein Recht, sich bei anderen zu beklagen, wenn ihr Leben schiefginge? Hat er sie nicht ermahnt, maßzuhalten? Sich körperlich und geistig zu bewegen, diszipliniert und adrett zu sein? »Ein Mädchen, eine Frau, die sich gehen lässt und die der Frau angeborene Zurückhaltung verletzt, verliert unrettbar die Achtung gesund denkender Männer.« Oh, welche Prophezeiung, welches Erbe!

Wenn ich mich nicht mit Malen, Musik und melancholischen Gedanken beschäftige, verbringe ich Stunden am Bett meiner Mutter und höre mir ihr Jammern an. Ich verstehe nicht, was ihr fehlt, und beziehe alles auf ihre Trennung von meinem Vater. Deshalb bin ich auch der Meinung, diese heftigen Gefühlswallungen müssten sich doch irgendwann legen. Ich rede auf sie ein, um sie davon zu überzeugen, dass es ihr doch gar nicht so schlecht gehe – sie habe einen Partner, viele Freunde, gesunde Kinder, eine schöne Wohnung und so weiter und so fort, deswegen sei doch nicht alles zu Ende, sie müsse sich nur entscheiden, die positiven Seiten des Lebens zu erkennen: moralisches Geschwätz eines idealistischen Teenagers. Es hilft rein gar nichts. Ihr Kummer und ihre Anschuldigungen wollen nicht enden. Das ist doch das reine Wohlstandsleid, ich bin wütend, warum geht sie nicht arbeiten und macht sich selbständig? Manchmal zeige ich ihr diese Wut und beschimpfe sie wüst. Es ist Mai 1976 und im Radio kommt die Meldung, dass sich Ulrike Meinhof in ihrer Zelle erhängt habe.

Eri macht sich nicht selbständig, sie klammert sich wie eine Sterbende an ihre Mutter, hängt wie ein Kleinkind an ihrem Rockzipfel. Sie fordert, Erla müsse die Achthundert-Kilometer-Reise auf sich nehmen und sich um sie kümmern. Doch wenn die Einundsiebzigjährige sich dann aufrafft und schweren Herzens zu ihrer missratenen Tochter reist, ist auch wieder nichts recht: Eri macht ihr Vorwürfe, bedrängt sie mit ihrem Leid. Sie will, dass Erla ihr bei unserer Erziehung hilft, weil sie mit ihrem Sohn nicht mehr zurechtkommt. »Ich darf aber keine Meinung äußern«, formuliert Erla in einem ihrer nie beendeten und nie abgeschickten Briefe an Eri. »Wenn ich was sage, ist es töricht oder borniert, oder du sagst gleich, wie viel schlechter ich das früher gemacht habe, wie viel du geleistet und gelitten hast und wie wenig ich mich mein Leben lang eingesetzt habe, mir's immer bequem gemacht. Das aber kann und will ich nicht über mich ergehen lassen, denn es stimmt nicht ganz und einen kleinen Rest von Selbstbewusstsein muss ich mir erhalten.« Freilich artikuliert Eri nie direkt, worunter sie leidet, oder wenn sie es ansatzweise tut, versteckt sie ihr Anliegen hinter derart massiven Angriffen, dass sie Erla in der Konfrontation stets ein Schlupfloch bietet. Erla schüttelt dann resigniert den Kopf, weicht der Botschaft zwischen den Zeilen aus und bleibt verschlossen. Und während die beiden mit vielen Worten streiten, schweigen sie weiter.

Es sei denn, Eri ist sehr betrunken, dann wird sie auch schon mal deutlicher.

Meine Erleichterung ist jedes Mal unermesslich, wenn meine Mutter aus ihren Verliesen auftaucht und scheinbar wieder gesund ist – sie agiert dann zwar nie verlässlich nach Plan und selbstverständlich nur auf die für sie richtige Weise, aber sie ist ansprechbar und reagiert normal. Sie ist natürlich weiter meist unpünktlich und setzt mich damit regelmäßig unter Druck, aber immerhin wütet, schreit, weint, schluchzt und tobt sie nicht in diesem dunklen Zimmer, das für mich zu einer ungemeinen Bedrohung geworden ist. In meiner heutigen Erinnerung ist ihr Schlafzimmer ein schwarzes Loch, das sie gefangen hält, die Tür eine dicke Mauer, durch die ich nicht hindurchdringen kann, dahinter eine Düsternis, die ich ihr nicht nehmen, und eine Last, die ich für sie nicht tragen kann.

Für uns Kinder kann es so nicht weitergehen. Meine Eltern schlagen vor, dass ich eine Zeitlang auf eine englische Partnerschule von Salem gehen könnte, um Englisch zu lernen. Jedenfalls ist das eine gut verträgliche Begründung, die ich auch nach außen vermitteln kann, ohne meinen Mitschülern von den wahren Verhältnissen daheim erzählen zu müssen. Ich kenne natürlich den eigentlichen Grund und der veranlasst mich dann auch nach langen Überlegungen schweren Herzens meine Koffer zu packen und Anfang 1977 ins Internat umzusiedeln.

Eri verhindert diesen Auszug nicht, instinktiv weiß sie, dass es für mich besser ist. Und für sie selbst auch, denn nun hat sie freie Bahn auf der Talfahrt – keine entsetzten Blicke, keine moralischen Predigten mehr und keine täglichen Schuldgefühle, mich zu vernachlässigen. Doch mein Bruder ist noch da. Nachdem ich weg bin, gerät er vollends aus dem Gleichgewicht. Er weigert sich, zur Schule zu gehen, schlägt um sich, zertrümmert Einrichtungsgegenstände und treibt in der Nachbarschaft sein Unwesen, während seine Mutter lärmend oder schlafend unter der Bettdecke liegt. Je schlechter sie einschlafen kann, umso mehr trinkt sie. Patrick sucht als Nächster das Weite – er könne es auf diesem »Friedhof« nicht länger aushalten, sagt er und reist ab.

Anstatt sich psychologisch beraten zu lassen, greift Eri weiter zur Flasche. Im Sommer 1977 ist das Fass buchstäblich am Überlaufen und sie begibt sich endlich in eine psychosomatische Klinik in Süddeutschland. Mein Bruder bleibt derweil bei Freunden. In der Therapie gibt Eri zu, ihre Depressionen mit Alkohol, Schlafmitteln und Tranquilizern zu bekämpfen und dadurch immer mehr Probleme zu bekommen (derweil sie Patrick schreibt, die Professoren hätten festgestellt, dass sie keine Alkoholikerin sei, lediglich ihre Nerven seien zerrüttet). Auf einem Fragebogen füllt sie aus, sie sei einsam, eine Versagerin, schuldig und getrieben. Zu ihren fünf größten Ängsten zählt sie die »Angst vor Verbrechen«.

Sie sagt den Ärzten, ihre Kindheit sei bis 1945 glücklich und ab dann gestört gewesen. Befragt über Krankheiten während ihrer Jugend, gibt sie an: »Ich kam wegen der abnormen Gewichtszunahme für fünf Monate in die Uniklinik Tübingen und wurde auf alles untersucht. Man sagte meiner Mutter, ich hätte *Morbus Cushing* und noch höchstens zehn Jahre zu leben, was dann als Fehldiagnose widerrufen wurde. Aber der Stationsarzt sagte bei meiner Entlassung: ›Schade, dass Sie diese Krankheit nicht haben, das wäre für uns so ein seltener Fall gewesen!‹ Ich war ein Versuchskarnickel.« Über ihre Eltern befragt, gesteht sie, Erla habe während ihrer sechs Schwangerschaften unter Eifersucht gelitten, denn soviel sie wisse, habe ihr Vater trotz seiner Liebe zu Erla Verhältnisse gehabt. Er sei eine »starke Persönlichkeit, gebildet, heiter, idealistisch, lebensbejahend, warmherzig und humorvoll« gewesen – »ein Leit- und Idealbild, das seit dreißig Jahren tot« sei. Sie habe sich gewünscht, dass er am Leben geblieben wäre. Über ihre Mutter notiert sie: »große Disziplin, aber weich, schüchtern, nachgiebig. Immer große Würde, Altruistin, fleißig, großzügig«. Sie sehne sich danach, mehr Zeit und Geborgenheit von ihr zu bekommen. Auch beängstigende und qualvolle Erlebnisse kommen zur Sprache: Da zählt Eri die Hinrichtung ihres Vaters auf, den bösartigen Verwalter Hermann, die französische Besatzung (Haben die Besatzer sich damals etwa an den Frauen vom Schlösslehof vergriffen?), ihre damalige Chefin und die Familie ihres Mannes. Meinen Bruder und mich beschreibt sie, als seien wir gegensätzliche Pole: ich »ungewöhnlich harmonisch, stabil, heiter, gewissenhaft und künstlerisch begabt«, er »ungewöhnlich heftig, sensibel, intelligent und mit einem großen Bedürfnis, sich durchzusetzen«. So hat sie unterschiedliche Anteile ihres eigenen Wesens abgespalten und auf uns Kinder verteilt. Unter dieser Spaltung habe ich viele Jahre gelitten.

Welche Klarsicht sie mitunter hatte! Doch war diese Klinik, waren diese Therapeuten geeignet, sie richtig zu behandeln? Konnten sie ihr weiterhelfen oder haben sie sie nur noch mehr vereinsamen lassen, weil sie gar nicht verstanden, worunter diese Frau litt?

Nach ihrer Entlassung kehrt Eri gekräftigt nach Hause zurück, wieder ganz die Alte, denke ich, voller Energie, Tatendrang und Aktionismus. Gewiss hat man ihr geraten, die Therapie fortzuführen, doch wozu, sie fühlt sich ja wieder fit. Das unerträgliche Auf und Ab geht also weiter. Natürlich kann auch mein Bruder sich unter diesen Umständen nicht beruhigen, bald muss er gegen seinen Willen in ein Internat, denn das häusliche Chaos ist für den Zwölfjährigen Gift. Er droht seiner Mutter unter Tränen, sich umzubringen, wenn er gehen müsse. Eri weint und leidet, aber sie bringt die Kraft auf, sich von dem Kleinen zu trennen. Gemeinsam mit Heiner bringt sie ihn in die Schweiz, wo ihn ein Internat aufnimmt. Als sie ihren Sohn dem Auto nachwinken sieht, in dem sie mit ihrem Mann sitzt, überwältigen sie die Gefühle: Ihr Kind, das sie dort in Tränen aufgelöst zurücklässt, ist sie selbst, damals im Internat und in der Tübinger Klinik, einsam und verlassen. Die lange Rückfahrt nach Hamburg hört Eri nicht auf, ihrem Mann die übelsten Vorwürfe zu machen und finanzielle Forderungen zu stellen.

Wieder allein zu Hause in der feinen Hamburger Wohnung nahe der Alster, ist es furchtbar still geworden. Keiner spricht, nichts rührt sich und jeder hohl tönende Schritt auf dem Parkett macht das Herz bange, jedes Knistern wird zur Gefahr. Die großen, weiß gestrichenen Räume mit den hohen Stuckdecken wirken geradezu klinisch leer, keine Kinderstimme mehr, keine Streitereien, keine Bitten, keine Zärtlichkeiten. Nur Eris verzweifelte Hilferufe.

»Du bist so dumm, dass dich die Mäuse beißen«

Es ist ein rauer Herbsttag und das Dorf auf der griechischen Insel ist gespenstisch leer, denn das Wetter ist ungastlich und die Touristen sind abgereist. Ein junger Mann wandert um die Bucht herum zum Haus von Jack, dem holländischen Freund. Eri ist nach dem Sommer dort untergekommen. Es drängt sie nicht nach Hamburg zurück, denn wir Kinder sind im Internat und kehren erst zum Weihnachtsfest wieder heim. Der junge Mann ist ein Pastorensohn aus Wales, der dichtet und sich mit Englischunterricht durchschlägt. Er hat durch Patrick viel von der Deutschen gehört und ist ihr schon ein paarmal begegnet, weshalb er sich nun als Bote aufgemacht hat, um ihr ihre Geburtstagsbriefe vom Postamt mitzubringen. Das unruhige Meer erzeugt hohe, spritzende Wellen und die Palmen biegen sich im Sturm. Sein mähnenartiges Haar und sein Bart sind völlig zerzaust, als er schließlich an ihre Tür klopft. Es dauert, bis Eri öffnet. Sie ist nur leicht bekleidet und hat das Kopftuch wie eine orthodoxe Jüdin eng um den Kopf gebunden. Es geht ihr nicht gut, doch sie lässt den Fremden hinein. Er bemerkt ihre Not. Sie reden, sie reden und sie reden, bis in die tiefe Nacht hinein. Und dann bleibt er bei ihr, zehn Jahre lang.

Sie ist fünfundvierzig und noch immer attraktiv. Für den jungen Mann ist Nora, wie er sie nennt oder zu nennen hat, die geschmackvollste, begabteste und kultivierteste Frau, der er je begegnet ist. Er ist beeindruckt von ihrem organisatorischen Talent, ihrer Belesenheit und ihrer Liebe zur Musik.

Eines der ersten Bücher, das Eri ihm in die Hand drückt, ist, nun ja, natürlich: »Der Fragebogen«. Sie versäumt es nicht, ihm gleich zu Beginn von der Familie zu erzählen. Ihr Vater sei ein gebildeter Nationalsozialist gewesen, Bildungsbürger, er habe ihr die Leidenschaft für ausländische Literatur vermittelt. Sie zeigt ihm das Foto aus der alten Illustrierten, auf dem sie als Kind neben ihrem gönnerhaft lächelnden Vater vor Hitler steht. Sie kommentiert es nicht, aber es schwingt ebenso viel Stolz wie Scham mit. Laurence, so heißt ihr neuer Partner – er ist fünfzehn Jahre jünger als sie –, wagt es nicht, sie weiter nach dem Vater auszufragen. Er verspürt Abgründe. Überhaupt fällt ihm auf, wie schwierig es ist, bei Eri den richtigen Moment für ernsthafte Gespräche zu finden. Als Jack in Holland plötzlich an Herzversagen stirbt, ihr liebster Freund Jack, fällt es Laurence schwer, ihr die schreckliche Nachricht mitzuteilen. Sie erfährt es durch ein unbedachtes Wort auf einer Dinnerparty und ist zu Tode erschrocken. Ihren Kummer ertränkt sie bald in Alkohol, sie taucht ab, so lange bis sie in der Lage ist, den Verlust zu ertragen. Dann steht sie wieder auf.

Sie nimmt Laurence irgendwann nach Deutschland mit. Die beiden passieren im übervoll gepackten Auto die Grenze zwischen Österreich und Deutschland. In herrischem Ton halten die deutschen Beamten sie an, um ihr Gepäck zu durchsuchen. Eri ist das Gehabe der Grenzer gegenüber Laurence, *first time in Germany,* furchtbar peinlich, sie fühlt sich an eine Zeit erinnert, an die sie lieber nicht denken möchte, und entschuldigt sich bei ihrem Freund für die unfreundliche Art der Uniformierten. Die beiden reisen gen Norden und auf dem Weg führt Eri ihre neue Errungenschaft bei der Familie ein. Man bemüht sich freundlich um ihn, meist in gebrochenem Englisch. Das hemmt ein wenig die üblichen, sonst so temperamentvollen Unterhaltungen.

Laurence' Begegnung mit Erla ist schön, die beiden mögen sich. Er gewinnt sofort den Eindruck, aufgenommen worden zu sein – nationalsozialistische Vergangenheit, ja, aber anständige Leute. Erla ist froh, dass der neue Freund ihrer Tochter ein so liebenswürdiger Mann ist. Zwischen den beiden entwickelt sich ein vertrauensvolles Verhältnis. »In meiner Erinnerung bleibt Erla sehr erhaben«, sagt Lawrence. Außerdem nimmt er ihr ein wenig von der Last, sich um ihr krankes »Erilein« kümmern zu müssen. Ihre anderen Töchter haben zu ihrer ältesten Schwester inzwischen ein so gespaltenes Verhältnis, dass sie sich nur sporadisch oder mit größtmöglichem Abstand als Helferinnen in der Not anbieten; und die Brüder sind weit entfernt vom engen Kreis der Frauen. Erla lebt mittlerweile in derselben Stadt in Süddeutschland wie ihre Töchter, sie können sich sogar zu Fuß besuchen. Nur Eri bleibt im fernen Hamburg.

Mein Vater besucht mich öfter in England, wo auch seine Freundin und spätere Frau lebt. Ich entdecke ihn erst jetzt richtig, weil ich ungehindert mit ihm sprechen kann und weil er sich Zeit für mich nimmt. Meine Mutter kann sich in unsere Beziehung hier nicht eifersüchtig einmischen, obwohl sie es durch fortgesetzten Telefonterror durchaus versucht. Endlich lerne ich auch die andere Seite des Konflikts meiner Eltern kennen und mir wird klar, dass mein Vater gar keine andere Möglichkeit hatte, als uns zu verlassen. Gerade hat er *Die Zeit* und Rolf Hochhuth in der Affäre Hans Filbinger vertreten. Der Schriftsteller hatte über den baden-württembergischen Politiker geschrieben: »Ist doch der amtierende Ministerpräsident dieses Landes, Dr. Filbinger, selbst als Hitlers Marine-Richter, der sogar noch in britischer Gefangenschaft nach Hitlers Tod schuldlose deutsche Matrosen mit Nazi-Gesetzen verfolgt hat, ein so furchtbarer Jurist gewesen, dass man vermuten muss – denn die Marine-Richter waren schlauer als die von Heer und Luftwaffe, denn sie vernichteten bei Kriegsende die Akten – er ist auf freiem Fuß nur dank des Schweigens derer, die ihn kannten: und zu deren Gunsten auch er den Mund hält [...] und dank des Schweigens derer, die er umbrachte.« Hochhuth beschuldigte den »furchtbaren Juristen«, im Krieg bei NS-

Kriegsgerichtsverfahren an Todesurteilen und deren Vollstreckung beteiligt gewesen zu sein. Filbinger stritt alles ab und prozessierte 1978 gegen *Die Zeit* und Hochhuth. Er verlor in fast allen Punkten, man konnte ihm nur nicht nachweisen, dass er dank des Schweigens seiner Befürworter und seiner Opfer auf freiem Fuß geblieben war. Doch es wurden immer mehr Urteile aufgedeckt, an denen Filbinger mitgewirkt hatte, und so musste er sein Amt als Ministerpräsident niederlegen, seine Aspirationen auf das Amt des Bundespräsidenten waren dahin.

Erla lädt Eris Ersatzvater aus Hamburger Zeiten, Peter Sauerbruch, ein, um ihn um Rat zu bitten, wie sie ihrer Tochter helfen könne. Liebe geben, sagt er, für sie da sein. Erla erwidert, das tue sie, sie versuche immerzu, sie zu unterstützen, telefonisch und durch längere Besuche in Hamburg und in Griechenland. Eines aber sei ihr unmöglich: ihren Mann zu verraten. Eri verlangt ihr implizit genau dieses Opfer ab, das für ihre Mutter einem unverzeihlichen Loyalitätsbruch gleichkäme und einen Zusammenbruch ihrer Welt bedeutete. Und so muss Erla sich gerade jenes Kind vom Leib halten, das ihr durch die gemeinsamen Erinnerungen an Hanns am nächsten steht – und damals wie heute ihre größte Konkurrentin ist. Sie ist zwar aufmerksam und verbal zugewandt, bleibt aber meist unnahbar. Dann schimpft Eri und sagt: Du bist so kühl, du kümmerst dich nicht. Und wenn sie ordentlich betrunken ist, verflucht sie den geliebten Hanns sogar als »Nazi-Schwein« – um ihn gleich darauf unter Tränen wieder liebevoll zu schmücken: Welch unerträglich widersprüchliche Empfindungen! Wenn Eri von ihm träumt, ist es oft so, als spräche sie mit ihm. Sie kann sich nicht von ihm lösen und von ihrer Mutter schon gar nicht. Sie behandelt jedoch ihre Mutter, als sei diese das Kind. Sie kommandiert die alte Dame herum wie eine ungeliebte Untergebene, kritisiert sie, ist ungeduldig.

»Verantwortlich ist man nicht nur für das, was man tut, sondern auch für das, was man nicht tut«, sagt der chinesische

Dichter Laotse. Die treue Witwe Erla will die Schuldfrage mit ihrer Tochter nicht klären. Sie merkt nicht, was sie dabei anrichtet: Sie versperrt ihrer Tochter den Weg zur Wirklichkeit. Erla ahnt, worum es geht, sonst würde sie in ihrem Tagebuch nicht Konversationen mit Eri notieren, die sie beschäftigen und belasten. Da sagt Eri: »Seit 1945 war ich immer verlassen, immer im Elend.« Erla antwortet: »Du bildest dir das nur ein, das Melkenmüssen hat dir nicht geschadet.« Eri: »Das hat mir wohl geschadet, fürs ganze Leben. Ich war dreizehn. Warum hast du denn's Barbelchen geschont und die Ellen? Ich musste immer alles machen. Du bist so dumm, dass dich die Mäuse beißen.« Erla verdrängt die einzig richtige Schlussfolgerung und übernimmt keine Verantwortung. Eri allerdings auch nicht, denn sie versteckt sich hinter dem Alkohol.

Mein Bruder und ich leben im Ausland, Johann Heinrich ist mittlerweile an derselben Schule in England wie ich. Nie werde ich den ersten Morgen nach seiner Ankunft vergessen, als der Kleine, verstört unter fremden Kindern, die eine fremde Sprache sprechen, mich in der Pause auf dem Schulgelände entdeckt. Schon von Weitem breitet er seine Ärmchen aus, die Tränen kullern ihm die Wangen hinunter und er stürzt sich hilfesuchend in meine schützende Umarmung. Es hat mir schier das Herz gebrochen und doch gab es so wenig, was ich für ihn tun konnte.

Derweil kümmert Laurence sich in Hamburg rührend um seine Partnerin. Er denkt wie die meisten anderen, Nora leide an der Trennung von ihrem Mann und der Distanzierung der feinen Gesellschaft, die mit wenigen Ausnahmen nichts mehr mit ihr zu tun haben will. Gewiss, darunter leidet sie auch, aber es ist nur ein weiterer Bestandteil ihres Teufelskreises. Eri zeigt Laurence ihre Kleider von berühmten französischen Modedesignern, die sie früher getragen hat und die ihr jetzt nicht mehr passen. »Weißt du«, sagt sie ihm, »früher war ich noch schlanker, als meine Tochter es jetzt ist.« Ich merke, dass sie manchmal eifersüchtig auf mich ist, weil mir im Leben so vieles zu gelingen scheint und ich so viel bessere Startbedingungen hatte als sie. Oft trinkt auch Laurence zu viel und dann streiten die beiden sich fürchterlich.

Er und Erla sind Eris Krankenschwestern. Wir alle sind Komplizen ihrer Krankheit und Komplizen beim Tradieren einer Familiensaga, die wir glauben wie Kinder ein Märchen, und leugnen so unsere Rolle in einem komplizierten Geflecht, das aus ererbten Charaktereigenschaften, problematischen Persönlichkeitsstrukturen und historisch-politischen Verwicklungen und Täterschaft besteht. Wir reden auf Eri als Personifikation dieser Vermengungen ein, auf eine Person, die nicht erreichbar ist. Sie ist nicht zu erreichen, weil wir am Thema vorbeireden. Vielleicht trinkt sie sogar, damit wir alle am Thema vorbeireden, ja, wahrscheinlich trinkt sie, um die radikale Betrachtung der Wirklichkeit zu vermeiden. Nur gelegentlich legt sie uns Erinnerungsbrocken hin, kleine Versuchskaninchen werden ausgeschickt, doch wir packen sie nicht; und wenn wir sie zu fassen bekommen hätten, dann hätten sie sich im Nu aus unserem Griff herausgewunden und wären in Windeseile Haken schlagend ins nächste Versteck gehoppelt. Die Erkenntnisstücke, die Eri ausspeit wie Feuer, kann sie bei Nüchternheit sofort wieder verdrängen, schließlich weiß eine Betrunkene nicht, was sie tut, und kann sich hinter ihren Ausfällen verstecken – es war ja gar nicht so gemeint, das war ich nicht, die da sprach, es war der Wein.

Ich leide, weil ihr nicht zu helfen ist, immer denke ich, das geht vorüber. Die schlimmen Phasen verschwinden ja zum Glück auch, als hätte es sie gar nicht gegeben, und dann ist alles wieder fast wie in jeder durchschnittlichen deutschen Familie. Bis die Anfälle mit neuer Heftigkeit wiederkommen. Der Umgang mit ihr erzeugt bei mir eine überwältigende Ohnmacht. Ich ziehe die Schultern hoch und speichere die Spannung in meinen Muskeln, das ist mein Schutzpanzer, der nun seinerseits neue Schmerzen schafft. Auch Eri und ich haben die Rollen vertauscht, ich kümmere mich um sie, als sei sie mein Kind. Ich wehre sie ab, dabei habe ich so eine Sehnsucht nach ihr.

Einmal treibt sie es so arg, dass sie in die Psychiatrie eingewiesen wird. Ich besuche sie eines Nachmittags und finde eine verhuschte, unsichere und tiefunglückliche Frau vor, die mir unablässig erklärt, warum sie hier am falschen Ort sei. Wahrscheinlich ist sie tatsächlich am falschen Ort, denn der zuständige junge Arzt scheint nicht zu begreifen, worüber sie spricht. Als ihre junge Zimmergenossin Selbstmord verübt, tröstet sie den erschütterten Mediziner. Kurz darauf ist sie entlassen, energisch und wieder guten Mutes. Es ist ein ständiges Schwanken zwischen Kummer und Glück: verhasste Mammi, geliebte Mammi.

Selbst wenn wir in den Ferien nach Hause kommen, empfängt sie uns, die wir beladen mit Koffern und Hoffnung am Eingang stehen, oft im Nachthemd. Sie begrüßt mich mit einem unnatürlich triefenden Überschwang, umgeben von einer Geruchswolke abgestandenen Alkohols. Das stößt mich ab, ich winde mich aus ihrer Umarmung, sie fühlt sich von mir abgelehnt und geht sofort ins Bett zurück. Geht, bis sie wieder zur Besinnung kommt und Normalität spielt. Ihr Bruder Malte schickt die Kassette eines Hypnotikers, die ihr helfen soll einzuschlafen. Sie kichert ein wenig, als sie das Band mit Laurence abspielt und dabei versucht einzuschlafen. Es funktioniert nicht. Auch Laurence hält es oft nicht mit ihr aus. Er packt einige Dinge und verschwindet. Stundenweise anfangs, tageweise später. Er legt ihr kleine Notizen hin, damit sie weiß, dass er noch in der Nähe ist. »Ich kann es nicht ertragen, dich in diesem Elend zu lassen, doch ich kann es nicht ertragen, zu bleiben und es mit anzusehen. Welch Dilemma! Ich habe den ganzen Morgen für dich geweint«, schreibt er und fasst zusammen, was uns in der Familie fast alle bedrückt.

Während einer der Ferienaufenthalte in Hamburg macht Eri einen größeren Ausflug mit uns: Günter und Erika Gaus haben uns nach Ost-Berlin eingeladen. Günter leitet die Ständige

Vertretung der Bundesrepublik Deutschland in der DDR und hat in dieser Position nicht nur für viele humanitäre Erleichterungen im deutsch-deutschen Verhältnis gesorgt, sondern er ist auch zum Anwalt der Menschen in der DDR geworden, für deren Alltag er großes Verständnis aufbrachte. Bei diesem Besuch führt er meine Mutter, meinen Bruder und mich in einen der abhörsicheren Räume der Ständigen Vertretung, damit wir eine Vorstellung davon bekommen, wie hier gearbeitet wird; wir sind beeindruckt. Es ist eine schöne Reise mit Eri, weil wir gemeinsam etwas Neues erleben und sie vor allem ganz für uns Kinder da ist.

Die Zeit verstreicht rasch. Bald habe ich mein englisches Abitur und bin ein paar Monate in Paris. Es ist das Jahr 1981. Ich laufe mir die Fußsohlen ab und schreibe melancholische Gedichte. Zeitweilig ist Sebastian Barry bei mir, ein junger irischer Schriftsteller, in den ich mich auf unserer Insel verliebt habe. Sebastian ist diszipliniert und ehrgeizig und wird später für den Man-Booker-Preis nominiert werden. Ich habe eine kleine Wohnung, sehr zentral, aber nicht gerade in feiner Umgebung. Wenn ich mich morgens in das städtische Treiben begebe, sitzen oft Hähnchenkeulen mümmelnde Clochards im Treppenhaus. Auf Bitten meines Vaters begleite ich Romy Schneiders Sohn David zur deutschen Botschaft. Er braucht eine Bescheinigung, dass er lebt und ein Recht auf Unterhaltszahlungen hat. Sein Vater Harry Meyen hat sich drei Jahre zuvor erhängt. Keine zwei Monate später ist David tot. Ich bin schockiert, als mein Bruder im Sommer eine geschmacklose Illustrierte nach Griechenland mitbringt, im Innenteil auf einer Doppelseite das Gesicht des toten Kindes abgebildet: David Christopher hat sich, vierzehnjährig, beim Klettern über den scharfzackigen Gartenzaun seiner Großeltern versehentlich aufgespießt, ein schrecklicher Unfall.

Einige Monate später nimmt mein Vater meinen Bruder mit zu Romy. Sie dreht in Berlin gerade den Film »Die Spaziergängerin von Sans-Souci«. Mein Bruder ist nur zwei Jahre älter, als

David es war, und ebenso blond. Bei seinem Anblick bricht Romy sofort in Tränen aus. Sie erträgt das Leben nur noch kurze Zeit. Ende Mai 1982 wird sie tot in ihrer Wohnung aufgefunden, Herzversagen, wahrscheinlich zu viele Tabletten, zu viel Alkohol. Der Tod wird ihr nicht unwillkommen gewesen sein. Die *Süddeutsche Zeitung* titelt: »Gestorben an gebrochenem Herzen«. Ich denke an ihre zarte Art, ihre weiche Stimme, an die gemeinsame Szene vor dem Kühlschrank – und habe fortan Angst, meiner Mutter könnte es genauso ergehen. Als ich eines Tages gebannt einen deutschen Spielfilm sehe, in dem sich eine Mutter in ihrer Wohnung umbringt und ihre Söhne den Tod zu verbergen versuchen, bis der Verwesungsgestank durch das ganze Wohnhaus zieht, beginnt mich diese Vision zu verfolgen.

Unser Leben geht weiter. Oft ist Eri heiter und gut gelaunt. Fratzen ziehen, das kann sie noch immer gut und mit Laurence tanzt sie ausgelassen zu fetzigen Soul-Rhythmen – »Mustang Sally«, »When a Man Loves a Woman« – und anderen schwungvollen Songs. Über den Kochtöpfen mimt sie die artige Hausfrau, den frivolen Vamp oder die ernste TV-Spitzenköchin. Dass ihr schüchterner und dienstbarer Geliebter so viel jünger als sie ist, empfindet sie zwar gelegentlich als Belastung, aber es schmeichelt ihr. Sie schreibt manchmal Briefe an alte Freunde und erzählt von ihrem Leben mit Laurence, sie schreibt sogar ihrer früheren unglücklichen Liebe, dem eitlen Architekten. Sie vermittelt den Eindruck, als habe sie diese damalige Phase ihres Lebens überwunden, nüchtern und sachlich klingt sie und dabei durchaus verbindlich. Sie habe es sich mit dem jüngeren Mann gewiss nicht einfach gemacht, schreibt sie ihm, »da durchaus nicht konventionell; und das mit meinem Vaterkomplex! Aber nie hat mich ein Mann besser behandelt – und er kam ja in der schwierigsten Zeit meines Lebens, außer 1944–50, aber da war ich noch ein Kind. Leicht hatte er's also nicht«, resümiert sie mit einem Anflug von Selbsterkenntnis und vielleicht auch mit dem Bedürfnis, denen, die ihr wehgetan haben, zu sagen: Es geht auch ohne euch.

Eri hat das Stricken entdeckt und stellt fröhlich bunte Patchworkdecken her, die sie in einem feinen Hamburger Inneneinrichtungsladen zu verkaufen versucht. Die Brille auf der geröteten Nase, sitzt sie auf ihrem gelben Sofa unter dem Horst-Antes-Bild, eine rote Azalee auf dem Glastisch, und schaut dabei Fernsehen. Um sie herum stehen riesige Bastkörbe mit einer Fülle von Wollknäueln in allen erdenklichen Farben, die sie stilvoll in ihren Handarbeiten verstrickt. Der Fernseher läuft jeden Abend und nimmt viel Raum in ihrem Leben ein. Laurence muss dabeisitzen, ob es ihm gefällt oder nicht, denn sie will sich hinterher mit ihm über das Drehbuch und die Schauspieler oder die politischen Ereignisse austauschen. Ihr Partner spricht mittlerweile gut Deutsch und so kann er sich auch fließend mit Erla verständigen, wenn diese nach Hamburg zu Besuch kommt. Dann sitzen sie zu dritt vor der Glotze, Erla stickend und stopfend, Eri strickend, und niemand darf ins Bett, bevor er nicht von Eri aus der Fernseh- und Diskussionspflicht entlassen wird. Wenn mein Bruder und ich zu Besuch sind, gibt es dann meistens Krach, weil wir uns »vergewaltigt« fühlen. Sie verlangt, dass ihre Lieben das tun, was sie will, und das heißt vor allem: bei ihr sein.

Es gibt erhebende Momente, wenn Eri eine ihrer Platten auflegt, Schubert-Lieder und Mozart-Opern und an Weihnachten natürlich das Weihnachtsoratorium. Sie und Erla mögen besonders Beethovens »Fidelio«. Die Oper mit dem Gefangenenchor erinnert sie an Hanns, und Erla erzählt eines Abends von ihrem Besuch bei ihm in der Haft. Die drei sind sehr ergriffen, als die Gefangenen ihr Klagelied anstimmen:

»O, welche Lust!
in freier Luft den Atem
leicht zu heben,
O, welche Lust!

nur hier, nur hier ist Leben,
der Kerker eine Gruft!«

Die kraftvollen, getragenen Männerstimmen erfüllen das gesamte Wohnzimmer und streifen jedes der vielen Bücher in den Regalen, wandern durch die Berge ungeordneter Papiere auf dem Schreibtisch und über die Fotostapel auf dem Louisseize-Sekretär: »Wir werden frei, wir finden Ruh'«, und Eri, Erla und Laurence hören schweigsam und andächtig den sehnsuchtsvoll traurigen Klängen zu, sie sprechen kein Wort, fast mystisch korrespondieren sie in harmonischer Dreisamkeit, »O Himmel Rettung, welch ein Glück«, und da taucht bei mir dieses Bild von damals wieder auf: das kleine Mädchen Eri, mit Hanns von der Jagd zurückgekehrt, am späten Abend zu dritt mit Erla beisammensitzend, während die anderen Geschwister schon schlafen. Laurence sitzt anstelle von Hanns da, kann seinen Platz aber beileibe nicht ausfüllen. Familienglück, rekonstruiert.

Es ist das Glück der Geborgenheit, das auch ich verloren habe. Zerrissen zwischen Liebe und Leid, kann ich mich von meiner Mutter nicht lösen, bin trotz aller Ablehnung und gehässigen Worte loyal, bin verständig und, soweit es geht, geduldig. Meist, wenn Erla wieder abreist, versackt Eri tagelang, es kann jetzt auch schon mal eine Woche werden. Es heißt, wenn du mich im Stich lässt, kann ich nicht existieren. Der moralische Druck ist ungemein und seine Last tragen vor allem Erla und wir Kinder.

Zum Geburtstag schenkt Erla mir den »Fidelio«. Sie und ich haben eine innige Verbindung. In ihrem bescheidenen Mietshaus fühle ich mich bei den seltenen Besuchen stets außergewöhnlich wohl. Wir haben intensive Gespräche, oft beim Frühstück an ihrem runden Esszimmertisch, umgeben von alten Möbeln, Gemälden, Kerzenhaltern. Wir lachen viel miteinander und ich erzähle ihr ungezwungen und detailliert von meinen Erlebnissen im Ausland. Meiner Mutter gegenüber bin ich bockig und verstockt. Ich verschließe mich vor ihr zusehends, denn ich kann ihre herrische Art, ihre Manipulationen, ihre Zusammenbrüche kaum noch ertragen. Im Suff benutzt sie Dinge, die ich ihr anvertraut habe, durchaus auch mal gegen mich. Ich verstehe nicht, dass ich gar nicht gemeint bin, wenn sie böse wird.

In ihrem Wohnhaus lebt eine alleinerziehende junge Mutter, mit der sie sich anfreundet, zwei Kolleginnen von Laurence gehören auch zu ihrem Beziehungsgeflecht. Eri wird so etwas wie eine Ersatzmutter für sie. »Sie war nicht nur jünger als meine eigene Mutter«, sagt Bettina, »sondern auch frei denkender und einfühlsamer. Ich war beeindruckt von ihren Kochkünsten, ihrem Wissen um und ihrer Leidenschaft fürs Literarische und von ihrer Feinsinnigkeit. Sie war für mich zwar eine ältere Frau, zeigte aber Emotionen, sagte ihre Meinung – ich fühlte mich von ihr verstanden.« Zu diesem Zeitpunkt haben meine Mutter und ich uns nur noch selten verstanden. Die gegenseitigen Enttäuschungen hatten unsere Beziehung stark beeinträchtigt und mir fehlte aus Selbstschutz die Offenheit ihr gegenüber, die sie gebraucht hätte.

Erla liebt Rosen. Deren Pflege in ihrem winzigen Garten hat sommers höchste Priorität in ihrem Tagesablauf. Ich erinnere mich an einen der vielen Besuche bei ihr, auf der Durchreise von Griechenland mit meiner Mutter, als ich Fotos von den beiden Frauen zwischen den Blumen machte. Es ist einer der seltenen Momente, in denen Eri sich kichernd und Grimassen schneidend etwas beschämt – oder einfach nur berührt? – an ihre Mutter schmiegt. Für beide ist das eine ungewöhnliche Situation. Erla sieht unbeholfen aus, viel Zärtlichkeit zwischen ihr und ihrer Tochter hat es nie gegeben. Ich kann mich an keine Situation erinnern, in der die beiden warm und körperlich miteinander umgegangen sind. Mit mir indes kann meine Großmutter gut schmusen. Jedes Mal, wenn wir abreisen, kommt meine »Erla Perla« vor die Haustür und winkt uns mit weit ausholendem Arm so lange nach, bis wir mit dem

Wagen um die Ecke gebogen sind. Das gehört zum Ritual. Auch, dass es mich immer aufs Neue traurig macht, sie zu verlassen.

Abschiede und Trennungen bestimmen unser Leben ebenso wie das Schweigen, das Drumherumreden, das Kaputtreden, das Verdrängen. Auch Laurence scheidet eines Tages aus Eris Leben. Nachdem ich ihm jahrelang versucht habe zu erklären, dass seine Hilfe für Nora eher kontraproduktiv sei, dass sie sich nur allein helfen könne, und er mich dabei jedes Mal ungläubig angesehen und mich wohl für sehr hart und gnadenlos gehalten hat, gibt er schließlich resigniert auf. Eine andere Frau, eine junge, hat ihm den Ausstieg aus der Beziehung erleichtert und er kehrt mit ihr nach England zurück. Abermals ist meine nun inzwischen fünfundfünfzigjährige Mutter allein und verzweifelt. Auch für uns Angehörige ist die Lage nicht angenehm, denn nun fehlt der Krankenpfleger, der treu an Eris Seite wacht. Trotz all meiner Reden vom Helfersyndrom bin ich alles andere als unabhängig von meiner Mutter, und da ich nach diversen Stationen im Ausland mittlerweile in Hamburg wohne, bin ich für sie wieder greifbarer und auch erpressbarer geworden. Die vielen Jahre auf eigenen Füßen haben zwar dazu geführt, dass ich mich besser wehren kann, doch ich grenze mich noch immer nicht genügend von ihr ab. Das Telefon läutet oft, nein, immer öfter zu unmöglichen Zeiten, gelegentlich sogar mitten in der Nacht und viele Male hintereinander. Ich habe immer wieder Mitleid und lasse mich von der Illusion hinreißen, sie werde wie Phönix aus ihrem Bett steigen und wieder ein gesundes Leben führen.

Gewisse Besserungsansätze sind zu erkennen, denn aus irgendeinem Grund scheint Eri fast erleichtert, nun ganz allein zu leben. Es hat sie offenbar belastet, ein weiteres »Kind« im Haus zu haben, wo sie doch einen Partner gebraucht hätte, der sie trägt und hält. Sie hat einige Wochen in einer Klinik bei einem Hormonspezialisten verbracht. Der Schlüssel zu ihrem Scheitern, meint sie, liege in ihrem schon von jeher kranken

Hormonhaushalt. Die Hormone seien daran schuld, dass sie depressiv und aus dem Leim gegangen ist. Tatsächlich findet der Mediziner heraus, dass sie als Teenager in den Hungerjahren nach dem Krieg unter »Psychostress« und infolgedessen unter einer Hormonstörung gelitten habe; das habe sich nach der Trennung von ihrem Mann wiederholt, das könne man therapieren. So zumindest schreibt sie es ihrem früheren Gatten in einem ungewöhnlich versöhnlichen Brief. Sie klingt, als verspüre sie Hoffnung auf Heilung: Wenn erst einmal die Hormone im Lot sind, wird auch der Rest in Ordnung kommen.

Mit ihrem kleinen Pkw, bis unters Dach beladen, als wandere sie aus, fährt sie die lange Strecke nach Italien, setzt mit der Fähre von Ancona nach Patras über und reist dann über Land und per Schiff weiter auf ihre griechische Insel in ihr selbstgeschaffenes Zuhause. Sie vermietet Zimmer an Gäste, hat in Zeitungen inseriert und die Alt-Salemer Vereinigung gebeten, ihr Vermietungsangebot unter den ehemaligen Internatsschülern publik zu machen. Auf »Noras Speisekarte« bietet sie verlockende Gerichte an: Pilzrisotto, Shrimps in Knoblauchsauce, Poulet à la Crème de l'Estragon, Mousse au Chocolat und andere Köstlichkeiten. Ihr früheres, geliebtes Kindermädchen Dorle und ihr Mann Jakob geben sich die Ehre und genießen es, bei ihr zu sein. Mit Eri führen sie nachts lange, intensive Unterhaltungen und ich hätte gerne gewusst, was sie über alte Zeiten ausgetauscht haben. Es gibt auch andere, fremde Gäste, mit denen sie sich rasch anfreundet. Selbst mit ihrem ehemaligen Arztfreund Curd steht sie wieder in Verbindung. Sein Sohn verbringt einige Wochen bei ihr.

Irgendwann kommt Mabel zu Besuch, die Tochter ihres früheren Kindermädchens Gretele. Mabels Vater Heinz, mit dem Eri so verbunden war, ist am Alkohol zugrunde gegangen. Mabel bringt ihr Kind und eine Freundin mit. Doch ihr Aufenthalt gerät zur Katastrophe, denn Eri verliert mal wieder die Kontrolle. Sie steht auf dem Dach und brüllt ihren Schmerz hemmungslos wütend ins Tal hinunter, Mabels kleiner Sohn ist zutiefst verschreckt. Nicht mal ihr Vater sei so rücksichtslos gewesen, sagt Mabel zu Eri, und das will was heißen, denn im Rausch muss Heinz fürchterlich gewesen sein.

Mabels Freundin erträgt die Ausfälle und versteht sich mit Eri gut. Sie besucht sie ein weiteres Mal. Manchmal schmiegt Eri sich an sie wie ein kleines Mädchen, liebesbedürftig, Schutz suchend. Ende der 1980er Jahre sitzen die beiden am Strand und Eri, die gerade abstinent ist, erzählt ihrer Freundin ihr ganzes Leben. Es ist eine ferne Freundin, die keiner von uns in der Familie kennt; vielleicht kann sich Eri gerade deshalb besonders gut aussprechen. Sie berichtet bis in kleinste Einzelheiten – von ihrer Kindheit und Jugend, von ihren Männern, ihren Leidenschaften und Interessen. Alles, was sie sagt, stimmt. Nur an zwei Geschichten »montiert« sie ein wenig, vermutlich, um andere zu schützen. In einer davon behauptet sie, ihren Vater seinerzeit in der Haft besucht zu haben. Er habe ihr gesagt, Eri, ich werde bald vor Gericht stehen und will, dass du die Wahrheit vorher von mir erfährst. Er habe in der Slowakei bei der Enteignung von Juden zugesehen und sei für ihre Deportation verantwortlich gewesen. »Es war das Wissen um diese Schuld und die Trennung von meinem Mann«, sagt Eri, »die mich zerstört haben.« Und sie fügt hinzu, dass sie uns Kindern gegenüber starke Schuldgefühle empfinde, weil sie uns nun schon so viele Jahre so viel zumute.

Ihre Freundin hat der Erzählung am Strand so gebannt zugehört, dass sie sich einen schweren Sonnenbrand zugezogen hat. Schon deshalb hat sie diese Konversation nie vergessen. Ich habe davon erst viele Jahre später erfahren und es meinen Verwandten aufgeregt weitererzählt. »Ist das möglich?«, habe ich sie gefragt. »Ausgeschlossen!«, haben sie sofort erwidert, »ausgeschlossen!« Es habe keine Gelegenheit für Eri gegeben, ihren Vater nach dem Krieg in der Lagerhaft zu besuchen, das sei ja noch nicht einmal Erla gelungen. Ein Familienmitglied meint sogar, das habe Eri nur behauptet, um sich wichtigzumachen und eine Erklärung für ihre Alkoholkrankheit zu finden, Trinker erfänden eben Geschichten, oder die Freundin habe sich das unter entsprechendem politischen Einfluss wohl so ausgedacht. Es liege ja im Trend, jemanden wie Hanns zu instrumentalisieren und zum Sündenbock zu machen.

Es ist zwar unwahrscheinlich, dass meine Mutter ihren Vater nach der Verhaftung noch gesehen hat. Überzeugt bin ich jedoch, dass diese Erzählung im Kern stimmt. Vielleicht hat Hanns ihr von seiner Last gebeichtet, als sie gegen Ende des Krieges noch kurze Zeit bei ihm in »Pressburg« war, bevor auch sie nach Deutschland »evakuiert« wurde? »Ausgeschlossen!«, so die Verwandten. Möglich ist, dass ihr Vater es ihr gar nicht erzählt hat, sondern Erla in einem schwachen Moment. »Ausgeschlossen, das wüssten wir doch!« Natürlich ist ebenso denkbar, dass Eri sich das über die Jahre mit ihren Erfahrungen und Erkenntnissen so zusammengereimt hat. Gleichgültig, wie der eigentliche Vorgang war, egal, ob es »die Wahrheit« ist: Entscheidend für mich ist, dass meine Mutter dort am Meer in einem klaren und sehr reflektierten Moment ihr Leben offenbarte, so wie sie es gesehen und empfunden hat. Sie kam am Strand neben der Fremden ihrer eigenen Wahrheit näher denn je. Sie wusste sehr genau, was ihr fehlte, sie konnte es analysieren und artikulieren. Doch sie hat es einer Außenstehenden erzählt, nicht uns, der Familie. Denn wenn sie es der Familie erzählt hätte, wäre sie von uns vermutlich belächelt, ignoriert oder zum Schweigen gebracht worden.

Zufälle gibt es nicht

Der Soldat stiert mich grimmig an und fordert in aggressivem Ton meine Papiere. Er trägt Uniform und Helm und steht mit seinem Gewehr drohend vor dem schmalen Eingang eines palästinensischen Flüchtlingslagers. Einige seiner Kameraden haben einen Minderjährigen festgenommen, ein Kind, das einen vorbeirollenden Panzer der israelischen Armee mit Steinen beworfen hat. Es herrscht die erste Intifada, der Palästinenseraufstand in den von Israel besetzten Gebieten. Es ist das Jahr 1990. Die Anspannung ist ungeheuerlich und ungefährlich ist es auch nicht. Die Soldaten haben Tränengas verschossen, um die Demonstranten zu verscheuchen. Vorhin habe ich zwei palästinensische Kleinkinder mit Schaum vor dem Mund in die nächste Klinik gefahren, weil sie spielend am Boden saßen, genau dort, wo die Gaskapsel landete und ihre Dämpfe verströmte. Ihre Augen waren zugeschwollen, sie hatten Atemnot. Steif vor Schock saßen die Winzlinge auf dem Rücksitz meines UN-Wagens. Meine Kollegin war derweil mit einer alten Frau beschäftigt, die von einem Gummigeschoss am Bein getroffen worden war.

Ich hole meinen Ausweis der Vereinten Nationen hervor und überreiche ihn dem jungen Soldaten, seinem Akzent nach offenbar in Südafrika geboren. Ich hatte ihn aufgefordert, den verhafteten Jungen freizulassen, weil er noch keine zwölf Jahre alt ist, höchstens zehn. Als UNO-Mitarbeiterin habe ich das Mandat, zu beobachten, nicht mich einzumischen. Der

Soldat ist ohnehin schon erzürnt, durch meine Kompetenz überschreitende Nachfrage ist er noch erboster – und findet, nachdem er den Ausweis studiert hat, sogleich die richtige Gangart, um mich so zu überrumpeln, dass mir jedes weitere Wort im Hals stecken bleibt: Ich sei meinem Namen nach zu urteilen doch Deutsche, schreit er mit hochrotem Kopf, gerade als Deutsche hätte ich hier nichts zu suchen! Er hat noch ein paar Hässlichkeiten hinterhergeschickt, die habe ich jedoch verdrängt. Die Anspannung ist groß, aber ich bin von Haus aus mit Spannungen vertraut und kann damit umgehen, denke ich, und ziehe den Kopf ein.

Die Chance, den Jungen freizubekommen, ist in dieser Lage zwar ohnehin aussichtslos, doch der persönliche Angriff lässt mich verzagen. Natürlich trifft der Vorwurf mich im Kern. Allerdings trifft er mich zu jenem Zeitpunkt nur allgemein als Deutsche – nicht als Mitglied einer Täterfamilie. Mein familiärer Hintergrund spielt nur indirekt eine Rolle, ich habe ihn teilweise von mir abgespalten. Meinen israelischen Freunden habe ich zwar von meinem Großvater erzählt, doch eher beiläufig, fast so, als habe das mit meiner beruflichen Entwicklung rein gar nichts zu tun, gleichwohl ich überzeugt bin, ihnen dieses wichtige Detail nicht verschweigen zu dürfen. Angenehm war es mir freilich nicht, diesen »Schandfleck« in meiner Vita zu erwähnen, schließlich konnte ich nicht wissen, wie die Menschen, an denen mir sehr gelegen war, darauf reagieren würden. Natürlich habe ich früher auch den Halbsatz dazugenuschelt, den ich in der Familie so oft gehört habe: dass Hanns Ludin auch einige Juden gerettet habe. Das erleichterte mir mein Bekenntnis ein wenig, weil es das unbewusste Schuldgefühl milderte.

Schuldgefühl und Schuld sind nicht dasselbe. Persönliche Schuld für die Verbrechen der Nationalsozialisten habe ich nie empfunden, denn ich kann nichts dafür, dass mein Großvater und all die anderen Deutschen das Dritte Reich und seine Verbrechen möglich gemacht haben. Ich habe stattdessen stets die Verpflichtung gespürt, verantwortungsvoll und sensibel mit meiner Herkunft als Deutsche umzugehen. Daraus zog ich trotzdem nicht den Schluss, mich ausschließlich für die israelische Seite entschließen zu müssen. Vielmehr war ich im Laufe meiner Beschäftigung mit dem Nahen Osten zunehmend davon überzeugt, es sei richtig, beide zu unterstützen, Israelis und Palästinenser zugleich, denn Menschenrechte sind universell. Immer mehr richtete sich mein Blick darauf, den tiefen Graben zwischen den beiden Gegnern zu überbrücken und mit denen zu arbeiten, die das ihrerseits tun. Das entsprach wohl auch dem, was ich in der Familie erfahren hatte und überwinden wollte: die Spaltung. So wie ich lange Zeit meine Eltern wieder zusammenbringen wollte, so wollte ich in übertragenem Sinne auch Israelis und Palästinenser in einen Dialog miteinander bringen. Ich habe versucht zu integrieren, was bei uns getrennt war – »die Guten und die Bösen«, die drinnen und die draußen, wir und die anderen, Opfer und Täter, Schuldige und Nicht-Schuldige, Starke und Schwache: Dichotomien ohne Ende. Dabei trägt jeder Mensch Anteile von beiden, scheinbar gegensätzlichen Polen in sich. Mich zwischen beiden Seiten des Konflikts zu positionieren, war mithin wohl auch das unbewusste Bemühen, die Spaltung in mir zu überwinden. Es ist ein langer Weg, das überhaupt zu erkennen und damit fertig zu werden.

In einer Diskussion über den Nahostkonflikt hat mir eine angeheiratete Verwandte damals vorgeworfen, ganz die Enkelin von Hanns Ludin zu sein – weil ich die israelische Besatzung kritisiert habe. So als sei Kritik an der Besatzung eine generelle Kritik an Israel überhaupt, folglich Antisemitismus. Obwohl ich diese Schlussfolgerung damals für groben Unsinn hielt, hat mich diese Behauptung dennoch getroffen, denn einen Großvater zu haben, der Kriegsverbrecher war, wirft folgerichtig auch die Frage nach dem Täter in einem selbst auf. Wann polarisiere ich und verletze damit andere? Habe auch ich meine aggressiven Seiten »ausgelagert« und übertrage sie gar noch auf andere – wie einst die Nazis auf die Juden oder viele Menschen heute auf Ausländer, Juden, Araber, Schwarze oder Homosexuelle? Was hat meine Mutter von ihren Eltern und Großeltern übernommen und an uns Kinder weitergereicht?

Seine eigene Identität zu finden, ist schwer genug, diese in einer Familie wie meiner zu finden, wahrscheinlich umso schwieriger. »Auch ohne den nationalsozialistischen Hintergrund ist deine Familie schon kompliziert genug«, hat mir der israelische Psychologe Dan Bar-On einmal gesagt. Ich habe lange gebraucht, wirklich zu verstehen, was er damit meinte. Die NS-Vergangenheit und das Verdrängen der eigenen Rolle haben alles sehr viel komplizierter gemacht.

Jahrelang habe ich es für eine Ansammlung von Zufällen gehalten, dass ich mich mit dem Nahen und Mittleren Osten und seinen Menschen beschäftige und mich für Verständigung engagiere. Mittlerweile halte ich es trotz diverser Zusammenhänge, die gewiss zufällig waren, keineswegs mehr für einen Zufall. Ich denke, die unbewusste und bewusste Nähe zu meiner Vergangenheit hat mich in diese Region geführt – und das, was diese Vergangenheit in der Gegenwart aus mir gemacht hat. Ich sehe die Existenz der Deutschen eng verknüpft mit der der Juden und der Palästinenser – Dan Bar-On nennt das »das Spannungsdreieck«. Noch immer staune ich jedoch darüber, welche Umwege und Wege es gebraucht hat, die Geschichte meiner Familie und meine entsprechende Prägung mit meinen beruflichen Interessen und meinem politischen Ansatz in Verbindung zu bringen – die einzelnen Mosaiksteine zu einem Ganzen zusammenzufügen.

Nur aus diesem Grund habe ich meine Tätigkeit im Nahen Osten hier angeführt, nicht um eine Parallele zwischen der israelischen Besatzung und dem Nationalsozialismus zu ziehen – wie das leider allzu oft geschieht. Ich halte Leid nicht für vergleichbar oder messbar und werde sehr ärgerlich, wenn die Leiden der Holocaust-Opfer mit denen der Deutschen im

Krieg oder nach dem Krieg gleichgesetzt werden. Ärgerlich werde ich auch, wenn Leute behaupten, den Palästinensern widerfahre das Gleiche wie einst den Juden. Solche Bemerkungen sind verantwortungslos und dienen noch nicht einmal denen, die man vermeintlich unterstützen will, denn die Bilder von Auschwitz sind so verstörend, dass das Leid in den palästinensischen Flüchtlingslagern dahinter verschwindet. Diese Vergleiche sind stets eine Ablenkung, eine Abwehr und geraten rasch zur Rechtfertigung. Es gibt einen großen Unterschied, ob man auf der Opfer- oder auf der Täterseite lebt, denn die Erfahrungen sind grundsätzlich andere. Auch wenn ich meine Mutter für ein »Opfer« ihrer Eltern, der Zeit und ihrer selbst halte, so würde ich ihr Schicksal nie mit dem eines Nachkommen von Holocaust-Opfern vergleichen. Es macht mich sehr traurig, wie mächtig die traumatische Vergangenheit über mehrere Generationen hinweg in uns allen, auf allen Seiten, weiterarbeitet. Gerade im Zusammenhang mit dem Nahen Osten darf das nicht vergessen werden.

Meine Mutter hat auch nach ihrem Zusammenbruch weiterhin viel gelesen: Bücher, Zeitungen, Zeitschriften. Sie hat sich mit großer Anteilnahme für das interessiert, was um sie herum geschah. Sogar in Momenten größter Schwäche oder Not hat sie regelmäßig den *Spiegel* und Romane auf Deutsch oder Englisch gelesen. Doch wenn sie einmal anfing, die Geschehnisse im Nahen Osten zu kommentieren, haben mich ihre Bemerkungen, gleichgültig, wie milde formuliert, furchtbar irritiert. Ich hörte bei ihr immer einen gewissen Unterton heraus, wenn sie sich entsetzt über das Verhalten der israelischen Armee äußerte. Es war ein Unterton, der mir bedeutete, sie suche in der Kritik an den Handlungen der israelischen Regierung nach Entlastung für ihr eigenes Schuldgefühl: Sieh, was die Israelis an Unrecht verüben, die sind ja auch keine Engel!, schien mir das zu sagen. Natürlich sind Israelis oder Juden weder Engel noch Teufel, sie sind wie alle anderen Mensch auch: mal gut, mal schlecht und mal beides zugleich in unterschiedlichen

Rollen. Wenn Eri mir mit solchen Worten kam, habe ich sie sofort gereizt abgewehrt. Erla, die bis ins hohe Alter regen Anteil an der Politik nahm, täglich interessiert ihre *Süddeutsche Zeitung* las und noch mit fast neunzig Jahren auf Friedensdemonstrationen ging, hat sich während meiner Berufsjahre im Nahen Osten übrigens nie über die dortigen Verhältnisse und Ereignisse geäußert. Dieses Glatteis hat sie klug gemieden. Ich habe sie immer als äußerst liberal und weltoffen empfunden, was sie wohl auch sein konnte, weil sie ihr früheres Leben ganz von sich abgespalten und eine neue, makellose Identität angenommen hatte.

Geradezu engelhaft wirkt Erla, wenn wir mit ihr zusammen sind. Ihre Geburtstage begehen wir, je älter sie wird, in umso größerem Familienkreis. Diese Feiern sind freudige, sehr schöne und lebhafte Anlässe. Aus aller Welt reisen ihre Kinder und Enkelkinder an, wir speisen an weiß gedeckten Tafeln, die Tanten kochen vorzüglich, wir trinken viel des guten Weines, lachen, plaudern und feiern Erla, unser verehrtes, geliebtes Familienoberhaupt, um das sich alles dreht. Die Kinder machen lustige Aufführungen, die Tanten tragen geistreich neckende Gedichte vor, die Männer schwingen humorvolle Reden. Es ist ein angeregtes Schnattern und Gurren im Raum, das von Jahr zu Jahr anwächst, weil neue Kinder dazukommen, die dann verzückt bestaunt und angeregt kommentiert werden. Natürlich wird auch laut über die allgemeine Lage und die Innenpolitik diskutiert. Die Mauer ist gefallen, die DDR ist am Ende und die Welt in rasantem Wandel. Tante Andrea kämpft für die Umwelt, erzürnt sich über die sozialen Missstände und die Armut in der Welt und dann gibt es laute Wortgefechte über Details, doch im Großen und Ganzen sind alle Familienmitglieder kritisch eingestellt und liberal.

Mit roten Bäckchen sitzt die noch immer aufrechte Gestalt Erlas unter uns, nippt fröhlich an ihrem Gläschen Wein und genießt es, im Mittelpunkt zu stehen. Auch mein Patenonkel Tilman aus Südafrika reist nun häufiger zu den Familienfesten an, er hat das Bedürfnis, seine Mutter in ihren letzten Jahren noch so oft wie möglich zu sehen. Tilman ist ein stattlicher Mann mit einem Charme und Humor, der Räume füllt. Mit seiner Pfeife, dem verschmitzten Lächeln und den wachen braunen Augen, die er wie Eri vom Vater geerbt hat, strahlt er Stabilität und Ruhe aus. Er ist ein erfolgreicher und sehr großzügiger Mensch – und für alle Geschwister eine Art Vorbild und Vaterersatz. Manchmal diskutiere ich die Lage in Südafrika mit ihm. Nelson Mandela ist kürzlich freigelassen worden, nicht nur Osteuropa verändert sich! Tilman vertritt für mich erträglich moderate Positionen, ja, meines Wissens hat er als Unternehmer sogar Kontakt zum ANC aufgenommen, als deutlich wurde, dass die Rassentrennung nicht mehr aufrechtzuerhalten war. Aber gewiss, ein Kämpfer gegen die Apartheid ist er nie gewesen. Das hätte ich mir freilich gewünscht. Er ist aber auch nicht sonderlich überzeugt von meiner Kritik an der israelischen Besatzungspolitik; dass ich mehr Verständnis für die Regierung in Israel aufbringe, hätte er sich wahrscheinlich von mir gewünscht. Oft tauschen wir, gewissermaßen klammheimlich, auf Englisch anzügliche Witze aus und klopfen uns schallend lachend auf die Schenkel. Ich genieße es im Kreis der geliebten Familie, und viele meiner Freunde beneiden mich um dieses Privileg, so viele nette, anmutige, humorvolle und kreative Verwandte zu haben, mit denen ich mir so viel zu sagen habe. Wo sind hier die Schatten der Vergangenheit?

Eri nimmt an den Familienfesten immer seltener teil. Alle diese heiteren Menschen im Wohlstand, das kann sie nicht ertragen, und sie macht nicht nur ihrer Mutter, sondern auch den Schwestern böse Vorwürfe: Sie seien verwöhnt,hätten vom Leben keine Ahnung und stellten nichts als Trivialitäten auf die Beine. Das ist ihr vordergründiger Vorwurf. Was sie eigentlich meint ist: Seht ihr nicht, dass ich leide? Wo ist euer Leid, wie könnt ihr so unbeschwert leben? Denn im Gegensatz zu ihrer stoischen Mutter und zu ihren Geschwistern ist sie nicht fähig, dem Erlebten standzuhalten und sich zu schützen. Sie ist dem Trauma von früher schonungslos ausgesetzt, denn schon »Kleinigkeiten« erinnern sie daran. Sie zieht sich zusehends zurück, wählt die vernichtende Einsamkeit. Die Einzige, die kommt, wenn sie in Not ist, ist Erla. Die inzwischen alte Frau erträgt viel, wenn es ihrem Kind schlecht geht – sie reist mit dem Zug durch die ganze Republik, wird nicht vom Bahnhof abgeholt, sitzt frierend in einer ungeheizten, eiskalten Wohnung, während Eri unter der warmen Decke den Tag verbringt, bekommt kein Essen gekocht und wird obendrein beschimpft. Sie lässt sich vorwerfen, sie kümmere sich ja nur ihres schlechten Gewissens wegen um sie, sie, die sie von jeher alles falsch gemacht habe. »Was geht in dieser Frau vor?«, fragt Erla. »Ist sie durch die ständige Alkoholeinnahme von allen guten Geistern verlassen?«

Nein, Eri ist nicht von allen guten Geistern verlassen, ihr guter Geist sitzt an ihrem Bett und bewacht betrübt ihr Leid. Die Mutter weiß, was ihrer Tochter fehlt, doch sie bringt es nicht über sich zu sagen: Du hast recht, Vaters Taten waren ein Unrecht und ich habe daran mitgewirkt, weil ich ihn unterstützt habe, verzeih mir, lass uns um ihn und lass uns um seine Opfer trauern. Sie sagt es nicht, sie kann es nicht, ihre Liebe zu ihrem Mann ist stärker, dabei hat Hanns doch bis zur letzten Konsequenz die Verantwortung für sein Handeln getragen. Stattdessen versucht sie, ihr Kind zur »Vernunft« zu bringen. Wir alle versuchen, an ihre Vernunft zu appellieren. Erla wacht über das Tabu, das nicht gebrochen werden darf. Sie notiert: »Ich in meiner triebhaften Mutterliebe stelle mich immer wieder auf ihre Seite und bin immer wieder bereit zu hoffen. Es heißt, ›die Hoffnung aber lässt nichts zuschanden werden‹, aber wahrscheinlich habe ich mit meiner hoffenden Hilfestellung (die sowieso immer nur halb war) den mit Sicherheit zu erwartenden Zusammenbruch nur hinausgeschoben. Wäre ich nicht mehr vorhanden, es wäre ganz anders gekommen.« Interessant ist vielmehr die Frage, wie es gekommen wäre, wenn Hanns noch am Leben wäre und es im Nachkriegsdeutschland wieder zu einem angesehenen Bürger gebracht hätte.

Eri ist ein wandelnder Vorwurf. Es ist deshalb nicht unanstrengend, wenn sie es ab und zu doch mal fertig bringt, zu einer der Familienfeiern dazuzukommen. Sie sitzt dann eher schüchtern in der Menge und ist doch nicht zu übersehen, weil sie sich auch optisch absetzt: Der übermäßige Alkoholkonsum ist ihr mittlerweile anzusehen, denn ihre Haut hat dieses ungesunde Weinrot angenommen. Mit jedem weiteren Kilo um die Hüften, dem wachsenden Doppelkinn und den aufgedunsenen Wangen fühlt sie sich an die beklemmende Tübinger Zeit erinnert. Neben ihren schönen, schlanken Schwestern wirkt sie wie das hässliche Entchen, und so fühlt sie sich auch. Heute betrachte ich sie als das »schwarze Schaf«, als einen Schrei in das Schweigen hinein, als die offene Wunde der scheinbar intakten Familie, als Mahnmal gegen das Vergessen. Sie führt uns den ständig drohenden Abgrund vor, in den man auch stürzen könnte, denn nicht nur wir, ihre Kinder, alle anderen Verwandten tragen ebenso Anteile von Eri in sich. Deshalb fällt es auch immer schwerer, sie in ihrem schlechten Zustand anzusehen, denn sie erinnert an das Verdrängte, das so schmerzhaft ist, dass man seinen Anblick meiden muss.

Eri mag sich selbst nicht gern ansehen. Barbel bemerkt eines Tages, wie sie in einem scheinbar unbeobachteten Moment einem Clown gleich ihrem eigenen Spiegelbild die Zunge herausstreckt. Sie schließt daraus, dass ihre Schwester unter ihrem Äußeren leidet und dass ihr Äußeres, wie schon immer vermutet, einer hormonellen Krankheit geschuldet sei: *Morbus Cushing*. So etwas könnte wohl die Ursache aller Pein sein und diese scheinbar entlastende Erklärung macht in der Familie die Runde. Dabei ergibt eine abermalige, eingehende medizinische Untersuchung, dass sie unter keiner Hormonkrankheit leidet. Vielleicht hat Eri das aber nicht eindeutig kommuniziert, weil sie hofft, unter einer physischen Krankheit zu leiden? Jedenfalls sind Eris vermeintliche »hormonelle Dysfunktion« sowie ihr Ex-Mann Heiner willkommene Sündenböcke der Familie; andere werden später folgen.

Mit Geschenken und vielen guten Ratschlägen versuchen die Schwestern, Eri zu helfen. Es ist verständlich, dass sie dies nur auf Abstand können, denn ist einmal der Finger gereicht, droht der ganze Arm zu verschwinden. Eris Bruder Malte geht in seiner Hilfe weiter, er fühlt sich von Eri nicht so bedroht und angegriffen, er ist ja auch ein Mann. Doch das ist nur die eine Seite. Die andere ist, dass er spürt, was seine älteste Schwester plagt, und für ihre Abneigung des »Clans« Verständnis hat. Er hat studiert und die Studentenrevolte miterlebt, und im Gegensatz zu allen anderen fünf Kindern ist er der Einzige, der offensiv sagen kann: Mein Vater war ein Nazi. Er schenkt seinen Geschwistern Dan Bar-Ons Buch »Die Last des Schweigens«, das in den 1980er Jahren beschrieb, wie Täterkinder sich im Gespräch über ihre Eltern äußern und wie schmerzhaft das ist. Bar-On kannte ich damals schon. Seine Dialogarbeit hat mich nachhaltig beeindruckt und in meiner eigenen Entwicklung weitergebracht; die Freundschaft zu ihm ist für mich ein großes Geschenk.

Eri zeigt uns allen, was es heißt, wenn man mit seinem Leben nicht fertig wird, und so grenzen wir sie aus, denn sie bedrängt uns mit etwas, das wir nicht verarbeiten können. Das ist das Paradox: Sie braucht den Alkohol, um »die Wahrheit« ertragen zu können, und gleichzeitig verhindert sie damit, dass man über sie spricht. Auch ich will das Thema Hanns Ludin bei ihr keinesfalls anrühren, denn ich habe Angst vor ihren depressiven Ausbrüchen, die sich wie im Dickicht verborgene Untiere auf mich stürzen wollen. Ich bräuchte »nur« das zu tun: sie bitten, mir zu erzählen und sie bei ihrer Geschichte nicht zu unterbrechen, nicht zu korrigieren, nicht zu kritisieren. Dabei müsste ich ihr »einfach« nur zuhören, um ihr etwas von der jahrzehntelangen Last zu nehmen. Natürlich bin ich von dieser Mutter völlig überfordert und nicht ihre Therapeutin.

Eris Versuche, sich Therapeuten anzuvertrauen, sind bislang fehlgeschlagen. Es gibt damals kaum Therapeuten, die für das Thema Nationalsozialismus und seine seelischen Folgen empfänglich oder gar ausgebildet sind. Viele Psychologen sind sogar unsensibel dafür, weil sie selbst durch familiäre Belastungen befangen sind; oder schlimmer noch, sie benutzen ihren Patienten für eine Eigentherapie bezüglich ihrer eigenen Vergangenheit. Jedenfalls ist Eri auch von therapeutischer Seite in jenen Tagen alleingelassen worden. Aus diesem Grund sagt sie immer wieder: »Das nützt mir überhaupt nichts.« Mich macht das ärgerlich, weil ich denke, sie drückt sich um eine Auseinandersetzung mit sich selbst. Das stimmt einerseits auch, denn dazu dient unter anderem ja auch der Alkohol; andererseits stimmt es nicht, denn wenn zum richtigen Zeitpunkt der richtige Therapeut zur Stelle gewesen wäre, hätte man ihr vielleicht helfen können. Stattdessen wird sie von niemandem ernst genommen und mit ihren Bemerkungen über die Vergangenheit gar noch pathologisiert: »Du spinnst doch!«, haben mein Bruder und ich ihr oft hilflos entgegnet. Dass sie spinnt, denken andere Familienmitglieder ebenso, die vermitteln ihr diesen Eindruck nur höflicher als wir aufgebrachten Kinder. »Die Familie (*familia domestica communis:* die gemeine Hausfamilie) kommt in Mitteleuropa wild vor und verharrt gewöhnlich in diesem Zustand«, hat Kurt Tucholsky 1923 treffend formuliert.

Sich nach der Decke strecken

»Kopf hoch, Brust raus, Bauch rein«, pflegte Hanns Ludin zu sagen. Erika Ludin spaziert erhobenen Kopfes, die Brust in natürlicher Pracht vor sich her tragend, langsam, aber beherzt die Hamburger Alster entlang. Das mit dem Bauch rein will noch nicht so recht klappen, aber was nicht ist, kann ja noch werden. Es ist ein kühler, kristallklarer Frühlingstag, der erste April. Sie unterbricht ihren Spaziergang in einem Café und gönnt sich einen Cappuccino. Die Sonne scheint. Bötchen im Winterfrack wippen am Steg vor sich hin und auf der Suche nach Fressbarem lassen sich einige Enten blicken. Am Fenster gleiten Jogger vorbei, zwischendurch auch immer wieder Radfahrer, die kräftig in die Pedale treten. Hundehalter mit ihren großen und kleinen Vierbeinern laufen den Alsterweg hinunter, derweil Frauen ihre Babys im Kinderwagen durch die frische Luft schieben. »To Pallikari echi Kaimou«, summt Eri vor sich hin: »Der tapfere junge Mann hat Kummer«, ein Lied von Mikis Theodorakis, das wir früher oft zusammen angehört haben. Dieses Jahr wird Eri noch einmal nach Griechenland in ihr Haus fahren, doch wird sie die weite Reise in den kommenden Jahren noch schaffen?

Eigentlich ist doch alles ganz erträglich, denkt sie energisch, als sie sich wieder aufmacht, um beim Portugiesen um die Ecke ein bisschen Brot und Wurst und eine Flasche Rotwein für den Abend zu besorgen. Sie hält mit dem Ladeneigentümer und seiner Frau einen kleinen Schwatz – reizende

Leute! –, kauft sich im Bioladen um die Ecke noch einen Tee und kehrt in ihre Wohnung zurück. Das Treppensteigen fällt ihr schwer, ihr Übergewicht und die Osteoporose machen ihr arg zu schaffen, aber es geht. Ihre große Wohnung ist entsetzlich leer, der schmächtige japanische Untermieter ist noch an der Universität und wird erst am Abend wiederkommen. Vielleicht hat er ja Lust, bei Eri ein Essen zu bestellen, Reste sind ja genügend im Kühlschrank, um ein schmackhaftes Mahl zu improvisieren. Vielleicht kann sie ihn sogar mit einem Aprilscherz aus seiner asiatischen Reserve locken. Eri stellt das Radio an, um die Stille zu vertreiben. In den Nachrichten spricht Helmut Kohl, doch sie hört nicht zu, denn sie schätzt den Kanzler aus der Pfalz nicht und interessiert sich auch nicht sonderlich für die Details der Abwicklung der ehemaligen DDR-Wirtschaft. Dann allerdings hört sie plötzlich den Namen Rohwedder und horcht erschrocken auf. Hastig schaltet sie auf einen anderen Sender um, und da ist es, das Desaster: Ihr damaliger Trauzeuge aus Berkeley, Detlev Rohwedder, Präsident der Treuhandanstalt, ist einem Mordanschlag der RAF zum Opfer gefallen! Daphy! Zwar hatte sie schon jahrelang keinen Kontakt mehr zu den Rohwedders, die Nachricht trifft Eri dennoch sehr. Zitternd stellt sie das Radio aus und geht ins Wohnzimmer, um auf ihrem Sekretär nach der Adresse von Daphys Witwe zu suchen. Der Kondolenzbrief will nicht gelingen; sie fühlt einen leichten Schwindel und nach einigen Versuchen wirft sie die angefangenen Briefbögen in den Papierkorb. Erst einmal zur Besinnung kommen. Die inneren Spannungen sind so groß, dass sie ihren Vorsatz, vor dem Abend nichts zu trinken, bricht und sich nun doch schon ein Glas Wein einschenkt.

Das Telefon klingelt, Auslandsgespräch, ich bin dran, zufällig habe ich im Gazastreifen auf der BBC von dem Anschlag gehört. Mein Vater und Rohwedder haben sich politisch zwar auseinandergelebt, doch sie haben noch immer in Verbindung gestanden. Erst vor wenigen Wochen sind die beiden alten Freunde gemeinsam essen gewesen. Heiner hat Daphy in der

Treuhandanstalt am Alexanderplatz in Berlin abgeholt und die beiden sind in einem gepanzerten Dienstfahrzeug zum Restaurant gefahren. Auf dem Fußweg vom Auto zum Lokal haben sie noch gescherzt, dass zwar der Wagen kugelsicher sei, sie auf dem Trottoir hier jedoch keinerlei Schutz gegen Angriffe hätten. Beim Essen wundert Heiner sich, dass sein Freund so wenig über die Gesellschaft der DDR weiß, deren Wirtschaft er doch abwickeln soll. Daphy sieht in seiner Unkenntnis offenbar kein Hindernis, seine Arbeit zu tun. Die beiden Männer trennten sich in freundschaftlichem Uneinvernehmen.

Ich versuche, meine Mutter zu beruhigen, und erzähle ihr von den miserablen Lebensverhältnissen in Gaza nach dem Golfkrieg, den ich dort unter schwierigen Bedingungen, aber glimpflich überstanden habe. Als UN-Pressesprecherin habe ich heute einige israelische Journalisten eingeladen und auf meine Tour durch die palästinensischen Flüchtlingslager mitgenommen, das hat mich nervös gemacht, weil die Lage nach sechs Wochen Ausgangssperre sehr angespannt und natürlich besonders für Israelis, aber nicht nur für diese gefährlich ist. Meine palästinensischen Kollegen beäugen meine Kontakte mit al-Jahud, »den Juden«, misstrauisch, denn aus Israel kennen sie keine Menschen, sondern nur Soldaten. Eri ist besorgt um mein Wohlergehen, ich versichere ihr jedoch, gesund und nicht gefährdet zu sein. Außerdem käme ich ja in einigen Monaten nach Hamburg zurück und dann sähe sie mich öfter. Eri ist mal wieder den Tränen nahe, als ich auflege. Weinen mache nicht schöner, Wein auch nicht, hat ihr eine Schwester geschrieben. *»So what!«*, denkt Eri trotzig und schenkt sich ein weiteres Glas ein. Grund genug zum Trinken gibt es in diesem schlechten Leben doch wirklich reichlich.

Sie ist in diesen Tagen einigermaßen stabil und hat sich auf ihr Leben als Einzelgängerin eingestellt. Natürlich ist sie nicht gesund, aber sie kommt zurecht und in der Nachbarschaft hat sie einen sehr netten Allgemeinarzt kennengelernt, der sie mit Vitaminspritzen immer wieder aufzubauen versucht und der in der Not hurtig zur Stelle ist. In den Ferien besuche ich sie gelegentlich, aber meinen Bruder sieht Eri fast nie, er gondelt durch die Welt und ist nur selten in der Hansestadt. So sehr die beiden aneinander hängen, so unverträglich sind sie miteinander, denn sie verletzen sich immerzu aufs Neue und sind dann ungehalten und böse. Da ist es besser, den Kontakt auf ein Mindestmaß zu reduzieren – findet mein Bruder, was natürlich Anlass für neue Auseinandersetzungen ist. An Weihnachten werden wir Kinder aber wie üblich mit Eri feiern, das heißt, wenn sie die Vorbereitungen nicht gerade mal wieder ignoriert hat, um sich ihrem Rausch zu widmen.

Sie macht einen neuen Versuch, sich therapeutisch behandeln zu lassen. Eine Psychologin ist gefunden, zu der sie Vertrauen fasst. Diese hört ihr geduldig zu und geht auf ihre Sorgen und Gedanken ein. Eri erzählt ihr alles, was sie aus der Kindheit und Jugend erinnert. Es entsteht der Eindruck, dass Hanns ihr Hort war – die selten gesehene und dafür umso bedeutungsvollere Leitfigur ihrer frühen Jahre. Von seiner Mitverantwortung für die Vernichtung der Juden erzählt sie auch, und es wird deutlich, dass ihr Vater für sie durch diese schwere Schuld vom Thron gestürzt ist und sie in einen unerträglichen Konflikt gebracht hat: Sie kann ihm nicht verzeihen, an einem Menschheitsverbrechen mitgewirkt zu haben, gleichwohl der Gedanke zu ungeheuerlich ist, um ihn zu erfassen und zu ertragen. Sie hält Erla für mitschuldig, weil sie ihren Mann bis zum bitteren Ende unterstützt habe – »Wo gehobelt wird, da fallen Späne.« Sie beschreibt ihre Mutter als tüchtige, stark kontrollierte und kühle Frau, die für sie stets unerreichbar war. Aus ihrer Sicht hat sie ihr ganzes Leben vergeblich um ihre Liebe gerungen, ein Vorwurf, den sie ihrer Mutter auch direkt macht. Doch Erla kann das nicht nachvollziehen, ihrer Meinung nach ist ihre Mutterliebe groß, aber Eri will sie nicht annehmen.

Der Therapeutin wird bald klar, dass Eri trotz intensiver Lebenserfahrung auf dem emotionalen Stand eines Kindes geblieben ist: bedürftig, infantil, unreif. Zugleich sieht sie eine weise Frau, die bei aller vermeintlichen Offenheit verschlossen und einsam ist, ängstlich, sich auf andere einzulassen. Eine Person voller Sehnsucht nach Geborgenheit – ach, würde ihre Mutter sie doch endlich einmal herzlich umarmen und halten, halten, halten! Die Wut, die sie gegen ihre Eltern empfindet, diese ohnmächtige Wut der maßlos Enttäuschten, kann sie allerdings nicht dulden, sie darf nicht sein. Der Alkohol soll die unangenehmen, aufdringlichen Gefühle niederdrücken – und bringt sie zugleich hervor. Die schmerzhaften Empfindungen richtet sie indes kaum gegen die Eltern, sondern gegen sich selbst. Sie fühlt sich an Stelle ihrer Eltern schuldig und macht sich dabei durch ihr Verhalten tatsächlich irgendwie schuldig. Es ist so, als verhindere sie aktiv und passiv ihr Recht auf ein gesundes, ausgeglichenes Leben. Die Psychologin sieht in Eri ein Porzellanpüppchen, das sich auf einem Sockel dreht – verführerisch, verheißend und zerbrechlich, aber nicht in der Lage, seine Versprechen einzulösen. Sie hat Sympathie für ihre Patientin, die ihr so viel Vertrauen entgegenbringt.

Endlich erhört und verstanden, erfasst Eri neuer Lebensmut. Sie hat wieder Lust auf Sinnlichkeit, auf neue Reize und Anregungen und so geht sie nun auch mal allein ins Kino, in ein Museum oder in eine Ausstellung. Gelegentlich lädt sie sich Gäste ein und bewirtet sie fast so gut wie früher. Zwar ist sie immerzu knapp bei Kasse, doch man muss sich halt, wie Erla sagt, »nach der Decke strecken«. Wie ihre Mutter hat Eri die Angewohnheit, nichts wegzuwerfen, also auch die trockenste Brotschnitte noch zu knabbern, den Schimmel von der selbst eingemachten Aprikosenmarmelade abzuschaben, um sie noch essen zu können, und Milch gar in saurem Zustand mit vermeintlichem Genuss zu trinken. Nachkriegsschmalhans.

Mager geht es auf Eris Teller auch zu, als sie sich Ende 1993 entscheidet, am Tegernsee eine Entschlackungskur zu machen. Alle sagen ihr doch, wenn sie erst mal wieder schlanker und ansehnlicher sei, werde auch die Freude zurückkommen. Zwischen sanften bayrischen Almen, auf denen im Sommer die Kühe mit schweren Glocken am Hals grasen, lässt es sich gut ausspannen. Die Kühe können die verschiedenen Glockentöne in ihrer Herde unterscheiden und sich so stets vergewissern, dass alle beisammen sind. Die Glocken sollen nach alter Tradition aber auch die Geister vertreiben, ihr Klang beruhigt.

Der Klinik ist eine Senioreneinrichtung angeschlossen. Dort leben inzwischen Eris frühere Zieheltern Anne-Marie und Peter Sauerbruch, mit denen sie sich öfter zum Tee zusammensetzt und über früher plaudert. Sie erzählt Peter unter Tränen, ihr Vater habe kein Recht gehabt, den sicheren Tod in der Slowakei auf sich zu nehmen, es wäre seine Pflicht gewesen, seiner Frau und seiner Kinder wegen sein Leben nicht in Gefahr zu bringen. »Meine Gegenargumente«, sagt Peter, »hat sie für sinnlos angesehen. Ein Mann wie Ludin konnte nicht anders handeln, als den Kelch bis zur Neige auszutrinken« – im Gegensatz zu seinen Vorgesetzten und vielen Kollegen habe er sich seiner Verantwortung nicht entzogen. Bei all seiner »Charakterfestigkeit und Geradlinigkeit« habe er es für notwendig gehalten, sich zu stellen. Hanns habe ihm 1945 in der Haft gestanden, der Nationalsozialismus sei der falsche Weg gewesen, und für seine Stellung müsse er sich verantworten. Peter versucht Eri das alles zu erklären, ihr ein wenig von ihrer drückenden Last zu nehmen: »Doch der Gedanke, dass ihr Vater eine Schuld überwunden hatte, blieb ihr fremd, wie sie ihm verübelte, dadurch eine neue Schuld auf sich geladen zu haben«, hat er mir später geschrieben. Dieser komplizierte Komplex von Schuld und Verantwortung der Eltern ist die Tragik ihres Lebens. Peter will das schon erkannt haben, als sie als junges Mädchen bei ihm und Anne-Marie in Hamburg lebte.

Eingehende medizinische Untersuchungen ergeben derweil miserable Leberbefunde und eine Raucher-Bronchitis. Den Ärzten fällt vor allem eine »deutliche Klagsamkeit, ein Redefluss ohne Ende« auf. Die Patientin sei unruhig und merklich depressiv, Weinen und Lachen gingen ineinander über und sie habe ausgeprägte Schlafstörungen. Als sei die Uhr fünfundvierzig Jahre – auf 1948 – zurückgedreht, muss Eri zunächst neun Tage mit Flüssigkeiten fasten: Tee, Brühe, Tafelwasser. Es fehlen nur noch der Apfelsaft und die Nierenwaschung! Anschließend wird sie auf Basenkost umgestellt. Der besonderen Diät wegen speist Eri allein, Peter und seine Frau essen an einem anderen Tisch am entgegengesetzten Ende des Saales. Etwas beklommen sitzt sie da und nippt mit feinsten Tafelmanieren an ihrer Brühe. Sie fühlt sich einsamer denn je und ein wenig wie ein ungezogenes Kind, das zur Strafe Hausarrest hat und in der Ecke bleiben muss. Es kostet sie ihre ganze Willenskraft, sich an die Diät zu halten, sie mobilisiert immense Kräfte, um ihren Impulsen zu widerstehen. Oft weint sie in ihrem Zimmer. Doch sie schafft die schlimmste Hürde zur Ernüchterung, denn sie hat die Hoffnung auf Heilung nicht aufgegeben. In der Klinik gibt es auch Psychotherapeuten, die die Kur mit Gesprächen »flankieren«.

An manchen Tagen besucht Erla ihre Tochter. Sie ist noch immer zäh genug, um die beschwerliche Reise auf sich zu nehmen. Wenigstens ist die Landschaft vom Zug aus betrachtet bezaubernd schön, das ist ein Trost. Was Erla allerdings schlecht ertragen kann, sind die fortgesetzten und immer dezidierteren Vorwürfe gegen sich. Peter ist manchmal dabei, wenn die beiden Frauen diskutieren und Eri ihrer gebeutelten Mutter vorwirft, ihren Mann falsch behandelt zu haben: »Das hätte alles nie geschehen dürfen!« Eri habe ihre Mutter ganz schön ins Schwitzen gebracht, so Peter, doch Erla habe ihr Korsett getragen und den Anschuldigungen standgehalten. »Sie war ganz darauf eingestellt, ihr Los zu tragen.«

Auf Peter wirken die beiden Streithennen wie Gestalten aus

zwei Welten: Die eine mit Werten, die nach dem Krieg nichts mehr galten, die andere aufgewachsen im Nachkriegsdeutschland, welches die NS-Zeit seiner Meinung nach allzu leichtfertig in Klischees von Gut und Böse gepresst habe. Was hätte man den Frauen raten, wie ihnen helfen können?, hat er sich später gefragt. Erla habe ihren Mann genau verstanden, im Auswärtigen Amt hätten doch alle gewusst, was mit den Juden geschah, ein »Versagen der gesamten Elite«. Eri sei von den beiden Frauen die schwächere, die kränkere gewesen, Erla habe sich von ihr nicht kleinkriegen lassen. Erla sei wohl sogar stärker als ihr Mann gewesen – die einflussreichen Frauen im Hintergrund, die in der Geschichte allzu oft vergessen werden. Und so helfen kein Rütteln und kein Toben. Erla reist erschöpft und traurig nach Hause, und Eri kehrt ohne das ersehnte Eingeständnis in ihr Zimmer zurück: Sie kommt gedanklich nie über die Vorstellung, Opfer all dessen gewesen zu sein, hinaus. Sie scheitert an sich selbst und verletzt sich immer wieder aufs Neue an der Mauer, die ihre Familie bildet, und ihrer eigenen, die sie um sich herum errichtet hat.

Die Kur hält sie eisern durch. In sichtlich erholtem Zustand fährt Eri nach sechs Wochen nach Hamburg zurück. Sie hat zehn Kilo abgenommen und ist von ihrer basischen Diät so angetan, dass sie diese zu Hause fortsetzen will. Als sie mich besucht – ich arbeite mittlerweile als Fernsehredakteurin –, steht eine dünnhäutige Frau vor mir, der man die Schönheit von damals entfernt wieder ansehen kann. Doch ich traue dem Frieden nicht und finde kaum Worte der Anerkennung für ihre kolossale Abstinenz-Leistung. Ich sehe sie noch heute auf meinem Balkon sitzen, sie, diese Person, die ihre Interessen mir gegenüber sonst stets so robust vertreten hatte, dass ich darüber vergaß, mich um mich selbst zu kümmern, jetzt fast verschüchtert und zaghaft. Ich merke nicht, dass sie einen Schritt zurückgetreten ist, um einen neuen Versuch zu wagen, auf mich zuzugehen und anerkannt zu werden. Zu oft schon hat sie mich in die Hoffnungs- und Sehnsuchtsfalle gelockt, als dass ich mich ihr nun hier ergeben könnte. Dabei wäre es der richtige Zeitpunkt gewesen, um sie sanft und gelassen aufzufordern: »Erzähl!« Ich glaube, sie hätte mir damals viel aus ihrer Vergangenheit berichtet, sodass ich sie besser hätte verstehen können. Ich habe ihr und mir die Chance aber nicht gegeben und so überdeckten wir mit Belanglosem das andauernde Schweigen. Sie ist später einsam nach Hause zurückgekehrt zu ihren Röcken und Blusen aus guten Tagen, Kleidungsstücke, die ihr nun zum Teil wieder passten, die aber keiner mehr an ihr sehen wollte.

Als neun Monate später meine Tochter zur Welt kommt, ist meine Großmutter wieder zur Stelle und ich freue mich auf sie wie ein kleines Kind. Im Schlepptau von Eri besucht sie mich im Krankenhaus – vier Generationen von Frauen auf einem Bett. Natürlich treffen sie viel später als vereinbart ein, weil Eri nicht nur wie immer unpünktlich, sondern auch recht unpässlich ist. Das erste Enkelkind mobilisiert ihre Reserven, sonst hätte sie diesen Besuch gar nicht geschafft. Ich bin von einer sehr schwierigen Geburt geschwächt und ärgerlich, dass meine Mutter auf meine Kosten die Zeiten mal wieder nicht einhalten kann. Fast eifersüchtig wacht Eri darüber, wie Erla ihre Urenkelin zärtlich, ja nahezu demütig in die Arme nimmt und voller Wonne betrachtet. Erla hätte ich gerne noch am Wochenbett behalten, Eri hingegen ist mir zu anstrengend, sie verbreitet eine nervöse Unruhe und mäkelt wie üblich an ihrer Mutter herum. Sie merkt, dass ich Erlas Nähe suche, während ich zu ihr eine große Distanz zeige. Ihre Zappeligkeit ist schlecht zu ertragen; Erla sieht angestrengt aus, doch sie versucht, sich nichts anmerken zu lassen, um mich nicht zu belasten. Eri trägt schon wieder ihre weitesten Kleider. Als sie mit ihrem zerzausten Haar und dem etwas unförmig wirkenden beigen Regenmantel, Erla vor sich herschiebend, endlich zur Tür hinausgeht, versetzt es mir einen Stich von Traurigkeit. Mit dem Baby an der Brust versinke ich in einen tiefen Schlaf.

Im Winter 1995 hole ich Erla während eines weiteren Besuchs in Hamburg zu mir aufs Land, weil es Eri so schlecht geht, dass die alte Frau in ihrer Wohnung nicht ohne Hilfe zurechtkommt. Erla nimmt mein Angebot an und ich bin überglücklich, sie bei mir zu haben. Aber das schlechte Gewissen beutelt sie, ihre Tochter dort im Elend allein gelassen zu haben – und Eri lässt keine Gelegenheit aus, sie telefonisch auf ihre moralische Verwerflichkeit aufmerksam zu machen: Du lässt mich im Stich, du bist egoistisch! Es ist Erlas letzter Besuch in der Hansestadt bei ihrer Tochter, denn ihre Kräfte lassen nach. »Ich muss mir abgewöhnen, immer an dich zu denken und mich zu sorgen. Ich kann ja doch nichts ändern«, hat sie Eri schon vor einigen Jahren geschrieben.

Auf der Fraueninsel am Chiemsee feiern wir in diesem Herbst ihren neunzigsten Geburtstag. Es ist ein wunderschönes Zusammentreffen aller Familienmitglieder, erstmals gar mit einem heiter gurrenden Urenkel. Es ist das letzte Treffen dieser Art. Erla ist glücklich, es wird viel fotografiert und gefilmt, denn alle ihre Kinder und Kindeskinder sind gekommen. Nur Eri nicht. Sie sorgt dafür, dass wir alle, nicht nur Erla, schmerzlich an sie denken. Sie straft uns geradezu mit ihrer Abwesenheit: Sie ist die Spielverderberin, der Stachel in unserem Familienidyll.

Die Patientin habe sich »seit etwa vierzehn Tagen nur von C_2H_5OH ernährt«, schreibt ihr Hausarzt mit Ironie in das Notarztprotokoll. Sie sei unruhig, könne nicht schlafen und übel sei ihr auch. Das ist alles sehr dezent ausgedrückt. Er kennt Eri mittlerweile gut, es ist nicht das erste Mal, dass sie so am Ende ist, dass er zu ihr nach Hause kommen muss, um sie zu behandeln. Was er in sein Protokoll schreibt, klingt medizinisch distanziert, man könnte es auch anders beschreiben, denn ihr Anblick ist erschreckend und gehört nicht in einen medizinischen Bericht. Der Arzt mag diese Frau dennoch und ihm ist klar, wie unangenehm es ihr ist, dass er sie in diesem elenden Zustand sieht. Lieber kommt sie zu ihm in die Praxis, um sich die nötigen Aufbaupräparate, Spritzen und gelegentlich auch Beruhigungsmittel zu besorgen. Manchmal treibt sie's eben so arg, dass er zu ihr kommen muss, um sie zu verarzten. Mehr kann er für sie nicht tun. Es sind Feuerwehrdienste oder Symptombekämpfungsmaßnahmen, eine nachhaltige Behandlung scheint zwecklos. Ihre unaufhörliche Suche nach der Ursache ihrer schwachen Konstitution, der vermeintlich ein Hormonproblem zugrunde liegt, hält er für die pure Ratlosigkeit.

Ende 1996 landet sie zum wiederholten Male bei ihrem Hormonspezialisten in der Klinik. Sie ist in der Wohnung gestürzt, hat sich am Rücken verletzt und zwei Tage hilflos auf dem Boden gelegen. Zu Protokoll gibt sie, eine Wasserkiste gehoben zu haben, woraufhin es zu stechenden Schmerzen gekommen sei. Der Arzt weiß es besser, die »Fettleberhepatitis« gibt Aufschluss über den vermutlich wahren Hergang: im Suff böse gestürzt und nicht wieder hochgekommen. Während solcher Phasen der Bettlägerigkeit malträtiert meine Mutter mich telefonisch besonders intensiv, und nicht nur mich, natürlich auch Erla und andere. Ich habe eine Tochter im Alter der Schubladenöffnungsfreudigkeit (ei da, juhu, schaut her, was es noch alles herauszuzerren gibt!) und einen Winzling von Sohn am Busen. Das kümmert sie in ihrem Wahn »einen Scheißdreck«. Wenn sie nicht gerade schläft, ruft sie an, und sobald ich wegen der vollkommenen Sinnlosigkeit der Gespräche auflege, läutet sie Sturm. Das penetrante Klingeln macht aggressiv, weil ich mich gegen diesen terrorartigen Druck schlecht wehren kann. In den Jahren der Übung habe ich gelernt, nicht mehr abzunehmen, wenn es ihr so schlecht geht. Doch wenn sie zwischenzeitlich Pause gemacht hat und dann nach Stunden wieder anruft, weiß ich nicht, dass sie dran ist. Es ist eine Falle, die Strafe: wüste Beschimpfungen. Sie droht sich umzubringen, wenn ich mich nicht sofort um sie kümmerte, wenn ich nicht den weiten Weg in die Stadt führe und sie versorgte. Ich lege auf, umarme meine Kinder und lege meine Nase auf ihr weiches, feines Haar, oder ich vergrabe zum Trost mein Gesicht im dichten Nackenfell meines prächtigen, großen schwarzen Hundes, der mich fragend ansieht. Sie meldet sich plötzlich gar nicht mehr, ich rufe Stunden später an, aber es ist belegt, immerzu belegt. Tut-tut-tut hallt es aus der Leitung gnadenlos in mein Ohr. Es ist auch am nächsten Morgen noch belegt und ich bin mittlerweile aufgelöst vor Angst, dass sie sich tatsächlich etwas angetan haben könnte. Die halbe Nacht hat es mir keine Ruhe gelassen, aus Angst vor dem schlimmsten aller Fälle konnte ich nicht schlafen, ich warf mich hin und her, und das obwohl ich meinen Schlaf doch ebenso dringend brauche wie die Kinder eine gelassene Mutter.

Es ist einer ihrer üblichen »Tricks«. Sie erzwingt die Aufmerksamkeit und Zuwendung durch Erpressung. Natürlich habe ich meinen Mann auf dem Weg in die Stadt gebeten, bei ihr vorbeizuschauen, und sie hat die Tür erst nach langem Klingeln geöffnet. Sie hat es auch schon einige Male fertiggebracht, nicht darauf zu reagieren, und dann haben wir die Feuerwehr rufen müssen, um die Tür gewaltsam aufzustemmen. Entwarnung, jedes Mal, wobei die Verwüstung in ihr und in ihrer Wohnung ein verstörender Anblick ist. Eine ihrer Nachbarinnen ruft mich vorwurfsvoll an: Das sei doch unglaublich, dass sie sich um diese in Wahrheit doch ganz fremde Frau kümmern müsse, wozu sie denn Kinder habe! Sie sagt durch die Blume, dass ich ein Rabenkind sei, meine Mutter so im Stich zu lassen. Oh Gottogottogott, jammere ich ungläubig, womit habe ich das alles verdient! Die Nachbarin weiß nichts von den inzwischen zwanzig Jahre andauernden psychischen Qualen, nichts von den Aufregungen, den Hoffnungen, den vielen Enttäuschungen, von der sich breitmachenden Resignation. Sie kann nicht wissen, wie lange schon Eri bis zur völligen Erschöpfung und Selbstzerstörung gegen diese Gespenster ankämpft. Gespenster! Das dachte ich damals und tappte selbst im Dunkeln.

Dann wird Erla sehr krank. Sie muss ins Krankenhaus, Diagnose Krebs, aber das verraten ihre Kinder ihr nicht, damit sie den Mut nicht verliert. Die Verwandten werden aufgefordert, die letzte Reise zu ihr – der Mutter, der Großmutter, der Urgroßmutter – anzutreten. Ich setze mich mit meiner zweieinhalbjährigen Tochter ins Flugzeug und reise zu meiner Erla. Mit dem plaudernden Kindchen an der Hand gehe ich ins Krankenhaus. Blass sieht meine Großmutter aus und stark ausgezehrt, wie sie da so im Bett sitzt. Aber sie ist vollkommen klar und geistig beisammen, nimmt Anteil am bezaubernden Kind, an mir, wir unterhalten uns, sie steht sogar auf, geht vorsichtig zum Tisch am Fenster, setzt sich, schneidet bedächtig die Blumen in der Vase an, damit sie ja nicht verkommen – diese wundervollen, üppig strahlenden, knallroten Blumen! Ich benehme mich scheinbar normal, denn sie soll ja nicht wissen, dass sie vom Tod geweiht ist. Mit einundneunzig darf man sterben. Es fällt mir ungemein schwer, diese Tatsache zu akzeptieren, obwohl der Tod mir seit Jahrzehnten ständig zuwinkt, um dann triumphierend mit einem hämischen Grinsen doch wieder vorbeizuziehen.

Am nächsten Tag bleibt mein Kind bei einer der Tanten. Erla ist allein und wir wissen beide, dass wir uns das letzte Mal sehen, doch wir sprechen nicht darüber. In ihrem weißen Krankenhauskittel liegt sie dünnhäutig auf Kissen gebettet und kommentiert einen Brief, ich glaube, von meiner Mutter. Eri kann den Gedanken nicht ertragen, dass ihre Mutter stirbt, und trotz aller meiner Ermahnungen macht sie keine Anstalten, sich aufzuraffen und zu der Sterbenden zu pilgern. Nun ist Erla müde. Ich sitze auf ihrer Bettkante und schweige, streichle sie. Als ich das Krankenhauszimmer verlasse, kann ich nicht fassen, dass ich meine Großmutter nie wiedersehen werde.

Offenbar hat sie, nachdem sie zum Sterben wieder nach Hause zurückdurfte, nicht gewollt, dass Eri noch zu ihr kommt, um sich zu verabschieden, oder hat nicht an Abschied gedacht, weil sie unter dem Einfluss starker Medikamente stand, die ihre Schmerzen lindern sollten. Wahrscheinlich hätte sie es nicht ausgehalten, das leidende Kind am Bett zu haben, das sie vom Sterben abhält und sie selbst auf dem Sterbebett noch belastet. Schon als sie im Koma ist, hat sie noch viel mitbekommen. Barbel, Ellen und Andrea wollen sie waschen und schicken ihren Bruder Malte, der helfen will, aus Pietätsgründen aus dem Zimmer: »Das bekommt sie doch gar nicht mit«, sagt Malte, der gerne helfen möchte. »Doch!«, sagt Erla plötzlich mit der altbekannten Entschlossenheit, Erla, die doch schon längst nicht mehr gesprochen hat.

Als sie im Süden stirbt, ist ihre Älteste mutterseelenallein am anderen Ende der Republik. Sie stirbt erst in dem Moment, als keines ihrer Kinder mehr bei ihr ist. Andrea ist nur kurz rausgegangen, um den Notarzt und ihre Schwestern anzurufen. In dem Moment hat sich unsere große Erla endgültig von uns verabschiedet. Es ist Mai 1997, und im Dezember hätte sie den Tod von Hanns fünfzig Jahre überlebt. Auf der Beerdigung habe ich geweint, als wäre meine eigene Mutter gestorben. Die indes war wieder die Einzige, die dem Begräbnis fernblieb.

»Nur noch du hältst mich zurück«

Ein Jahr später ist auch Eri tot.

Als sie den schrecklichen Unfall hat, ist ihre nur sechs Jahre ältere Tante Ursula, Onkel Adolfs Tochter, bei ihr zu Besuch. Eri ist nicht nüchtern, es geht ihr elend, aber wenn sie wach ist, sprechen die beiden Frauen über früher. Ursel hat Eris Vater Hanns, ihren Vetter, verehrt, weil er ihr als feine Persönlichkeit mit gutem Charakter imponierte, und Eri wiederum bewunderte ihren Vater Adolf. Allerdings hat Eri noch immer ein schlechtes Gewissen, weil sie glaubt, Adolf sei ihr damals wegen ihrer frechen Bemerkung über die angebliche Schwerhörigkeit böse gewesen. Ursel winkt ab, versucht, ihr die Last zu nehmen, ihr Vater habe wirklich nichts gegen sie gehabt. Die Gespräche wühlen Eri auf, es geht ihr schon seit Wochen miserabel. Immer wieder bricht sie wimmernd in Tränen aus, das ist ihr unangenehm und sie versucht sich fast krampfhaft zu beherrschen: »Ich bin doch eine Ludin«, sagt sie wiederholt.

Am nächsten Morgen bewegt sie sich vorsichtig tastend ins Bad, um sich zu waschen. Ihre Beine zittern. Sie schließt die Badezimmertür ab; lässt das brühend heiße Wasser aus dem Boiler in die Badewanne laufen; rutscht aus und fällt in das siedende Heiß. Ein lang anhaltender gellender Schrei, Unfalltrauma. Ursel kommt entsetzt zum Badezimmer gerannt, die Einundsiebzigjährige versucht verzweifelt die verriegelte Tür aufzubekommen, doch es ist zwecklos. Es dauert eine gute halbe Stunde, bis die Feuerwehr und die Polizei eintreffen und

Eri aus dem Bad befreien. Mit dem Helikopter wird sie sofort in eine Spezialklinik ausgeflogen. Die arme Ursula fährt benommen zurück nach Hause.

Als mich die Nachricht von ihrem Unglück erreicht, bin ich gerade erschöpft aus Israel zurückgekehrt, wo ich für eine Stiftung ein Frauenprojekt begutachtet habe. Meine Kinder sind glücklich, mich nach zehn Tagen Abwesenheit wiederzuhaben, ich muss meinen Bericht schreiben. Den Ernst der Lage begreife ich trotz des Schreckens nicht: zu viele Hiobsbotschaften, mittlere Katastrophen und unzählige Krankenhausaufenthalte haben mich abgestumpft. In Wahrheit lasse ich die Mitteilung von ihrem Unfall gar nicht richtig an mich heran.

Ich telefoniere täglich mehrmals mit den Ärzten, die mich auf dem Laufenden halten. Eri hängt an einem Beatmungsgerät, sie hat Verbrennungen dritten Grades vom Kopf bis zur Zehe, sie ist bandagiert und mit Schmerzmitteln ruhiggestellt. Nachdem sie einige Tage später das erste Trauma überwunden hat, befreit sie sich – typisch Erica! – vom Mundstück des Beatmungsgerätes. Sie kann selbständig atmen, es sieht so aus, als ginge es bergauf. Die Entzugserscheinungen machen ihr stark zu schaffen, doch die sind nichts verglichen mit den schier unerträglichen, den grauenhaften Verbrennungsschmerzen. Malte und seine Frau setzen sich kurz entschlossen in ihren Wagen und reisen ins Krankenhaus.

Als ihr Bruder an ihr Bett kommt, weint Eri. Die künstliche Beatmung musste inzwischen wieder aktiviert werden, denn sie ist doch nicht kräftig genug, um ohne Hilfe zu atmen. Malte drängt mich, zu ihr zu fahren, es ginge ihr nicht gut, der Arzt habe den Eindruck, sie habe aufgegeben. Wenn ich in der Klinik anrufe, heißt es, ihr Zustand sei kritisch, aber »stabil«. Hin- und hergerissen beschließe ich, in drei Tagen zu ihr zu reisen, es sei denn, die Ärzte schlagen Alarm und ich muss eher kommen. Ich treffe entsprechend Vorsorge. Ich fliege nach Dublin, wo mein Bruder und ich unseren Vater überraschen wollen: Es ist sein siebzigster Geburtstag. Diesen Tag mit ihm in der irischen Hauptstadt zusammen zu feiern, hatten wir schon lange geplant. Eine Lebensmittelvergiftung lässt mich dort nachts ohnmächtig werden, am folgenden Morgen fühle ich mich todkrank. Auch meinen Bruder hat es erwischt, er musste sich die ganze Nacht übergeben. Nicht nur deshalb gerät dieser Geburtstag nicht zur Feier – wir sind alle sehr bedrückt. Am Telefon versichern die Ärzte mir, meiner Mutter ginge es den Umständen entsprechend, also unverändert.

Am Hamburger Flughafen angekommen, fahre ich sofort zur Klinik. Man lässt mich sogleich in die Intensivstation. Meine Mutter liegt auf weißen Laken von oben bis unten verkabelt und eingewickelt, und damit sie ihre Wunden nicht aufreißt, ist sie regelrecht ans Bett gefesselt. Das Beatmungsgerät lässt ihren Brustkorb auf- und niedersinken, sie schläft, als ich den Raum betrete. Ich küsse sie auf die Stirn, sie wird wach. Sofort schießen Tränen in ihre Augen. Sie kann nicht sprechen, sich nicht bewegen. Nur die Augenbrauen und die Fingerspitzen lassen eine Regung zu. Diese völlige Ohnmacht, so der Verletzung ausgeliefert zu sein! Was war das für eine ausdrucksvolle Frau und nun liegt sie schweigend da, ihr ist der Mund versiegelt, sie ist zum Schweigen verurteilt. Sie wirkt wie erlöst, dass ich endlich da bin. Der Arzt sagt mir, die Verbrennungen seien so stark, dass sie am folgenden Tag operieren müssten, um Haut zu transplantieren. Das sei wegen ihrer schlechten Blutwerte nicht ganz ungefährlich. Er deutet an, dass die Leber nicht mehr richtig funktioniert, er sagt aber nicht, dass die Operation lebensgefährlich ist. Ich streichele Eris Fingerspitzen und bleibe bei ihr sitzen. Ich kann mich nicht erinnern, ob ich viel gesprochen habe, dieser ganze Anblick hier ist so überwältigend, dass ich noch immer gar nicht richtig begreife, was vor sich geht. Manchmal döst Eri ein, sie steht unter Morphium. Als es draußen schon dunkel geworden ist, verabschiede ich mich von meiner Mutter – wünsche ihr viel Kraft für die Operation, morgen käme ich anschließend gleich wieder zu ihr, sie solle nicht verzagen. Sie kneift die Augen zusammen und Tränen rollen ihre Wangen hinunter.

Ich habe irgendwo in der fremden Stadt ein einfaches Hotel gefunden und mir in dessen Restaurant mühsam etwas Essbares einverleibt. Eine enorme Unruhe plagt mich und lässt mich fast gar nicht schlafen. Ich erinnere mich an Eris letzten Besuch bei mir zu Hause: Sie kam vergangene Weihnachten, adrett gekleidet, ihren schon etwas abgegriffenen, eleganten Koffer in der Hand und sichtlich aufgeräumt. Mit meinen Kindern hat sie rührend gespielt – sie ließ geradezu die Puppen tanzen, so wie früher, als sie selbst ein Kind war. Ihre Enkel haben sich köstlich amüsiert. Außerdem hat sie wunderbar gekocht, mir gezeigt, wie man mit dem Wok umgeht und asiatische Speisen zubereitet. Sie war sehr lieb und hat sich bemüht, alles richtig zu machen, fast so, als wollte sie, dass wir sie in bester Erinnerung behielten, als ahnte sie, dass ihr bald etwas passieren würde.

Am nächsten Morgen stehe ich früh auf und wandere durch die hübsche alte Innenstadt. Durch meinen Kopf rasen die Gedanken und überschlagen sich – wird sie die Operation gut überstehen, wird sie wieder gesund? Sollte die Hauttransplantation gelingen, wie um Himmels willen soll es anschließend mit ihr weitergehen, seelisch krank und nun auch noch verunstaltet? Es sind verbotene Gedanken. Widerstreitende Gefühle. Ich mache mir Notizen auf einem Zettel und telefoniere, um meine Panik zu unterdrücken. Die Minuten schleichen voran wie Stunden, vor Angst kann ich mich kaum beherrschen. Irgendwann steigt in mir Gewissheit auf: Sie wird es nicht schaffen. Es ist, als sei ich telepathisch mit meiner Mutter verbunden, ich weiß, dass sie gerade ihre letzte Lebenskraft verliert. Am Telefon sagen die Ärzte, ich könne noch nicht zu ihr, es habe Komplikationen gegeben, »bitte melden Sie sich später, noch Geduld«. Mein Bruder Johann Heinrich ist bereits in Hamburg gelandet und auf dem Weg zur Klinik. Auch ihn hat letzte Nacht der Zweifel wach gehalten und er ist sofort in die nächste Maschine von England in die Hansestadt gestiegen. Innerlich schluchzend streife ich durch die fremden Straßen und Läden. In einer renommierten Marzipanbäckerei trinke ich einen Kaffee. Ich sehe alles um mich herum an und sehe nichts. Ich kann mich nicht konzentrieren und muss mich ablenken. Abermals rufe ich im Krankenhaus an und endlich, endlich heißt es, der Zustand meiner Mutter sei stabil, ich dürfe zu ihr. Ich atme erleichtert auf: Halleluja, sie hat überlebt, sie hat es fertiggebracht, meine Güte, ist sie zäh!

Johann Heinrich ist unterdessen eingetroffen, es dauert, bis wir zu unserer Mutter dürfen. Sie habe einen Nierenschock erlitten, erklärt der diensthabende Arzt, und literweise Blut verloren, man habe sie, kaum aus dem OP, auf ihrem Krankenbett nachoperieren müssen, weil die Operationsnähte aufgeplatzt seien, ja, sie habe aus dem ganzen Körper geblutet, und ich denke, das Bett muss eine riesige Blutlache gewesen sein. Ich sehe das Blut meiner Mutter aus den Nähten quellen, doch bevor ich den schaurigen Gedanken zu Ende denken kann, sagt der Arzt wieder dieses Wort, er sagt, sie sei jetzt »stabil«, einer dieser medizinischen Euphemismen, wie ich gleich feststellen werde, ein Ausdruck, dem ich mein Lebtag kein Vertrauen mehr schenken werde.

Kaum dass ich mit meinem Bruder Eris Krankenzimmer betrete, weiß ich, dass sie schon nicht mehr richtig lebt. Ihre Hautfarbe ist leichenblass. Das läge an dem großen Blutverlust, sagt der junge Arzt beruhigend. Er geht hinaus und lässt uns mit Eri allein. Wir setzen uns jeder an eine Bettseite und halten ihre Hände. Manchmal stehen wir auf und küssen ihr die Wange. Der Beatmungsapparat lässt ihren Brustkorb stetig auf- und wieder niedersinken, ansonsten regt sie sich nicht. Auf dem Monitor zeigt sich ihr Herzschlag: STABIL! Wir starren darauf wie das eingekesselte Reh auf den Jagdhund. Immer wieder sackt die Kurve ab, dann kommt der Arzt ins Zimmer und gibt Eri eine Spritze, die einen neuen Wellenschlag erzeugt.

Eri ist zwar im Koma, aber ich bin sicher, sie spürt, dass ihre Kinder bei ihr sind. Ich verspreche ihr, sie nach Griechenland in ihr Haus mitzunehmen. Ich sage ihr viel in diesem Moment, in Gedanken bin ich mit ihr verbunden, erfüllt von der Hoffnung, sie könne mich »hören«. Mein Bruder und ich reichen uns über den kräftigen Bauch unserer Mutter hinweg die Hand und halten sie so umschlungen. Die Kurve versackt nun in immer kürzeren Abständen, es ist sogar für uns Laien deutlich, dass Eri es nicht mehr schafft. Ich bin starr vor Kummer und Ungläubigkeit. Nach einiger Zeit kommt der Arzt leise herein, wir nicken uns zu und er stellt das Beatmungsgerät ab. Die Kurve verschwindet im Nichts: Unsere Mutter ist tot.

Man ist nett zu uns dort im Krankenhaus, wir dürfen noch bei Eris Leichnam sitzen bleiben. Draußen ist es schon längst duster, und ein schwerer Regen prasselt auf das Dach des Flachbaus nieder.

Wir weinen und halten unsere Mutter – musste sie erst sterben, um endlich gehalten zu werden? Jetzt hat sie wenigstens die Ruhe, nach der sie sich ihr ganzes Leben gesehnt hat, denke ich. Vielleicht hat sie den Tod immer herbeigesehnt? Nein, aber doch nicht so elendig, so außerordentlich schmerzvoll! Was hat sie als Kind zu ihrer Freundin über ihren Vater gesagt: »Grad so ein schrecklicher Tod!« Sie ist ihren Eltern gefolgt, von denen sie sich nie lösen konnte. Erla, »Ohne dich wär' sowieso alles nichts, überhaupt nichts« oder »Nur noch du hältst mich zurück«, das waren ihre Worte als junge Frau und nun hat sie es gerade eben mal ein Jahr ohne ihre Mutter ausgehalten. Erla hat sie mitgenommen, denke ich irrational, und ich spüre einen kleinen Anflug von Irritation.

Auch ich kann mich nicht von meiner Mutter lösen, der Gedanke, den Raum und die Klinik zu verlassen und sie nie wiederzusehen, ist unfassbar, was kann ich tun, um sie zu bewahren? Ich weiß nicht, wie lange wir dagesessen haben, es erscheint mir sehr lange. Im Zimmer herrscht eine unheimliche Ruhe, es hat zu regnen aufgehört, nur die Wanduhr bewegt ihren riesigen Zeiger stetig klackend vorwärts. Als wir endlich aufbrechen – ich kann beim Hinausgehen den Blick nicht von ihr abwenden –, sagt der Arzt, man sei auch erschrocken gewesen über dieses rasche Sterben, das sei nicht vorauszusehen gewesen.

Ich halte mich an dem Gedanken fest, dass unsere Mutter auf uns gewartet hat, uns nahe bei sich brauchte, um von uns zu gehen. Heute bin ich mir da nicht mehr so sicher: Ich befürchte, nicht sie, sondern die Ärzte haben auf uns gewartet, damit wir Abschied nehmen konnten, bevor sie die Maschinen abstellten. Draußen rufen wir unseren Vater und Eris Geschwister an, um ihnen ihren Tod bekannt zu geben, es sind kurze Gespräche und ich weiß nicht, wie es ihnen anschließend mit dieser Nachricht ergangen ist.

Jeder hatte mit ihr eine eigene Beziehung und eine eigene, schwierige Geschichte. Schuldgefühle schmuggeln sich unter den Abschiedsschmerz und behindern ihn. Der Regen setzt wieder ein. Es ist Ende April 1998 und es regnet die ganze Nacht hindurch bis in den späten Morgen hinein.

Am Abgrund

Die Trauerrede sei ja sehr schön gewesen, sagt sie, aber den erwähnten Naziverbrecher hätte sie lieber in Anführungsstrichen gesehen. Diese Verwandte hält ihren Vater nicht für einen Kriegsverbrecher, sondern für ein Opfer seiner Zeit. *In dubio pro reo* – im Zweifel für den Angeklagten. Beweise für sein Wissen um die Vernichtung der deportierten slowakischen Juden gebe es nicht, daran hält sie eisern fest.

Für Eris Beerdigung habe ich eine Rede geschrieben, in der ich mich auf die Spuren ihres Lebens begeben und nach den Gründen ihres Todes gesucht habe. »Eri, im Jahr der Machtergreifung der Nationalsozialisten geboren, die bewusst den Krieg erlebt und anschließend ihren als Naziverbrecher hingerichteten, geliebten Vater verloren hatte, hat unter diesem traumatischen Kindheitserlebnis Zeit ihres Lebens gelitten. Es war ihr deshalb auch nicht gegeben, andere schmerzhafte Erfahrungen, wie insbesondere den Verlust unseres Vaters, zu verarbeiten. Als nach Hanns auch ihre zweite große Liebe, Heiner, gegangen war, standen bei ihr die Uhren still«, formuliere ich etwas holperig.

Mit dieser einen Ausnahme ist niemand in der Familie auf meine These eingegangen. Nur eine weitere Person hat versucht, mir zu erklären, dass Eri wirklich Probleme mit ihren Hormonen gehabt habe. Ich interpretiere ihre Bemerkung als einen Hinweis darauf, dass man mit meiner Analyse nicht einverstanden ist.

Nach der Beerdigung in der schönen alten Stadt sitzt mein Onkel Tilman im Schneidersitz und pfeiferauchend auf seinem Hotelbett, eine seiner Töchter, ich glaube, auch Andrea, mein Bruder und ich hocken um ihn herum, den köstlichen Rotwein nippend, den er aus Südafrika mitgebracht hat. Tilman wird ein Jahr später sechzig und kurz darauf an plötzlichem Herzversagen sterben. Noch ein Kind ist mit Erla gegangen. Wir sind eine Familie, die plötzlich nicht mehr zur Ruhe kommt.

Überhaupt scheinen wir uns seit Erlas Tod nur noch zu Traueranlässen zu treffen. Die fröhlichen Feste gehören zu den gloriosen *Tempi passati*, jeder geht jetzt mehr seine eigenen Wege, es fehlt der verbindende Sinn, den Erla uns gegeben hat: Was genau eigentlich war dieser Sinn? Ich stelle fest, dass ich viele meiner Verwandten gar nicht gut kenne, nicht weiß, was sie bewegt, und sie auch nie danach gefragt habe. Nach Eris Tod erhalte ich zahlreiche Kondolenzschreiben – da kommt einiges zurück von dem, was meine Mutter ihren Freunden und Bekannten an Zuwendung gegeben hat. Auch ihre vergangenen Lieben melden sich bei mir, Laurence hat sogar ein Gedicht für sie geschrieben. Ihre Wohnung, die wir räumen müssen, ist voll von Briefen und Fotos, fünfzig Jahrgänge unsortierte Korrespondenz in riesigen Schubladen der Erinnerung.

Einige Monate später kehre ich das erste Mal seit vielen Jahren nach Griechenland zurück. Meine Kinder sitzen aufgeregt zwischen uns Eltern, als wir mit der kleinen Propellermaschine landen. Mein Bruder steht am Ankunftsgebäude des Inselflughafens, um uns in Empfang zu nehmen. Es ist für uns beide ein sehr emotionaler Moment, denn es ist wie eine Heimkehr, nur dass Eri jetzt nicht mehr da ist.

Die griechischen Bekannten und viele Einwohner unseres Dorfes begrüßen mich herzlich und bewundern den Nachwuchs. Der Name Erika ist in aller Munde, in einigen Läden und Tavernen spricht man mich noch jahrelang auf sie an. Obwohl man von ihrem Alkoholproblem wusste, hatte man die warmherzige Deutsche ins Herz geschlossen: »Erika!« Die ausländischen Freunde sagen natürlich »Nora«, aber sie meinen dieselbe Frau. In ihr Haus zurückzukehren ist, als könnte ich ein Stück ihrer Seele bewahren – die dicken Steinmauern bieten Schutz und der Blick aufs Meer Zuversicht.

Eines Sonntagmorgens hämmert es laut an der Tür. Verschlafen öffnen wir und da steht der verrückte Eselsmann Sotiris mit von der Sonne gezeichnetem Gesicht und seinem Hirtenstock in der Hand. Aufdringlich war er ja schon immer, wir fühlen uns gestört und verstehen nicht, was er will, denn er spricht schnell. Am Ende lassen wir uns breitschlagen und folgen seiner Aufforderung, sofort in die kleine Kirche auf dem Berg zu kommen. Als wir eintreffen, ist bereits die gesamte Nachbarschaft anwesend, Kinder und Alte, ganze Familien. Eng beieinander stehen wir im Innenhof und lauschen dem orthodoxen Priester. Es dauert eine Weile, bis wir verstehen, dass er der Toten gedenkt, denn er nennt alle möglichen Namen. Und dann fällt auch der Name Erika. Ergriffen fasse ich die Hand meines Bruders, wir stehen Seite an Seite wie Brüderlein und Schwesterlein im dunklen Wald. Anschließend gibt es ein Glas Tee, kleine Brötchen und ein paar Süßigkeiten. Sotiris ist nicht dabei, er ist wohl nach verrichteter Mission gleich wieder mit seinem Esel davongeritten. Ich werde der alten Nervensäge auf immer dankbar sein, uns hier zu dieser Andacht geschleppt zu haben.

Um das Gedenken geht es auch in unserer Familie. Jeder hat seine Ansichten über die Toten und deren Rolle im Leben, jeder lebt mit seinen Bildern, die die persönlichen Erfahrungen geprägt und die Gedanken geformt haben. Eri und Tilman, viel zu früh gestorben, sind eine Last auf dem Gewissen: Warum mussten sie so früh gehen? Die einen finden meinen Nachruf auf Eri verklärt, andere loben mich, ich habe ihr die Würde zurückgegeben. Ich habe ihre guten und ihre schlechten Seiten beschrieben, aber mag sein, dass man dazu neigt, die Toten nachträglich schönzureden, übermäßige Idealisierung ist unserer Familie ja nicht fremd.

Nach Erla und Eris Tod hat nun Barbel bei den Ludins die Rolle der »Stammesältesten« inne und sie spielt sie mit natürlicher Eleganz und Entschlossenheit. Sie ist in die Fußstapfen Erlas getreten und kämpft um das Andenken ihrer Eltern. Diskussionen über unsere unterschiedlichen Geschichtsauffassungen führe ich zu jenem Zeitpunkt noch nicht, ich vermeide es, bei meinen Verwandten das Thema Vergangenheit anzuschneiden – ich vermeide ebenjenen Konflikt, der entstehen kann, wenn die Ansichten und Vorstellungen einer Person mit der Zuneigung zu ihr nicht mehr in Einklang gebracht werden können. Ich will meine Angehörigen nicht verlieren – so wie die Kinder von Hanns und Erla Ludin fürchten, ihre Eltern zu verlieren, wenn sie deren problematische Seiten wahrnähmen. Es ist das Dilemma, in dem meine Mutter so tragisch verfangen war.

Innerhalb der Familie streiten wir bis heute darüber, was die Deutschen während der Zeit des Nationalsozialismus wirklich gewusst haben und wie sie anschließend politisch und gesellschaftlich damit umgegangen sind. Uns Enkelkindern fällt es weniger schwer, die Rolle unseres Großvaters zu bewerten. Wir haben ihn nie kennengelernt und haben einen zeitlichen und emotionalen Abstand. Dass Hanns Ludin ein Nationalsozialist war, bestreitet im Übrigen niemand in unserer Familie, umstritten ist lediglich, ob er sich schuldig gemacht hat.

Mein Onkel Malte, Dokumentarfilmer von Beruf, greift die Differenzen auf und beginnt, sich intensiv mit der Figur seines Vaters zu beschäftigen. An Aufklärung interessiert und in der Hoffnung, Klarheit und Entlastung zu finden, helfen die Schwestern ihrem Bruder bei der Recherche, sie kramen in ihren Erinnerungen, ihren Papieren, in Briefen, Aufzeichnungen und Fotoalben. Sie lassen sich sogar vor der Kamera interviewen, um ihre Sicht darzustellen, und auch die meisten von uns Enkelkindern sprechen mit unserem Onkel. »2 oder 3

Dinge, die ich von ihm weiß« hat Malte seinen Film genannt, der nach jahrelanger Arbeit 2005 erstmals mit großem Erfolg auf der Berlinale gezeigt wurde. Über seine Mutter Erla sagt er im Auftakt: »Solange sie lebte, hätte ich mich an diesen Film nicht gewagt. Und sie lebte lange.« Es ist ein nahezu peinigendes Dokument über das Leugnen und Verdrängen in einer deutschen Familie – in unserer Familie. Es ist dieser Zwiespalt zwischen historischer und persönlicher »Wahrheit«, der nur in einem schmerzhaften seelischen Prozess aufzulösen ist.

Meine Mutter hat Zeit ihres Lebens versucht, das zerrissene Abbild ihres Vaters wieder zusammenzufügen. Wäre es ihr gelungen, so hätte es ihr geholfen, sich mit ihm zu versöhnen; doch diese Gnade konnte oder sollte sie nicht erfahren. Eri hat diese widerstreitenden Gefühle und die Trauer nicht ertragen und den Weg der Selbstzerstörung gewählt. Und nun leidet gar ihr eigenes Andenken, weil die wahren Ursachen ihres Leides innerhalb der Familie ebenfalls verdrängt werden. Überspitzt könnte man sagen, Hanns und Eri werden durch das Leugnen und Verdrängen ein zweites Mal zerstört, weil ihr Leben auf eine Weise gedeutet wird, die ihnen nicht gerecht wird. Sich der monströsen Schuld des eigenen Vaters zu nähern und sie zu akzeptieren, ist eine extreme Herausforderung. Weiter im Zweifel zu leben, ohne Stellung zu beziehen, halte ich inzwischen jedoch für viel unerträglicher – für das persönliche Wohlbefinden und politisch sowieso.

2007 sind sechzig Jahre vergangen, seitdem mein Großvater Hanns Ludin am Galgen gehenkt wurde. Während seines Prozesses sagte er: »Klare politische Absichten und Ziele hatten wir damals wohl kaum, sondern nur – wie [...] wohl die meisten Menschen in Deutschland – das Gefühl, dass es ›so‹ nicht weitergehen könne.« Dieses Gefühl haben viele Menschen heute wieder – sie sind orientierungslos, arbeitslos, desillusioniert und von den Politikern enttäuscht. Rechtsextremismus, Rassismus, Antisemitismus, Antiislamismus und viele andere Formen der Diskriminierung haben wieder zugenommen und sind trotz aller gegenteiligen Beteuerungen beinahe schon wieder salonfähig. Die Antisemitismusexperten verweisen uns auf die Statistiken, sie registrieren die antisemitischen Schmierereien, die Zwischenfälle an Schulen, die verbalen und physischen Angriffe unter Kindern und Jugendlichen, die Medien melden die Ermordung von Menschen anderer Hautfarbe und so weiter. Gewalttätige Glatzköpfe und Israel hassende Islamisten geistern als Bösewichte durch die Medien und verunsichern die Gesellschaft.

Auf Tagungen erlebe ich, dass man sich auf den ostentativen, eklatanten Antisemitismus und Rassismus konzentriert. Man tauscht sich intellektuell über die »anderen« aus und verengt dabei den Blick auf ein Problem, das nicht nur bestimmte Gruppen, sondern die gesamte Gesellschaft betrifft. Die spektakulären Fälle, die man zu Recht mit Empörung aufnimmt, sind symptomatisch für einen allgemeinen gesellschaftspolitischen Missstand. Die öffentliche Debatte aber beschränkt sich überwiegend auf bestimmte Gruppierungen und auf Randgruppen, derweil der öffentliche Diskurs getrieben zu sein scheint von einer wechselseitigen Dynamik der Schuldzuweisungen und Schuldabwehr. Viel beunruhigender als »die Glatzköpfe« oder »die Langbärtigen« sind die intellektuellen Wegbereiter einer gesellschaftlich und politisch polarisierten Atmosphäre, die »den Feind« stets im anderen zu erkennen glaubt. Die Sündenböcke finden sich außerhalb der eigenen Gruppe oder der eigenen Familie. »Und willst du nicht mein Bruder sein, so schlag ich dir den Schädel ein«, so hieß es in der NS-Zeit; heute sagt man: »Wer nicht für uns ist, ist gegen uns.« Auf diese Weise kann alles Böse, alles Schlechte, alles Gefährliche ausgelagert werden. Man muss sich keine Gedanken über die eigene Rolle im Zusammenspiel der Kräfte machen. Wie ließe sich der öffentliche Diskurs in einen fruchtbaren gesellschaftlichen Dialog umwandeln?

Natürlich kam bei meiner Mutter, um die es mir hier geht, vieles zusammen, es gibt keine monokausale Erklärung für ihr Leiden – Genetik, der dramatische Vatertod, die psychosomatischen Störungen, das Scheitern in der Schule, die zerrüttete Ehe, all das hat auch eine Rolle gespielt. Hormonelle Erkrankungen, so sie denn allen medizinischen Befunden zum Trotz dennoch vorgelegen haben sollten, oder Alkoholprobleme machen noch keine Tote. Die eigentlichen Ursachen liegen in der verletzten Psyche begraben, deren ursprüngliche, nie überwundene Traumatisierung durch viele neue Belastungen immer wieder entfacht wurde. Es war auch ihre Befangenheit in einem System, das alles Gewaltsame, Bösartige, Aggressive unterdrückt und verdrängt und dadurch unabsichtlich immer wieder neues »Böses« erzeugt.

Die Vorstellung, mein Großvater sei sich der Konsequenzen seines Handelns nicht bewusst gewesen, hält sich hartnäckig. Schließlich gibt es ja auch keine eindeutige Aussage von ihm, die »beweist«, dass er die Vernichtung der Juden bewusst in Kauf genommen hat, und er gehörte auch nicht zu jenen, die an der Grube standen und schossen oder das Gas aufdrehten. Wie kann man ihn also für schuldig erklären?

Solche ganz und gar nicht ungewöhnlichen Argumente beruhen auf dem Glauben, dass die eigentlichen Verbrecher persönlich Hand angelegt hätten. Als habe das Dritte Reich nicht gerade deshalb so perfekt funktioniert, weil es viele Männer wie Hanns Ludin gab, die den bürokratischen Ablauf der Vernichtungsindustrie garantierten! Viele Männer – und auch viele Frauen, angefangen mit den treuen Ehefrauen. Sie alle waren Komplizen, gemeinsam der Sache verpflichtet – und sie sind auch nach dem Krieg eine kameradschaftliche, solidarisch verbundene, eingeschworene Gemeinschaft geblieben, in der ihre Kinder und Kindeskinder aufwuchsen. Die vermeintlich entlastenden Aussagen von Hanns' ehemaligen Mitarbeitern überzeugen mich deshalb nicht. Der Beweis, die »historische Objektivität«, sind die vielen Millionen Toten und die psychischen Belastungen, die bis heute die Nachkommen der Opfer und der Täter plagen.

Adolf Eichmanns »Judenberater«, Dieter Wisliceny, der geschätzte Mitarbeiter meines Großvaters, hat beim Nürnberger Hauptkriegsverbrecherprozess (1945 bis 1946) unzweideutig bekannt, genau gewusst zu haben, was es mit der »Endlösung« auf sich hatte: Eichmann habe ihm im August 1942 mitgeteilt, dass »in dem Begriff ›Endlösung‹ sich die planmäßige biologische Vernichtung des Judentums in den Ostgebieten verbarg«. Er sei sich daraufhin »vollkommen klar [gewesen], dass dieser Befehl ein Todesurteil für Millionen von Menschen bedeutet«. In der Slowakei habe er, Wisliceny, der Deutschen Gesandtschaft unterstanden und er habe regelmäßig erst Manfred von Killinger und dann seinem Nachfolger Ludin Bericht erstattet. Wann wie viele slowakische Juden in welches Konzentrationslager deportiert und dort exekutiert wurden, konnte Wisliceny den Anklägern im Detail mitteilen – und er wird die Zahlen nicht nur in Nürnberg so akribisch genau preisgegeben haben. Eichmann, gab er ferner an, habe ihm gegenüber geäußert: »Er würde lachend in die Grube springen, denn das Gefühl, dass er fünf Millionen Menschen auf dem Gewissen hätte, wäre für ihn außerordentlich befriedigend.« Wisliceny hat sich wie alle anderen Angeklagten in Nürnberg auf »Befehlsnotstand« berufen und die Verantwortung an seine Vorgesetzten delegiert: Eichmann, Himmler, Hitler. Entledigt ihn das seiner Schuld? Im Februar 1948 ist auch er in Bratislava gehenkt worden.

Hanns hat während seines Prozesses ebenfalls mit der Befehlskette argumentiert. Doch der Chefankläger vor dem Nationalgericht in Bratislava, Michal Gerö, blieb hart: »Der Angeklagte kam im diplomatischen Dienste als Reichstagsabgeordneter und treuer Nationalsozialist und hatte in jedem Zeitabschnitt seiner strafbaren Tätigkeit seine eigene Initiative und seinen eigenen selbständigen Wirkungskreis. Obwohl er auch auf Grund der verbrecherischen Befehle seines Vorgesetzten handelte, exkulpiert ihn das Folgeleisten dieser Befehle gemäß Artikel VI der Charta nicht, weil er durch seinen freiwilligen Eintritt in den Außendienst Ribbentrops die Verpflichtungen auf sich nahm, auch solche Befehle zu vollziehen, die dem internationalen Recht und den ewigen Bestimmungen der Ethik und Moral widersprechen.« Ludin habe selbstverständlich nicht gemordet, so Gerö weiter. »Seine Hände waren in Handschuhen, er unterschrieb bloß den Vertrag, durch den die Opfer den Mördern ausgeliefert worden sind, und diese mordeten an seiner statt. Es war eine genaue Arbeitsteilung, wobei schwer zu entscheiden ist, wessen Arbeit grausamer ist. Die Arbeit des eleganten Diplomaten oder des betrunkenen Ex-Menschen-SS-Mannes. Er wurde zu einem Rad in diesem gigantischen nazistischen Vernichtungswerk, bei vollem Bewusstsein seiner Verantwortung, weil dies das Werk seines bewunderten Führers darstellte, ein Werk, das den Weg zum erträumten nazistischen jahrtausendealten Reich pflasterte.«

Mein Großvater hat auch versucht, sich damit zu verteidigen, dass er mit der »Judenfrage« eigentlich gar nichts zu tun gehabt habe. Erstens habe er ihr »indifferent« gegenübergestanden, zweitens sei sie von Wisliceny bearbeitet worden, »der von mir sachlich völlige Handlungsfreiheit hatte, seine sachlichen Weisungen auch nicht vom Auswärtigen Amt oder von der Gesandtschaft, sondern durch seine eigene Dienststelle unmittelbar bekam«. Er habe sich auf Wunsch Wislicenys lediglich »gelegentlich als politischer Faktor eingeschaltet«.

Auch von dieser Erklärung ließ Gerö sich nicht beeindrucken: Ohne Ludins Arbeit auf politischem Gebiet, erwiderte er, könne man sich die Erfolge Hitlers gar nicht vorstellen. Würde man Ludin für unschuldig erklären, »würde es genau dasselbe sein, als [sic] zu sagen, es hätte keinen Krieg, keine Ermordeten und kein Verbrechen gegeben«.

Das trifft gewiss auf Tausende von Deutschen zu. Doch Hanns gehörte zu den wenigen, die die Höchststrafe erhielten, und gar noch, nachdem er sich den Behörden selbst ausgeliefert hatte. Warum so viele andere an hohen verantwortlichen Stellen im Getriebe anschließend unbehelligt weiterleben konnten, bleibt ungeklärt. Ja, ob ich denn die Todesstrafe gut hieße, wenn ich meinte, Ludin wäre rechtmäßig verurteilt worden, hieß es in den familiären Diskussionen sogleich. Nein, ich bin gegen die Todesstrafe und meine sogar, dass es angemessen gewesen wäre, meinen Großvater mit einer lebenslangen Haft zu bestrafen. Wahrscheinlich wäre er irgendwann frühzeitig entlassen worden oder bei einem deutschen Gericht sowieso mit einigen Jahren davongekommen. Das hätte seinen Kindern und Enkeln eine Chance gegeben, sich mit ihm und seiner persönlichen Verstrickung in den Nationalsozialismus direkt auseinanderzusetzen. Durch seine Hinrichtung lag es nahe, ihn zu idealisieren, denn er starb ja auch stellvertretend für viele andere der »feinen« Herren, die nach dem Krieg mit weißer Weste wieder Karriere machen konnten.

Ist das Plädoyer des Anklägers gegen Hanns Ludin nun eine propagandistische Rede, die nicht nur die Schuld der Slowaken am Holocaust verdeckt, sondern auch exemplarisch zeigt, wie übel die UdSSR den ehemaligen Gesandten missbraucht hat, um an den Deutschen Rache zu nehmen? So zumindest sagt man es in meiner Familie. Freilich wird in der Diskussion um Schuld und Unschuld immer wieder darauf verwiesen, dass es doch an der Zeit sei, die stalinistischen Verbrechen aufzuklären oder auch die düstere Vergangenheit anderer Länder. Die Deutschen hätten ihre Schuld doch schon genügend »bewirtschaftet« und sich rücksichtslos mit der eigenen Geschichte auseinandergesetzt, warum immer wir?

Ich kann der Argumentation des Anklägers in jedem Punkt folgen und finde angesichts des Grauens noch nicht einmal seine sich durch alle Seiten seiner Rede ziehende Polemik unangemessen. Allerdings würde ich ihm bei der Bezeichnung »Ex-Mensch« widersprechen, gleichwohl er damit vermutlich ausdrücken wollte, wie unmenschlich es war, was die Nationalsozialisten verbrochen haben: Ein Verbrecher bleibt dennoch ein Mensch. Das bedeutet der Spruch »über die Toten soll man nur Gutes sprechen«, wie von Diogenes Laertius überliefert. Über die Toten nichts Schlechtes zu sagen, hat eine andere Bedeutung als meist angenommen: Es geht nicht darum, Unangenehmes zu verschweigen. Gemeint ist, Tote nicht menschlich zu verurteilen, sondern als möglicherweise wandelbare Wesen zu respektieren, weshalb sie für ihre Verbrechen nicht mit dem Tod bestraft werden sollten. Der Spruch bedeutet nicht, kein juristisches, historisches oder politisches Urteil über sie fällen zu dürfen. Es handelt sich hier um zwei verschiedene Ebenen, die es zu unterscheiden gilt.

Dass die Vernichtung der slowakischen Juden ohne die aktive Mitarbeit und den klaren Willen der slowakischen Regierung nicht so reibungslos verlaufen wäre; dass die damalige Sowjetunion und viele andere Staaten dieser Erde – nicht zuletzt Griechenland, das mir so am Herzen liegt – die Auseinandersetzung mit ihren Kriegen, Bürgerkriegen, Opfern und Feindbildern teilweise noch nicht einmal begonnen haben: alles richtig! Doch es entledigt uns nicht der Verantwortung für unser eigenes »Haus«.

Wie fassungslos es einen macht, dass »normale« Menschen so etwas tun konnten, hat Hannah Arendt mit der »Banalität des Bösen« so trefflich beschrieben. Eichmann war für sie ein »Hanswurst«, und sie sagte, es sei viel unerträglicher, durch einen Hanswurst als durch einen Teufel zu sterben. Hanns war gewiss kein »Hannswurst«, vermutlich auch kein Rassist, sondern er war ein »gewöhnlicher« Mensch. Das zu verstehen, ist sehr schwierig. Wie kommt es, dass ein Mensch so weit gehen kann? Wie weit würde ich unter ähnlichen Umständen gehen? Der Soziologe und Sozialpsychologe Harald Welzer sagt: »Menschen sind [...] niemals eindeutig, abgesehen von pathologischen Einzelfällen [...]. Es gab im Zusammenhang des Vernichtungskriegs und des Holocausts überzeugte Nazis, die Juden gerettet haben, und man musste kein überzeugter Nationalsozialist sein, um zu töten.«

Solange wir weiterhin derart verquere Debatten führen und die Schuld unserer Verwandten leugnen – das betrifft viele deutsche Familien –, solange sind wir fern davon, unsere Geschichte und die »Geschichte in uns« (Müller-Hohagen) zu verstehen. Meine Verwandten beschäftigen sich fast täglich mit historischen Dokumenten, sie lesen Bücher und gehen auf Veranstaltungen – sie wollen verstehen und meinen, sie müssten noch viel mehr lesen, noch viel mehr hören, noch viel tiefer in die deutsche Geschichte eintauchen, um endlich Klarheit über die Rolle Hanns Ludins – und somit auch seiner Frau – zu erlangen. Doch ich befürchte, kein Geschichtsbuch, kein Film, keine Veranstaltung und keine Ausstellung werden zur Aufklärung führen, wenn wir nicht den persönlichen Bezug erkennen. Erst in dem Moment, in dem wir bereit sind, unseren Mikrokosmos als Person und als Familienmitglied mit den historischen Entwicklungen in Verbindung zu bringen, können wir uns befreien und vielleicht sogar »versöhnen« – mit den Tätern in unserer Familie und, wie Müller-Hohagen sagt: den Tätern in uns selbst. Erst in diesem Moment ist es möglich, aufrichtig der Opfer zu gedenken und Abbitte zu leisten. Alles andere verkommt zu Lippenbekenntnissen, die bestenfalls der Political Correctness geschuldet sind, nicht aber der wahren Trauer um die millionenfachen Opfer des Nationalsozialismus – Juden, Sinti und Roma, Kommunisten, politisch Verfolgte, Homosexuelle, Kranke und Behinderte.

Meine intensive Auseinandersetzung mit der Familiengeschichte hat mir geholfen, um meine arme Mutter und um ihren Verlust wirklich trauern zu können. Vor allem aber habe ich einen emotionalen Zugang zu den eigentlichen Opfern gefunden: Ich kann in bestimmten Momenten über die Toten des Holocaust plötzlich weinen und den Schmerz ihrer Nachkommen spüren. Diese Trauer zulassen zu können, ist für mich bislang das größte Geschenk gewesen.

In Günter Gaus' Interviewsendung »Zur Person« 1964 über Auschwitz befragt, sagte Hannah Arendt: »Das war wirklich, als ob der Abgrund sich öffnet. Weil man die Vorstellung gehabt hat, alles andere hätte irgendwie noch einmal gutgemacht werden können, wie in der Politik ja alles einmal wiedergutgemacht werden kann. Dies nicht. Dies hätte nicht geschehen dürfen. Und damit meine ich nicht die Zahl der Opfer. Ich meine die Fabrikation der Leichen und so weiter – ich brauche mich darauf ja nicht weiter einzulassen. Dies hätte nicht geschehen dürfen. Da ist irgendetwas passiert, womit wir alle nicht fertig werden.« An dieser Tatsache hat sich bis heute nicht viel geändert.

Dank

Unzählige Briefe, Dokumente und Bücher bilden die Grundlage dieses Textes. Ohne die Gespräche mit vielen Menschen aus unterschiedlichen Generationen jedoch hätte ich dieses Buch kaum schreiben können. Ich bin all denen zu Dank verpflichtet, die bereit waren, mir zu erzählen, was sie wissen und erinnern – das sind die meisten der in diesem Buch erwähnten Personen. Sie haben dazu beigetragen, das Leben meiner Mutter und meiner Familie aus verschiedenen Warten und aus verschiedenen Zeitabschnitten betrachten und nachempfinden zu können.

Neben allem Schwierigen habe ich während der Entstehung dieses Buches auch viel Schönes erlebt – ich habe anregende Gespräche geführt, neue Bekanntschaften gemacht und alte wiederentdeckt. Menschen, die ich noch nie vorher in meinem Leben gesehen hatte, kamen mit Fotoalben, in denen mir noch unbekannte Bilder von meiner Mutter klebten, mit Briefen und bewegenden Erzählungen. Ich traf Nachkommen von Tätern und von Opfern des Nationalsozialismus und Kinder aus anderen problematischen Elternhäusern, und es war beruhigend festzustellen, dass wir viele Erfahrungen teilen können.

Die Liste derer, denen ich danken will, ist zu lang, um hier jede oder jeden einzeln zu erwähnen, deshalb muss ich mich beschränken. Zu meinen wichtigsten Wegbegleitern über viele Jahre zählt Professor Dan Bar-On. Die Erfahrungen des israelischen Psychologen im Bereich von Konfliktbearbeitung und Dialogentwicklung haben mich nachhaltig beeindruckt und mir zu vielen neuen Einsichten verholfen. Er hat gezeigt, dass es Täterkinder gibt, die sich mit der Schuld ihrer Eltern auseinandergesetzt und von der »Last des Schweigens« befreit haben. Wie wichtig das Zwiegespräch, der innere Dialog ist, um auch die Dialoge mit und zwischen anderen fördern zu können, ist mir über die Jahre der Zusammenarbeit mit ihm deutlich geworden. In Zeiten von Unsicherheit war Dan mir ein weiser und geduldiger Freund.

Ich danke der Historikerin Dr. Tatjana Tönsmeyer, die mir die Politik in der Slowakei während der NS-Zeit erklärt, mich mit ihrem scharfen Verstand immer wieder angeregt und für meine Anliegen zudem viel Verständnis aufgebracht hat. Der Psychologe Dr. Jürgen Müller-Hohagen, durch dessen aufschlussreiche Bücher vieles, was ich subjektiv begriffen hatte, eine objektive Form bekam, hat sich die Mühe gemacht, mein Manuskript zu lesen, und hat mir noch viele wertvolle Hinweise gegeben. Dr. Renate Sechtem eröffnete mir in vielen Gesprächen neue Perspektiven und vermittelte mir immer wieder Zuversicht und Gelassenheit.

Ich danke Dr. Herta Däubler-Gmelin für ein anregendes und verständnisvolles Gespräch und Dr. Lutz Hachmeister, Dr. Hans-Joachim Lang, Heinz Höhne sowie Sophie Weidlich vom Kurt-Hahn-Archiv für die Hilfe bei den Recherchen. Auch Monika Remuß und Dr. Gustav Rittmeyer sollen an dieser Stelle erwähnt sein. Dr. Dr. Peter Hohn und die Senioren von der Sütterlinstube im Hamburger Förderverein des Altenzentrums Ansgar haben mir geholfen, viele Briefe aus dem Sütterlin zu übertragen, was eine große Arbeitserleichterung war, weil ich zu Beginn noch einige Schwierigkeiten mit dem Lesen der alten Schrift hatte.

Margit Ketterle hat dieses Buch mit mir entwickelt, mich beraten und fürsorglich begleitet – das war ein unschätzbarer Freundschaftsdienst. Bettina Eltner war mit ihrer Professionalität die beste Lektorin, die ich mir für dieses Buch hätte wünschen können. Ihre gescheite und besonnene Art, ihr Humor und das Vertrauen, das sie mir entgegenbrachte, waren für mich eine unerlässliche Stütze und haben die Zusammenarbeit zu einer großen Freude werden lassen.

Ich fühle mich ferner Dr. Lena Inowlocki, Christiane Walesch-Schneller, Mabel Engler, Barbara Kärn-Wilk, Ernestine von Salomon, Gudrun Scheringer und Hans-Ernst Scheringer freundschaftlich verbunden und danke ihnen für ihre Unterstützung. Viele Freunde haben mich beraten, mit mir diskutiert und mich erheitert, an mein Projekt geglaubt und mich nicht nur in ihren Herzen, sondern teils auch in ihren Wohnungen beherbergt. Besonders erwähnen will ich hier Sebastian Barry, Susanne Beischer, Dr. Hermann Düringer, Kirsten Ellerbrake, Jörg Andrees Elten, Katrin Fischer, Peter Franke, Sabine und Irene Grootendorst, Hans-Peter Hallwachs, Niall Kiely, Rela Mazali, Sheila Melzak, Katharina Müllerschön, Johannes Müllerschön, Marie-Luise Schmidt, Axel Schmidt-Gödelitz und Walter Venedey.

Den ehemaligen Freundinnen meiner Mutter, die mich bei meinem Projekt immer wieder bestärkt und ermutigt haben, bin ich nicht minder dankbar: allen voran Carola, Marianne, Monika und Theda. »Meine Liesel«, die eigentlich Elisabeth heißt, hat mir viel über das Leben in der damaligen Slowakei erzählt, wovon einiges in dieses Buch eingeflossen ist.

Meinem Onkel Malte Ludin danke ich, dass er mir mit seinem Film »2 oder 3 Dinge, die ich von ihm weiß« nach langen Überlegungen den letzten Anstoß gegeben hat, dieses Buch zu schreiben. Ich freue mich, dass mein Bruder und meine Tanten sich kritisch, aber liebevoll mit mir auseinandergesetzt haben. Auch mit einigen Kusinen und Cousins hatte ich anregende Gespräche, die mir sehr wichtig waren. Danken will ich auch Marita, die mich in all dieser Zeit sensibel und klug unterstützt hat. Last but not least: meine engste Familie. Jörn und meine Kinder haben mich geduldig getragen und ertragen, denn es war gewiss nicht immer leicht mit mir.

Ohne meinen Vater aber wäre meine Auseinandersetzung mit der Vergangenheit und der Gegenwart mitunter nur schwer auszuhalten gewesen: Er hat dieses, auch für ihn nicht leichte Buch von Anfang an unterstützt, mich beraten und intensiv begleitet.

Ausgewählte Literatur

Affidavit C von Dieter Wisliceny, Dokument UK-81, in: Nazi Conspiracy and Aggression. Volume VIII. USGPO, Washington, 1946/ pp. 606–619 by Office of United States Chief of Counsel for Prosecution of Axis Criminality (Author)

Bajohr, Frank/Pohl, Dieter: Der Holocaust als offenes Geheimnis. Die Deutschen, die NS-Führung und die Alliierten, München 2006

Bar-On, Dan: Die Last des Schweigens. Gespräche mit Kindern von NS-Tätern, Hamburg 2003

Bar-On, Dan (Hrsg.): Den Abgrund überbrücken. Mit persönlicher Geschichte politischen Feindschaften begegnen, Hamburg 2000

Bar-On, Dan: Erzähl dein Leben! Meine Wege zur Dialogarbeit und politischen Verständigung, Hamburg 2004

Brown, Timothy S.: Richard Scheringer, the KPD and the Politics of Class and Nation in Germany, 1922–1969, in: *Contemporary European History*, 14, 3 (2005), S. 317–346

Brunner, Claudia/von Seltmann, Uwe : Schweigen die Täter, reden die Enkel, Frankfurt 2004

Claussen, Detlev: Vom Judenhaß zum Antisemitismus. Materialien einer verleugneten Geschichte, Darmstadt 1987

»Diese Fragen wurden nicht immer befriedigend beantwortet«. *Tagblatt*-Gespräch mit Wilhelm Gmelin über die NS-Vergangenheits-Diskussion (nicht nur) in seinem Elternhaus, in: *Schwäbisches Tagblatt,* 4. 6. 2005

Döscher, Hans-Jürgen: Das Auswärtige Amt im Dritten Reich, Berlin 1987

Ebbinghaus, Angelika/Roth, Karl Heinz (Hrsg.): Grenzgänge. Deutsche Geschichte des 20. Jahrhunderts im Spiegel von Publizistik, Rechtssprechung und historischer Forschung, Lüneburg 1999

Friedländer, Saul: Die Jahre der Vernichtung. Das Dritte Reich und die Juden 1939–1945, München 2006

Gaus, Günter: Was bleibt, sind Fragen. Die klassischen Interviews, Berlin 2001

Geisel, Eike: Lastenausgleich, Umschuldung. Die Wiedergutmachung der Deutschen. Essays, Polemiken, Stichworte, Berlin 1984

Hachmeister, Lutz: Schleyer. Eine deutsche Geschichte, München 2004

Hilberg, Raul: Die Vernichtung der europäischen Juden. Die Gesamtgeschichte des Holocaust, Berlin 1982

Knipping, Franz: Ludin, Hanns Elard, in: Folge, Bd. 2, Stuttgart 1987

Köhler, Otto: Der hässliche Deutsche. Jürgen Gerhard Todenhöfer, in: *Konkret* 2/86, S. 18

Lang, Hans-Joachim: Die rechte Hand des Botschafters. Vor 60 Jahren endete die Diplomatenkarriere des Tübinger Nachkriegs-OB Hans Gmelin im Internierungslager, in: *Schwäbisches Tagblatt,* 28. 4. 2005

Longerich, Peter: »Davon haben wir nichts gewusst!« Die Deutschen und die Judenverfolgung 1933–1945, München 2006

Miscoll, I., Bueb, B. u. a.: Schule Schloß Salem. Chronik Bilder Visionen, Schule Schloß Salem 1995

Müller-Hohagen, Jürgen: Geschichte in uns. Seelische Auswirkungen bei den Nachkommen von NS-Tätern und Mitläufern. Berlin 2002

Müller-Hohagen, Jürgen: Verleugnet, verdrängt, verschwiegen. Seelische Nachwirkungen der NS-Zeit und Wege zu ihrer Überwindung, München 2005

Poensgen, Ruprecht: Die Schule Schloss Salem im Dritten Reich, in: *Vierteljahreshefte für Zeitgeschichte*, Sonderdruck, Heft 1, München 1996

Rossberg, Alexandra/Lansen, Johann (Hrsg.): Das Schweigen brechen. Berliner Lektionen zu Spätfolgen der Schoa, Frankfurt a. M. 2003
Salomon, Ernst von: Der Fragebogen, Hamburg 1951
Scheringer, Richard: Das Große Los. Hamburg 1959
Schule Schloß Salem: Bericht über die Zeit von 1933–1948, Sonderheft Nr. 28, Salem, April 1949
Senfft, Heiner: Richter und andere Bürger. 150 Jahre politische Justiz und neudeutsche Herrschaftspublizistik. Schriften der Hamburger Stiftung für Sozialgeschichte des 20. Jahrhunderts, Band 8, Nördlingen 1988
Sieburg, Friedrich: Gemischte Gefühle. Notizen zum Lauf der Zeit. Stuttgart 1978
Tönsmeyer, Tatjana: Das Dritte Reich und die Slowakei 1939–1945. Politischer Alltag zwischen Kooperation und Eigensinn, Paderborn 2003
Venohr, Walter: Aufstand in der Tatra. Der Kampf um die Slowakei 1939–44, Königstein/Ts. 1979
Vollmer, Franz/Müller, Wolfgang: Von der höheren Bürgerschule zum Rotteck-Gymnasium Freiburg. 1841–1966, Freiburg im Breisgau o. J.
Welzer, Harald: Täter. Wie aus ganz normalen Menschen Massenmörder werden, Frankfurt 2005
Welzer, Harald/Moller, Sabine/Tschuggnall, Karoline: Opa war kein Nazi. Nationalsozialismus und Holocaust im Familiengedächtnis, Frankfurt 2004